法律政策全书
系列

法律政策全书

招标投标

2024年版

全面准确收录

合理分类检索

含法律、法规、司法解释、典型案例及相关文书

中国法制出版社
CHINA LEGAL PUBLISHING HOUSE

导　　读

1999年8月30日第九届全国人民代表大会常务委员会第十一次会议通过了《中华人民共和国招标投标法》，自2000年1月1日起施行，该法后于2017年12月27日经历修正。《中华人民共和国招标投标法》施行后，全社会依法招标投标意识显著增强，招标投标行为日趋规范。招标投标对于创造公平竞争的市场环境，维护公共利益，发挥着越来越重要的作用。同时，配套法规建设也在稳步进行。

本书对于我国招标投标领域现行有效的法律规范做了较全面的收录与梳理，通过合理明晰的分类，方便读者查找与使用。

总体来看，本书具有以下特点：一是涵盖面广，二是分类明确。本书按照专题进行归纳，共分为"招标投标""政府采购"两大部分，其中"招标投标"又分为"综合""招标适用范围""招标程序""监督管理""具体领域规定"几部分。涵盖了招标投标及政府采购活动中的重要环节与领域。本书附录收录了招标投标领域的典型案例以及相关文书，方便读者参考。本书既适合普通群众学习使用，又可作为律师、法官等实务人士开展工作的重要参考书。

目　录

一、招标投标

（一）综　合

中华人民共和国招标投标法 …………………………（1）
　　（2017 年 12 月 27 日）①
中华人民共和国招标投标法实施条例 …………………（15）
　　（2019 年 3 月 2 日）
政府投资条例 ……………………………………………（34）
　　（2019 年 4 月 14 日）
中央预算内直接投资项目管理办法 ……………………（41）
　　（2023 年 3 月 23 日）
企业投资项目核准和备案管理条例 ……………………（49）
　　（2016 年 11 月 30 日）
企业投资项目核准和备案管理办法 ……………………（54）
　　（2023 年 3 月 23 日）
外商投资项目核准和备案管理办法 ……………………（68）
　　（2014 年 12 月 27 日）
公共资源交易平台管理暂行办法 ………………………（74）
　　（2016 年 6 月 24 日）
公共资源交易平台服务标准（试行） …………………（82）
　　（2019 年 4 月 25 日）

---

　　①　本目录中的时间为法律文件的公布时间或最后一次修正、修订公布时间。

国家发展改革委、工业和信息化部、住房城乡建设部等关
　于建立健全招标投标领域优化营商环境长效机制的通知⋯⋯（93）
　　（2021年2月20日）
国家发展改革委等部门关于完善招标投标交易担保制度进
　一步降低招标投标交易成本的通知⋯⋯⋯⋯⋯⋯⋯⋯⋯⋯（97）
　　（2023年1月6日）
国家发展改革委办公厅、市场监管总局办公厅关于进一步
　规范招标投标过程中企业经营资质资格审查工作的通知⋯⋯（100）
　　（2020年9月22日）
国家发展改革委等部门关于严格执行招标投标法规制度进
　一步规范招标投标主体行为的若干意见⋯⋯⋯⋯⋯⋯⋯⋯（102）
　　（2022年7月18日）

（二）招标适用范围

必须招标的工程项目规定 ⋯⋯⋯⋯⋯⋯⋯⋯⋯⋯⋯⋯⋯⋯（112）
　　（2018年3月27日）
必须招标的基础设施和公用事业项目范围规定⋯⋯⋯⋯⋯⋯（113）
　　（2018年6月6日）
国家发展改革委办公厅关于进一步做好《必须招标的工程
　项目规定》和《必须招标的基础设施和公用事业项目范
　围规定》实施工作的通知 ⋯⋯⋯⋯⋯⋯⋯⋯⋯⋯⋯⋯⋯（114）
　　（2020年10月19日）

（三）招标程序

招标公告和公示信息发布管理办法⋯⋯⋯⋯⋯⋯⋯⋯⋯⋯（116）
　　（2017年11月23日）
评标专家和评标专家库管理暂行办法⋯⋯⋯⋯⋯⋯⋯⋯⋯（121）
　　（2013年3月11日）
评标委员会和评标方法暂行规定⋯⋯⋯⋯⋯⋯⋯⋯⋯⋯⋯（126）
　　（2013年3月11日）

公平竞争审查制度实施细则……………………………………（137）
　　（2021年6月29日）
电子招标投标办法 ……………………………………………（150）
　　（2013年2月4日）

（四）监督管理

招标投标违法行为记录公告暂行办法…………………………（162）
　　（2008年6月18日）
国家发展改革委、工业和信息化部、监察部等关于进一步
　　贯彻落实招标投标违法行为记录公告制度的通知 …………（166）
　　（2010年3月29日）
工程建设项目招标投标活动投诉处理办法……………………（168）
　　（2013年3月11日）
关于在招标投标活动中对失信被执行人实施联合惩戒的通知 …（174）
　　（2016年8月30日）
住房城乡建设部办公厅关于取消工程建设项目招标代理机
　　构资格认定加强事中事后监管的通知……………………（177）
　　（2017年12月28日）
机电产品国际招标代理机构监督管理办法（试行）……………（179）
　　（2016年11月16日）
机电产品国际招标投标"双随机一公开"监管工作细则………（188）
　　（2017年8月17日）

（五）具体领域规定

工程建设项目申报材料增加招标内容和核准招标事项暂行
　　规定………………………………………………………（191）
　　（2013年3月11日）
工程建设项目施工招标投标办法………………………………（194）
　　（2013年3月11日）

工程建设项目勘察设计招标投标办法……………………………（215）
　　（2013年3月11日）
工程建设项目货物招标投标办法………………………………（227）
　　（2013年3月11日）
工程项目招投标领域营商环境专项整治工作方案……………（242）
　　（2019年8月20日）
工程建设项目自行招标试行办法………………………………（249）
　　（2013年3月11日）
住房和城乡建设部关于进一步加强房屋建筑和市政基础设
　　施工程招标投标监管的指导意见…………………………（252）
　　（2019年12月19日）
建筑工程设计招标投标管理办法………………………………（256）
　　（2017年1月24日）
建筑工程方案设计招标投标管理办法…………………………（263）
　　（2019年3月18日）
房屋建筑和市政基础设施工程施工招标投标管理办法 ………（277）
　　（2019年3月13日）
公路工程建设项目招标投标管理办法…………………………（289）
　　（2015年12月8日）
水运工程建设项目招标投标管理办法…………………………（310）
　　（2021年8月11日）
铁路工程建设项目招标投标管理办法…………………………（328）
　　（2018年8月31日）
通信工程建设项目招标投标管理办法…………………………（343）
　　（2014年5月4日）
前期物业管理招标投标管理暂行办法…………………………（355）
　　（2003年6月26日）
委托会计师事务所审计招标规范………………………………（364）
　　（2006年1月26日）

企业债券招标发行业务指引…………………………………………（368）
　　（2019年9月24日）
国土资源部关于坚持和完善土地招标拍卖挂牌出让制度的意见……（374）
　　（2011年5月11日）
机电产品国际招标投标实施办法（试行）…………………………（379）
　　（2014年2月21日）

二、政府采购

中华人民共和国政府采购法……………………………………………（414）
　　（2014年8月31日）
中华人民共和国政府采购法实施条例…………………………………（430）
　　（2015年1月30日）
政府采购需求管理办法…………………………………………………（447）
　　（2021年4月30日）
政府和社会资本合作项目政府采购管理办法…………………………（457）
　　（2014年12月31日）
政府采购进口产品管理办法……………………………………………（462）
　　（2007年12月27日）
政府采购框架协议采购方式管理暂行办法……………………………（467）
　　（2022年1月14日）
中央单位政府集中采购管理实施办法…………………………………（481）
　　（2007年1月10日）
中央预算单位批量集中采购管理暂行办法……………………………（491）
　　（2013年8月21日）
国务院办公厅关于建立政府强制采购节能产品制度的通知…………（494）
　　（2007年7月30日）
关于扩大政府采购支持绿色建材促进建筑品质提升政策实
　　施范围的通知………………………………………………………（497）
　　（2022年10月12日）

政府采购信息发布管理办法……………………………………（500）
　　（2019年11月27日）
财政部关于开展政府采购意向公开工作的通知……………（503）
　　（2020年3月2日）
政府采购货物和服务招标投标管理办法……………………（506）
　　（2017年7月11日）
政府采购非招标采购方式管理办法…………………………（528）
　　（2013年12月19日）
政府采购竞争性磋商采购方式管理暂行办法………………（544）
　　（2014年12月31日）
政府购买服务管理办法………………………………………（554）
　　（2020年1月3日）
国有金融企业集中采购管理暂行规定………………………（559）
　　（2018年2月5日）

附　录

（一）典型案例

许某某、包某某串通投标立案监督案…………………………（566）
山东薛某某行贿、串通投标案…………………………………（570）
福建省三明市×公司、杨某某、王某某串通投标案…………（574）

（二）相关文书

投标人资格声明书………………………………………………（578）
投标书……………………………………………………………（580）
授权委托书………………………………………………………（581）
法定代表人（单位负责人）身份证明…………………………（583）

一、招标投标

(一) 综 合

中华人民共和国招标投标法

(1999年8月30日第九届全国人民代表大会常务委员会第十一次会议通过 根据2017年12月27日第十二届全国人民代表大会常务委员会第三十一次会议《关于修改〈中华人民共和国招标投标法〉、〈中华人民共和国计量法〉的决定》修正)

目 录

第一章 总　　则

第二章 招　　标

第三章 投　　标

第四章 开标、评标和中标

第五章 法律责任

第六章 附　　则

第一章 总　　则

第一条 【立法目的】* 为了规范招标投标活动，保护国家利

---

* 条文主旨为编者所加，下同。

益、社会公共利益和招标投标活动当事人的合法权益，提高经济效益，保证项目质量，制定本法。

第二条 【适用范围】在中华人民共和国境内进行招标投标活动，适用本法。

第三条 【必须进行招标的工程建设项目】在中华人民共和国境内进行下列工程建设项目包括项目的勘察、设计、施工、监理以及与工程建设有关的重要设备、材料等的采购，必须进行招标：

（一）大型基础设施、公用事业等关系社会公共利益、公众安全的项目；

（二）全部或者部分使用国有资金投资或者国家融资的项目；

（三）使用国际组织或者外国政府贷款、援助资金的项目。

前款所列项目的具体范围和规模标准，由国务院发展计划部门会同国务院有关部门制订，报国务院批准。

法律或者国务院对必须进行招标的其他项目的范围有规定的，依照其规定。

第四条 【禁止规避招标】任何单位和个人不得将依法必须进行招标的项目化整为零或者以其他任何方式规避招标。

第五条 【招投标活动的原则】招标投标活动应当遵循公开、公平、公正和诚实信用的原则。

第六条 【招投标活动不受地区或部门的限制】依法必须进行招标的项目，其招标投标活动不受地区或者部门的限制。任何单位和个人不得违法限制或者排斥本地区、本系统以外的法人或者其他组织参加投标，不得以任何方式非法干涉招标投标活动。

第七条 【对招投标活动的监督】招标投标活动及其当事人应当接受依法实施的监督。

有关行政监督部门依法对招标投标活动实施监督，依法查处招标投标活动中的违法行为。

对招标投标活动的行政监督及有关部门的具体职权划分,由国务院规定。

第二章 招 标

第八条 【招标人】招标人是依照本法规定提出招标项目、进行招标的法人或者其他组织。

第九条 【招标项目应具备的主要条件】招标项目按照国家有关规定需要履行项目审批手续的,应当先履行审批手续,取得批准。

招标人应当有进行招标项目的相应资金或者资金来源已经落实,并应当在招标文件中如实载明。

第十条 【公开招标和邀请招标】招标分为公开招标和邀请招标。

公开招标,是指招标人以招标公告的方式邀请不特定的法人或者其他组织投标。

邀请招标,是指招标人以投标邀请书的方式邀请特定的法人或者其他组织投标。

第十一条 【适用邀请招标的情形】国务院发展计划部门确定的国家重点项目和省、自治区、直辖市人民政府确定的地方重点项目不适宜公开招标的,经国务院发展计划部门或者省、自治区、直辖市人民政府批准,可以进行邀请招标。

第十二条 【代理招标和自行招标】招标人有权自行选择招标代理机构,委托其办理招标事宜。任何单位和个人不得以任何方式为招标人指定招标代理机构。

招标人具有编制招标文件和组织评标能力的,可以自行办理招标事宜。任何单位和个人不得强制其委托招标代理机构办理招标事宜。

依法必须进行招标的项目,招标人自行办理招标事宜的,应当向有关行政监督部门备案。

第十三条 【招标代理机构及条件】招标代理机构是依法设立、从事招标代理业务并提供相关服务的社会中介组织。

招标代理机构应当具备下列条件：

（一）有从事招标代理业务的营业场所和相应资金；

（二）有能够编制招标文件和组织评标的相应专业力量。

第十四条 【招标代理机构不得与国家机关存在利益关系】招标代理机构与行政机关和其他国家机关不得存在隶属关系或者其他利益关系。

第十五条 【招标代理机构的代理范围】招标代理机构应当在招标人委托的范围内办理招标事宜，并遵守本法关于招标人的规定。

第十六条 【招标公告】招标人采用公开招标方式的，应当发布招标公告。依法必须进行招标的项目的招标公告，应当通过国家指定的报刊、信息网络或者其他媒介发布。

招标公告应当载明招标人的名称和地址、招标项目的性质、数量、实施地点和时间以及获取招标文件的办法等事项。

第十七条 【投标邀请书】招标人采用邀请招标方式的，应当向3个以上具备承担招标项目的能力、资信良好的特定的法人或者其他组织发出投标邀请书。

投标邀请书应当载明本法第十六条第二款规定的事项。

第十八条 【对潜在投标人的资格审查】招标人可以根据招标项目本身的要求，在招标公告或者投标邀请书中，要求潜在投标人提供有关资质证明文件和业绩情况，并对潜在投标人进行资格审查；国家对投标人的资格条件有规定的，依照其规定。

招标人不得以不合理的条件限制或者排斥潜在投标人，不得对潜在投标人实行歧视待遇。

第十九条 【招标文件】招标人应当根据招标项目的特点和需

要编制招标文件。招标文件应当包括招标项目的技术要求、对投标人资格审查的标准、投标报价要求和评标标准等所有实质性要求和条件以及拟签订合同的主要条款。

国家对招标项目的技术、标准有规定的，招标人应当按照其规定在招标文件中提出相应要求。

招标项目需要划分标段、确定工期的，招标人应当合理划分标段、确定工期，并在招标文件中载明。

第二十条 【招标文件的限制】招标文件不得要求或者标明特定的生产供应者以及含有倾向或者排斥潜在投标人的其他内容。

第二十一条 【潜在投标人对项目现场的踏勘】招标人根据招标项目的具体情况，可以组织潜在投标人踏勘项目现场。

第二十二条 【招标人的保密义务】招标人不得向他人透露已获取招标文件的潜在投标人的名称、数量以及可能影响公平竞争的有关招标投标的其他情况。

招标人设有标底的，标底必须保密。

第二十三条 【招标文件的澄清或修改】招标人对已发出的招标文件进行必要的澄清或者修改的，应当在招标文件要求提交投标文件截止时间至少 15 日前，以书面形式通知所有招标文件收受人。该澄清或者修改的内容为招标文件的组成部分。

第二十四条 【编制投标文件的时间】招标人应当确定投标人编制投标文件所需要的合理时间；但是，依法必须进行招标的项目，自招标文件开始发出之日起至投标人提交投标文件截止之日止，最短不得少于 20 日。

第三章 投　　标

第二十五条 【投标人】投标人是响应招标、参加投标竞争的法人或者其他组织。

依法招标的科研项目允许个人参加投标的，投标的个人适用本法有关投标人的规定。

第二十六条 【投标人的资格条件】投标人应当具备承担招标项目的能力;国家有关规定对投标人资格条件或者招标文件对投标人资格条件有规定的,投标人应当具备规定的资格条件。

第二十七条 【投标文件的编制】投标人应当按照招标文件的要求编制投标文件。投标文件应当对招标文件提出的实质性要求和条件作出响应。

招标项目属于建设施工的,投标文件的内容应当包括拟派出的项目负责人与主要技术人员的简历、业绩和拟用于完成招标项目的机械设备等。

第二十八条 【投标文件的送达】投标人应当在招标文件要求提交投标文件的截止时间前,将投标文件送达投标地点。招标人收到投标文件后,应当签收保存,不得开启。投标人少于3个的,招标人应当依照本法重新招标。

在招标文件要求提交投标文件的截止时间后送达的投标文件,招标人应当拒收。

第二十九条 【投标文件的补充、修改、撤回】投标人在招标文件要求提交投标文件的截止时间前,可以补充、修改或者撤回已提交的投标文件,并书面通知招标人。补充、修改的内容为投标文件的组成部分。

第三十条 【投标文件对拟分包情况的说明】投标人根据招标文件载明的项目实际情况,拟在中标后将中标项目的部分非主体、非关键性工作进行分包的,应当在投标文件中载明。

第三十一条 【联合体投标】两个以上法人或者其他组织可以组成一个联合体,以一个投标人的身份共同投标。

联合体各方均应当具备承担招标项目的相应能力;国家有关规定或者招标文件对投标人资格条件有规定的,联合体各方均应当具备规定的相应资格条件。由同一专业的单位组成的联合体,按照资质等级较低的单位确定资质等级。

联合体各方应当签订共同投标协议,明确约定各方拟承担的工作和责任,并将共同投标协议连同投标文件一并提交招标人。联合体中标的,联合体各方应当共同与招标人签订合同,就中标项目向招标人承担连带责任。

招标人不得强制投标人组成联合体共同投标,不得限制投标人之间的竞争。

第三十二条 【串通投标的禁止】投标人不得相互串通投标报价,不得排挤其他投标人的公平竞争,损害招标人或者其他投标人的合法权益。

投标人不得与招标人串通投标,损害国家利益、社会公共利益或者他人的合法权益。

禁止投标人以向招标人或者评标委员会成员行贿的手段谋取中标。

第三十三条 【低于成本的报价竞标与骗取中标的禁止】投标人不得以低于成本的报价竞标,也不得以他人名义投标或者以其他方式弄虚作假,骗取中标。

第四章 开标、评标和中标

第三十四条 【开标的时间与地点】开标应当在招标文件确定的提交投标文件截止时间的同一时间公开进行;开标地点应当为招标文件中预先确定的地点。

第三十五条 【开标参加人】开标由招标人主持,邀请所有投标人参加。

第三十六条 【开标方式】开标时,由投标人或者其推选的代表检查投标文件的密封情况,也可以由招标人委托的公证机构检查并公证;经确认无误后,由工作人员当众拆封,宣读投标人名称、投标价格和投标文件的其他主要内容。

招标人在招标文件要求提交投标文件的截止时间前收到的所有投标文件,开标时都应当众予以拆封、宣读。

开标过程应当记录,并存档备查。

第三十七条 【评标委员会】评标由招标人依法组建的评标委员会负责。

依法必须进行招标的项目,其评标委员会由招标人的代表和有关技术、经济等方面的专家组成,成员人数为5人以上单数,其中技术、经济等方面的专家不得少于成员总数的2/3。

前款专家应当从事相关领域工作满8年并具有高级职称或者具有同等专业水平,由招标人从国务院有关部门或者省、自治区、直辖市人民政府有关部门提供的专家名册或者招标代理机构的专家库内的相关专业的专家名单中确定;一般招标项目可以采取随机抽取方式,特殊招标项目可以由招标人直接确定。

与投标人有利害关系的人不得进入相关项目的评标委员会;已经进入的应当更换。

评标委员会成员的名单在中标结果确定前应当保密。

第三十八条 【评标的保密】招标人应当采取必要的措施,保证评标在严格保密的情况下进行。

任何单位和个人不得非法干预、影响评标的过程和结果。

第三十九条 【投标人对投标文件的澄清或说明】评标委员会可以要求投标人对投标文件中含义不明确的内容作必要的澄清或者说明,但是澄清或者说明不得超出投标文件的范围或者改变投标文件的实质性内容。

第四十条 【评标】评标委员会应当按照招标文件确定的评标标准和方法,对投标文件进行评审和比较;设有标底的,应当参考标底。评标委员会完成评标后,应当向招标人提出书面评标报告,并推荐合格的中标候选人。

招标人根据评标委员会提出的书面评标报告和推荐的中标候选

人确定中标人。招标人也可以授权评标委员会直接确定中标人。

国务院对特定招标项目的评标有特别规定的，从其规定。

第四十一条　【中标条件】中标人的投标应当符合下列条件之一：

（一）能够最大限度地满足招标文件中规定的各项综合评价标准；

（二）能够满足招标文件的实质性要求，并且经评审的投标价格最低；但是投标价格低于成本的除外。

第四十二条　【否决所有投标和重新招标】评标委员会经评审，认为所有投标都不符合招标文件要求的，可以否决所有投标。

依法必须进行招标的项目的所有投标被否决的，招标人应当依照本法重新招标。

第四十三条　【禁止与投标人进行实质性谈判】在确定中标人前，招标人不得与投标人就投标价格、投标方案等实质性内容进行谈判。

第四十四条　【评标委员会成员的义务】评标委员会成员应当客观、公正地履行职务，遵守职业道德，对所提出的评审意见承担个人责任。

评标委员会成员不得私下接触投标人，不得收受投标人的财物或者其他好处。

评标委员会成员和参与评标的有关工作人员不得透露对投标文件的评审和比较、中标候选人的推荐情况以及与评标有关的其他情况。

第四十五条　【中标通知书的发出】中标人确定后，招标人应当向中标人发出中标通知书，并同时将中标结果通知所有未中标的投标人。

中标通知书对招标人和中标人具有法律效力。中标通知书发出后，招标人改变中标结果的，或者中标人放弃中标项目的，应当依法承担法律责任。

第四十六条 【订立书面合同和提交履约保证金】招标人和中标人应当自中标通知书发出之日起30日内，按照招标文件和中标人的投标文件订立书面合同。招标人和中标人不得再行订立背离合同实质性内容的其他协议。

招标文件要求中标人提交履约保证金的，中标人应当提交。

第四十七条 【招投标情况的报告】依法必须进行招标的项目，招标人应当自确定中标人之日起15日内，向有关行政监督部门提交招标投标情况的书面报告。

第四十八条 【禁止转包和有条件分包】中标人应当按照合同约定履行义务，完成中标项目。中标人不得向他人转让中标项目，也不得将中标项目肢解后分别向他人转让。

中标人按照合同约定或者经招标人同意，可以将中标项目的部分非主体、非关键性工作分包给他人完成。接受分包的人应当具备相应的资格条件，并不得再次分包。

中标人应当就分包项目向招标人负责，接受分包的人就分包项目承担连带责任。

第五章 法律责任

第四十九条 【必须进行招标的项目不招标的责任】违反本法规定，必须进行招标的项目而不招标的，将必须进行招标的项目化整为零或者以其他任何方式规避招标的，责令限期改正，可以处项目合同金额5‰以上10‰以下的罚款；对全部或者部分使用国有资金的项目，可以暂停项目执行或者暂停资金拨付；对单位直接负责的主管人员和其他直接责任人员依法给予处分。

第五十条 【招标代理机构的责任】招标代理机构违反本法规定，泄露应当保密的与招标投标活动有关的情况和资料的，或者与招标人、投标人串通损害国家利益、社会公共利益或者他人合法权益的，处五万元以上二十五万元以下的罚款；对单位直接负责的主管人员和其他直接责任人员处单位罚款数额百分之五以上百分之十以下的罚款；有违法所得的，并处没收违法所得；情节严重的，禁止其一年至二年内代理依法必须进行招标的项目并予以公告，直至由工商行政管理机关吊销营业执照；构成犯罪的，依法追究刑事责任。给他人造成损失的，依法承担赔偿责任。

前款所列行为影响中标结果的，中标无效。

第五十一条　【限制或排斥潜在投标人的责任】招标人以不合理的条件限制或者排斥潜在投标人的，对潜在投标人实行歧视待遇的，强制要求投标人组成联合体共同投标的，或者限制投标人之间竞争的，责令改正，可以处1万元以上5万元以下的罚款。

第五十二条　【泄露招投标活动有关秘密的责任】依法必须进行招标的项目的招标人向他人透露已获取招标文件的潜在投标人的名称、数量或者可能影响公平竞争的有关招标投标的其他情况的，或者泄露标底的，给予警告，可以并处1万元以上10万元以下的罚款；对单位直接负责的主管人员和其他直接责任人员依法给予处分；构成犯罪的，依法追究刑事责任。

前款所列行为影响中标结果的，中标无效。

第五十三条　【串通投标的责任】投标人相互串通投标或者与招标人串通投标的，投标人以向招标人或者评标委员会成员行贿的手段谋取中标的，中标无效，处中标项目金额5‰以上10‰以下的罚款，对单位直接负责的主管人员和其他直接责任人员处单位罚款数额5%以上10%以下的罚款；有违法所得的，并处没收违法所得；情节严重的，取消其1年至2年内参加依法必须进行招标的项目的投标资格并予以公告，直至由工商行政管理机关吊销营业执照；构成犯罪的，依法追究刑事责任。给他人造成损失的，依法承担赔偿责任。

第五十四条　【骗取中标的责任】投标人以他人名义投标或者

以其他方式弄虚作假，骗取中标的，中标无效，给招标人造成损失的，依法承担赔偿责任；构成犯罪的，依法追究刑事责任。

依法必须进行招标的项目的投标人有前款所列行为尚未构成犯罪的，处中标项目金额5‰以上10‰以下的罚款，对单位直接负责的主管人员和其他直接责任人员处单位罚款数额5%以上10%以下的罚款；有违法所得的，并处没收违法所得；情节严重的，取消其1年至3年内参加依法必须进行招标的项目的投标资格并予以公告，直至由工商行政管理机关吊销营业执照。

第五十五条　【招标人违规谈判的责任】依法必须进行招标的项目，招标人违反本法规定，与投标人就投标价格、投标方案等实质性内容进行谈判的，给予警告，对单位直接负责的主管人员和其他直接责任人员依法给予处分。

前款所列行为影响中标结果的，中标无效。

第五十六条　【评标委员会成员违法行为的责任】评标委员会成员收受投标人的财物或者其他好处的，评标委员会成员或者参加评标的有关工作人员向他人透露对投标文件的评审和比较、中标候选人的推荐以及与评标有关的其他情况的，给予警告，没收收受的财物，可以并处3000元以上5万元以下的罚款，对有所列违法行为的评标委员会成员取消担任评标委员会成员的资格，不得再参加任何依法必须进行招标的项目的评标；构成犯罪的，依法追究刑事责任。

第五十七条　【招标人在中标候选人之外确定中标人的责任】招标人在评标委员会依法推荐的中标候选人以外确定中标人的，依法必须进行招标的项目在所有投标被评标委员会否决后自行确定中标人的，中标无效，责令改正，可以处中标项目金额5‰以上10‰以下的罚款；对单位直接负责的主管人员和其他直接责任人员依法给予处分。

第五十八条　【中标人违法转包、分包的责任】中标人将中标项目转让给他人的,将中标项目肢解后分别转让给他人的,违反本法规定将中标项目的部分主体、关键性工作分包给他人的,或者分包人再次分包的,转让、分包无效,处转让、分包项目金额5‰以上10‰以下的罚款;有违法所得的,并处没收违法所得;可以责令停业整顿;情节严重的,由工商行政管理机关吊销营业执照。

第五十九条 【不按招投标文件订立合同的责任】招标人与中标人不按照招标文件和中标人的投标文件订立合同的,或者招标人、中标人订立背离合同实质性内容的协议的,责令改正;可以处中标项目金额5‰以上10‰以下的罚款。

第六十条 【中标人不履行合同或不按合同履行义务的责任】中标人不履行与招标人订立的合同的,履约保证金不予退还,给招标人造成的损失超过履约保证金数额的,还应当对超过部分予以赔偿;没有提交履约保证金的,应当对招标人的损失承担赔偿责任。

中标人不按照与招标人订立的合同履行义务,情节严重的,取消其2年至5年内参加依法必须进行招标的项目的投标资格并予以公告,直至由工商行政管理机关吊销营业执照。

因不可抗力不能履行合同的,不适用前两款规定。

第六十一条 【行政处罚的决定】本章规定的行政处罚,由国务院规定的有关行政监督部门决定。本法已对实施行政处罚的机关作出规定的除外。

第六十二条 【干涉招投标活动的责任】任何单位违反本法规定,限制或者排斥本地区、本系统以外的法人或者其他组织参加投标的,为招标人指定招标代理机构的,强制招标人委托招标代理机构办理招标事宜的,或者以其他方式干涉招标投标活动的,责令改正;对单位直接负责的主管人员和其他直接责任人员依法给予警告、记过、记大过的处分,情节较重的,依法给予降级、撤职、开除的处分。

个人利用职权进行前款违法行为的,依照前款规定追究责任。

第六十三条 【行政监督机关工作人员的责任】对招标投标活动依法负有行政监督职责的国家机关工作人员徇私舞弊、滥用职权或者玩忽职守，构成犯罪的，依法追究刑事责任；不构成犯罪的，依法给予行政处分。

第六十四条 【中标无效的处理】依法必须进行招标的项目违反本法规定，中标无效的，应当依照本法规定的中标条件从其余投标人中重新确定中标人或者依照本法重新进行招标。

第六章 附　　则

第六十五条 【异议或投诉】投标人和其他利害关系人认为招标投标活动不符合本法有关规定的，有权向招标人提出异议或者依法向有关行政监督部门投诉。

第六十六条 【不进行招标的项目】涉及国家安全、国家秘密、抢险救灾或者属于利用扶贫资金实行以工代赈、需要使用农民工等特殊情况，不适宜进行招标的项目，按照国家有关规定可以不进行招标。

第六十七条 【适用除外】使用国际组织或者外国政府贷款、援助资金的项目进行招标，贷款方、资金提供方对招标投标的具体条件和程序有不同规定的，可以适用其规定，但违背中华人民共和国的社会公共利益的除外。

第六十八条 【施行日期】本法自2000年1月1日起施行。

中华人民共和国招标投标法实施条例

（2011年12月20日中华人民共和国国务院令第613号公布　根据2017年3月1日《国务院关于修改和废止部分行政法规的决定》第一次修订　根据2018年3月19日《国务院关于修改和废止部分行政法规的决定》第二次修订　根据2019年3月2日《国务院关于修改部分行政法规的决定》第三次修订）

第一章　总　　则

第一条　为了规范招标投标活动，根据《中华人民共和国招标投标法》（以下简称招标投标法），制定本条例。

第二条　招标投标法第三条所称工程建设项目，是指工程以及与工程建设有关的货物、服务。

前款所称工程，是指建设工程，包括建筑物和构筑物的新建、改建、扩建及其相关的装修、拆除、修缮等；所称与工程建设有关的货物，是指构成工程不可分割的组成部分，且为实现工程基本功能所必需的设备、材料等；所称与工程建设有关的服务，是指为完成工程所需的勘察、设计、监理等服务。

第三条　依法必须进行招标的工程建设项目的具体范围和规模标准，由国务院发展改革部门会同国务院有关部门制订，报国务院批准后公布施行。

第四条　国务院发展改革部门指导和协调全国招标投标工作，对国家重大建设项目的工程招标投标活动实施监督检查。国务院工业和信息化、住房城乡建设、交通运输、铁道、水利、商务等部门，按照规定的职责分工对有关招标投标活动实施监督。

县级以上地方人民政府发展改革部门指导和协调本行政区域的招标投标工作。县级以上地方人民政府有关部门按照规定的职责分工，对招标投标活动实施监督，依法查处招标投标活动中的违法行为。县级以上地方人民政府对其所属部门有关招标投标活动的监督职责分工另有规定的，从其规定。

财政部门依法对实行招标投标的政府采购工程建设项目的政府采购政策执行情况实施监督。

监察机关依法对与招标投标活动有关的监察对象实施监察。

第五条 设区的市级以上地方人民政府可以根据实际需要，建立统一规范的招标投标交易场所，为招标投标活动提供服务。招标投标交易场所不得与行政监督部门存在隶属关系，不得以营利为目的。

国家鼓励利用信息网络进行电子招标投标。

第六条 禁止国家工作人员以任何方式非法干涉招标投标活动。

第二章 招 标

第七条 按照国家有关规定需要履行项目审批、核准手续的依法必须进行招标的项目，其招标范围、招标方式、招标组织形式应当报项目审批、核准部门审批、核准。项目审批、核准部门应当及时将审批、核准确定的招标范围、招标方式、招标组织形式通报有关行政监督部门。

第八条 国有资金占控股或者主导地位的依法必须进行招标的项目，应当公开招标；但有下列情形之一的，可以邀请招标：

（一）技术复杂、有特殊要求或者受自然环境限制，只有少量潜在投标人可供选择；

（二）采用公开招标方式的费用占项目合同金额的比例过大。

有前款第二项所列情形，属于本条例第七条规定的项目，由项目审批、核准部门在审批、核准项目时作出认定；其他项目由招标人申请有关行政监督部门作出认定。

第九条 除招标投标法第六十六条规定的可以不进行招标的特殊情况外，有下列情形之一的，可以不进行招标：

（一）需要采用不可替代的专利或者专有技术；

（二）采购人依法能够自行建设、生产或者提供；

（三）已通过招标方式选定的特许经营项目投资人依法能够自行建设、生产或者提供；

（四）需要向原中标人采购工程、货物或者服务，否则将影响施工或者功能配套要求；

（五）国家规定的其他特殊情形。

招标人为适用前款规定弄虚作假的，属于招标投标法第四条规定的规避招标。

第十条 招标投标法第十二条第二款规定的招标人具有编制招标文件和组织评标能力，是指招标人具有与招标项目规模和复杂程度相适应的技术、经济等方面的专业人员。

第十一条 国务院住房城乡建设、商务、发展改革、工业和信息化等部门，按照规定的职责分工对招标代理机构依法实施监督管理。

第十二条 招标代理机构应当拥有一定数量的具备编制招标文件、组织评标等相应能力的专业人员。

第十三条 招标代理机构在招标人委托的范围内开展招标代理业务，任何单位和个人不得非法干涉。

招标代理机构代理招标业务，应当遵守招标投标法和本条例关于招标人的规定。招标代理机构不得在所代理的招标项目中投标或者代理投标，也不得为所代理的招标项目的投标人提供咨询。

第十四条 招标人应当与被委托的招标代理机构签订书面委托合同，合同约定的收费标准应当符合国家有关规定。

第十五条 公开招标的项目，应当依照招标投标法和本条例的规定发布招标公告、编制招标文件。

招标人采用资格预审办法对潜在投标人进行资格审查的，应当发布资格预审公告、编制资格预审文件。

依法必须进行招标的项目的资格预审公告和招标公告，应当在国务院发展改革部门依法指定的媒介发布。在不同媒介发布的同一招标项目的资格预审公告或者招标公告的内容应当一致。指定媒介发布依法必须进行招标的项目的境内资格预审公告、招标公告，不得收取费用。

编制依法必须进行招标的项目的资格预审文件和招标文件，应当使用国务院发展改革部门会同有关行政监督部门制定的标准文本。

第十六条 招标人应当按照资格预审公告、招标公告或者投标邀请书规定的时间、地点发售资格预审文件或者招标文件。资格预审文件或者招标文件的发售期不得少于5日。

招标人发售资格预审文件、招标文件收取的费用应当限于补偿印刷、邮寄的成本支出，不得以营利为目的。

第十七条 招标人应当合理确定提交资格预审申请文件的时间。依法必须进行招标的项目提交资格预审申请文件的时间，自资格预审文件停止发售之日起不得少于5日。

第十八条 资格预审应当按照资格预审文件载明的标准和方法进行。

国有资金占控股或者主导地位的依法必须进行招标的项目，招标人应当组建资格审查委员会审查资格预审申请文件。资格审查委员会及其成员应当遵守招标投标法和本条例有关评标委员会及其成员的规定。

第十九条 资格预审结束后，招标人应当及时向资格预审申请人发出资格预审结果通知书。未通过资格预审的申请人不具有投标资格。

通过资格预审的申请人少于3个的，应当重新招标。

第二十条　招标人采用资格后审办法对投标人进行资格审查的，应当在开标后由评标委员会按照招标文件规定的标准和方法对投标人的资格进行审查。

第二十一条　招标人可以对已发出的资格预审文件或者招标文件进行必要的澄清或者修改。澄清或者修改的内容可能影响资格预审申请文件或者投标文件编制的，招标人应当在提交资格预审申请文件截止时间至少3日前，或者投标截止时间至少15日前，以书面形式通知所有获取资格预审文件或者招标文件的潜在投标人；不足3日或者15日的，招标人应当顺延提交资格预审申请文件或者投标文件的截止时间。

第二十二条　潜在投标人或者其他利害关系人对资格预审文件有异议的，应当在提交资格预审申请文件截止时间2日前提出；对招标文件有异议的，应当在投标截止时间10日前提出。招标人应当自收到异议之日起3日内作出答复；作出答复前，应当暂停招标投标活动。

第二十三条　招标人编制的资格预审文件、招标文件的内容违反法律、行政法规的强制性规定，违反公开、公平、公正和诚实信用原则，影响资格预审结果或者潜在投标人投标的，依法必须进行招标的项目的招标人应当在修改资格预审文件或者招标文件后重新招标。

第二十四条　招标人对招标项目划分标段的，应当遵守招标投标法的有关规定，不得利用划分标段限制或者排斥潜在投标人。依法必须进行招标的项目的招标人不得利用划分标段规避招标。

第二十五条　招标人应当在招标文件中载明投标有效期。投标有效期从提交投标文件的截止之日起算。

第二十六条　招标人在招标文件中要求投标人提交投标保证金

的，投标保证金不得超过招标项目估算价的 2%。投标保证金有效期应当与投标有效期一致。

依法必须进行招标的项目的境内投标单位，以现金或者支票形式提交的投标保证金应当从其基本账户转出。

招标人不得挪用投标保证金。

第二十七条 招标人可以自行决定是否编制标底。一个招标项目只能有一个标底。标底必须保密。

接受委托编制标底的中介机构不得参加受托编制标底项目的投标，也不得为该项目的投标人编制投标文件或者提供咨询。

招标人设有最高投标限价的，应当在招标文件中明确最高投标限价或者最高投标限价的计算方法。招标人不得规定最低投标限价。

第二十八条 招标人不得组织单个或者部分潜在投标人踏勘项目现场。

第二十九条 招标人可以依法对工程以及与工程建设有关的货物、服务全部或者部分实行总承包招标。以暂估价形式包括在总承包范围内的工程、货物、服务属于依法必须进行招标的项目范围且达到国家规定规模标准的，应当依法进行招标。

前款所称暂估价，是指总承包招标时不能确定价格而由招标人在招标文件中暂时估定的工程、货物、服务的金额。

第三十条 对技术复杂或者无法精确拟定技术规格的项目，招标人可以分两阶段进行招标。

第一阶段，投标人按照招标公告或者投标邀请书的要求提交不带报价的技术建议，招标人根据投标人提交的技术建议确定技术标准和要求，编制招标文件。

第二阶段，招标人向在第一阶段提交技术建议的投标人提供招标文件，投标人按照招标文件的要求提交包括最终技术方案和投标报价的投标文件。

招标人要求投标人提交投标保证金的,应当在第二阶段提出。

第三十一条 招标人终止招标的,应当及时发布公告,或者以书面形式通知被邀请的或者已经获取资格预审文件、招标文件的潜在投标人。已经发售资格预审文件、招标文件或者已经收取投标保证金的,招标人应当及时退还所收取的资格预审文件、招标文件的费用,以及所收取的投标保证金及银行同期存款利息。

第三十二条 招标人不得以不合理的条件限制、排斥潜在投标人或者投标人。

招标人有下列行为之一的,属于以不合理条件限制、排斥潜在投标人或者投标人:

(一)就同一招标项目向潜在投标人或者投标人提供有差别的项目信息;

(二)设定的资格、技术、商务条件与招标项目的具体特点和实际需要不相适应或者与合同履行无关;

(三)依法必须进行招标的项目以特定行政区域或者特定行业的业绩、奖项作为加分条件或者中标条件;

(四)对潜在投标人或者投标人采取不同的资格审查或者评标标准;

(五)限定或者指定特定的专利、商标、品牌、原产地或者供应商;

(六)依法必须进行招标的项目非法限定潜在投标人或者投标人的所有制形式或者组织形式;

(七)以其他不合理条件限制、排斥潜在投标人或者投标人。

第三章 投 标

第三十三条 投标人参加依法必须进行招标的项目的投标,不受地区或者部门的限制,任何单位和个人不得非法干涉。

第三十四条 与招标人存在利害关系可能影响招标公正性的法

人、其他组织或者个人，不得参加投标。

单位负责人为同一人或者存在控股、管理关系的不同单位，不得参加同一标段投标或者未划分标段的同一招标项目投标。

违反前两款规定的，相关投标均无效。

第三十五条 投标人撤回已提交的投标文件，应当在投标截止时间前书面通知招标人。招标人已收取投标保证金的，应当自收到投标人书面撤回通知之日起5日内退还。

投标截止后投标人撤销投标文件的，招标人可以不退还投标保证金。

第三十六条 未通过资格预审的申请人提交的投标文件，以及逾期送达或者不按照招标文件要求密封的投标文件，招标人应当拒收。

招标人应当如实记载投标文件的送达时间和密封情况，并存档备查。

第三十七条 招标人应当在资格预审公告、招标公告或者投标邀请书中载明是否接受联合体投标。

招标人接受联合体投标并进行资格预审的，联合体应当在提交资格预审申请文件前组成。资格预审后联合体增减、更换成员的，其投标无效。

联合体各方在同一招标项目中以自己名义单独投标或者参加其他联合体投标的，相关投标均无效。

第三十八条 投标人发生合并、分立、破产等重大变化的，应当及时书面告知招标人。投标人不再具备资格预审文件、招标文件规定的资格条件或者其投标影响招标公正性的，其投标无效。

第三十九条 禁止投标人相互串通投标。

有下列情形之一的，属于投标人相互串通投标：

（一）投标人之间协商投标报价等投标文件的实质性内容；

（二）投标人之间约定中标人；

（三）投标人之间约定部分投标人放弃投标或者中标；

（四）属于同一集团、协会、商会等组织成员的投标人按照该组织要求协同投标；

（五）投标人之间为谋取中标或者排斥特定投标人而采取的其他联合行动。

第四十条 有下列情形之一的，视为投标人相互串通投标：

（一）不同投标人的投标文件由同一单位或者个人编制；

（二）不同投标人委托同一单位或者个人办理投标事宜；

（三）不同投标人的投标文件载明的项目管理成员为同一人；

（四）不同投标人的投标文件异常一致或者投标报价呈规律性差异；

（五）不同投标人的投标文件相互混装；

（六）不同投标人的投标保证金从同一单位或者个人的账户转出。

第四十一条 禁止招标人与投标人串通投标。

有下列情形之一的，属于招标人与投标人串通投标：

（一）招标人在开标前开启投标文件并将有关信息泄露给其他投标人；

（二）招标人直接或者间接向投标人泄露标底、评标委员会成员等信息；

（三）招标人明示或者暗示投标人压低或者抬高投标报价；

（四）招标人授意投标人撤换、修改投标文件；

（五）招标人明示或者暗示投标人为特定投标人中标提供方便；

（六）招标人与投标人为谋求特定投标人中标而采取的其他串通行为。

第四十二条 使用通过受让或者租借等方式获取的资格、资质证书投标的，属于招标投标法第三十三条规定的以他人名义投标。

投标人有下列情形之一的，属于招标投标法第三十三条规定的以其他方式弄虚作假的行为：

（一）使用伪造、变造的许可证件；

（二）提供虚假的财务状况或者业绩；

（三）提供虚假的项目负责人或者主要技术人员简历、劳动关系证明；

（四）提供虚假的信用状况；

（五）其他弄虚作假的行为。

第四十三条　提交资格预审申请文件的申请人应当遵守招标投标法和本条例有关投标人的规定。

第四章　开标、评标和中标

第四十四条　招标人应当按照招标文件规定的时间、地点开标。

投标人少于3个的，不得开标；招标人应当重新招标。

投标人对开标有异议的，应当在开标现场提出，招标人应当当场作出答复，并制作记录。

第四十五条　国家实行统一的评标专家专业分类标准和管理办法。具体标准和办法由国务院发展改革部门会同国务院有关部门制定。

省级人民政府和国务院有关部门应当组建综合评标专家库。

第四十六条　除招标投标法第三十七条第三款规定的特殊招标项目外，依法必须进行招标的项目，其评标委员会的专家成员应当从评标专家库内相关专业的专家名单中以随机抽取方式确定。任何单位和个人不得以明示、暗示等任何方式指定或者变相指定参加评标委员会的专家成员。

依法必须进行招标的项目的招标人非因招标投标法和本条例规定的事由，不得更换依法确定的评标委员会成员。更换评标委员会的专家成员应当依照前款规定进行。

评标委员会成员与投标人有利害关系的，应当主动回避。

有关行政监督部门应当按照规定的职责分工，对评标委员会成员的确定方式、评标专家的抽取和评标活动进行监督。行政监督部门的工作人员不得担任本部门负责监督项目的评标委员会成员。

第四十七条 招标投标法第三十七条第三款所称特殊招标项目，是指技术复杂、专业性强或者国家有特殊要求，采取随机抽取方式确定的专家难以保证胜任评标工作的项目。

第四十八条 招标人应当向评标委员会提供评标所必需的信息，但不得明示或者暗示其倾向或者排斥特定投标人。

招标人应当根据项目规模和技术复杂程度等因素合理确定评标时间。超过三分之一的评标委员会成员认为评标时间不够的，招标人应当适当延长。

评标过程中，评标委员会成员有回避事由、擅离职守或者因健康等原因不能继续评标的，应当及时更换。被更换的评标委员会成员作出的评审结论无效，由更换后的评标委员会成员重新进行评审。

第四十九条 评标委员会成员应当依照招标投标法和本条例的规定，按照招标文件规定的评标标准和方法，客观、公正地对投标文件提出评审意见。招标文件没有规定的评标标准和方法不得作为评标的依据。

评标委员会成员不得私下接触投标人，不得收受投标人给予的财物或者其他好处，不得向招标人征询确定中标人的意向，不得接受任何单位或者个人明示或者暗示提出的倾向或者排斥特定投标人的要求，不得有其他不客观、不公正履行职务的行为。

第五十条 招标项目设有标底的，招标人应当在开标时公布。标底只能作为评标的参考，不得以投标报价是否接近标底作为中标条件，也不得以投标报价超过标底上下浮动范围作为否决投标的条件。

第五十一条 有下列情形之一的，评标委员会应当否决其投标：

（一）投标文件未经投标单位盖章和单位负责人签字；

（二）投标联合体没有提交共同投标协议；

（三）投标人不符合国家或者招标文件规定的资格条件；

（四）同一投标人提交两个以上不同的投标文件或者投标报价，但招标文件要求提交备选投标的除外；

（五）投标报价低于成本或者高于招标文件设定的最高投标限价；

（六）投标文件没有对招标文件的实质性要求和条件作出响应；

（七）投标人有串通投标、弄虚作假、行贿等违法行为。

第五十二条 投标文件中有含义不明确的内容、明显文字或者计算错误，评标委员会认为需要投标人作出必要澄清、说明的，应当书面通知该投标人。投标人的澄清、说明应当采用书面形式，并不得超出投标文件的范围或者改变投标文件的实质性内容。

评标委员会不得暗示或者诱导投标人作出澄清、说明，不得接受投标人主动提出的澄清、说明。

第五十三条 评标完成后，评标委员会应当向招标人提交书面评标报告和中标候选人名单。中标候选人应当不超过3个，并标明排序。

评标报告应当由评标委员会全体成员签字。对评标结果有不同意见的评标委员会成员应当以书面形式说明其不同意见和理由，评标报告应当注明该不同意见。评标委员会成员拒绝在评标报告上签字又不书面说明其不同意见和理由的，视为同意评标结果。

第五十四条 依法必须进行招标的项目，招标人应当自收到评标报告之日起3日内公示中标候选人，公示期不得少于3日。

投标人或者其他利害关系人对依法必须进行招标的项目的评标结果有异议的，应当在中标候选人公示期间提出。招标人应当自收到异议之日起 3 日内作出答复；作出答复前，应当暂停招标投标活动。

第五十五条 国有资金占控股或者主导地位的依法必须进行招标的项目，招标人应当确定排名第一的中标候选人为中标人。排名第一的中标候选人放弃中标、因不可抗力不能履行合同、不按照招标文件要求提交履约保证金，或者被查实存在影响中标结果的违法行为等情形，不符合中标条件的，招标人可以按照评标委员会提出的中标候选人名单排序依次确定其他中标候选人为中标人，也可以重新招标。

第五十六条 中标候选人的经营、财务状况发生较大变化或者存在违法行为，招标人认为可能影响其履约能力的，应当在发出中标通知书前由原评标委员会按照招标文件规定的标准和方法审查确认。

第五十七条 招标人和中标人应当依照招标投标法和本条例的规定签订书面合同，合同的标的、价款、质量、履行期限等主要条款应当与招标文件和中标人的投标文件的内容一致。招标人和中标人不得再行订立背离合同实质性内容的其他协议。

招标人最迟应当在书面合同签订后 5 日内向中标人和未中标的投标人退还投标保证金及银行同期存款利息。

第五十八条 招标文件要求中标人提交履约保证金的，中标人应当按照招标文件的要求提交。履约保证金不得超过中标合同金额的 10%。

第五十九条 中标人应当按照合同约定履行义务，完成中标项目。中标人不得向他人转让中标项目，也不得将中标项目肢解后分别向他人转让。

中标人按照合同约定或者经招标人同意，可以将中标项目的部分非主体、非关键性工作分包给他人完成。接受分包的人应当具备相应的资格条件，并不得再次分包。

中标人应当就分包项目向招标人负责,接受分包的人就分包项目承担连带责任。

第五章 投诉与处理

第六十条 投标人或者其他利害关系人认为招标投标活动不符合法律、行政法规规定的,可以自知道或者应当知道之日起10日内向有关行政监督部门投诉。投诉应当有明确的请求和必要的证明材料。

就本条例第二十二条、第四十四条、第五十四条规定事项投诉的,应当先向招标人提出异议,异议答复期间不计算在前款规定的期限内。

第六十一条 投诉人就同一事项向两个以上有权受理的行政监督部门投诉的,由最先收到投诉的行政监督部门负责处理。

行政监督部门应当自收到投诉之日起3个工作日内决定是否受理投诉,并自受理投诉之日起30个工作日内作出书面处理决定;需要检验、检测、鉴定、专家评审的,所需时间不计算在内。

投诉人捏造事实、伪造材料或者以非法手段取得证明材料进行投诉的,行政监督部门应当予以驳回。

第六十二条 行政监督部门处理投诉,有权查阅、复制有关文件、资料,调查有关情况,相关单位和人员应当予以配合。必要时,行政监督部门可以责令暂停招标投标活动。

行政监督部门的工作人员对监督检查过程中知悉的国家秘密、商业秘密,应当依法予以保密。

第六章 法律责任

第六十三条 招标人有下列限制或者排斥潜在投标人行为之一的,由有关行政监督部门依照招标投标法第五十一条的规定处罚:

(一)依法应当公开招标的项目不按照规定在指定媒介发布资

格预审公告或者招标公告；

（二）在不同媒介发布的同一招标项目的资格预审公告或者招标公告的内容不一致，影响潜在投标人申请资格预审或者投标。

依法必须进行招标的项目的招标人不按照规定发布资格预审公告或者招标公告，构成规避招标的，依照招标投标法第四十九条的规定处罚。

第六十四条 招标人有下列情形之一的，由有关行政监督部门责令改正，可以处 10 万元以下的罚款：

（一）依法应当公开招标而采用邀请招标；

（二）招标文件、资格预审文件的发售、澄清、修改的时限，或者确定的提交资格预审申请文件、投标文件的时限不符合招标投标法和本条例规定；

（三）接受未通过资格预审的单位或者个人参加投标；

（四）接受应当拒收的投标文件。

招标人有前款第一项、第三项、第四项所列行为之一的，对单位直接负责的主管人员和其他直接责任人员依法给予处分。

第六十五条 招标代理机构在所代理的招标项目中投标、代理投标或者向该项目投标人提供咨询的，接受委托编制标底的中介机构参加受托编制标底项目的投标或者为该项目的投标人编制投标文件、提供咨询的，依照招标投标法第五十条的规定追究法律责任。

第六十六条 招标人超过本条例规定的比例收取投标保证金、履约保证金或者不按照规定退还投标保证金及银行同期存款利息的，由有关行政监督部门责令改正，可以处 5 万元以下的罚款；给他人造成损失的，依法承担赔偿责任。

第六十七条 投标人相互串通投标或者与招标人串通投标的，投标人向招标人或者评标委员会成员行贿谋取中标的，中标无效；构成犯罪的，依法追究刑事责任；尚不构成犯罪的，依照招标投标法第五十三条的规定处罚。投标人未中标的，对单位的罚款金额按照招标项目合同金额依照招标投标法规定的比例计算。

投标人有下列行为之一的,属于招标投标法第五十三条规定的情节严重行为,由有关行政监督部门取消其1年至2年内参加依法必须进行招标的项目的投标资格:

(一)以行贿谋取中标;

(二)3年内2次以上串通投标;

(三)串通投标行为损害招标人、其他投标人或者国家、集体、公民的合法利益,造成直接经济损失30万元以上;

(四)其他串通投标情节严重的行为。

投标人自本条第二款规定的处罚执行期限届满之日起3年内又有该款所列违法行为之一的,或者串通投标、以行贿谋取中标情节特别严重的,由工商行政管理机关吊销营业执照。

法律、行政法规对串通投标报价行为的处罚另有规定的,从其规定。

第六十八条 投标人以他人名义投标或者以其他方式弄虚作假骗取中标的,中标无效;构成犯罪的,依法追究刑事责任;尚不构成犯罪的,依照招标投标法第五十四条的规定处罚。依法必须进行招标的项目的投标人未中标的,对单位的罚款金额按照招标项目合同金额依照招标投标法规定的比例计算。

投标人有下列行为之一的,属于招标投标法第五十四条规定的情节严重行为,由有关行政监督部门取消其1年至3年内参加依法必须进行招标的项目的投标资格:

(一)伪造、变造资格、资质证书或者其他许可证件骗取中标;

(二)3年内2次以上使用他人名义投标;

(三)弄虚作假骗取中标给招标人造成直接经济损失30万元以上;

(四)其他弄虚作假骗取中标情节严重的行为。

投标人自本条第二款规定的处罚执行期限届满之日起3年内又

有该款所列违法行为之一的,或者弄虚作假骗取中标情节特别严重的,由工商行政管理机关吊销营业执照。

第六十九条　出让或者出租资格、资质证书供他人投标的,依照法律、行政法规的规定给予行政处罚;构成犯罪的,依法追究刑事责任。

第七十条　依法必须进行招标的项目的招标人不按照规定组建评标委员会,或者确定、更换评标委员会成员违反招标投标法和本条例规定的,由有关行政监督部门责令改正,可以处 10 万元以下的罚款,对单位直接负责的主管人员和其他直接责任人员依法给予处分;违法确定或者更换的评标委员会成员作出的评审结论无效,依法重新进行评审。

国家工作人员以任何方式非法干涉选取评标委员会成员的,依照本条例第八十条的规定追究法律责任。

第七十一条　评标委员会成员有下列行为之一的,由有关行政监督部门责令改正;情节严重的,禁止其在一定期限内参加依法必须进行招标的项目的评标;情节特别严重的,取消其担任评标委员会成员的资格:

(一)应当回避而不回避;

(二)擅离职守;

(三)不按照招标文件规定的评标标准和方法评标;

(四)私下接触投标人;

(五)向招标人征询确定中标人的意向或者接受任何单位或者个人明示或者暗示提出的倾向或者排斥特定投标人的要求;

(六)对依法应当否决的投标不提出否决意见;

(七)暗示或者诱导投标人作出澄清、说明或者接受投标人主动提出的澄清、说明;

(八)其他不客观、不公正履行职务的行为。

第七十二条　评标委员会成员收受投标人的财物或者其他好处

的，没收收受的财物，处3000元以上5万元以下的罚款，取消担任评标委员会成员的资格，不得再参加依法必须进行招标的项目的评标；构成犯罪的，依法追究刑事责任。

第七十三条 依法必须进行招标的项目的招标人有下列情形之一的，由有关行政监督部门责令改正，可以处中标项目金额10‰以下的罚款；给他人造成损失的，依法承担赔偿责任；对单位直接负责的主管人员和其他直接责任人员依法给予处分：

（一）无正当理由不发出中标通知书；

（二）不按照规定确定中标人；

（三）中标通知书发出后无正当理由改变中标结果；

（四）无正当理由不与中标人订立合同；

（五）在订立合同时向中标人提出附加条件。

第七十四条 中标人无正当理由不与招标人订立合同，在签订合同时向招标人提出附加条件，或者不按照招标文件要求提交履约保证金的，取消其中标资格，投标保证金不予退还。对依法必须进行招标的项目的中标人，由有关行政监督部门责令改正，可以处中标项目金额10‰以下的罚款。

第七十五条 招标人和中标人不按照招标文件和中标人的投标文件订立合同，合同的主要条款与招标文件、中标人的投标文件的内容不一致，或者招标人、中标人订立背离合同实质性内容的协议的，由有关行政监督部门责令改正，可以处中标项目金额5‰以上10‰以下的罚款。

第七十六条 中标人将中标项目转让给他人的，将中标项目肢解后分别转让给他人的，违反招标投标法和本条例规定将中标项目的部分主体、关键性工作分包给他人的，或者分包人再次分包的，转让、分包无效，处转让、分包项目金额5‰以上10‰以下的罚款；有违法所得的，并处没收违法所得；可以责令停业整顿；情节严重的，由工商行政管理机关吊销营业执照。

第七十七条 投标人或者其他利害关系人捏造事实、伪造材料或者以非法手段取得证明材料进行投诉，给他人造成损失的，依法承担赔偿责任。

招标人不按照规定对异议作出答复，继续进行招标投标活动的，由有关行政监督部门责令改正，拒不改正或者不能改正并影响中标结果的，依照本条例第八十一条的规定处理。

第七十八条 国家建立招标投标信用制度。有关行政监督部门应当依法公告对招标人、招标代理机构、投标人、评标委员会成员等当事人违法行为的行政处理决定。

第七十九条 项目审批、核准部门不依法审批、核准项目招标范围、招标方式、招标组织形式的，对单位直接负责的主管人员和其他直接责任人员依法给予处分。

有关行政监督部门不依法履行职责，对违反招标投标法和本条例规定的行为不依法查处，或者不按照规定处理投诉、不依法公告对招标投标当事人违法行为的行政处理决定的，对直接负责的主管人员和其他直接责任人员依法给予处分。

项目审批、核准部门和有关行政监督部门的工作人员徇私舞弊、滥用职权、玩忽职守，构成犯罪的，依法追究刑事责任。

第八十条 国家工作人员利用职务便利，以直接或者间接、明示或者暗示等任何方式非法干涉招标投标活动，有下列情形之一的，依法给予记过或者记大过处分；情节严重的，依法给予降级或者撤职处分；情节特别严重的，依法给予开除处分；构成犯罪的，依法追究刑事责任：

（一）要求对依法必须进行招标的项目不招标，或者要求对依法应当公开招标的项目不公开招标；

（二）要求评标委员会成员或者招标人以其指定的投标人作为中标候选人或者中标人，或者以其他方式非法干涉评标活动，影响中标结果；

（三）以其他方式非法干涉招标投标活动。

第八十一条 依法必须进行招标的项目的招标投标活动违反招标投标法和本条例的规定，对中标结果造成实质性影响，且不能采取补救措施予以纠正的，招标、投标、中标无效，应当依法重新招标或者评标。

第七章 附 则

第八十二条 招标投标协会按照依法制定的章程开展活动，加强行业自律和服务。

第八十三条 政府采购的法律、行政法规对政府采购货物、服务的招标投标另有规定的，从其规定。

第八十四条 本条例自2012年2月1日起施行。

政府投资条例

（2018年12月5日国务院第33次常务会议通过 2019年4月14日中华人民共和国国务院令第712号公布 自2019年7月1日起施行）

第一章 总 则

第一条 为了充分发挥政府投资作用，提高政府投资效益，规范政府投资行为，激发社会投资活力，制定本条例。

第二条 本条例所称政府投资，是指在中国境内使用预算安排的资金进行固定资产投资建设活动，包括新建、扩建、改建、技术改造等。

第三条 政府投资资金应当投向市场不能有效配置资源的社会公益服务、公共基础设施、农业农村、生态环境保护、重大科技进步、社会管理、国家安全等公共领域的项目,以非经营性项目为主。

国家完善有关政策措施,发挥政府投资资金的引导和带动作用,鼓励社会资金投向前款规定的领域。

国家建立政府投资范围定期评估调整机制,不断优化政府投资方向和结构。

第四条 政府投资应当遵循科学决策、规范管理、注重绩效、公开透明的原则。

第五条 政府投资应当与经济社会发展水平和财政收支状况相适应。

国家加强对政府投资资金的预算约束。政府及其有关部门不得违法违规举借债务筹措政府投资资金。

第六条 政府投资资金按项目安排,以直接投资方式为主;对确需支持的经营性项目,主要采取资本金注入方式,也可以适当采取投资补助、贷款贴息等方式。

安排政府投资资金,应当符合推进中央与地方财政事权和支出责任划分改革的有关要求,并平等对待各类投资主体,不得设置歧视性条件。

国家通过建立项目库等方式,加强对使用政府投资资金项目的储备。

第七条 国务院投资主管部门依照本条例和国务院的规定,履行政府投资综合管理职责。国务院其他有关部门依照本条例和国务院规定的职责分工,履行相应的政府投资管理职责。

县级以上地方人民政府投资主管部门和其他有关部门依照本条例和本级人民政府规定的职责分工,履行相应的政府投资管理职责。

第二章 政府投资决策

第八条 县级以上人民政府应当根据国民经济和社会发展规

划、中期财政规划和国家宏观调控政策，结合财政收支状况，统筹安排使用政府投资资金的项目，规范使用各类政府投资资金。

第九条 政府采取直接投资方式、资本金注入方式投资的项目（以下统称政府投资项目），项目单位应当编制项目建议书、可行性研究报告、初步设计，按照政府投资管理权限和规定的程序，报投资主管部门或者其他有关部门审批。

项目单位应当加强政府投资项目的前期工作，保证前期工作的深度达到规定的要求，并对项目建议书、可行性研究报告、初步设计以及依法应当附具的其他文件的真实性负责。

第十条 除涉及国家秘密的项目外，投资主管部门和其他有关部门应当通过投资项目在线审批监管平台（以下简称在线平台），使用在线平台生成的项目代码办理政府投资项目审批手续。

投资主管部门和其他有关部门应当通过在线平台列明与政府投资有关的规划、产业政策等，公开政府投资项目审批的办理流程、办理时限等，并为项目单位提供相关咨询服务。

第十一条 投资主管部门或者其他有关部门应当根据国民经济和社会发展规划、相关领域专项规划、产业政策等，从下列方面对政府投资项目进行审查，作出是否批准的决定：

（一）项目建议书提出的项目建设的必要性；

（二）可行性研究报告分析的项目的技术经济可行性、社会效益以及项目资金等主要建设条件的落实情况；

（三）初步设计及其提出的投资概算是否符合可行性研究报告批复以及国家有关标准和规范的要求；

（四）依照法律、行政法规和国家有关规定应当审查的其他事项。

投资主管部门或者其他有关部门对政府投资项目不予批准的，应当书面通知项目单位并说明理由。

对经济社会发展、社会公众利益有重大影响或者投资规模较大的政府投资项目，投资主管部门或者其他有关部门应当在中介服务机构评估、公众参与、专家评议、风险评估的基础上作出是否批准的决定。

第十二条 经投资主管部门或者其他有关部门核定的投资概算是控制政府投资项目总投资的依据。

初步设计提出的投资概算超过经批准的可行性研究报告提出的投资估算10%的，项目单位应当向投资主管部门或者其他有关部门报告，投资主管部门或者其他有关部门可以要求项目单位重新报送可行性研究报告。

第十三条 对下列政府投资项目，可以按照国家有关规定简化需要报批的文件和审批程序：

（一）相关规划中已经明确的项目；

（二）部分扩建、改建项目；

（三）建设内容单一、投资规模较小、技术方案简单的项目；

（四）为应对自然灾害、事故灾难、公共卫生事件、社会安全事件等突发事件需要紧急建设的项目。

前款第三项所列项目的具体范围，由国务院投资主管部门会同国务院其他有关部门规定。

第十四条 采取投资补助、贷款贴息等方式安排政府投资资金的，项目单位应当按照国家有关规定办理手续。

第三章 政府投资年度计划

第十五条 国务院投资主管部门对其负责安排的政府投资编制政府投资年度计划，国务院其他有关部门对其负责安排的本行业、本领域的政府投资编制政府投资年度计划。

县级以上地方人民政府有关部门按照本级人民政府的规定，编制政府投资年度计划。

第十六条 政府投资年度计划应当明确项目名称、建设内容及规模、建设工期、项目总投资、年度投资额及资金来源等事项。

第十七条 列入政府投资年度计划的项目应当符合下列条件：

（一）采取直接投资方式、资本金注入方式的，可行性研究报告已经批准或者投资概算已经核定；

（二）采取投资补助、贷款贴息等方式的，已经按照国家有关规定办理手续；

（三）县级以上人民政府有关部门规定的其他条件。

第十八条 政府投资年度计划应当和本级预算相衔接。

第十九条 财政部门应当根据经批准的预算，按照法律、行政法规和国库管理的有关规定，及时、足额办理政府投资资金拨付。

第四章　政府投资项目实施

第二十条 政府投资项目开工建设，应当符合本条例和有关法律、行政法规规定的建设条件；不符合规定的建设条件的，不得开工建设。

国务院规定应当审批开工报告的重大政府投资项目，按照规定办理开工报告审批手续后方可开工建设。

第二十一条 政府投资项目应当按照投资主管部门或者其他有关部门批准的建设地点、建设规模和建设内容实施；拟变更建设地点或者拟对建设规模、建设内容等作较大变更的，应当按照规定的程序报原审批部门审批。

第二十二条 政府投资项目所需资金应当按照国家有关规定确保落实到位。

政府投资项目不得由施工单位垫资建设。

第二十三条 政府投资项目建设投资原则上不得超过经核定的投资概算。

因国家政策调整、价格上涨、地质条件发生重大变化等原因确需增加投资概算的，项目单位应当提出调整方案及资金来源，按照规定的程序报原初步设计审批部门或者投资概算核定部门核定；涉及预算调整或者调剂的，依照有关预算的法律、行政法规和国家有关规定办理。

第二十四条 政府投资项目应当按照国家有关规定合理确定并严格执行建设工期，任何单位和个人不得非法干预。

第二十五条 政府投资项目建成后，应当按照国家有关规定进行竣工验收，并在竣工验收合格后及时办理竣工财务决算。

政府投资项目结余的财政资金，应当按照国家有关规定缴回国库。

第二十六条 投资主管部门或者其他有关部门应当按照国家有关规定选择有代表性的已建成政府投资项目，委托中介服务机构对所选项目进行后评价。后评价应当根据项目建成后的实际效果，对项目审批和实施进行全面评价并提出明确意见。

第五章 监督管理

第二十七条 投资主管部门和依法对政府投资项目负有监督管理职责的其他部门应当采取在线监测、现场核查等方式，加强对政府投资项目实施情况的监督检查。

项目单位应当通过在线平台如实报送政府投资项目开工建设、建设进度、竣工的基本信息。

第二十八条 投资主管部门和依法对政府投资项目负有监督管理职责的其他部门应当建立政府投资项目信息共享机制，通过在线平台实现信息共享。

第二十九条 项目单位应当按照国家有关规定加强政府投资项目档案管理，将项目审批和实施过程中的有关文件、资料存档备查。

第三十条 政府投资年度计划、政府投资项目审批和实施以及监督检查的信息应当依法公开。

第三十一条 政府投资项目的绩效管理、建设工程质量管理、安全生产管理等事项，依照有关法律、行政法规和国家有关规定执行。

第六章 法律责任

第三十二条 有下列情形之一的，责令改正，对负有责任的领导人员和直接责任人员依法给予处分：

（一）超越审批权限审批政府投资项目；

（二）对不符合规定的政府投资项目予以批准；

（三）未按照规定核定或者调整政府投资项目的投资概算；

（四）为不符合规定的项目安排投资补助、贷款贴息等政府投资资金；

（五）履行政府投资管理职责中其他玩忽职守、滥用职权、徇私舞弊的情形。

第三十三条 有下列情形之一的，依照有关预算的法律、行政法规和国家有关规定追究法律责任：

（一）政府及其有关部门违法违规举借债务筹措政府投资资金；

（二）未按照规定及时、足额办理政府投资资金拨付；

（三）转移、侵占、挪用政府投资资金。

第三十四条 项目单位有下列情形之一的，责令改正，根据具体情况，暂停、停止拨付资金或者收回已拨付的资金，暂停或者停止建设活动，对负有责任的领导人员和直接责任人员依法给予处分：

（一）未经批准或者不符合规定的建设条件开工建设政府投资项目；

（二）弄虚作假骗取政府投资项目审批或者投资补助、贷款贴息等政府投资资金；

（三）未经批准变更政府投资项目的建设地点或者对建设规模、

建设内容等作较大变更；

（四）擅自增加投资概算；

（五）要求施工单位对政府投资项目垫资建设；

（六）无正当理由不实施或者不按照建设工期实施已批准的政府投资项目。

第三十五条　项目单位未按照规定将政府投资项目审批和实施过程中的有关文件、资料存档备查，或者转移、隐匿、篡改、毁弃项目有关文件、资料的，责令改正，对负有责任的领导人员和直接责任人员依法给予处分。

第三十六条　违反本条例规定，构成犯罪的，依法追究刑事责任。

第七章　附　　则

第三十七条　国防科技工业领域政府投资的管理办法，由国务院国防科技工业管理部门根据本条例规定的原则另行制定。

第三十八条　中国人民解放军和中国人民武装警察部队的固定资产投资管理，按照中央军事委员会的规定执行。

第三十九条　本条例自 2019 年 7 月 1 日起施行。

中央预算内直接投资项目管理办法

（2014 年 1 月 29 日国家发展改革委令第 7 号公布　根据 2023 年 3 月 23 日国家发展改革委令第 1 号修订）

第一章　总　　则

第一条　为切实加强和进一步规范中央预算内直接投资项目管理，健全科学、民主的投资决策机制，提高投资效益，着力推动投资高质量发展,依据《中共中央、国务院关于深化投融资体制改革的意见》《国务院关于投资体制改革的决定》《政府投资条例》等,制定本办法。

第二条 本办法所称中央预算内直接投资项目(以下简称直接投资项目或者项目),是指国家发展改革委安排中央预算内投资建设的中央本级(包括中央部门及其派出机构、垂直管理单位、所属事业单位)非经营性固定资产投资项目。

党政机关办公楼建设项目按照党中央、国务院规定严格管理。

第三条 中央预算内直接投资应当遵循科学决策、规范管理、注重绩效、公开透明的原则,统筹兼顾国民经济社会发展各相关政策目标,争取获得经济和社会发展综合效益。

中央预算内直接投资应贯彻落实国家重大战略、重大规划和重大方针政策,并与经济社会发展水平和财政收支状况相适应。

第四条 直接投资项目实行审批制,包括审批项目建议书、可行性研究报告、初步设计。情况特殊、影响重大的项目,需要审批开工报告。

国务院、国家发展改革委批准的专项规划中已经明确、前期工作深度达到项目建议书要求、建设内容简单、投资规模较小的项目,可以直接编报可行性研究报告,或者合并编报项目建议书。

第五条 申请安排中央预算内投资3000万元及以上的项目,以及需要跨地区、跨部门、跨领域统筹的项目,由国家发展改革委审批或者由国家发展改革委委托中央有关部门审批,其中特别重大项目由国家发展改革委核报国务院批准;其余项目按照隶属关系,由中央有关部门审批后抄送国家发展改革委。

按照规定权限和程序批准的项目,国家发展改革委在编制年度计划时统筹安排中央预算内投资。

第六条 审批直接投资项目时,一般应当委托具备相应能力的工程咨询机构对项目建议书、可行性研究报告进行评估。特别重大的项目实行专家评议制度。

第七条 直接投资项目在可行性研究报告、初步设计及投资概算的编制、审批以及建设过程中，应当符合国家有关建设标准和规范。

第八条 发展改革委与财政、自然资源、生态环境、金融监管、行业管理等部门建立联动机制，实现信息共享。

凡不涉及国家安全和国家秘密、法律法规未禁止公开的直接投资项目，审批部门应当按照政府信息公开的有关规定，将项目审批情况向社会公开。

第二章 项目决策

第九条 适宜编制规划的领域，国家发展改革委和中央有关部门应当编制专项规划。按照规定权限和程序批准的专项规划，是项目决策的重要依据。

第十条 国家发展改革委会同有关部门建立项目储备库，作为项目决策和年度计划安排的重要依据。

第十一条 项目建议书要对项目建设的必要性、主要建设内容、拟建地点、拟建规模、投资匡算、资金筹措以及社会效益和经济效益等进行初步分析，并附相关文件资料。项目建议书的编制格式、内容和深度应当达到规定要求。

由国家发展改革委负责审批的项目，其项目建议书应当由具备相应资信的甲级工程咨询机构编制。

第十二条 项目建议书编制完成后，由项目单位按照规定程序报送项目审批部门审批。项目审批部门对符合有关规定、确有必要建设的项目，批准项目建议书，并将批复文件抄送自然资源、生态环境等部门。

项目审批部门可以在项目建议书批复文件中规定批复文件的有效期。

第十三条 项目单位依据项目建议书批复文件，组织开展可行性研究，并按照规定向自然资源、生态环境等部门申请办理用地（用海）预审与选址意见书、环境影响评价等审批手续。

第十四条 项目审批部门在批准项目建议书之后，应当按照有关规定进行公示。公示期间征集到的主要意见和建议，作为编制和审批项目可行性研究报告的重要参考。

第十五条 项目建议书批准后，项目单位应当委托工程咨询机构编制可行性研究报告，对项目在技术和经济上的可行性以及社会效益、节能、资源综合利用、生态环境影响、社会稳定风险等进行全面分析论证，落实各项建设和运行保障条件，并按照有关规定取得相关许可、审查意见。可行性研究报告的编制格式、内容和深度应当达到规定要求。

由国家发展改革委负责审批的项目，其可行性研究报告应当由具备相应资信的甲级工程咨询机构编制。

第十六条 项目可行性研究报告应当包含以下招标内容：

（一）项目的勘察、设计、施工、监理以及重要设备、材料等采购活动的具体招标范围（全部或者部分招标）；

（二）项目的勘察、设计、施工、监理以及重要设备、材料等采购活动拟采用的招标组织形式（委托招标或者自行招标）。按照有关规定拟自行招标的，应当按照国家有关规定提交书面材料；

（三）项目的勘察、设计、施工、监理以及重要设备、材料等采购活动拟采用的招标方式（公开招标或者邀请招标）。按照有关规定拟邀请招标的，应当按照国家有关规定提交书面材料。

第十七条 可行性研究报告编制完成后，由项目单位按照规定程序报送项目审批部门审批，并应当按规定附送用地（用海）预审与选址意见书、节能审查意见以及其它应当提交的文件。

第十八条 项目审批部门对符合有关规定、具备建设条件的项目，批准可行性研究报告，并将批复文件抄送自然资源、生态环境等部门。

项目审批部门可以在可行性研究报告批复文件中规定批复文件的有效期。

对于情况特殊、影响重大的项目，需要审批开工报告的，应当在可行性研究报告批复文件中予以明确。

第十九条 经批准的可行性研究报告是确定建设项目的依据。项目单位可以依据可行性研究报告批复文件，按照规定向自然资源等部门申请办理规划许可、正式用地等手续，并委托具有相应资质的设计单位进行初步设计。

第二十条 初步设计应当符合国家有关规定和可行性研究报告批复文件的有关要求，明确各单项工程或者单位工程的建设内容、建设规模、建设标准、用地规模、主要材料、设备规格和技术参数等设计方案，并据此编制投资概算。投资概算应当包括国家规定的项目建设所需的全部费用。

由国家发展改革委负责审批的项目，其初步设计应当由具备相应资质的甲级设计单位编制。

第二十一条 投资概算超过可行性研究报告批准的投资估算百分之十的，或者项目单位、建设性质、建设地点、建设规模、技术方案等发生重大变更的，项目单位应当报告项目审批部门。项目审批部门可以要求项目单位重新组织编制和报批可行性研究报告。

第二十二条 初步设计编制完成后，由项目单位按照规定程序报送项目审批部门审批。法律法规对直接投资项目的初步设计审批权限另有规定的，从其规定。

对于由国家发展改革委审批项目建议书、可行性研究报告的项目，其初步设计经中央有关部门审核后，由国家发展改革委审批或者经国家发展改革委核定投资概算后由中央有关部门审批。

经批准的初步设计及投资概算应当作为项目建设实施和控制投资的依据。

第二十三条 直接投资项目应当符合规划、产业政策、环境保护、土地使用、节约能源、资源利用等方面的有关规定。

第三章 建设管理

第二十四条 对于项目单位缺乏相关专业技术人员和建设管理经验的直接投资项目，项目审批部门应当在批复可行性研究报告时要求实行代理建设制度（"代建制"），通过招标等方式选择具备工程项目管理资质的工程咨询机构，作为项目管理单位负责组织项目的建设实施。项目管理单位按照与项目单位签订的合同，承担项目建设实施的相关权利义务，严格执行项目的投资概算、质量标准和建设工期等要求，在项目竣工验收后将项目交付项目单位。

第二十五条 直接投资项目应当依法办理相关手续，在具备国家规定的各项开工条件后，方可开工建设。

对于按照可行性研究报告批复文件的规定需要审批开工报告的项目，应当在开工报告批准后方可开工建设。

第二十六条 直接投资项目的招标采购，按照《招标投标法》等有关法律法规规定办理。从事直接投资项目招标代理业务的招标代理机构，应当具备中央投资项目招标代理资格。

第二十七条 建立项目建设情况报告制度。项目单位应当按照规定向项目审批部门定期报告项目建设进展情况。

第二十八条 项目由于政策调整、价格上涨、地质条件发生重大变化等原因确需调整投资概算的，由项目单位提出调整方案，按照规定程序报原概算核定部门核定。概算调增幅度超过原批复概算百分之十的，概算核定部门应按照规定委托评审机构进行专业评审，并依据结论进行概算调整。

第二十九条 建立健全直接投资项目的工程保险和工程担保制度，加强直接投资项目的风险管理。

第三十条 直接投资项目应当遵守国家档案管理的有关规定，

做好项目档案管理工作。项目档案验收不合格的,应当限期整改,经复查合格后,方可进行竣工验收。

第三十一条 直接投资项目竣工后,应当按照规定编制竣工决算。项目竣工决算具体审查和审批办法,按照国家有关规定执行。

第三十二条 直接投资项目建成后,项目单位应当按照国家有关规定报请项目可行性研究报告审批部门组织竣工验收。对于委托中央有关部门或者项目单位进行竣工验收的,中央有关部门或者项目单位应当在竣工验收完成后,将项目竣工验收报告报项目可行性研究报告审批部门。

第三十三条 直接投资项目建成运行后,项目审批部门可以依据有关规定,组织具备相应资质的工程咨询机构,对照项目可行性研究报告批复文件及批准的可行性研究报告的主要内容开展项目后评价,必要时应当参照初步设计文件的相关内容进行对比分析,进一步加强和改进项目管理,不断提高决策水平和投资效益。

第四章 监督检查和法律责任

第三十四条 发展改革、财政、审计、监察和其它有关部门,依据职能分工,对直接投资项目进行监督检查。

发展改革部门要严格落实属地监管责任,采取抽查等方式开展项目监管,并依托投资项目在线审批监管平台(国家重大项目库)加强对中央预算内直接投资项目的在线动态监管。

对未履行、不当履行或违法履行监管职责的,要依法依规严肃处理;涉嫌犯罪的,要移送有关机关依法处理。对严格依据抽查事项清单和相关工作要求开展监管,项目出现问题的,应结合执法检查人员工作态度、工作程序方法、客观条件等进行综合分析,该免责的依法依规免予追究相关责任。

第三十五条 国家发展改革委和有关部门应当依法接受单位、个人对直接投资项目在审批、建设过程中违法违规行为的投诉和举报，并按照有关规定进行查处。

第三十六条 项目审批部门和其它有关部门有下列行为之一的，责令限期改正，并对直接负责的主管人员和其它直接责任人员依法给予处分。

（一）违反本办法规定批准项目建议书、可行性研究报告、初步设计及核定投资概算的；

（二）强令或者授意项目单位违反本办法规定的；

（三）因故意或者重大过失造成重大损失或者严重损害公民、法人和其它组织合法权益的；

（四）其它违反本办法规定的行为。

第三十七条 国家机关及有关单位的工作人员在项目建设过程中滥用职权、玩忽职守、徇私舞弊、索贿受贿的，依法追究行政或者法律责任。

第三十八条 项目单位和项目管理单位有下列行为之一的，国家发展改革委和有关部门将其纳入不良信用记录，责令其限期整改、暂停项目建设或者暂停投资安排；对直接负责的主管人员和其它直接责任人员，依法追究行政或者法律责任。

（一）提供虚假情况骗取项目审批和中央预算内投资的；

（二）违反国家有关规定擅自开工建设的；

（三）未经批准擅自调整建设标准或者投资规模、改变建设地点或者建设内容的；

（四）转移、侵占或者挪用建设资金的；

（五）未及时办理竣工验收手续、未经竣工验收或者验收不合格即交付使用的；

（六）已经批准的项目，无正当理由未及时实施或者完成的；

（七）不按国家规定履行招标程序的；

（八）其它违反本办法规定的行为。

第三十九条 有关工程咨询机构或者设计单位在编制项目建议

书、可行性研究报告、初步设计及投资概算以及开展咨询评估或者项目后评价时，弄虚作假或者咨询评估意见严重失实的，国家发展改革委和有关部门将其纳入不良信用记录，根据其情节轻重，依法给予警告、停业整顿、降低资质等级或者撤销资质等处罚；造成损失的，依法承担赔偿责任。相关责任人员涉嫌犯罪的，依法移送司法机关处理。

第四十条　直接投资项目发生重大质量安全事故的，按照国家有关规定，由有关部门依法追究项目单位、项目管理单位和勘察设计、施工、监理、招标代理等单位以及相关人员的法律责任。

第五章　附　　则

第四十一条　中央有关部门可以根据本办法的规定及职能分工，制订本部门的具体管理办法。省级发展改革部门可以参照本办法制订本地区的管理办法。

第四十二条　本办法由国家发展改革委负责解释。

第四十三条　本办法自 2014 年 3 月 1 日起施行。

企业投资项目核准和备案管理条例

（2016 年 10 月 8 日国务院第 149 次常务会议通过　2016 年 11 月 30 日中华人民共和国国务院令第 673 号公布　自 2017 年 2 月 1 日起施行）

第一条　为了规范政府对企业投资项目的核准和备案行为，加快转变政府的投资管理职能，落实企业投资自主权，制定本条例。

第二条　本条例所称企业投资项目（以下简称项目），是指企业在中国境内投资建设的固定资产投资项目。

第三条 对关系国家安全、涉及全国重大生产力布局、战略性资源开发和重大公共利益等项目，实行核准管理。具体项目范围以及核准机关、核准权限依照政府核准的投资项目目录执行。政府核准的投资项目目录由国务院投资主管部门会同国务院有关部门提出，报国务院批准后实施，并适时调整。国务院另有规定的，依照其规定。

对前款规定以外的项目，实行备案管理。除国务院另有规定的，实行备案管理的项目按照属地原则备案，备案机关及其权限由省、自治区、直辖市和计划单列市人民政府规定。

第四条 除涉及国家秘密的项目外，项目核准、备案通过国家建立的项目在线监管平台（以下简称在线平台）办理。

核准机关、备案机关以及其他有关部门统一使用在线平台生成的项目代码办理相关手续。

国务院投资主管部门会同有关部门制定在线平台管理办法。

第五条 核准机关、备案机关应当通过在线平台列明与项目有关的产业政策，公开项目核准的办理流程、办理时限等，并为企业提供相关咨询服务。

第六条 企业办理项目核准手续，应当向核准机关提交项目申请书；由国务院核准的项目，向国务院投资主管部门提交项目申请书。项目申请书应当包括下列内容：

（一）企业基本情况；

（二）项目情况，包括项目名称、建设地点、建设规模、建设内容等；

（三）项目利用资源情况分析以及对生态环境的影响分析；

（四）项目对经济和社会的影响分析。

企业应当对项目申请书内容的真实性负责。

法律、行政法规规定办理相关手续作为项目核准前置条件的，企业应当提交已经办理相关手续的证明文件。

第七条 项目申请书由企业自主组织编制，任何单位和个人不得强制企业委托中介服务机构编制项目申请书。

核准机关应当制定并公布项目申请书示范文本，明确项目申请书编制要求。

第八条 由国务院有关部门核准的项目，企业可以通过项目所在地省、自治区、直辖市和计划单列市人民政府有关部门（以下称地方人民政府有关部门）转送项目申请书，地方人民政府有关部门应当自收到项目申请书之日起 5 个工作日内转送核准机关。

由国务院核准的项目，企业通过地方人民政府有关部门转送项目申请书的，地方人民政府有关部门应当在前款规定的期限内将项目申请书转送国务院投资主管部门，由国务院投资主管部门审核后报国务院核准。

第九条 核准机关应当从下列方面对项目进行审查：

（一）是否危害经济安全、社会安全、生态安全等国家安全；

（二）是否符合相关发展建设规划、技术标准和产业政策；

（三）是否合理开发并有效利用资源；

（四）是否对重大公共利益产生不利影响。

项目涉及有关部门或者项目所在地地方人民政府职责的，核准机关应当书面征求其意见，被征求意见单位应当及时书面回复。

核准机关委托中介服务机构对项目进行评估的，应当明确评估重点；除项目情况复杂的，评估时限不得超过 30 个工作日。评估费用由核准机关承担。

第十条 核准机关应当自受理申请之日起 20 个工作日内，作出是否予以核准的决定；项目情况复杂或者需要征求有关单位意见的，经本机关主要负责人批准，可以延长核准期限，但延长的期限不得超过 40 个工作日。核准机关委托中介服务机构对项目进行评估的，评估时间不计入核准期限。

核准机关对项目予以核准的，应当向企业出具核准文件；不予核准的,应当书面通知企业并说明理由。由国务院核准的项目,由国务院投资主管部门根据国务院的决定向企业出具核准文件或者不予核准的书面通知。

第十一条 企业拟变更已核准项目的建设地点,或者拟对建设规模、建设内容等作较大变更的,应当向核准机关提出变更申请。核准机关应当自受理申请之日起20个工作日内,作出是否同意变更的书面决定。

第十二条 项目自核准机关作出予以核准决定或者同意变更决定之日起2年内未开工建设,需要延期开工建设的,企业应当在2年期限届满的30个工作日前,向核准机关申请延期开工建设。核准机关应当自受理申请之日起20个工作日内,作出是否同意延期开工建设的决定。开工建设只能延期一次,期限最长不得超过1年。国家对项目延期开工建设另有规定的,依照其规定。

第十三条 实行备案管理的项目,企业应当在开工建设前通过在线平台将下列信息告知备案机关:

(一)企业基本情况;

(二)项目名称、建设地点、建设规模、建设内容;

(三)项目总投资额;

(四)项目符合产业政策的声明。

企业应当对备案项目信息的真实性负责。

备案机关收到本条第一款规定的全部信息即为备案;企业告知的信息不齐全的,备案机关应当指导企业补正。

企业需要备案证明的,可以要求备案机关出具或者通过在线平台自行打印。

第十四条 已备案项目信息发生较大变更的,企业应当及时告知备案机关。

第十五条 备案机关发现已备案项目属于产业政策禁止投资建设或者实行核准管理的,应当及时告知企业予以纠正或者依法办理核准手续，并通知有关部门。

第十六条　核准机关、备案机关以及依法对项目负有监督管理职责的其他有关部门应当加强事中事后监管，按照谁审批谁监管、谁主管谁监管的原则，落实监管责任，采取在线监测、现场核查等方式，加强对项目实施的监督检查。

企业应当通过在线平台如实报送项目开工建设、建设进度、竣工的基本信息。

第十七条　核准机关、备案机关以及依法对项目负有监督管理职责的其他有关部门应当建立项目信息共享机制，通过在线平台实现信息共享。

企业在项目核准、备案以及项目实施中的违法行为及其处理信息，通过国家社会信用信息平台向社会公示。

第十八条　实行核准管理的项目，企业未依照本条例规定办理核准手续开工建设或者未按照核准的建设地点、建设规模、建设内容等进行建设的，由核准机关责令停止建设或者责令停产，对企业处项目总投资额1‰以上5‰以下的罚款；对直接负责的主管人员和其他直接责任人员处2万元以上5万元以下的罚款，属于国家工作人员的，依法给予处分。

以欺骗、贿赂等不正当手段取得项目核准文件，尚未开工建设的，由核准机关撤销核准文件，处项目总投资额1‰以上5‰以下的罚款；已经开工建设的，依照前款规定予以处罚；构成犯罪的，依法追究刑事责任。

第十九条　实行备案管理的项目，企业未依照本条例规定将项目信息或者已备案项目的信息变更情况告知备案机关，或者向备案机关提供虚假信息的，由备案机关责令限期改正；逾期不改正的，处2万元以上5万元以下的罚款。

第二十条　企业投资建设产业政策禁止投资建设项目的，由县级以上人民政府投资主管部门责令停止建设或者责令停产并恢复原状，对企业处项目总投资额5‰以上10‰以下的罚款；对直接负责的主管人员和其他直接责任人员处5万元以上10万元以下的罚款，属于国家工作人员的，依法给予处分。法律、行政法规另有规定的，依照其规定。

第二十一条　核准机关、备案机关及其工作人员在项目核准、备案工作中玩忽职守、滥用职权、徇私舞弊的，对负有责任的领导人员和直接责任人员依法给予处分；构成犯罪的，依法追究刑事责任。

第二十二条　事业单位、社会团体等非企业组织在中国境内投资建设的固定资产投资项目适用本条例，但通过预算安排的固定资产投资项目除外。

第二十三条　国防科技工业企业在中国境内投资建设的固定资产投资项目核准和备案管理办法，由国务院国防科技工业管理部门根据本条例的原则另行制定。

第二十四条　本条例自2017年2月1日起施行。

企业投资项目核准和备案管理办法

(2017年3月8日国家发展改革委令第2号公布　根据2023年3月23日国家发展改革委令第1号修订)

第一章　总　　则

第一条　为落实企业投资自主权，规范政府对企业投资项目的核准和备案行为，实现便利、高效服务和有效管理，依法保护企业合法权益，依据《行政许可法》、《企业投资项目核准和备案管理条例》等有关法律法规，制定本办法。

第二条　本办法所称企业投资项目（以下简称项目），是指企业在中国境内投资建设的固定资产投资项目，包括企业使用自己筹措资金的项目，以及使用自己筹措的资金并申请使用政府投资补助或贷款贴息等的项目。

项目申请使用政府投资补助、贷款贴息的，应在履行核准或备案手续后，提出资金申请报告。

第三条 县级以上人民政府投资主管部门对投资项目履行综合管理职责。

县级以上人民政府其他部门依照法律、法规规定，按照本级政府规定职责分工，对投资项目履行相应管理职责。

第四条 根据项目不同情况，分别实行核准管理或备案管理。

对关系国家安全、涉及全国重大生产力布局、战略性资源开发和重大公共利益等项目，实行核准管理。其他项目实行备案管理。

第五条 实行核准管理的具体项目范围以及核准机关、核准权限，由国务院颁布的《政府核准的投资项目目录》（以下简称《核准目录》）确定。法律、行政法规和国务院对项目核准的范围、权限有专门规定的，从其规定。

《核准目录》由国务院投资主管部门会同有关部门研究提出，报国务院批准后实施，并根据情况适时调整。

未经国务院批准，各部门、各地区不得擅自调整《核准目录》确定的核准范围和权限。

第六条 除国务院另有规定外，实行备案管理的项目按照属地原则备案。

各省级政府负责制定本行政区域内的项目备案管理办法，明确备案机关及其权限。

第七条 依据本办法第五条第一款规定具有项目核准权限的行政机关统称项目核准机关。《核准目录》所称国务院投资主管部门是指国家发展和改革委员会；《核准目录》规定由省级政府、地方政府核准的项目，其具体项目核准机关由省级政府确定。

项目核准机关对项目进行的核准是行政许可事项，实施行政许可所需经费应当由本级财政予以保障。

依据国务院专门规定和省级政府规定具有项目备案权限的行政机关统称项目备案机关。

第八条 项目的市场前景、经济效益、资金来源和产品技术方案等，应当依法由企业自主决策、自担风险，项目核准、备案机关及其他行政机关不得非法干预企业的投资自主权。

第九条 项目核准、备案机关及其工作人员应当依法对项目进行核准或者备案，不得擅自增减审查条件，不得超出办理时限。

第十条 项目核准、备案机关应当遵循便民、高效原则，提高办事效率，提供优质服务。

项目核准、备案机关应当制定并公开服务指南，列明项目核准的申报材料及所需附件、受理方式、审查条件、办理流程、办理时限等；列明项目备案所需信息内容、办理流程等，提高工作透明度，为企业提供指导和服务。

第十一条 县级以上地方人民政府有关部门应当依照相关法律法规和本级政府有关规定，建立健全对项目核准、备案机关的监督制度，加强对项目核准、备案行为的监督检查。

各级政府及其有关部门应当依照相关法律法规及规定对企业从事固定资产投资活动实施监督管理。

任何单位和个人都有权对项目核准、备案、建设实施过程中的违法违规行为向有关部门检举。有关部门应当及时核实、处理。

第十二条 除涉及国家秘密的项目外，项目核准、备案通过全国投资项目在线审批监管平台（以下简称在线平台）实行网上受理、办理、监管和服务，实现核准、备案过程和结果的可查询、可监督。

第十三条 项目核准、备案机关以及其他有关部门统一使用在线平台生成的项目代码办理相关手续。

项目通过在线平台申报时，生成作为该项目整个建设周期身份标识的唯一项目代码。项目的审批信息、监管（处罚）信息，以及工程实施过程中的重要信息，统一汇集至项目代码，并与社会信用体系对接，作为后续监管的基础条件。

第十四条 项目核准、备案机关及有关部门应当通过在线平台公开与项目有关的发展规划、产业政策和准入标准，公开项目核准、备案等事项的办理条件、办理流程、办理时限等。

项目核准、备案机关应根据《政府信息公开条例》有关规定将核准、备案结果予以公开，不得违法违规公开重大工程的关键信息。

第十五条 企业投资建设固定资产投资项目，应当遵守国家法律法规，符合国民经济和社会发展总体规划、专项规划、区域规划、产业政策、市场准入标准、资源开发、能耗与环境管理等要求，依法履行项目核准或者备案及其他相关手续，并依法办理城乡规划、土地（海域）使用、环境保护、能源资源利用、安全生产等相关手续，如实提供相关材料，报告相关信息。

第十六条 对项目核准、备案机关实施的项目核准、备案行为，相关利害关系人有权依法申请行政复议或者提起行政诉讼。

第二章 项目核准的申请文件

第十七条 企业办理项目核准手续，应当按照国家有关要求编制项目申请报告，取得第二十二条规定依法应当附具的有关文件后，按照本办法第二十三条规定报送。

第十八条 组织编制和报送项目申请报告的项目单位，应当对项目申请报告以及依法应当附具文件的真实性、合法性和完整性负责。

第十九条 项目申请报告应当主要包括以下内容：
（一）项目单位情况；

（二）拟建项目情况，包括项目名称、建设地点、建设规模、建设内容等；

（三）项目资源利用情况分析以及对生态环境的影响分析；

（四）项目对经济和社会的影响分析。

第二十条 项目申请报告通用文本由国务院投资主管部门会同有关部门制定，主要行业的项目申请报告示范文本由相应的项目核准机关参照项目申请报告通用文本制定，明确编制内容、深度要求等。

第二十一条 项目申请报告可以由项目单位自行编写，也可以由项目单位自主委托具有相关经验和能力的工程咨询单位编写。任何单位和个人不得强制项目单位委托中介服务机构编制项目申请报告。

项目单位或者其委托的工程咨询单位应当按照项目申请报告通用文本和行业示范文本的要求编写项目申请报告。

工程咨询单位接受委托编制有关文件，应当做到依法、独立、客观、公正，对其编制的文件负责。

第二十二条 项目单位在报送项目申请报告时，应当根据国家法律法规的规定附具以下文件：

（一）自然资源主管部门出具的用地（用海）预审与选址意见书；

（二）法律、行政法规规定需要办理的其他相关手续。

第三章 项目核准的基本程序

第二十三条 地方企业投资建设应当分别由国务院投资主管部门、国务院行业管理部门核准的项目，可以分别通过项目所在地省级政府投资主管部门、行业管理部门向国务院投资主管部门、国务院行业管理部门转送项目申请报告。属于国务院投资主管部门核准权限的项目，项目所在地省级政府规定由省级政府行业管理部门转送的，可以由省级政府投资主管部门与其联合报送。

国务院有关部门所属单位、计划单列企业集团、中央管理企业投资建设应当由国务院有关部门核准的项目，直接向相应的项目核准机关报送项目申请报告，并附行业管理部门的意见。

企业投资建设应当由国务院核准的项目，按照本条第一、二款规定向国务院投资主管部门报送项目申请报告，由国务院投资主管部门审核后报国务院核准。新建运输机场项目由相关省级政府直接向国务院、中央军委报送项目申请报告。

第二十四条　企业投资建设应当由地方政府核准的项目，应当按照地方政府的有关规定，向相应的项目核准机关报送项目申请报告。

第二十五条　项目申报材料齐全、符合法定形式的，项目核准机关应当予以受理。

申报材料不齐全或者不符合法定形式的，项目核准机关应当在收到项目申报材料之日起5个工作日内一次告知项目单位补充相关文件，或对相关内容进行调整。逾期不告知的，自收到项目申报材料之日起即为受理。

项目核准机关受理或者不予受理申报材料，都应当出具加盖本机关专用印章并注明日期的书面凭证。对于受理的申报材料，书面凭证应注明项目代码，项目单位可以根据项目代码在线查询、监督核准过程和结果。

第二十六条　项目核准机关在正式受理项目申请报告后，需要评估的，应在4个工作日内按照有关规定委托具有相应资质的工程咨询机构进行评估。项目核准机关在委托评估时，应当根据项目具体情况，提出评估重点，明确评估时限。

工程咨询机构与编制项目申请报告的工程咨询机构为同一单位、存在控股、管理关系或者负责人为同一人的，该工程咨询机构不得承担该项目的评估工作。工程咨询机构与项目单位存在控股、管理关系或者负责人为同一人的，该工程咨询机构不得承担该项目单位的项目评估工作。

除项目情况复杂的，评估时限不得超过30个工作日。接受委托的工程咨询机构应当在项目核准机关规定的时间内提出评估报告，并对评估结论承担责任。项目情况复杂的，履行批准程序后，可以延长评估时限，但延长的期限不得超过60个工作日。

项目核准机关应当将项目评估报告与核准文件一并存档备查。

评估费用由委托评估的项目核准机关承担，评估机构及其工作人员不得收取项目单位的任何费用。

第二十七条 项目涉及有关行业管理部门或者项目所在地地方政府职责的，项目核准机关应当商请有关行业管理部门或地方人民政府在7个工作日内出具书面审查意见。有关行业管理部门或地方人民政府逾期没有反馈书面审查意见的，视为同意。

第二十八条 项目建设可能对公众利益构成重大影响的，项目核准机关在作出核准决定前，应当采取适当方式征求公众意见。

相关部门对直接涉及群众切身利益的用地（用海）、环境影响、移民安置、社会稳定风险等事项已经进行实质性审查并出具了相关审批文件的，项目核准机关可不再就相关内容重复征求公众意见。

对于特别重大的项目，可以实行专家评议制度。除项目情况特别复杂外，专家评议时限原则上不得超过30个工作日。

第二十九条 项目核准机关可以根据评估意见、部门意见和公众意见等，要求项目单位对相关内容进行调整，或者对有关情况和文件做进一步澄清、补充。

第三十条 项目违反相关法律法规，或者不符合发展规划、产业政策和市场准入标准要求的，项目核准机关可以不经过委托评估、征求意见等程序，直接作出不予核准的决定。

第三十一条 项目核准机关应当在正式受理申报材料后20个工作日内作出是否予以核准的决定，或向上级项目核准机关提出审核意见。项目情况复杂或者需要征求有关单位意见的，经本行政机关主要负责人批准，可以延长核准时限，但延长的时限不得超过40个工作日，并应当将延长期限的理由告知项目单位。

项目核准机关需要委托评估或进行专家评议的，所需时间不计算在前款规定的期限内。项目核准机关应当将咨询评估或专家评议所需时间书面告知项目单位。

第三十二条 项目符合核准条件的，项目核准机关应当对项目予以核准并向项目单位出具项目核准文件。项目不符合核准条件的，项目核准机关应当出具不予核准的书面通知，并说明不予核准的理由。

属于国务院核准权限的项目，由国务院投资主管部门根据国务院的决定向项目单位出具项目核准文件或者不予核准的书面通知。

项目核准机关出具项目核准文件或者不予核准的书面通知应当抄送同级行业管理、城乡规划、国土资源、水行政管理、环境保护、节能审查等相关部门和下级机关。

第三十三条 项目核准文件和不予核准书面通知的格式文本，由国务院投资主管部门制定。

第三十四条 项目核准机关应制定内部工作规则，不断优化工作流程，提高核准工作效率。

第四章 项目核准的审查及效力

第三十五条 项目核准机关应当从以下方面对项目进行审查：

（一）是否危害经济安全、社会安全、生态安全等国家安全；

（二）是否符合相关发展建设规划、产业政策和技术标准；

（三）是否合理开发并有效利用资源；

（四）是否对重大公共利益产生不利影响。

项目核准机关应当制定审查工作细则，明确审查具体内容、审查标准、审查要点、注意事项及不当行为需要承担的后果等。

第三十六条 除本办法第二十二条要求提供的项目申请报告附送文件之外，项目单位还应在开工前依法办理其他相关手续。

第三十七条 取得项目核准文件的项目，有下列情形之一的，项目单位应当及时以书面形式向原项目核准机关提出变更申请。原项目核准机关应当自受理申请之日起20个工作日内作出是否同意变更的书面决定：

（一）建设地点发生变更的；

（二）投资规模、建设规模、建设内容发生较大变化的；

（三）项目变更可能对经济、社会、环境等产生重大不利影响的；

（四）需要对项目核准文件所规定的内容进行调整的其他重大情形。

第三十八条 项目自核准机关出具项目核准文件或同意项目变更决定2年内未开工建设，需要延期开工建设的，项目单位应当在2年期限届满的30个工作日前，向项目核准机关申请延期开工建设。项目核准机关应当自受理申请之日起20个工作日内，作出是否同意延期开工建设的决定，并出具相应文件。开工建设只能延期一次，期限最长不得超过1年。国家对项目延期开工建设另有规定的，依照其规定。

在2年期限内未开工建设也未按照规定向项目核准机关申请延期的，项目核准文件或同意项目变更决定自动失效。

第五章 项目备案

第三十九条 实行备案管理的项目，项目单位应当在开工建设前通过在线平台将相关信息告知项目备案机关，依法履行投资项目信息告知义务，并遵循诚信和规范原则。

第四十条 项目备案机关应当制定项目备案基本信息格式文本，具体包括以下内容：

（一）项目单位基本情况；

（二）项目名称、建设地点、建设规模、建设内容；

（三）项目总投资额；

（四）项目符合产业政策声明。

项目单位应当对备案项目信息的真实性、合法性和完整性负责。

第四十一条 项目备案机关收到本办法第四十条规定的全部信息即为备案。项目备案信息不完整的，备案机关应当及时以适当方式提醒和指导项目单位补正。

项目备案机关发现项目属产业政策禁止投资建设或者依法应实行核准管理，以及不属于固定资产投资项目、依法应实施审批管理、不属于本备案机关权限等情形的，应当通过在线平台及时告知企业予以纠正或者依法申请办理相关手续。

第四十二条 项目备案相关信息通过在线平台在相关部门之间实现互通共享。

项目单位需要备案证明的，可以通过在线平台自行打印或者要求备案机关出具。

第四十三条 项目备案后，项目法人发生变化，项目建设地点、规模、内容发生重大变更，或者放弃项目建设的，项目单位应当通过在线平台及时告知项目备案机关，并修改相关信息。

第四十四条 实行备案管理的项目，项目单位在开工建设前还应当根据相关法律法规规定办理其他相关手续。

第六章 监督管理

第四十五条 上级项目核准、备案机关应当加强对下级项目核准、备案机关的指导和监督，及时纠正项目管理中存在的违法违规行为。

第四十六条 项目核准和备案机关、行业管理、城乡规划（建设）、国家安全、国土（海洋）资源、环境保护、节能审查、金融监管、安全生产监管、审计等部门，应当按照谁审批谁监管、谁主管谁监管的原则，采取在线监测、现场核查等方式，依法加强对项目的事中事后监管。

项目核准、备案机关应当根据法律法规和发展规划、产业政策、总量控制目标、技术政策、准入标准及相关环保要求等，对项目进行监管。

城乡规划、国土（海洋）资源、环境保护、节能审查、安全监管、建设、行业管理等部门，应当履行法律法规赋予的监管职责，在各自职责范围内对项目进行监管。

金融监管部门应当加强指导和监督，引导金融机构按照商业原则，依法独立审贷。

审计部门应当依法加强对国有企业投资项目、申请使用政府投资资金的项目以及其他公共工程项目的审计监督。

第四十七条 各级地方政府有关部门应按照相关法律法规及职责分工，加强对本行政区域内项目的监督检查，发现违法违规行为的，应当依法予以处理，并通过在线平台登记相关违法违规信息。

第四十八条 对不符合法定条件的项目予以核准，或者超越法定职权予以核准的，应依法予以撤销。

第四十九条 各级项目核准、备案机关的项目核准或备案信息，以及国土（海洋）资源、城乡规划、水行政管理、环境保护、节能审查、安全监管、建设、工商等部门的相关手续办理信息、审批结果信息、监管（处罚）信息，应当通过在线平台实现互通共享。

第五十条 项目单位应当通过在线平台如实报送项目开工建设、建设进度、竣工的基本信息。

项目开工前，项目单位应当登录在线平台报备项目开工基本信息。项目开工后，项目单位应当按年度在线报备项目建设动态进度基本信息。项目竣工验收后，项目单位应当在线报备项目竣工基本信息。

第五十一条　项目单位有下列行为之一的，相关信息列入项目异常信用记录，并纳入全国信用信息共享平台：

（一）应申请办理项目核准但未依法取得核准文件的；

（二）提供虚假项目核准或备案信息，或者未依法将项目信息告知备案机关，或者已备案项目信息变更未告知备案机关的；

（三）违反法律法规擅自开工建设的；

（四）不按照批准内容组织实施的；

（五）项目单位未按本办法第五十条规定报送项目开工建设、建设进度、竣工等基本信息，或者报送虚假信息的；

（六）其他违法违规行为。

第七章　法律责任

第五十二条　项目核准、备案机关有下列情形之一的，由其上级行政机关责令改正，对负有责任的领导人员和直接责任人员由有关单位和部门依纪依法给予处分：

（一）超越法定职权予以核准或备案的；

（二）对不符合法定条件的项目予以核准的；

（三）对符合法定条件的项目不予核准的；

（四）擅自增减核准审查条件的，或者以备案名义变相审批、核准的；

（五）不在法定期限内作出核准决定的；

（六）不依法履行监管职责或者监督不力，造成严重后果的。

第五十三条　项目核准、备案机关及其工作人员，以及其他相关部门及其工作人员，在项目核准、备案以及相关审批手续办理过程中玩忽职守、滥用职权、徇私舞弊、索贿受贿的，对负有责任的领导人员和直接责任人员依法给予处分；构成犯罪的，依法追究刑事责任。

第五十四条 项目核准、备案机关，以及国土（海洋）资源、城乡规划、水行政管理、环境保护、节能审查、安全监管、建设等部门违反相关法律法规规定，未依法履行监管职责的，对直接负责的主管人员和其他直接责任人员，依法给予处分；构成犯罪的，依法追究刑事责任。

项目所在地的地方政府有关部门不履行企业投资监管职责的，对直接负责的主管人员和其他直接责任人员，依法给予处分。

第五十五条 企业以分拆项目、隐瞒有关情况或者提供虚假申报材料等不正当手段申请核准、备案的，项目核准机关不予受理或者不予核准、备案，并给予警告。

第五十六条 实行核准管理的项目，企业未依法办理核准手续开工建设或者未按照核准的建设地点、建设规模、建设内容等进行建设的，由核准机关责令停止建设或者责令停产，对企业处项目总投资额1‰以上5‰以下的罚款；对直接负责的主管人员和其他直接责任人员处2万元以上5万元以下的罚款，属于国家工作人员的，依法给予处分。项目应视情况予以拆除或者补办相关手续。

以欺骗、贿赂等不正当手段取得项目核准文件，尚未开工建设的，由核准机关撤销核准文件，处项目总投资额1‰以上5‰以下的罚款；已经开工建设的，依照前款规定予以处罚；构成犯罪的，依法追究刑事责任。

第五十七条 实行备案管理的项目，企业未依法将项目信息或者已备案项目信息变更情况告知备案机关，或者向备案机关提供虚假信息的，由备案机关责令限期改正；逾期不改正的，处2万元以上5万元以下的罚款。

第五十八条 企业投资建设产业政策禁止投资建设项目的，由县级以上人民政府投资主管部门责令停止建设或者责令停产并恢复原状，对企业处项目总投资额5‰以上10‰以下的罚款；对直接负责的主管人员和其他直接责任人员处 5 万元以上 10 万元以下的罚款，属于国家工作人员的，依法给予处分。法律、行政法规另有规定的，依照其规定。

第五十九条 项目单位在项目建设过程中不遵守国土（海洋）资源、城乡规划、环境保护、节能、安全监管、建设等方面法律法规和有关审批文件要求的，相关部门应依法予以处理。

第六十条 承担项目申请报告编写、评估任务的工程咨询评估机构及其人员、参与专家评议的专家，在编制项目申请报告、受项目核准机关委托开展评估或者参与专家评议过程中，违反从业规定，造成重大损失和恶劣影响的，依法降低或撤销工程咨询单位资格，取消主要责任人员的相关职业资格。

第八章　附　　则

第六十一条 本办法所称省级政府包括各省、自治区、直辖市及计划单列市人民政府和新疆生产建设兵团。

第六十二条 外商投资项目和境外投资项目的核准和备案管理办法另行制定。

第六十三条 省级政府和国务院行业管理部门，可以按照《企业投资项目核准和备案管理条例》和本办法的规定，制订具体实施办法。

第六十四条 事业单位、社会团体等非企业组织在中国境内利用自有资金、不申请政府投资建设的固定资产投资项目，按照企业投资项目进行管理。

个人投资建设项目参照本办法的相关规定执行。

第六十五条 本办法由国家发展和改革委员会负责解释。

第六十六条 本办法自 2017 年 4 月 8 日起施行。《政府核准投资项目管理办法》（国家发展改革委令第 11 号）同时废止。

外商投资项目核准和备案管理办法

(2014年5月17日国家发展改革委令第12号公布 根据2014年12月27日《国家发展改革委关于修改〈境外投资项目核准和备案管理办法〉和〈外商投资项目核准和备案管理办法〉有关条款的决定》修正)

第一章 总 则

第一条 为进一步深化外商投资管理体制改革,根据《中华人民共和国行政许可法》、《指导外商投资方向规定》、《国务院关于投资体制改革的决定》及《政府核准的投资项目目录》(以下简称《核准目录》),特制定本办法。

第二条 本办法适用于中外合资、中外合作、外商独资、外商投资合伙、外商并购境内企业、外商投资企业增资及再投资项目等各类外商投资项目。

第二章 项目管理方式

第三条 外商投资项目管理分为核准和备案两种方式。

第四条 外商投资项目核准权限、范围按照国务院发布的《核准目录》执行。

本办法所称项目核准机关,是指《核准目录》中规定的具有项目核准权限的行政机关。

第五条 本办法第四条范围以外的外商投资项目由地方政府投资主管部门备案。

第六条 外商投资企业增资项目总投资以新增投资额计算,并购项目总投资以交易额计算。

第七条 外商投资涉及国家安全的,应当按照国家有关规定进行安全审查。

第三章 项目核准

第八条 拟申请核准的外商投资项目应按国家有关要求编制项目申请报告。项目申请报告应包括以下内容:

(一)项目及投资方情况;

(二)资源利用和生态环境影响分析;

(三)经济和社会影响分析。

外国投资者并购境内企业项目申请报告应包括并购方情况、并购安排、融资方案和被并购方情况、被并购后经营方式、范围和股权结构、所得收入的使用安排等。

第九条 国家发展和改革委员会根据实际需要,编制并颁布项目申请报告通用文本、主要行业的项目申请报告示范文本、项目核准文件格式文本。

对于应当由国家发展和改革委员会核准或者审核后报国务院核准的项目,国家发展和改革委员会制定并颁布《服务指南》,列明项目核准的申报材料和所需附件、受理方式、办理流程、办理时限等内容,为项目申报单位提供指导和服务。

第十条 项目申请报告应附以下文件:

(一)中外投资各方的企业注册证明材料及经审计的最新企业财务报表(包括资产负债表、利润表和现金流量表)、开户银行出具的资金信用证明;

(二)投资意向书,增资、并购项目的公司董事会决议;

(三)城乡规划行政主管部门出具的选址意见书(仅指以划拨方式提供国有土地使用权的项目);

(四)国土资源行政主管部门出具的用地预审意见(不涉及新增用地,在已批准的建设用地范围内进行改扩建的项目,可以不进行用地预审）；

（五）环境保护行政主管部门出具的环境影响评价审批文件；

（六）节能审查机关出具的节能审查意见；

（七）以国有资产出资的，需由有关主管部门出具的确认文件；

（八）根据有关法律法规的规定应当提交的其他文件。

第十一条　按核准权限属于国家发展和改革委员会核准的项目，由项目所在地省级发展改革部门提出初审意见后，向国家发展和改革委员会报送项目申请报告；计划单列企业集团和中央管理企业可直接向国家发展和改革委员会报送项目申请报告，并附项目所在地省级发展改革部门的意见。

第十二条　项目申报材料不齐全或者不符合有关要求的，项目核准机关应当在收到申报材料后5个工作日内一次告知项目申报单位补正。

第十三条　对于涉及有关行业主管部门职能的项目，项目核准机关应当商请有关行业主管部门在7个工作日内出具书面审查意见。有关行业主管部门逾期没有反馈书面审查意见的，视为同意。

第十四条　项目核准机关在受理项目申请报告之日起4个工作日内，对需要进行评估论证的重点问题委托有资质的咨询机构进行评估论证，接受委托的咨询机构应在规定的时间内提出评估报告。

对于可能会对公共利益造成重大影响的项目，项目核准机关在进行核准时应采取适当方式征求公众意见。对于特别重大的项目，可以实行专家评议制度。

第十五条　项目核准机关自受理项目核准申请之日起20个工作日内，完成对项目申请报告的核准。如20个工作日内不能做出核准决定的，由本部门负责人批准延长10个工作日，并将延长期限的理由告知项目申报单位。

前款规定的核准期限，委托咨询评估和进行专家评议所需的时间不计算在内。

第十六条 对外商投资项目的核准条件是：

（一）符合国家有关法律法规和《外商投资产业指导目录》、《中西部地区外商投资优势产业目录》的规定；

（二）符合发展规划、产业政策及准入标准；

（三）合理开发并有效利用了资源；

（四）不影响国家安全和生态安全；

（五）对公众利益不产生重大不利影响；

（六）符合国家资本项目管理、外债管理的有关规定。

第十七条 对予以核准的项目，项目核准机关出具书面核准文件，并抄送同级行业管理、城乡规划、国土资源、环境保护、节能审查等相关部门；对不予核准的项目，应以书面说明理由，并告知项目申报单位享有依法申请行政复议或者提起行政诉讼的权利。

第四章 项目备案

第十八条 拟申请备案的外商投资项目需由项目申报单位提交项目和投资方基本情况等信息，并附中外投资各方的企业注册证明材料、投资意向书及增资、并购项目的公司董事会决议等其他相关材料；

第十九条 外商投资项目备案需符合国家有关法律法规、发展规划、产业政策及准入标准，符合《外商投资产业指导目录》、《中西部地区外商投资优势产业目录》。

第二十条 对不予备案的外商投资项目，地方投资主管部门应在7个工作日内出具书面意见并说明理由。第五章 项目变更

第二十一条 经核准或备案的项目如出现下列情形之一的，需向原批准机关申请变更：

（一）项目地点发生变化；

（二）投资方或股权发生变化；

（三）项目主要建设内容发生变化；

（四）有关法律法规和产业政策规定需要变更的其他情况。

第二十二条 变更核准和备案的程序比照本办法前述有关规定执行。

第二十三条 经核准的项目若变更后属于备案管理范围的，应按备案程序办理；予以备案的项目若变更后属于核准管理范围的，应按核准程序办理。

第六章 监督管理

第二十四条 核准或备案文件应规定文件的有效期。在有效期内未开工建设的，项目申报单位应当在有效期届满前30个工作日向原核准和备案机关提出延期申请。在有效期内未开工建设且未提出延期申请的，原核准文件期满后自动失效。

第二十五条 对于未按规定权限和程序核准或者备案的项目，有关部门不得办理相关手续，金融机构不得提供信贷支持。

第二十六条 各级项目核准和备案机关要切实履行核准和备案职责，改进监督、管理和服务，提高行政效率，并按照相关规定做好项目核准及备案的信息公开工作。

第二十七条 各级发展改革部门应当会同同级行业管理、城乡规划、国土资源、环境保护、金融监管、安全生产监管等部门，对项目申报单位执行项目情况和外商投资项目核准或备案情况进行稽察和监督检查，加快完善信息系统，建立发展规划、产业政策、准入标准、诚信记录等信息的横向互通制度，及时通报违法违规行为的查处情况，实现行政审批和市场监管的信息共享。

第二十八条 国家发展和改革委员会要联合地方发展改革部门建立完善外商投资项目管理电子信息系统，实现外商投资项目可查询、可监督，提升事中事后监管水平。

第二十九条 省级发展改革部门每月10日前汇总整理上月本省项目核准及备案相关情况，包括项目名称、核准及备案文号、项目所在地、中外投资方、建设内容、资金来源（包括总投资、资本金等）等，报送国家发展和改革委员会。

第七章　法律责任

第三十条　项目核准和备案机关及其工作人员违反本办法有关规定的，由其上级行政机关或者监察机关责令改正；情节严重的，对直接负责的主管人员和其他直接责任人员依法给予行政处分。

第三十一条　项目核准和备案机关工作人员，在项目核准和备案过程中滥用职权谋取私利，构成犯罪的，依法追究刑事责任；尚不构成犯罪的，依法给予行政处分。

第三十二条　咨询评估机构及其人员、参与专家评议的专家，在编制项目申请报告、受项目核准机关委托开展评估或者参与专家评议过程中，不遵守国家法律法规和本办法规定的，依法追究相应责任。

第三十三条　项目申报单位以拆分项目或提供虚假材料等不正当手段申请核准或备案的，项目核准和备案机关不予受理或者不予核准及备案。已经取得项目核准或备案文件的，项目核准和备案机关应依法撤销该项目的核准或备案文件。已经开工建设的，依法责令其停止建设。相应的项目核准和备案机关及有关部门应当将其纳入不良信用记录，并依法追究有关责任人的法律责任。

第八章　附　　则

第三十四条　具有项目核准职能的国务院行业管理部门和省级政府有关部门可以按照国家有关法律法规和本办法的规定，制定外商投资项目核准具体实施办法和相应的《服务指南》。

第三十五条　香港特别行政区、澳门特别行政区和台湾地区的投资者在祖国大陆举办的投资项目，参照本办法执行。

外国投资者以人民币在境内投资的项目，按照本办法执行。

第三十六条　法律、行政法规和国家对外商投资项目管理有专门规定的，按照有关规定执行。

第三十七条　本办法由国家发展和改革委员会负责解释。

第三十八条　本办法自2014年6月17日起施行。国家发展和改革委员会2004年10月9日发布的《外商投资项目核准暂行管理办法》（国家发展和改革委员会令第22号）同时废止。

公共资源交易平台管理暂行办法

（2016年6月24日国家发展和改革委员会、工业和信息化部、财政部、国土资源部、环境保护部、住房和城乡建设部、交通运输部、水利部、商务部、国家卫生和计划生育委员会、国务院国有资产监督管理委员会、国家税务总局、国家林业局、国家机关事务管理局令第39号公布　自2016年8月1日起施行）

第一章　总　　则

第一条　为规范公共资源交易平台运行，提高公共资源配置效率和效益，加强对权力运行的监督制约，维护国家利益、社会公共利益和交易当事人的合法权益，根据有关法律法规和《国务院办公厅关于印发整合建立统一的公共资源交易平台工作方案的通知》（国办发〔2015〕63号），制定本办法。

第二条　本办法适用于公共资源交易平台的运行、服务和监督管理。

第三条　本办法所称公共资源交易平台是指实施统一的制度和标准、具备开放共享的公共资源交易电子服务系统和规范透明的运行机制，为市场主体、社会公众、行政监督管理部门等提供公共资源交易综合服务的体系。

公共资源交易是指涉及公共利益、公众安全的具有公有性、公益性的资源交易活动。

第四条 公共资源交易平台应当立足公共服务职能定位，坚持电子化平台的发展方向，遵循开放透明、资源共享、高效便民、守法诚信的运行服务原则。

第五条 公共资源交易平台要利用信息网络推进交易电子化，实现全流程透明化管理。

第六条 国务院发展改革部门会同国务院有关部门统筹指导和协调全国公共资源交易平台相关工作。

设区的市级以上地方人民政府发展改革部门或政府指定的部门会同有关部门负责本行政区域的公共资源交易平台指导和协调等相关工作。

各级招标投标、财政、国土资源、国有资产等行政监督管理部门按照规定的职责分工，负责公共资源交易活动的监督管理。

第二章 平台运行

第七条 公共资源交易平台的运行应当遵循相关法律法规和国务院有关部门制定的各领域统一的交易规则，以及省级人民政府颁布的平台服务管理细则。

第八条 依法必须招标的工程建设项目招标投标、国有土地使用权和矿业权出让、国有产权交易、政府采购等应当纳入公共资源交易平台。

国务院有关部门和地方人民政府结合实际，推进其他各类公共资源交易纳入统一平台。纳入平台交易的公共资源项目，应当公开听取意见，并向社会公布。

第九条 公共资源交易平台应当按照国家统一的技术标准和数据规范，建立公共资源交易电子服务系统，开放对接各类主体依法建设的公共资源电子交易系统和政府有关部门的电子监管系统。

第十条 公共资源交易项目的实施主体根据交易标的专业特性,选择使用依法建设和运行的电子交易系统。

第十一条 公共资源交易项目依法需要评标、评审的,应当按照全国统一的专家专业分类标准,从依法建立的综合评标、政府采购评审等专家库中随机抽取专家,法律法规另有规定的除外。

有关行政监督管理部门按照规定的职责分工,对专家实施监督管理。

鼓励有条件的地方跨区域选择使用专家资源。

第十二条 公共资源交易平台应当按照省级人民政府规定的场所设施标准,充分利用已有的各类场所资源,为公共资源交易活动提供必要的现场服务设施。

市场主体依法建设的交易场所符合省级人民政府规定标准的,可以在现有场所办理业务。

第十三条 公共资源交易平台应当建立健全网络信息安全制度,落实安全保护技术措施,保障平台平稳运行。

第三章 平台服务

第十四条 公共资源交易平台的服务内容、服务流程、工作规范、收费标准和监督渠道应当按照法定要求确定,并通过公共资源交易电子服务系统向社会公布。

第十五条 公共资源交易平台应当推行网上预约和服务事项办理。确需在现场办理的,实行窗口集中,简化流程,限时办结。

第十六条 公共资源交易平台应当将公共资源交易公告、资格审查结果、交易过程信息、成交信息、履约信息等,通过公共资源交易电子服务系统依法及时向社会公开。涉及国家秘密、商业秘密、个人隐私以及其他依法应当保密的信息除外。

公共资源交易平台应当无偿提供依法必须公开的信息。

第十七条　交易服务过程中产生的电子文档、纸质资料以及音视频等，应当按照规定的期限归档保存。

第十八条　公共资源交易平台运行服务机构及其工作人员不得从事以下活动：

（一）行使任何审批、备案、监管、处罚等行政监督管理职能；

（二）违法从事或强制指定招标、拍卖、政府采购代理、工程造价等中介服务；

（三）强制非公共资源交易项目进入平台交易；

（四）干涉市场主体选择依法建设和运行的公共资源电子交易系统；

（五）非法扣押企业和人员的相关证照资料；

（六）通过设置注册登记、设立分支机构、资质验证、投标（竞买）许可、强制担保等限制性条件阻碍或者排斥其他地区市场主体进入本地区公共资源交易市场；

（七）违法要求企业法定代表人到场办理相关手续；

（八）其他违反法律法规规定的情形。

第十九条　公共资源交易平台运行服务机构提供公共服务确需收费的，不得以营利为目的。根据平台运行服务机构的性质，其收费分别纳入行政事业性收费和经营服务性收费管理，具体收费项目和收费标准按照有关规定执行。属于行政事业性收费的，按照本级政府非税收入管理的有关规定执行。

第二十条　公共资源交易平台运行服务机构发现公共资源交易活动中有违法违规行为的，应当保留相关证据并及时向有关行政监督管理部门报告。

第四章　信息资源共享

第二十一条　各级行政监督管理部门应当将公共资源交易活动当事人资质资格、信用奖惩、项目审批和违法违规处罚等信息，自作出行政决定之日起 7 个工作日内上网公开,并通过相关电子监管系统交换至公共资源交易电子服务系统。

第二十二条 各级公共资源交易平台应当依托统一的社会信用代码,记录公共资源交易过程中产生的市场主体和专家信用信息,并通过国家公共资源交易电子服务系统实现信用信息交换共享和动态更新。

第二十三条 国务院发展改革部门牵头建立国家公共资源交易电子服务系统,与省级公共资源交易电子服务系统和有关部门建立的电子系统互联互通,实现市场主体信息、交易信息、行政监管信息的集中交换和同步共享。

第二十四条 省级人民政府应当搭建全行政区域统一、终端覆盖市县的公共资源交易电子服务系统,对接国家公共资源交易电子服务系统和有关部门建立的电子系统,按照有关规定交换共享信息。有关电子招标投标、政府采购等系统应当分别与国家电子招标投标公共服务系统、政府采购管理交易系统对接和交换信息。

第二十五条 公共资源交易电子服务系统应当分别与投资项目在线审批监管系统、信用信息共享系统对接,交换共享公共资源交易相关信息、项目审批核准信息和信用信息。

第二十六条 市场主体已经在公共资源电子交易系统登记注册,并通过公共资源交易电子服务系统实现信息共享的,有关行政监督管理部门和公共资源交易平台运行服务机构不得强制要求其重复登记、备案和验证。

第二十七条 公共资源交易电子服务系统应当支持不同电子认证数字证书的兼容互认。

第二十八条 公共资源交易平台和有关行政监督管理部门在公共资源交易数据采集、汇总、传输、存储、公开、使用过程中,应加强数据安全管理。涉密数据的管理,按照有关法律规定执行。

第五章 监督管理

第二十九条 各级行政监督管理部门按照规定的职责分工，加强对公共资源交易活动的事中事后监管，依法查处违法违规行为。

对利用职权违规干预和插手公共资源交易活动的国家机关或国有企事业单位工作人员，依纪依法予以处理。

各级审计部门应当对公共资源交易平台运行依法开展审计监督。

第三十条 设区的市级以上地方人民政府应当推动建立公共资源交易电子监管系统，实现对项目登记，公告发布，开标评标或评审、竞价，成交公示，交易结果确认，投诉举报，交易履约等交易全过程监控。

公共资源交易电子服务系统和其对接的公共资源电子交易系统应当实时向监管系统推送数据。

第三十一条 建立市场主体公共资源交易活动事前信用承诺制度，要求市场主体以规范格式向社会作出公开承诺，并纳入交易主体信用记录，接受社会监督。

第三十二条 各级行政监督管理部门应当将公共资源交易主体信用信息作为市场准入、项目审批、资质资格审核的重要依据。

建立行政监督管理部门、司法机关等部门联合惩戒机制，对在公共资源交易活动中有不良行为记录的市场主体，依法限制或禁止其参加招标投标、国有土地使用权出让和矿业权出让、国有产权交易、政府采购等公共资源交易活动。

建立公共资源交易相关信息与同级税务机关共享机制，推进税收协作。

第三十三条 各级行政监督管理部门应当运用大数据技术，建立公共资源交易数据关联比对分析机制，开展监测预警，定期进行效果评估，及时调整监管重点。

第三十四条　各级行政监督管理部门应当建立联合抽查机制，对有效投诉举报多或有违法违规记录情况的市场主体，加大随机抽查力度。

行政监督管理部门履行监督管理职责过程中，有权查阅、复制公共资源交易活动有关文件、资料和数据。公共资源交易平台运行服务机构应当如实提供相关情况。

第三十五条　建立由市场主体以及第三方参与的社会评价机制，对所辖行政区域公共资源交易平台运行服务机构提供公共服务情况进行评价。

第三十六条　市场主体或社会公众认为公共资源交易平台运行服务机构及其工作人员存在违法违规行为的，可以依法向政府有关部门投诉、举报。

第三十七条　公共资源交易领域的行业协会应当发挥行业组织作用，加强自律管理和服务。

第六章　法律责任

第三十八条　公共资源交易平台运行服务机构未公开服务内容、服务流程、工作规范、收费标准和监督渠道，由政府有关部门责令限期改正。拒不改正的，予以通报批评。

第三十九条　公共资源交易平台运行服务机构及其工作人员违反本办法第十八条禁止性规定的，由政府有关部门责令限期改正，并予以通报批评。情节严重的，依法追究直接责任人和有关领导的责任。构成犯罪的，依法追究刑事责任。

第四十条　公共资源交易平台运行服务机构违反本办法第十九条规定收取费用的，由同级价格主管部门会同有关部门责令限期改正。拒不改正的，依照《中华人民共和国价格法》、《价格违法行为行政处罚规定》等给予处罚，并予以公示。

第四十一条　公共资源交易平台运行服务机构未按照本办法规

定在公共资源交易电子服务系统公开、交换、共享信息的，由政府有关部门责令限期改正。拒不改正的，对直接负责的主管人员和其他直接责任人员依法给予处分，并予以通报。

第四十二条 公共资源交易平台运行服务机构限制市场主体建设的公共资源电子交易系统对接公共资源交易电子服务系统的，由政府有关部门责令限期改正。拒不改正的，对直接负责的主管人员和其他直接责任人员依法给予处分，并予以通报。

第四十三条 公共资源交易平台运行服务机构及其工作人员向他人透露依法应当保密的公共资源交易信息的，由政府有关部门责令限期改正，并予以通报批评。情节严重的，依法追究直接责任人和有关领导的责任。构成犯罪的，依法追究刑事责任。

第四十四条 有关行政监督管理部门、公共资源交易平台运行服务机构及其工作人员徇私舞弊、滥用职权、弄虚作假、玩忽职守，未依法履行职责的，依法给予处分；构成犯罪的，依法追究刑事责任。

第七章　附　　则

第四十五条 公共资源电子交易系统是根据工程建设项目招标投标、土地使用权和矿业权出让、国有产权交易、政府采购等各类交易特点，按照有关规定建设、对接和运行，以数据电文形式完成公共资源交易活动的信息系统。

公共资源交易电子监管系统是指政府有关部门在线监督公共资源交易活动的信息系统。

公共资源交易电子服务系统是指联通公共资源电子交易系统、监管系统和其他电子系统，实现公共资源交易信息数据交换共享，并提供公共服务的枢纽。

第四十六条 公共资源交易平台运行服务机构是指由政府推动设立或政府通过购买服务等方式确定的，通过资源整合共享方式，为公共资源交易相关市场主体、社会公众、行政监督管理部门等提供公共服务的单位。

第四十七条 本办法由国务院发展改革部门会同国务院有关部门负责解释。

第四十八条 本办法自 2016 年 8 月 1 日起实施。

公共资源交易平台服务标准（试行）

（2019 年 4 月 25 日　发改办法规〔2019〕509 号）

1. 范　围

本标准规定了公共资源交易平台服务的术语和定义、基本原则与要求、服务内容、服务流程要求、场所与设施要求、信息化建设要求、安全要求、服务质量与监督评价。

本标准适用于公共资源交易平台运行服务机构，主要是各级公共资源交易中心所提供的服务。社会资本建设运行的有关公共资源电子交易系统，参照本标准有关要求执行。

2. 规范性引用文件

下列文件对于本标准的应用是必不可少的。凡是注日期的引用文件，仅所注日期的版本适用于本标准。凡是不注日期的引用文件，其最新版本（包括所有的修改单）适用于本标准。

GB/T 2893.1 图形符号 安全色和安全标志 第 1 部分：安全标志和安全标记的设计原则

GB 2894 安全标志及其使用导则

GB/T 10001.1 公共信息图形符号 第 1 部分：通用符号

GB/T 22081 信息技术 安全技术 信息安全控制实践指南

GB/T 20269 信息安全技术 信息系统安全管理要求
GB/T 20270 信息安全技术 网络基础安全技术要求
GB/T 20271 信息安全技术 信息系统通用安全技术要求
GB/T 21061 国家电子政务网络技术和运行管理规范
GB/T 21064 电子政务系统总体设计要求

《中华人民共和国招标投标法》及《中华人民共和国招标投标法实施条例》

《中华人民共和国政府采购法》及《中华人民共和国政府采购法实施条例》

《中华人民共和国土地管理法》

《中华人民共和国矿产资源法》

(中华人民共和国企业国有资产法》

《公共资源交易平台管理暂行办法》(国家发展改革委等14部委第39号令)

《电子招标投标办法》(国家发展改革委第20号令)

《公共资源交易平台系统数据规范（V2.0）》（发改办法规〔2018〕1156号）

3. 术语和定义

下列术语和定义适用于本标准。

3.1 公共资源交易

公共资源交易是指涉及公共利益、公众安全的具有公有性、公益性的资源交易活动。

3.2 公共资源交易平台

公共资源交易平台（以下简称平台）是指实施统一的制度和标准、具备开放共享的公共资源交易电子服务系统和规范透明的运行机制，为市场主体、社会公众、行政监督管理部门等提供公共资源交易综合服务的体系。

3.3 公共资源交易平台运行服务机构

公共资源交易平台运行服务机构是指由政府推动设立或政府通过购买服务等方式确定的，通过资源整合共享方式，为公共资源交易相关市场主体、社会公众、行政监督管理部门等提供公共服务的单位。公共资源交易中心是公共资源交易平台主要运行服务机构。

3.4 公共资源交易电子服务系统

公共资源交易电子服务系统（以下简称电子服务系统）是指联通公共资源电子交易系统、监管系统和其他电子系统，实现公共资源交易信息数据交换共享，并提供公共服务的枢纽。

3.5 公共资源电子交易系统

公共资源电子交易系统（以下简称电子交易系统）是根据工程建设项目招标投标、土地使用权和矿业权出让、国有产权交易、政府采购等各类交易特点，按照有关规定建设、对接和运行，以数据电文形式完成公共资源交易活动的信息系统。

3.6 公共资源交易电子监管系统

公共资源交易电子监管系统（以下简称电子监管系统）是指政府有关部门在线监督公共资源交易活动的信息系统。

3.7 竞得人

本标准所称竞得人包括中标人、成交供应商、受让人等。

4. 基本原则与要求

4.1 基本原则

平台运行服务机构应立足公共服务职能定位，建立健全电子交易系统，不断优化见证、场所、信息、档案、专家抽取和交易流程等服务，积极开展交易大数据分析，为宏观经济决策、优化营商环境、规范交易市场提供支撑。其建设和运行应当遵循以下原则。

4.1.1 依法依规，科学规划。严格执行国家有关法律法规和政策，结合本地公共资源交易实际，合理规划、科学布局，突出特色、注重实效。

4.1.2 便民高效，规范运行。精简办事材料，优化办理流程，量化服务指标，完善功能标识，高效规范运行。

4.1.3 公开透明，强化监督。完善办事指南信息，构建完善咨询投诉、服务评价机制，不断提高业务办理公开透明度，广泛接受社会监督。

4.2 基本要求

4.2.1 遵守国家法律、法规、规章及相关政策规定。

4.2.2 具备必要的、功能齐备的场所和设施，以及满足交易需要的电子交易系统，建立健全网络信息安全制度，落实安全保护技术措施，保障系统安全稳定可靠运行。

4.2.3 建立健全平台运行服务制度和内控机制，加强对工作人员的管理，不断提高平台的服务质量和效率。

4.2.4 在电子服务系统和服务场所醒目位置向社会公开平台的服务内容、服务流程、服务规范和监督渠道等，主动接受社会监督。

4.2.5 加强日常安全管理，制定实施突发性事件应急处理预案。

4.2.6 及时向公共资源交易行政监督部门推送交易信息等。

4.2.7 积极配合政府有关部门调查处理投诉事项和违法违规行为，承担有关部门交办的其他工作。

5. 服务内容

包括但不限于以下内容。

5.1 业务咨询。

5.2 项目登记。

5.3 场地安排。

5.4 公告和公示信息公开。

5.5 交易过程保障。

5.6 资料归档。

5.7 数据统计。

5.8 档案查询。

6. 服务流程要求

6.1 业务咨询

6.1.1 咨询服务方式应包括但不限于网上咨询、电话咨询和现场咨询。

6.1.2 咨询服务应遵循首问负责制和一次性告知制。

6.1.3 工作人员应向交易相关主体提供以下咨询服务。

6.1.3.1 提供公共资源交易项目涉及的法律法规及相关规定。

6.1.3.2 介绍交易业务流程、办事指南、注意事项等。

6.1.3.3 指引相关主体使用电子交易系统事项办理流程。

6.1.3.4 其他咨询事项。

6.1.4 不属于平台运行服务机构答复或解决的问题，应解释清楚，并予以引导。

6.2 项目登记

6.2.1 纳入平台交易项目的登记方式应包括网上登记、现场登记，鼓励实行网上登记。

6.2.2 工作人员在办理项目登记业务时，应按照法律法规及相关规定进行必要提示，对确需调整、补充材料的，应一次性告知需调整、补充的材料。

6.2.3 相关文件资料齐备后，工作人员应根据交易项目的内容、规模及其交易方式，对交易项目的实施主体或其代理机构申请的场所、时间等予以确认，及时办结项目登记，并告知交易过程中应当注意的事项。

6.2.4 应为纳入平台交易项目明确具体的服务责任人。

6.2.5 如交易项目的实施主体或其代理机构提出申请，可为其提供交易文件标准化模板，但不得对交易文件进行审批、核准、备案。

6.3 场地安排

6.3.1 应当根据交易项目的实施主体或其代理机构的申请，及时确定交易项目的交易场地和评标（评审）场地。场地确定后确需变更的，应及时提供变更服务，并调整相应工作安排。

6.3.2 应做好交易过程中的各项准备工作，场地及设施应符合本标准第 7 部分的要求，以满足交易项目需求。

6.4 公告和公示信息公开

6.4.1 公开方式

应在项目登记办结后，按照交易项目的交易方式或者交易阶段，根据交易项目的实施主体或其代理机构的委托，协助其在法定媒介发布交易公告和公示信息；同步在电子交易系统公开的，公告内容应保持一致。

6.4.2 协助处理异议或者投诉

在法定时限内，遇有对公告和公示信息的形式、内容、期限等提出异议或者投诉的，应按规定及时向交易项目的实施主体或其代理机构，或者有关行政监督部门反映，并协助做好有关核查及处理工作。

6.5 交易过程保障

6.5.1 在交易实施前，应按照交易项目的特点、流程，做好场所、设施、技术等服务保障的准备工作。同时，宜采用短信、电话或者其他方式通知项目的实施主体或其代理机构做好交易实施的相关准备工作。

6.5.2 交易实施过程中，应按规定的时间准时启用相关设施、场所，提供必要的技术和其它相关服务，并协助交易项目的实施主体或其代理机构维持交易秩序，确保交易活动按照既定的交易流程顺利完成。

6.5.3 应按规定的时间和方式，有序引导经身份识别后的评标（评审）专家进入评标（评审）区域，并将其随身携带的通讯及其它相关电子设备妥善保存在规定地点。如有需要，应按规定提供评标（评审）专家的抽取服务。

6.5.4 在交易场所进行交易的，应见证交易过程，对交易活动现场、评标评审情况等进行录音录像，并按规定确保评标评审过程严格保密。

6.5.5 交易实施过程中，遇有异议或者投诉的，应按规定及时向交易项目的实施主体或其代理机构，或者有关行政监督部门反映，并协助做好有关核查及处理工作。依法应当暂停交易或者终止交易的，应提示并配合交易项目的实施主体或其代理机构按 6.4.1 的规定进行公告，并采取短信、电话或者其他方式通知所有相关主体。

6.5.6 如遇不可抗力、交易系统异常等情况，导致交易无法正常进行的，应按规定配合交易项目的实施主体或其代理机构暂停交易；如发现有违法违规行为的，应当保留相关证据并及时向有关行政监督部门报告。

6.5.7 应建立健全不良交易行为发现处置机制，工作人员在交易服务过程中，对发现的不良交易行为应进行记录，并及时报送至有关行政监督部门依法处理。

6.6 资料归档

6.6.1 应建立健全公共资源交易档案管理制度，按照"一项一档"的要求，将交易服务过程中产生的电子文档、纸质资料以及音视频等按有关规定统一归档。

6.6.2 应设专人负责档案管理,归档案卷应齐全、完整、目录清晰。

6.6.3 应按照相关法律法规规定的期限和要求保存档案,确保档案存放地点安全、保密。

6.6.4 交易相关主体违反规定拒绝提供归档资料的,应及时向有关行政监督部门报告。

6.7 数据统计

6.7.1 应建立交易数据统计制度,保障数据质量,按要求及时统计并向有关电子服务系统和行政监督部门推送统计数据。

6.7.2 应通过电子服务系统,向社会公开各类交易信息,接受社会监督。

6.8 档案查询和移交

6.8.1 应建立档案查询制度,依法依规提供档案查询服务。

6.8.2 应做好档案查询记录,并确保档案的保密性、完整性。

6.8.3 应按规定及时向档案馆移交相关档案。

7. 场所与设施要求

7.1 基本要求

7.1.1 场所设施建设应遵循集约利用、因地制宜、避免重复建设的原则,按相关规定和标准配备必要的服务和办公设施,以及电子交易系统软硬件设备。

7.1.2 公共服务、交易实施、评标评审、办公等功能区域,应当边界清晰、标识醒目、设施齐备、干净整洁。

7.1.3 有条件的交易场所,可为第三方服务机构等提供相应的办公区域和设施。第三方服务包括但不限于 CA 证书、银行结算、其他商务服务等。

7.2 场所设置

7.2.1 公共服务区域

7.2.1.1 应设置咨询服务台，有专人提供业务咨询等服务。

7.2.1.2 应配置信息展示、信息查询和信息服务等设施，有专人维护、管理和服务。

7.2.1.3 应按照各类公共资源交易的基本业务流程设置服务窗口，配备相应的服务人员和办公设备。

7.2.1.4 应设置休息等候区域，并配备必要的设施。

7.2.1.5 应设置公共区域电视监控系统，实施24小时不间断监控。

7.2.2 交易实施区

7.2.2.1 应根据公共资源交易的不同类别及其特点，设置相应的开标室、谈判室、竞价室、拍卖厅等，并配备相应的服务人员和必需的设施设备。

7.2.2.2 开标室、谈判室、竞价室、拍卖厅等交易场所，应当设置音频视频监控系统，对在现场办理的交易活动全过程进行录音录像。

7.2.3 评标评审区

7.2.3.1 评标评审区域应与咨询、办事、开标、竞价、拍卖等公开场所进行物理隔离，有必要的，可设置专家抽取终端和专家专用通道。

7.2.3.2 应设置音频视频监控、门禁等系统，门禁以内宜设置评标评审室、谈判室、磋商室、询标室、资料中转室、专家用餐室、公共卫生间等，并配置相应的服务人员和必需的设施设备；有条件的交易场所，应配备隔夜评标评审场所和设施。

7.2.3.3 门禁以外相邻区域宜设置物品储存柜、监督室、专家抽取室等。

7.2.3.4 评标评审区入口处宜设置通讯检测门，并与门禁系统联动运行。

7.3 标识标志

7.3.1 应在服务场所设置清晰的导向标识、门牌标识、禁止标识和安全标志。

7.3.2 应有楼层导向图、功能分区平面图，以及不同人员的通道标识标志。

7.3.3 标识标志应符合 GB/T 2893.1《图形符号 安全色和安全标志 第 1 部分：安全标志和安全标记的设计原则》、GB/T 2894《安全标志及其使用导则》、GB/T 10001.1《公共信息图形符号 第 1 部分：通用符号》的要求。

7.4 监控系统

7.4.1 应设有业务监控和安全保障监控设备，并配备专职人员维护，保证正常运行。

7.4.2 业务监控应自业务开始至结束，对监控范围内的一切声源与图像同步录取，录音录像保存期限应符合相关规定。

8. 信息化建设要求

应按照国家有关技术规范要求建立或以政府购买服务方式确定电子交易系统，为交易相关主体提供在线交易服务，并通过对接电子服务系统、电子监督系统和其他相关电子系统，推动实现公共资源交易信息数据交换共享。

9. 安全要求

9.1 应建立健全安全保卫制度，配备安全保卫人员，定期进行安全检查。

9.2 应按有关规定配备消防器材、应急照明灯和标志，加强消防安全日常监督检查。

9.3 应建立突发性事件应急处理预案，明确突发性情况的应对措施。

9.4 应建立健全网络信息安全制度，落实安全保护技术措施。

9.5 互联网运营网络宜采用主备模式。

9.6 各类系统数据宜设置异地备份。

9.7 信息和网络安全应符合 GB/T 22081《信息技术 安全技术 信息安全控制实践指南》、GB/T 20269《信息安全技术 信息系统安全管理要求》、GB/T 20270《信息安全技术 网络基础安全技术要求》、GB/T 20271《信息安全技术 信息系统通用安全技术要求》、GB/T 21061《国家电子政务网络技术和运行管理规范》、GB/T 21064《电子政务系统总体设计要求》的要求。

10. 服务质量与监督评价

10.1 平台运行服务机构应具有一定数量的相关专业人员，能满足为各类公共资源交易提供服务的要求，建立健全内部管理制度，制订完善的服务流程。

10.2 应公开承诺办理时限，限时办结，建立"一站式"服务模式，提高工作效率。

10.3 应实现服务项目、服务流程、服务标准、收费标准等信息公开。

10.4 应完善服务监督形式，建立服务质量监督的反馈和投诉制度，公布投诉方式（电话、信箱等），畅通监督渠道。

10.5 应建立服务质量评价机制，采用自评价和外部评价相结合的方式，开展服务质量综合评价和服务满意度调查，定期公示评价结果，并根据评价结果不断改进服务。

国家发展改革委、工业和信息化部、住房城乡建设部等关于建立健全招标投标领域优化营商环境长效机制的通知

(2021年2月20日　发改法规〔2021〕240号)

各省、自治区、直辖市、新疆生产建设兵团发展改革委、工业和信息化主管部门、住房城乡建设厅(委、局)、交通运输厅(局、委)、水利厅(局)、农业农村厅(局、委)、商务厅(局)、广播电视局、能源局、招标投标指导协调工作牵头部门、公共资源交易平台整合工作牵头部门，各省、自治区、直辖市通信管理局，国家能源局各派出机构、各地区铁路监管局、民航各地区管理局，全国公共资源交易平台、中国招标投标公共服务平台：

为深入贯彻党的十九届五中全会关于坚持平等准入、公正监管、开放有序、诚信守法，形成高效规范、公平竞争的国内统一市场的决策部署，落实《优化营商环境条例》精神，进一步深化招标投标领域营商环境专项整治，切实维护公平竞争秩序，根据国务院办公厅政府职能转变办公室深化"放管服"改革优化营商环境工作安排，现就建立健全招标投标领域优化营商环境长效机制有关要求通知如下。

一、**充分认识建立健全招标投标领域优化营商环境长效机制的重要性**。根据国务院部署要求，2019年以来，国家发展改革委联合国务院有关部门在全国开展了工程项目招标投标领域营商环境专项整治，组织各地区、各有关部门对招标投标法规政策文件进行全面清理，广泛征集损害营商环境问题线索，大力开展随机抽查和重点核查，严肃查处破坏公平竞争的违法违规行为。通过专项整治，招

标投标市场主体反映强烈的一大批突出问题得到有效解决，制度规则更加明晰，市场秩序不断规范，不同所有制企业公平竞争的市场环境进一步形成。但应当看到，与党中央、国务院要求相比，与广大市场主体期盼相比，招标投标领域营商环境仍存在薄弱环节。各地招标投标法规政策文件总量偏多，规则庞杂不一，加重市场主体的合规成本；地方保护、所有制歧视、擅自设立审核备案证明事项和办理环节、违规干预市场主体自主权等问题仍时有发生，在一些市县还比较突出；招标投标行政管理重事前审批核准备案、轻事中事后监管，监管主动性、全面性不足，一些行业领域监管职责不清，对违法违规行为震慑不够。为巩固和深化招标投标领域营商环境专项整治成果，进一步营造公平竞争的市场环境，迫切要求建立健全长效机制，久久为功，持续发力，推动招标投标领域营商环境实现根本性好转。

二、严格规范地方招标投标制度规则制定活动。各地制定有关招标投标制度规则，要严格落实《优化营商环境条例》要求，认真开展公平竞争审查、合法性审核，充分听取市场主体、行业协会商会意见，并向社会公开征求意见一般不少于30日。没有法律、法规或者国务院决定和命令依据的，规范性文件不得减损市场主体合法权益或者增加其义务，不得设置市场准入和退出条件，不得设定证明事项，不得干预市场主体正常生产经营活动。新出台制度规则前，要认真评估必要性，现有文件可以解决或者修改后可以解决有关问题的，不再出台新文件；对此前发布的文件要全面梳理，对同一事项有多个规定的，根据情况作出合并、衔接、替代、废止等处理。地方制定招标投标制度规则、公共资源交易管理服务制度规则，要建立征求本级招标投标指导协调工作牵头部门和上一级主管部门意见机制，确保符合上位法规定，维护制度规则统一。

三、加大地方招标投标制度规则清理整合力度。各省级招标投标指导协调工作牵头部门要会同各有关行政监督部门，加强对本行政区域招标投标制度规则体系的统筹规划，并强化对市县招标投标制度环境的监督指导。要从促进全国统一市场建设的高度，以问题最为突出的市县一级为重点，加大招标投标制度规则清理整合力度。除少数调整政府内部行为的文件外，要按照应减尽减、能统则统的原则，对各地市保留的招标投标制度规则类文件实行总量控制和增减挂钩，避免边清边增；各区县一律不再保留或新制定此类文件。各省级招标投标指导协调工作牵头部门和有关行政监督部门要对省、市两级经清理整合后保留的招标投标地方性法规、规章、规范性文件进行汇总，2021年11月底前，在省级公共资源交易平台、招标投标公共服务平台和省级行政监督部门网站专栏公布目录及全文（或网址链接），并动态更新，方便市场主体查阅；未列入目录的，一律不得作为行政监管依据。

四、全面推行"双随机一公开"监管模式。 各地招标投标行政监督部门要在依法必须招标项目的事中事后监管方面，全面推行"双随机一公开"模式，紧盯招标公告、招标文件、资格审查、开标评标定标、异议答复、招标投标情况书面报告、招标代理等关键环节、载体，严厉打击违法违规行为。要合理确定抽查对象、比例、频次，向社会公布后执行；对问题易发多发环节以及发生过违法违规行为的主体，可采取增加抽查频次、开展专项检查等方式进行重点监管；确实不具备"双随机"条件的，可按照"双随机"理念，暂采用"单随机"工作方式。抽查检查结果通过有关行政监督部门网站及时向社会公开，接受社会监督，并同步归集至本级公共资源交易平台、招标投标公共服务平台和信用信息共享平台。要充分发挥公共资源交易平台作用，明确交易服务机构需支持配合的事项和履职方式，实现交易服务与行政监督的有效衔接。2021年6月底前各地区、各部门要完成相关制度建设，11月底前完成首批次随机抽查。

五、畅通招标投标异议、投诉渠道。各地招标投标行政监督部门要指导督促依法必须招标项目招标人在资格预审公告、资格预审文件、招标公告、招标文件中公布接收异议的联系人和联系方式,依法及时答复和处理有关主体依法提出的异议。要结合全面推行电子招标投标,2021年11月底前实现依法必须招标项目均可通过电子招标投标交易系统在线提出异议和作出答复。要进一步健全投诉处理机制,依法及时对投诉进行受理、调查和处理,并网上公开行政处罚决定;积极探索在线受理投诉并作出处理决定。各地要依据有关法律法规和各有关行政监督部门职责,以清单方式列明投诉处理职责分工,避免重复受理或相互推诿;要按照"谁主管谁监管"的原则,加快落实工业、农业农村、广播电视、能源等行业领域招标投标活动的行政监督职责,完善监管措施。鼓励探索通过地方立法建立特定部门兜底受理投诉机制,防止在确实难以协调明确监管职责的领域出现部门相互推诿。

六、建立营商环境问题线索和意见建议常态化征集机制。国家层面将加快开通招标投标领域营商环境问题线索征集平台,围绕市场隐性壁垒等损害营商环境行为进行常态化的线索征集,作为异议、投诉之外的社会监督渠道,为各地区、各部门加强事中事后监管提供指引。建立健全国家、省、市、县四级转办、督办机制,确保有效线索得到及时核查,违规文件得到及时修改废止,违法行为得到及时查处纠正。线索征集平台针对实践中反映突出的问题,不定期发布和更新招标投标领域营商环境"负面行为清单",明确监管重点,警示违法行为。各地招标投标指导协调工作牵头部门会同各有关行政监督部门要建立市场主体意见建议征集机制,在本级公共资源交易平台、招标投标公共服务平台开通意见建议征集栏目,广泛听取各方面意见建议,不断改进管理、提升服务。

七、落实地方主体责任。各地要充分认识招标投标领域优化营商环境的长期性、艰巨性,进一步加大工作力度,着力健全长效机制，持之以恒、常抓不懈，切实为不同所有制企业营造公平竞争的市场环境。各地招标投标指导协调工作牵头部门要加强统筹协调，各有关行政监督部门要分工负责，形成部门合力。要向下层层传导压力，对存在问题的地方，建立约谈、发函、通报机制，推动思想认识到位、责任落实到位、问题整改到位。国家发展改革委和国务院有关部门发现地方突出违法问题或工作不落实问题，将通报给当地人民政府或当地党委全面依法治省（区、市）委员会办公室，典型问题向社会公开曝光；结合全国营商环境评价，定期对各地招标投标领域营商环境开展评估。

各地区、各部门落实本通知过程中作出的整体部署、各专项部署、阶段性进展和成果，创新性做法和成效、遇到的问题和建议，请及时抄送、报告国家发展改革委和国务院有关部门。国务院各有关部门要加强对本行业、本系统招标投标领域优化营商环境工作的指导督促，及时研究解决地方工作过程中反映的问题。

国家发展改革委等部门关于完善招标投标交易担保制度进一步降低招标投标交易成本的通知

（2023年1月6日 发改法规〔2023〕27号）

各省、自治区、直辖市、新疆生产建设兵团发展改革委、工业和信息化主管部门、住房城乡建设厅（委、局）、交通运输厅（局、委）、水利厅（局）、农业农村厅（局、委）、商务厅（局）、国资委、广播电视局、能源局、招标投标指导协调工作牵头部门、公共资源交易平台整合工作牵头部门，各省、自治区、直辖市通信管理局，国家能源局各派出机构、各地区铁路监管局、民航各地区管理局、各银保监局，全国公共资源交易平台、中国招标投标公共服务平台：

为深入贯彻落实《国务院关于印发扎实稳住经济一揽子政策措施的通知》（国发〔2022〕12号）要求，加快推动招标投标交易担保制度改革，降低招标投标市场主体特别是中小微企业交易成本，保障各方主体合法权益，优化招标投标领域营商环境，现就完善招标投标交易担保制度、进一步降低招标投标交易成本有关要求通知如下：

一、严格规范招标投标交易担保行为。招标人、招标代理机构以及其他受委托提供保证金代收代管服务的平台和服务机构应当严格遵守招标投标交易担保规定，严禁巧立名目变相收取没有法律法规依据的保证金或其他费用。招标人应当同时接受现金保证金和银行保函等非现金交易担保方式，在招标文件中规范约定招标投标交易担保形式、金额或比例、收退时间等。依法必须招标项目的招标人不得强制要求投标人、中标人缴纳现金保证金。

二、全面推广保函（保险）。鼓励招标人接受担保机构的保函、保险机构的保单等其他非现金交易担保方式缴纳投标保证金、履约保证金、工程质量保证金。投标人、中标人在招标文件约定范围内，可以自行选择交易担保方式，招标人、招标代理机构和其他任何单位不得排斥、限制或拒绝。鼓励使用电子保函，降低电子保函费用。任何单位和个人不得为投标人、中标人指定出具保函、保单的银行、担保机构或保险机构。

三、规范保证金收取和退还。招标人、招标代理机构以及其他受委托提供保证金代收代管服务的平台和服务机构应当严格按照法律规定、招标文件和合同中明确约定的保证金收退的具体方式和期限，及时退还保证金。任何单位不得非法扣押、拖欠、侵占、挪用各类保证金。以现金形式提交保证金的，应当同时退还保证金本金和银行同期存款利息。

四、清理历史沉淀保证金。2023年3月底前，各地方政府有关部门、各有关单位和企业组织开展清理历史沉淀保证金专项行动，按照"谁收取、谁清理、谁退还"的原则，督促招标人、招标代理机构以及其他受委托提供保证金代收代管服务的平台和服务机构全面清理投标保证金、履约保证金、工程质量保证金等各类历史沉淀保证金，做到应退尽退。各地政府有关部门、各有关单位和企业要每年定期开展历史沉淀保证金清理工作，并通过相关公共服务平台网络、窗口或门户网站向社会公开清理结果。

五、鼓励减免政府投资项目投标保证金。 2023年3月底前，各省级招标投标指导协调工作牵头部门应当会同各有关行政监督部门，制定出台鼓励本地区政府投资项目招标人全面或阶段性停止收取投标保证金，或者分类减免投标保证金的政策措施，并完善保障招标人合法权益的配套机制。

六、鼓励实行差异化缴纳投标保证金。 对于政府投资项目以外的依法必须招标项目和非依法必须招标项目，各地要制定相应政策，鼓励招标人根据项目特点和投标人诚信状况，在招标文件中明确减免投标保证金的措施。鼓励招标人对无失信记录的中小微企业或信用记录良好的投标人，给予减免投标保证金的优惠待遇。鼓励国有企事业单位招标人制定实施分类减免投标保证金的相关措施。企事业单位实行集中招标采购制度的，可以探索试行与集中招标采购范围对应的集中交易担保机制，避免投标人重复提供投标保证金。

七、加快完善招标投标交易担保服务体系。 依托公共资源交易平台、招标投标公共服务平台、电子招标投标交易平台、信用信息共享平台等，依法依规公开市场主体资质资格、业绩、行为信用信息和担保信用信息等，为招标人减免投标保证金提供客观信息依据。推动建立银行、担保机构和保险机构间的招标投标市场主体履约信用信息共享机制，鼓励各类银行、担保机构、保险机构和电子招标投标交易平台对符合条件的投标人、中标人简化交易担保办理流程、降低服务手续费用。依法依规对银行、担保机构和保险机构加强信用监管，严格防范并依法惩戒交易担保违法失信行为。

各地要充分认识完善招标投标交易担保制度、降低招标投标交易成本的重要意义，切实提高政治站位，结合实际制定落实本通知的实施方案或具体措施，并于2023年5月底前将落实本通知的有关工作安排、阶段性进展和成效，以及历史沉淀保证金清理情况报送国家发展改革委。国务院各有关部门要加强对本行业、本系统降低招标投标交易成本工作的指导督促，及时研究解决地方工作过程中反映的问题。

国家发展改革委办公厅、市场监管总局办公厅关于进一步规范招标投标过程中企业经营资质资格审查工作的通知

（2020年9月22日　发改办法规〔2020〕727号）

各省、自治区、直辖市、新疆生产建设兵团发展改革委、市场监督管理局（厅、委）、招标投标指导协调工作牵头部门：

为贯彻落实《优化营商环境条例》要求，深化招标投标领域"放管服"改革，推进"证照分离"改革，依法保障企业经营自主权，破除招标投标领域各种隐性壁垒和不合理门槛，维护公平竞争的招标投标营商环境，现就进一步规范招标投标过程中企业经营资质资格审查有关要求通知如下：

一、进一步明确招标投标过程中对企业经营资质资格的审查标准

企业依法享有经营自主权，其经营范围由其章程确定，并依法按照相关标准办理经营范围登记，以向社会公示其主要经营活动内容。招标人在招标项目资格预审公告、资格预审文件、招标公告、

招标文件中不得以营业执照记载的经营范围作为确定投标人经营资质资格的依据，不得将投标人营业执照记载的经营范围采用某种特定表述或者明确记载某个特定经营范围细项作为投标、加分或者中标条件，不得以招标项目超出投标人营业执照记载的经营范围为由认定其投标无效。招标项目对投标人经营资质资格有明确要求的，应当对其是否被准予行政许可、取得相关资质资格情况进行审查，不应以对营业执照经营范围的审查代替，或以营业执照经营范围明确记载行政许可批准证件上的具体内容作为审查标准。

二、持续深化招标投标领域"放管服"改革

各地发展改革部门、招标投标指导协调工作牵头部门要加强指导协调，会同各有关行政监督部门，持续深化"放管服"改革，维护招标投标市场公平竞争。各有关行政监督部门要落实招标人主体责任，引导和监督招标人根据招标项目实际需要合理设定投标人资格条件，公平对待各类市场主体；按照规定的职责分工，强化事中事后监管，畅通投诉举报渠道，实施常态化的随机抽查，严厉打击各种不合理排斥或限制投标人的行为。加强改革创新，分领域探索简化淡化对投标人经营资质资格要求，逐步建立以业绩、信用、履约能力为核心的投标人资格审查制度。加快全面推广电子招标投标，推进招标投标信息资源互联共享，为改革提供坚实支撑。

三、落实"证照分离"改革要求做好企业登记工作

各地市场监管部门要认真落实国务院"证照分离"改革要求，稳步推动经营范围登记规范化工作，使用市场监管总局发布的经营范围规范表述目录办理相关业务，提高经营范围登记的规范化、标准化水平，提高政策的透明度和可预期性，做好对企业和社会公众的说明和服务。要积极做好与各相关部门行政许可的信息共享和业务协同，推动各相关部门合理规范使用企业经营范围信息，减少对企业经营范围的行政强制性要求、限制或者变相限制。推动电子营业执照在招标投标领域的应用，降低企业交易成本。

四、形成各部门共同维护招标投标市场公平竞争的工作合力

各地发展改革部门、市场监管部门、招标投标指导协调工作牵头部门要会同各有关行政监督部门，以进一步规范招标投标过程中企业经营资质资格审查工作为契机，加强沟通协作，形成共同维护招标投标市场公平竞争的工作合力。市场监管部门要指导协调各有关部门严格落实公平竞争审查制度，防止起草制定含有不合理排斥或限制投标人内容的政策措施。发展改革部门、招标投标指导协调工作牵头部门以及各有关行政监督部门要将妨害公平竞争行为作为招标投标日常监管重点，加强与市场监管部门的工作衔接，建立投诉举报线索共享和执法协作机制，切实维护企业合法权益，营造良好的招标投标营商环境。

关于个体工商户、农民专业合作社依法参加招标投标的，相关工作要求参照此通知执行。

特此通知。

国家发展改革委等部门关于严格执行招标投标法规制度进一步规范招标投标主体行为的若干意见

（2022 年 7 月 18 日　发改法规规〔2022〕1117 号）

各省、自治区、直辖市、新疆生产建设兵团发展改革委、工业和信息化主管部门、公安厅（局）、住房城乡建设厅（委、局）、交通运输厅（局、委）、水利（水务）厅（局）、农业农村厅（局、委）、商务厅（局）、审计厅（局）、广播电视局、能源局、招标投标指导协调工作牵头部门，公共资源交易平台整合工作牵头部门，各省、自治区、直辖市通信管理局，审计署各特派员办事处，国家能源局各派出机构、各地区铁路监管局、民航各地区管理局，全国

公共资源交易平台、中国招标投标公共服务平台：

　　招标投标制度是社会主义市场经济体制的重要组成部分，对于充分发挥市场在资源配置中的决定性作用，更好发挥政府作用，深化投融资体制改革，提高国有资金使用效益，预防惩治腐败具有重要意义。近年来，各地区、各部门认真执行《招标投标法》及配套法规规章，全社会依法招标投标意识不断增强，招标投标活动不断规范，在维护国家利益、社会公共利益和招标投标活动当事人合法权益方面发挥了重要作用。但是当前招标投标市场还存在不少突出问题，招标人主体责任落实不到位，各类不合理限制和隐性壁垒尚未完全消除，规避招标、虚假招标、围标串标、有关部门及领导干部插手干预等违法行为仍然易发高发，招标代理服务水平参差不齐，一些评标专家不公正、不专业，导致部分项目中标结果不符合实际需求或者实施效果不佳，制约了招标投标制度竞争择优功能的发挥。为全面贯彻党的十九大和十九届历次全会精神，按照第十九届中央纪委第六次全会、国务院第五次廉政工作会议部署，现就严格执行招标投标法规制度、进一步规范招标投标各方主体行为提出以下意见。

一、强化招标人主体责任

（一）依法落实招标自主权。切实保障招标人在选择招标代理机构、编制招标文件、在统一的公共资源交易平台体系内选择电子交易系统和交易场所、组建评标委员会、委派代表参加评标、确定中标人、签订合同等方面依法享有的自主权。任何单位和个人不得以任何方式为招标人指定招标代理机构，不得违法限定招标人选择招标代理机构的方式，不得强制具有自行招标能力的招标人委托招标代理机构办理招标事宜。任何单位不得设定没有法律、行政法规依据的招标文件审查等前置审批或审核环节。对实行电子招标投标的项目，取消招标文件备案或者实行网上办理。

（二）严格执行强制招标制度。依法经项目审批、核准部门确定的招标范围、招标方式、招标组织形式，未经批准不得随意变更。依法必须招标项目拟不进行招标的、依法应当公开招标的项目拟邀请招标的，必须符合法律法规规定情形并履行规定程序；除涉及国家秘密或者商业秘密的外，应当在实施采购前公示具体理由和法律法规依据。不得以支解发包、化整为零、招小送大、设定不合理的暂估价或者通过虚构涉密项目、应急项目等形式规避招标；不得以战略合作、招商引资等理由搞"明招暗定""先建后招"的虚假招标；不得通过集体决策、会议纪要、函复意见、备忘录等方式将依法必须招标项目转为采用谈判、询比、竞价或者直接采购等非招标方式。对于涉及应急抢险救灾、疫情防控等紧急情况，以及重大工程建设项目经批准增加的少量建设内容，可以按照《招标投标法》第六十六条和《招标投标法实施条例》第九条规定不进行招标，同时强化项目单位在资金使用、质量安全等方面责任。不得随意改变法定招标程序；不得采用抽签、摇号、抓阄等违规方式直接选择投标人、中标候选人或中标人。除交易平台暂不具备条件等特殊情形外，依法必须招标项目应当实行全流程电子化交易。

（三）规范招标文件编制和发布。招标人应当高质量编制招标文件，鼓励通过市场调研、专家咨询论证等方式，明确招标需求，优化招标方案；对于委托招标代理机构编制的招标文件，应当认真组织审查，确保合法合规、科学合理、符合需求；对于涉及公共利益、社会关注度较高的项目，以及技术复杂、专业性强的项目，鼓励就招标文件征求社会公众或行业意见。依法必须招标项目的招标文件，应当使用国家规定的标准文本，根据项目的具体特点与实际需要编制。招标文件中资质、业绩等投标人资格条件要求和评标标准应当以符合项目具体特点和满足实际需要为限度审慎设置，不得通过设置不合理条件排斥或者限制潜在投标人。依法必须招标项目不得提出注册地址、所有制性质、市场占有率、特定行政区域或者特定行业业绩、取得非强制资质认证、设立本地分支机构、本地缴纳税收社保等要求，不得套用特定生产供应者的条件设定投标人资格、技术、商务条件。简化投标文件形式要求，一般不得将装订、纸张、明显的文字错误等列为否决投标情形。鼓励参照《公平竞争审查制度实施细则》，建立依法必须招标项目招标文件公平竞争审查机制。鼓励建立依法必须招标项目招标文件公示或公开制度。严禁设置投标报名等没有法律法规依据的前置环节。

（四）规范招标人代表条件和行为。招标人应当选派或者委托责任心强、熟悉业务、公道正派的人员作为招标人代表参加评标，并遵守利益冲突回避原则。严禁招标人代表私下接触投标人、潜在投标人、评标专家或相关利害关系人；严禁在评标过程中发表带有倾向性、误导性的言论或者暗示性的意见建议，干扰或影响其他评标委员会成员公正独立评标。招标人代表发现其他评标委员会成员不按照招标文件规定的评标标准和方法评标的，应当及时提醒、劝阻并向有关招标投标行政监督部门（以下简称行政监督部门）报告。

（五）加强评标报告审查。招标人应当在中标候选人公示前认真审查评标委员会提交的书面评标报告，发现异常情形的，依照法定程序进行复核，确认存在问题的，依照法定程序予以纠正。重点关注评标委员会是否按照招标文件规定的评标标准和方法进行评标；是否存在对客观评审因素评分不一致，或者评分畸高、畸低现象；是否对可能低于成本或者影响履约的异常低价投标和严重不平衡报价进行分析研判；是否依法通知投标人进行澄清、说明；是否存在随意否决投标的情况。加大评标情况公开力度，积极推进评分情况向社会公开、投标文件被否决原因向投标人公开。

（六）畅通异议渠道。招标人是异议处理的责任主体，应当畅通异议渠道，在招标公告和公示信息中公布受理异议的联系人和联系方式，在法定时限内答复和处理异议，积极引导招标投标活动当事人和利害关系人按照法定程序维护自身权益。实行电子招标投标的,应当支持系统在线提出异议、跟踪处理进程、接收异议答复。不得故意拖延、敷衍,无故回避实质性答复,或者在作出答复前继续进行招标投标活动。

(七)落实合同履约管理责任。招标人应当高度重视合同履约管理,健全管理机制,落实管理责任。依法必须招标项目的招标人应当按照《公共资源交易领域基层政务公开标准指引》要求,及时主动公开合同订立信息,并积极推进合同履行及变更信息公开。加强对依法必须招标项目合同订立、履行及变更的行政监督,强化信用管理,防止"阴阳合同""低中高结"等违法违规行为发生,及时依法查处违法违规行为。

(八)加强招标档案管理。招标人应当按照有关规定加强招标档案管理,及时收集、整理、归档招标投标交易和合同履行过程中产生的各种文件资料和信息数据,并采取有效措施确保档案的完整和安全,不得篡改、损毁、伪造或者擅自销毁招标档案。加快推进招标档案电子化、数字化。招标人未按照规定进行归档、篡改、损毁、伪造、擅自销毁招标档案,或者在依法开展的监督检查中不如实提供招标档案的,由行政监督部门责令改正。

(九)强化内部控制管理。招标人应当建立健全招标投标事项集体研究、合法合规性审查等议事决策机制,积极发挥内部监督作用;对招标投标事项管理集中的部门和岗位实行分事行权、分岗设权、分级授权,强化内部控制。依法必须招标项目应当在组织招标前,按照权责匹配原则落实主要负责人和相关负责人。鼓励招标人建立招标项目绩效评价机制和招标采购专业化队伍,加大对招标项目管理人员的问责问效力度,将招标投标活动合法合规性、交易结果和履约绩效与履职评定、奖励惩处挂钩。

二、坚决打击遏制违法投标和不诚信履约行为

(十)严格规范投标和履约行为。投标人应当严格遵守有关法律法规和行业标准规范,依法诚信参加投标,自觉维护公平竞争秩

序。不得通过受让、租借或者挂靠资质投标；不得伪造、变造资质、资格证书或者其他许可证件，提供虚假业绩、奖项、项目负责人等材料，或者以其他方式弄虚作假投标；不得与招标人、招标代理机构或其他投标人串通投标；不得与评标委员会成员私下接触，或向招标人、招标代理机构、交易平台运行服务机构、评标委员会成员、行政监督部门人员等行贿谋取中标；不得恶意提出异议、投诉或者举报，干扰正常招标投标活动。中标人不得无正当理由不与招标人订立合同，在签订合同时向招标人提出附加条件，不按照招标文件要求提交履约保证金或履约保函，或者将中标项目转包、违法分包。

（十一）加大违法投标行为打击力度。密切关注中标率异常低、不以中标为目的投标的"陪标专业户"。重点关注投标人之间存在关联关系、不同投标人高级管理人员之间存在交叉任职、人员混用或者亲属关系、经常性"抱团"投标等围标串标高风险迹象。严厉打击操纵投标或出借资质等行为导致中标率异常高的"标王"及其背后的违法犯罪团伙。经查实存在违法行为的，行政监督部门严格依法实施行政处罚，并按照规定纳入信用记录；对其中负有责任的领导人员和直接责任人员，需要给予党纪、政务处分或组织处理的，移交有关机关、单位依规依纪依法处理；涉嫌犯罪的，及时向有关机关移送。不得以行政约谈、内部处理等代替行政处罚，不得以行政处罚代替刑事处罚。

三、加强评标专家管理

（十二）严肃评标纪律。评标专家应当认真、公正、诚实、廉洁、勤勉地履行专家职责，按时参加评标，严格遵守评标纪律。评标专家与投标人有利害关系的，应当主动提出回避；不得对其他评标委员会成员的独立评审施加不当影响；不得私下接触投标人，不得收受投标人、中介人、其他利害关系人的财物或者其他好处，不得接受任何单位或者个人明示或者暗示提出的倾向或者排斥特定投标人的要求；不得透露评标委员会成员身份和评标项目；不得透露对投标文件的评审和比较、中标候选人的推荐情况、在评标过程中知悉的国家秘密和商业秘密以及与评标有关的其他情况；不得故意拖延评标时间，或者敷衍塞责随意评标；不得在合法的评标劳务费之外额外索取、接受报酬或者其他好处；严禁组建或者加入可能影响公正评标的微信群、QQ群等网络通讯群组。招标人、招标代理机构、投标人发现评标专家有违法行为的，应当及时向行政监督部门报告。行政监督部门对评标专家违法行为应当依法严肃查处，并通报评标专家库管理单位、评标专家所在单位和入库审查单位，不得简单以暂停或者取消评标专家资格代替行政处罚；暂停或者取消评标专家资格的决定应当公开，强化社会监督；涉嫌犯罪的，及时向有关机关移送。

（十三）提高评标质量。评标委员会成员应当遵循公平、公正、科学、择优的原则，认真研究招标文件，根据招标文件规定的评标标准和方法，对投标文件进行系统地评审和比较。评标过程中发现问题的，应当及时向招标人提出处理建议；发现招标文件内容违反有关强制性规定或者招标文件存在歧义、重大缺陷导致评标无法进行时，应当停止评标并向招标人说明情况；发现投标文件中含义不明确、对同类问题表述不一致、有明显文字和计算错误、投标报价可能低于成本影响履约的，应当先请投标人作必要的澄清、说明，不得直接否决投标；有效投标不足三个的，应当对投标是否明显缺乏竞争和是否需要否决全部投标进行充分论证，并在评标报告中记载论证过程和结果；发现违法行为的，以及评标过程和结果受到非法影响或者干预的，应当及时向行政监督部门报告。招标人既要重视发挥评标专家的专业和经验优势，又要通过科学设置评标标准和方法，引导专家在专业技术范围内规范行使自由裁量权；根据招标项目实际需要，合理设置专家抽取专业，并保证充足的评标时间。积极探索完善智能辅助评标等机制，减轻专家不必要的工作量。鼓励有条件的地方和单位探索招标人按照工作价值灵活确定评标劳务费支付标准的新机制。

（十四）强化评标专家动态管理。充分依托省级人民政府组建的综合评标专家库和国务院有关部门组建的评标专家库，建立健全对评标专家的入库审查、岗前培训、继续教育、考核评价和廉洁教育等管理制度。加强专家库及评标专家信息保密管理，除依法配合有关部门调查外，任何单位和个人不得泄露相关信息。严格规范评标专家抽取工作，做到全程留痕、可追溯。评标专家库管理单位应当建立评标专家动态考核机制，将专家依法客观公正履职情况作为主要考核内容，根据考核情况及时清退不合格专家。

（十五）严格规范和优化评标组织方式。积极推广网络远程异地评标，打破本地评标专家"小圈子"，推动优质专家资源跨省市、跨行业互联共享。评标场所应当封闭运行，配备专门装置设备，严禁评标期间评标委员会成员与外界的一切非正常接触和联系，实现所有人员的语言、行为、活动轨迹全过程可跟踪、可回溯。有关部门应当规范隔夜评标管理，落实行政监督责任；评标场所应当为隔夜评标提供便利条件，做好配套服务保障。

四、规范招标代理服务行为

（十六）切实规范招标代理行为。招标代理机构及其从业人员应当依法依规、诚信自律经营，严禁采取行贿、提供回扣或者输送不正当利益等非法手段承揽业务；对于招标人、投标人、评标专家等提出的违法要求应当坚决抵制、及时劝阻，不得背离职业道德无原则附和；不得泄露应当保密的与招标投标活动有关的情况和资料；不得以营利为目的收取高额的招标文件等资料费用；招标代理活动结束后，及时向招标人提交全套招标档案资料，不得篡改、损毁、伪造或擅自销毁；不得与招标人、投标人、评标专家、交易平台运行服务机构等串通损害国家利益、社会公共利益和招标投标活动当事人合法权益。

(十七)加强招标代理机构及从业人员管理。行政监督部门应当加强对在本地区执业的招标代理机构及从业人员的动态监管,将招标代理行为作为"双随机、一公开"监管的重点内容,纳入跨部门联合抽查范围,对参与围标串标等扰乱市场秩序的行为严格依法实施行政处罚,并按照规定纳入信用记录。加强招标代理行业自律建设,鼓励行业协会完善招标代理服务标准规范,开展招标代理机构信用评价和从业人员专业技术能力评价,为招标人选择招标代理机构提供参考,推动提升招标代理服务能力。

五、进一步落实监督管理职责

(十八)健全监管机制。各地行政监督部门要按照职责分工,畅通投诉渠道,依法处理招标投标违法行为投诉,投诉处理结果反馈当事人的同时按规定向社会公开,接受社会监督;合理利用信访举报及时发现违法问题线索,鼓励建立内部举报人制度,对举报严重违法行为和提供重要线索的有功人员予以奖励和保护;建立投诉举报案件定期统计分析制度,聚焦突出问题,开展专项整治。积极适应招标投标全流程电子化新形势,加快推进"互联网+监管",充分依托行政监督平台在线获取交易信息、履行监管职责;不断探索完善智慧监管手段,及时预警、发现和查证违法行为;加强电子招标投标信息的防伪溯源监督管理,防止招标投标电子文件伪造、篡改、破坏等风险发生。健全各行政监督部门协同监管和信息共享机制,监管执法过程中涉及其他部门职责的,及时移交有关部门处理或联合处理,着力解决多头处理、职责交叉、不同行业间行政处罚裁量权标准不一致等问题,提高执法水平和效率。指导公共资源交易平台坚持公共服务定位,健全内部控制机制,切实守住廉洁和安全底线,自觉接受行政监督,并积极配合支持行政监督部门履行职责。加强对行政监督部门及其工作人员的监督约束,严禁以规范和监管之名行违规审批、插手干预、地方保护、行业垄断之实。

(十九)加大监管力度。各地行政监督部门要进一步深化"放管服"改革，切实将监管重心从事前审批核准向事中事后全程监管转移。全面推行"双随机一公开"监管，提升监管主动性和覆盖面。坚决克服监管执法中的地方保护、行业保护，以零容忍态度打击招标投标违法行为，对影响恶劣的案件依法从严从重处罚并通报曝光。招标人发生违法行为的，依法严肃追究负有责任的主管人员和直接责任人员的法律责任，不得以他人插手干预招标投标活动为由减轻或免除责任。与公安机关建立有效的协调联动机制，加大对围标串标等违法犯罪行为的打击力度。加强与纪检监察机关、审计机关协作配合，按照规定做好招标投标领域违规违纪违法问题线索移交，对收到的问题线索认真核查处理。加强地方监管执法力量建设，鼓励监管体制改革创新，推动人财物更多投入到监管一线，加强监管的技术保障和资源保障。

（二十）健全信用体系。加快推进招标投标领域信用体系建设，构建以信用为基础、衔接标前标中标后各环节的新型监管机制。严格执行具有一定社会影响的行政处罚决定依法公开的规定，并及时推送至全国信用信息共享平台和公共资源交易平台，同步通过"信用中国"网站依法公示。坚持行政监督、社会监督和行业自律相结合，科学建立招标投标市场主体信用评价指标和标准，推动信用信息在招标投标活动中的合理规范应用。对违法失信主体依法依规实施失信惩戒，情节严重的依法实施市场禁入措施。

各地招标投标指导协调工作牵头部门和行政监督部门要进一步强化政治站位，认真履职尽责，推动招标投标法规制度切实执行，大力营造公开、公平、公正和诚实信用的市场环境。国家发展改革委会同国务院有关部门加强对各地招标投标工作的指导协调和典型经验复制推广，适时开展专项督查检查，对监管职责不履行、责任落实不到位的地方和单位，视情进行督办、通报、向有关方面提出问责建议。

本意见自2022年9月1日起施行，有效期至2027年8月31日。

（二）招标适用范围

必须招标的工程项目规定

（2018年3月27日国家发展和改革委员会令第16号公布 自2018年6月1日起施行）

第一条 为了确定必须招标的工程项目，规范招标投标活动，提高工作效率、降低企业成本、预防腐败，根据《中华人民共和国招标投标法》第三条的规定，制定本规定。

第二条 全部或者部分使用国有资金投资或者国家融资的项目包括：

（一）使用预算资金200万元人民币以上，并且该资金占投资额10%以上的项目；

（二）使用国有企业事业单位资金，并且该资金占控股或者主导地位的项目。

第三条 使用国际组织或者外国政府贷款、援助资金的项目包括：

（一）使用世界银行、亚洲开发银行等国际组织贷款、援助资金的项目；

（二）使用外国政府及其机构贷款、援助资金的项目。

第四条 不属于本规定第二条、第三条规定情形的大型基础设施、公用事业等关系社会公共利益、公众安全的项目，必须招标的具体范围由国务院发展改革部门会同国务院有关部门按照确有必要、严格限定的原则制订，报国务院批准。

第五条 本规定第二条至第四条规定范围内的项目，其勘察、设计、施工、监理以及与工程建设有关的重要设备、材料等的采购达到下列标准之一的，必须招标：

（一）施工单项合同估算价在400万元人民币以上；

（二）重要设备、材料等货物的采购，单项合同估算价在200万元人民币以上；

（三）勘察、设计、监理等服务的采购，单项合同估算价在100万元人民币以上。

同一项目中可以合并进行的勘察、设计、施工、监理以及与工程建设有关的重要设备、材料等的采购，合同估算价合计达到前款规定标准的，必须招标。

第六条 本规定自2018年6月1日起施行。

必须招标的基础设施和公用事业项目范围规定

（2018年6月6日 发改法规规〔2018〕843号）

第一条 为明确必须招标的大型基础设施和公用事业项目范围，根据《中华人民共和国招标投标法》和《必须招标的工程项目规定》，制定本规定。

第二条 不属于《必须招标的工程项目规定》第二条、第三条规定情形的大型基础设施、公用事业等关系社会公共利益、公众安全的项目，必须招标的具体范围包括：

（一）煤炭、石油、天然气、电力、新能源等能源基础设施项目；

（二）铁路、公路、管道、水运，以及公共航空和A1级通用机场等交通运输基础设施项目；

（三）电信枢纽、通信信息网络等通信基础设施项目；

（四）防洪、灌溉、排涝、引（供）水等水利基础设施项目；

（五）城市轨道交通等城建项目。

第三条 本规定自2018年6月6日起施行。

国家发展改革委办公厅关于进一步做好《必须招标的工程项目规定》和《必须招标的基础设施和公用事业项目范围规定》实施工作的通知

（2020年10月19日　发改办法规〔2020〕770号）

各省、自治区、直辖市、新疆生产建设兵团发展改革委、公共资源交易平台整合牵头部门：

为加强政策指导，进一步做好《必须招标的工程项目规定》（国家发展改革委2018年第16号令，以下简称"16号令"）和《必须招标的基础设施和公用事业项目范围规定》（发改法规规〔2018〕843号，以下简称"843号文"）实施工作，现就有关事项通知如下：

一、准确理解依法必须招标的工程建设项目范围

（一）关于使用国有资金的项目。16号令第二条第（一）项中"预算资金"，是指《预算法》规定的预算资金，包括一般公共预算资金、政府性基金预算资金、国有资本经营预算资金、社会保险基金预算资金。第（二）项中"占控股或者主导地位"，参照《公司法》第二百一十六条关于控股股东和实际控制人的理解执行，即"其出资额占有限责任公司资本总额百分之五十以上或者其持有的股份占股份有限公司股本总额百分之五十以上的股东；出资额或者持有股份的比例虽然不足百分之五十，但依其出资额或者持有的股

份所享有的表决权已足以对股东会、股东大会的决议产生重大影响的股东";国有企业事业单位通过投资关系、协议或者其他安排,能够实际支配项目建设的,也属于占控股或者主导地位。项目中国有资金的比例,应当按照项目资金来源中所有国有资金之和计算。

(二)关于项目与单项采购的关系。16号令第二条至第四条及843号文第二条规定范围的项目,其勘察、设计、施工、监理以及与工程建设有关的重要设备、材料等的单项采购分别达到16号令第五条规定的相应单项合同价估算标准的,该单项采购必须招标;该项目中未达到前述相应标准的单项采购,不属于16号令规定的必须招标范畴。

(三)关于招标范围列举事项。依法必须招标的工程建设项目范围和规模标准,应当严格执行《招标投标法》第三条和16号令、843号文规定;法律、行政法规或者国务院对必须进行招标的其他项目范围有规定的,依照其规定。没有法律、行政法规或者国务院规定依据的,对16号令第五条第一款第(三)项中没有明确列举规定的服务事项、843号文第二条中没有明确列举规定的项目,不得强制要求招标。

(四)关于同一项目中的合并采购。16号令第五条规定的"同一项目中可以合并进行的勘察、设计、施工、监理以及与工程建设有关的重要设备、材料等的采购,合同估算价合计达到前款规定标准的,必须招标",目的是防止发包方通过化整为零方式规避招标。其中"同一项目中可以合并进行",是指根据项目实际,以及行业标准或行业惯例,符合科学性、经济性、可操作性要求,同一项目中适宜放在一起进行采购的同类采购项目。

(五)关于总承包招标的规模标准。对于16号令第二条至第四条规定范围内的项目,发包人依法对工程以及与工程建设有关的货物、服务全部或者部分实行总承包发包的,总承包中施工、货物、服务等各部分的估算价中,只要有一项达到16号令第五条规定相应标准,即施工部分估算价达到 400 万元以上，或者货物部分达到 200 万元以上，或者服务部分达到 100 万元以上，则整个总承包发包应当招标。

二、规范规模标准以下工程建设项目的采购

16 号令第二条至第四条及 843 号文第二条规定范围的项目，其施工、货物、服务采购的单项合同估算价未达到 16 号令第五条规定规模标准的，该单项采购由采购人依法自主选择采购方式，任何单位和个人不得违法干涉；其中，涉及政府采购的，按照政府采购法律法规规定执行。国有企业可以结合实际，建立健全规模标准以下工程建设项目采购制度，推进采购活动公开透明。

三、严格执行依法必须招标制度

各地方应当严格执行 16 号令和 843 号文规定的范围和规模标准，不得另行制定必须进行招标的范围和规模标准，也不得作出与 16 号令、843 号文和本通知相抵触的规定，持续深化招标投标领域"放管服"改革，努力营造良好市场环境。

（三）招标程序

招标公告和公示信息发布管理办法

（2017 年 11 月 23 日国家发展和改革委员会令第 10 号公布　自 2018 年 1 月 1 日起施行）

第一条　为规范招标公告和公示信息发布活动，保证各类市场主体和社会公众平等、便捷、准确地获取招标信息，根据《中华人民共和国招标投标法》《中华人民共和国招标投标法实施条例》等有关法律法规规定，制定本办法。

第二条　本办法所称招标公告和公示信息，是指招标项目的资格预审公告、招标公告、中标候选人公示、中标结果公示等信息。

第三条 依法必须招标项目的招标公告和公示信息，除依法需要保密或者涉及商业秘密的内容外，应当按照公益服务、公开透明、高效便捷、集中共享的原则，依法向社会公开。

第四条 国家发展改革委根据招标投标法律法规规定，对依法必须招标项目招标公告和公示信息发布媒介的信息发布活动进行监督管理。

省级发展改革部门对本行政区域内招标公告和公示信息发布活动依法进行监督管理。省级人民政府另有规定的，从其规定。

第五条 依法必须招标项目的资格预审公告和招标公告，应当载明以下内容：

（一）招标项目名称、内容、范围、规模、资金来源；

（二）投标资格能力要求，以及是否接受联合体投标；

（三）获取资格预审文件或招标文件的时间、方式；

（四）递交资格预审文件或投标文件的截止时间、方式；

（五）招标人及其招标代理机构的名称、地址、联系人及联系方式；

（六）采用电子招标投标方式的，潜在投标人访问电子招标投标交易平台的网址和方法；

（七）其他依法应当载明的内容。

第六条 依法必须招标项目的中标候选人公示应当载明以下内容：

（一）中标候选人排序、名称、投标报价、质量、工期（交货期），以及评标情况；

（二）中标候选人按照招标文件要求承诺的项目负责人姓名及其相关证书名称和编号；

（三）中标候选人响应招标文件要求的资格能力条件；

（四）提出异议的渠道和方式；

（五）招标文件规定公示的其他内容。

依法必须招标项目的中标结果公示应当载明中标人名称。

第七条 依法必须招标项目的招标公告和公示信息应当根据招标投标法律法规，以及国家发展改革委会同有关部门制定的标准文件编制，实现标准化、格式化。

第八条 依法必须招标项目的招标公告和公示信息应当在"中国招标投标公共服务平台"或者项目所在地省级电子招标投标公共服务平台（以下统一简称"发布媒介"）发布。

第九条 省级电子招标投标公共服务平台应当与"中国招标投标公共服务平台"对接，按规定同步交互招标公告和公示信息。对依法必须招标项目的招标公告和公示信息，发布媒介应当与相应的公共资源交易平台实现信息共享。

"中国招标投标公共服务平台"应当汇总公开全国招标公告和公示信息，以及本办法第八条规定的发布媒介名称、网址、办公场所、联系方式等基本信息，及时维护更新，与全国公共资源交易平台共享，并归集至全国信用信息共享平台，按规定通过"信用中国"网站向社会公开。

第十条 拟发布的招标公告和公示信息文本应当由招标人或其招标代理机构盖章，并由主要负责人或其授权的项目负责人签名。采用数据电文形式的，应当按规定进行电子签名。

招标人或其招标代理机构发布招标公告和公示信息，应当遵守招标投标法律法规关于时限的规定。

第十一条 依法必须招标项目的招标公告和公示信息鼓励通过电子招标投标交易平台录入后交互至发布媒介核验发布，也可以直接通过发布媒介录入并核验发布。

按照电子招标投标有关数据规范要求交互招标公告和公示信息文本的，发布媒介应当自收到起 12 小时内发布。采用电子邮件、电子介质、传真、纸质文本等其他形式提交或者直接录入招标公告和公示信息文本的，发布媒介应当自核验确认起 1 个工作日内发布。核验确认最长不得超过 3 个工作日。

招标人或其招标代理机构应当对其提供的招标公告和公示信息的真实性、准确性、合法性负责。发布媒介和电子招标投标交易平台应当对所发布的招标公告和公示信息的及时性、完整性负责。

发布媒介应当按照规定采取有效措施,确保发布招标公告和公示信息的数据电文不被篡改、不遗漏和至少 10 年内可追溯。

第十二条 发布媒介应当免费提供依法必须招标项目的招标公告和公示信息发布服务,并允许社会公众和市场主体免费、及时查阅前述招标公告和公示的完整信息。

第十三条 发布媒介应当通过专门栏目发布招标公告和公示信息,并免费提供信息归类和检索服务,对新发布的招标公告和公示信息作醒目标识,方便市场主体和社会公众查阅。

发布媒介应当设置专门栏目,方便市场主体和社会公众就其招标公告和公示信息发布工作反映情况、提出意见,并及时反馈。

第十四条 发布媒介应当实时统计本媒介招标公告和公示信息发布情况,及时向社会公布,并定期报送相应的省级以上发展改革部门或省级以上人民政府规定的其他部门。

第十五条 依法必须招标项目的招标公告和公示信息除在发布媒介发布外,招标人或其招标代理机构也可以同步在其他媒介公开,并确保内容一致。

其他媒介可以依法全文转载依法必须招标项目的招标公告和公示信息,但不得改变其内容,同时必须注明信息来源。

第十六条 依法必须招标项目的招标公告和公示信息有下列情形之一的,潜在投标人或者投标人可以要求招标人或其招标代理机构予以澄清、改正、补充或调整:

(一)资格预审公告、招标公告载明的事项不符合本办法第五条规定,中标候选人公示载明的事项不符合本办法第六条规定;

(二)在两家以上媒介发布的同一招标项目的招标公告和公示

信息内容不一致；

（三）招标公告和公示信息内容不符合法律法规规定。

招标人或其招标代理机构应当认真核查，及时处理，并将处理结果告知提出意见的潜在投标人或者投标人。

第十七条 任何单位和个人认为招标人或其招标代理机构在招标公告和公示信息发布活动中存在违法违规行为的，可以依法向有关行政监督部门投诉、举报；认为发布媒介在招标公告和公示信息发布活动中存在违法违规行为的，根据有关规定可以向相应的省级以上发展改革部门或其他有关部门投诉、举报。

第十八条 招标人或其招标代理机构有下列行为之一的，由有关行政监督部门责令改正，并视情形依照《中华人民共和国招标投标法》第四十九条、第五十一条及有关规定处罚：

（一）依法必须公开招标的项目不按照规定在发布媒介发布招标公告和公示信息；

（二）在不同媒介发布的同一招标项目的资格预审公告或者招标公告的内容不一致，影响潜在投标人申请资格预审或者投标；

（三）资格预审公告或者招标公告中有关获取资格预审文件或者招标文件的时限不符合招标投标法律法规规定；

（四）资格预审公告或者招标公告中以不合理的条件限制或者排斥潜在投标人。

第十九条 发布媒介在发布依法必须招标项目的招标公告和公示信息活动中有下列情形之一的，由相应的省级以上发展改革部门或其他有关部门根据有关法律法规规定，责令改正；情节严重的，可以处1万元以下罚款：

（一）违法收取费用；

（二）无正当理由拒绝发布或者拒不按规定交互信息；

（三）无正当理由延误发布时间；

（四）因故意或重大过失导致发布的招标公告和公示信息发生

遗漏、错误；

（五）违反本办法的其他行为。

其他媒介违规发布或转载依法必须招标项目的招标公告和公示信息的，由相应的省级以上发展改革部门或其他有关部门根据有关法律法规规定，责令改正；情节严重的，可以处 1 万元以下罚款。

第二十条 对依法必须招标项目的招标公告和公示信息进行澄清、修改，或者暂停、终止招标活动，采取公告形式向社会公布的，参照本办法执行。

第二十一条 使用国际组织或者外国政府贷款、援助资金的招标项目，贷款方、资金提供方对招标公告和公示信息的发布另有规定的，适用其规定。

第二十二条 本办法所称以上、以下包含本级或本数。

第二十三条 本办法由国家发展改革委负责解释。

第二十四条 本办法自 2018 年 1 月 1 日起施行。《招标公告发布暂行办法》（国家发展计划委第 4 号令）和《国家计委关于指定发布依法必须招标项目招标公告的媒介的通知》（计政策〔2000〕868 号）同时废止。

评标专家和评标专家库管理暂行办法

（2003 年 2 月 22 日国家计委令第 29 号公布　根据 2013 年 3 月 11 日国家发展改革委、工业和信息化部、财政部、住房城乡建设部、交通运输部、铁道部、水利部、广电总局、民航局令第 23 号修订）

第一条 为加强对评标专家的监督管理，健全评标专家库制度，保证评标活动的公平、公正，提高评标质量，根据《中华人民共和国招标投标法》（简称为《招标投标法》）、《中华人民共和国招标投标法实施条例》（简称《招标投标法实施条例》），制定本办法。

第二条　本办法适用于评标专家的资格认定、入库及评标专家库的组建、使用、管理活动。

第三条　评标专家库由省级（含，下同）以上人民政府有关部门或者依法成立的招标代理机构依照《招标投标法》、《招标投标法实施条例》以及国家统一的评标专家专业分类标准和管理办法的规定自主组建。

评标专家库的组建活动应当公开，接受公众监督。

第四条　省级人民政府、省级以上人民政府有关部门、招标代理机构应当加强对其所建评标专家库及评标专家的管理，但不得以任何名义非法控制、干预或者影响评标专家的具体评标活动。

第五条　政府投资项目的评标专家，必须从政府或者政府有关部门组建的评标专家库中抽取。

第六条　省级人民政府、省级以上人民政府有关部门组建评标专家库，应当有利于打破地区封锁，实现评标专家资源共享。

省级人民政府和国务院有关部门应当组建跨部门、跨地区的综合评标专家库。

第七条　入选评标专家库的专家，必须具备如下条件：

（一）从事相关专业领域工作满八年并具有高级职称或同等专业水平；

（二）熟悉有关招标投标的法律法规；

（三）能够认真、公正、诚实、廉洁地履行职责；

（四）身体健康，能够承担评标工作；

（五）法规规章规定的其他条件。

第八条　评标专家库应当具备下列条件：

（一）具有符合本办法第七条规定条件的评标专家，专家总数不得少于 500 人；

（二）有满足评标需要的专业分类；

（三）有满足异地抽取、随机抽取评标专家需要的必要设施和条件；

（四）有负责日常维护管理的专门机构和人员。

第九条 专家入选评标专家库，采取个人申请和单位推荐两种方式。采取单位推荐方式的，应事先征得被推荐人同意。

个人申请书或单位推荐书应当存档备查。个人申请书或单位推荐书应当附有符合本办法第七条规定条件的证明材料。

第十条 组建评标专家库的省级人民政府、政府部门或者招标代理机构，应当对申请人或被推荐人进行评审，决定是否接受申请或者推荐，并向符合本办法第七条规定条件的申请人或被推荐人颁发评标专家证书。

评审过程及结果应做成书面记录，并存档备查。

组建评标专家库的政府部门，可以对申请人或者被推荐人进行必要的招标投标业务和法律知识培训。

第十一条 组建评标专家库的省级人民政府、政府部门或者招标代理机构，应当为每位入选专家建立档案，详细记载评标专家评标的具体情况。

第十二条 组建评标专家库的省级人民政府、政府部门或者招标代理机构，应当建立年度考核制度，对每位入选专家进行考核。评标专家因身体健康、业务能力及信誉等原因不能胜任评标工作的，停止担任评标专家，并从评标专家库中除名。

第十三条 评标专家享有下列权利：

（一）接受招标人或其招标代理机构聘请，担任评标委员会成员；

（二）依法对投标文件进行独立评审，提出评审意见，不受任何单位或者个人的干预；

（三）接受参加评标活动的劳务报酬；

（四）国家规定的其他权利。

第十四条 评标专家负有下列义务：

（一）有《招标投标法》第三十七条、《招标投标法实施条例》第四十六条和《评标委员会和评标方法暂行规定》第十二条规定情形之一的，应当主动提出回避；

（二）遵守评标工作纪律，不得私下接触投标人，不得收受投标人或者其他利害关系人的财物或者其他好处，不得透露对投标文件的评审和比较、中标候选人的推荐情况以及与评标有关的其他情况；

（三）客观公正地进行评标；

（四）协助、配合有关行政监督部门的监督、检查；

（五）国家规定的其他义务。

第十五条 评标专家有下列情形之一的，由有关行政监督部门责令改正；情节严重的，禁止其在一定期限内参加依法必须进行招标的项目的评标；情节特别严重的，取消其担任评标委员会成员的资格：

（一）应当回避而不回避；

（二）擅离职守；

（三）不按照招标文件规定的评标标准和方法评标；

（四）私下接触投标人；

（五）向招标人征询确定中标人的意向或者接受任何单位或者个人明示或者暗示提出的倾向或者排斥特定投标人的要求；

（六）对依法应当否决的投标不提出否决意见；

（七）暗示或者诱导投标人作出澄清、说明或者接受投标人主动提出的澄清、说明；

（八）其他不客观、不公正履行职务的行为。

评标委员会成员收受投标人的财物或者其他好处的，评标委员会成员或者与评标活动有关的工作人员向他人透露对投标文件的评审和比较、中标候选人的推荐以及与评标有关的其他情况的，给予警告，没收收受的财物，可以并处三千元以上五万元以下的罚款；对有所列违法行为的评标委员会成员取消担任评标委员会成员的资格，不得再参加任何依法必须进行招标项目的评标；构成犯罪的，依法追究刑事责任。

第十六条 组建评标专家库的政府部门或者招标代理机构有下列情形之一的，由有关行政监督部门给予警告；情节严重的，暂停直至取消招标代理机构相应的招标代理资格：

（一）组建的评标专家库不具备本办法规定条件的；

（二）未按本办法规定建立评标专家档案或对评标专家档案作虚假记载的；

（三）以管理为名，非法干预评标专家的评标活动的。

法律法规对前款规定的行为处罚另有规定的，从其规定。

第十七条 依法必须进行招标的项目的招标人不按照规定组建评标委员会，或者确定、更换评标委员会成员违反《招标投标法》和《招标投标法实施条例》规定的，由有关行政监督部门责令改正，可以处十万元以下的罚款，对单位直接负责的主管人员和其他直接责任人员依法给予处分；违法确定或者更换的评标委员会成员作出的评审结论无效，依法重新进行评审。

政府投资项目的招标人或其委托的招标代理机构不遵守本办法第五条的规定，不从政府或者政府有关部门组建的评标专家库中抽取专家的，评标无效；情节严重的，由政府有关部门依法给予警告。

第十八条 本办法由国家发展改革委负责解释。

第十九条 本办法自二〇〇三年四月一日起实施。

评标委员会和评标方法暂行规定

（2001年7月5日国家发展计划委员会、国家经济贸易委员会、建设部、铁道部、交通部、信息产业部、水利部令第12号发布 根据2013年3月11日国家发展和改革委员会、工业和信息化部、财政部、住房和城乡建设部、交通运输部、铁道部、水利部、国家广播电影电视总局、中国民用航空局《关于废止和修改部分招标投标规章和规范性文件的决定》修订）

第一章 总　　则

第一条 为了规范评标活动，保证评标的公平、公正，维护招标投标活动当事人的合法权益，依照《中华人民共和国招标投标法》、《中华人民共和国招标投标法实施条例》，制定本规定。

第二条 本规定适用于依法必须招标项目的评标活动。

第三条 评标活动遵循公平、公正、科学、择优的原则。

第四条 评标活动依法进行，任何单位和个人不得非法干预或者影响评标过程和结果。

第五条 招标人应当采取必要措施，保证评标活动在严格保密的情况下进行。

第六条 评标活动及其当事人应当接受依法实施的监督。

有关行政监督部门依照国务院或者地方政府的职责分工，对评标活动实施监督，依法查处评标活动中的违法行为。

第二章　评标委员会

第七条 评标委员会依法组建，负责评标活动，向招标人推荐中标候选人或者根据招标人的授权直接确定中标人。

第八条 评标委员会由招标人负责组建。

评标委员会成员名单一般应于开标前确定。评标委员会成员名单在中标结果确定前应当保密。

第九条 评标委员会由招标人或其委托的招标代理机构熟悉相关业务的代表,以及有关技术、经济等方面的专家组成,成员人数为5人以上单数,其中技术、经济等方面的专家不得少于成员总数的2/3。

评标委员会设负责人的,评标委员会负责人由评标委员会成员推举产生或者由招标人确定。评标委员会负责人与评标委员会的其他成员有同等的表决权。

第十条 评标委员会的专家成员应当从依法组建的专家库内的相关专家名单中确定。

按前款规定确定评标专家,可以采取随机抽取或者直接确定的方式。一般项目,可以采取随机抽取的方式;技术复杂、专业性强或者国家有特殊要求的招标项目,采取随机抽取方式确定的专家难以保证胜任的,可以由招标人直接确定。

第十一条 评标专家应符合下列条件:

(一)从事相关专业领域工作满8年并具有高级职称或者同等专业水平;

(二)熟悉有关招标投标的法律法规,并具有与招标项目相关的实践经验;

(三)能够认真、公正、诚实、廉洁地履行职责。

第十二条 有下列情形之一的,不得担任评标委员会成员:

(一)投标人或者投标人主要负责人的近亲属;

(二)项目主管部门或者行政监督部门的人员;

(三)与投标人有经济利益关系,可能影响对投标公正评审的;

(四)曾因在招标、评标以及其他与招标投标有关活动中从事违法行为而受过行政处罚或刑事处罚的。

评标委员会成员有前款规定情形之一的，应当主动提出回避。

第十三条 评标委员会成员应当客观、公正地履行职责，遵守职业道德，对所提出的评审意见承担个人责任。

评标委员会成员不得与任何投标人或者与招标结果有利害关系的人进行私下接触，不得收受投标人、中介人、其他利害关系人的财物或者其他好处，不得向招标人征询其确定中标人的意向，不得接受任何单位或者个人明示或者暗示提出的倾向或者排斥特定投标人的要求，不得有其他不客观、不公正履行职务的行为。

第十四条 评标委员会成员和与评标活动有关的工作人员不得透露对投标文件的评审和比较、中标候选人的推荐情况以及与评标有关的其他情况。

前款所称与评标活动有关的工作人员，是指评标委员会成员以外的因参与评标监督工作或者事务性工作而知悉有关评标情况的所有人员。

第三章 评标的准备与初步评审

第十五条 评标委员会成员应当编制供评标使用的相应表格，认真研究招标文件，至少应了解和熟悉以下内容：

（一）招标的目标；

（二）招标项目的范围和性质；

（三）招标文件中规定的主要技术要求、标准和商务条款；

（四）招标文件规定的评标标准、评标方法和在评标过程中考虑的相关因素。

第十六条 招标人或者其委托的招标代理机构应当向评标委员会提供评标所需的重要信息和数据，但不得带有明示或者暗示倾向或者排斥特定投标人的信息。

招标人设有标底的，标底在开标前应当保密，并在评标时作为参考。

第十七条 评标委员会应当根据招标文件规定的评标标准和方法，对投标文件进行系统地评审和比较。招标文件中没有规定的标准和方法不得作为评标的依据。

招标文件中规定的评标标准和评标方法应当合理，不得含有倾向或者排斥潜在投标人的内容，不得妨碍或者限制投标人之间的竞争。

第十八条 评标委员会应当按照投标报价的高低或者招标文件规定的其他方法对投标文件排序。以多种货币报价的，应当按照中国银行在开标日公布的汇率中间价换算成人民币。

招标文件应当对汇率标准和汇率风险作出规定。未作规定的，汇率风险由投标人承担。

第十九条 评标委员会可以书面方式要求投标人对投标文件中含义不明确、对同类问题表述不一致或者有明显文字和计算错误的内容作必要的澄清、说明或者补正。澄清、说明或者补正应以书面方式进行并不得超出投标文件的范围或者改变投标文件的实质性内容。

投标文件中的大写金额和小写金额不一致的，以大写金额为准；总价金额与单价金额不一致的，以单价金额为准，但单价金额小数点有明显错误的除外；对不同文字文本投标文件的解释发生异议的，以中文文本为准。

第二十条 在评标过程中，评标委员会发现投标人以他人的名义投标、串通投标、以行贿手段谋取中标或者以其他弄虚作假方式投标的，应当否决该投标人的投标。

第二十一条 在评标过程中，评标委员会发现投标人的报价明显低于其他投标报价或者在设有标底时明显低于标底，使得其投标报价可能低于其个别成本的，应当要求该投标人作出书面说明并提供相关证明材料。投标人不能合理说明或者不能提供相关证明材料的，由评标委员会认定该投标人以低于成本报价竞标，应当否决其投标。

第二十二条 投标人资格条件不符合国家有关规定和招标文件要求的,或者拒不按照要求对投标文件进行澄清、说明或者补正的,评标委员会可以否决其投标。

第二十三条 评标委员会应当审查每一投标文件是否对招标文件提出的所有实质性要求和条件作出响应。未能在实质上响应的投标,应当予以否决。

第二十四条 评标委员会应当根据招标文件,审查并逐项列出投标文件的全部投标偏差。

投标偏差分为重大偏差和细微偏差。

第二十五条 下列情况属于重大偏差:

(一)没有按照招标文件要求提供投标担保或者所提供的投标担保有瑕疵;

(二)投标文件没有投标人授权代表签字和加盖公章;

(三)投标文件载明的招标项目完成期限超过招标文件规定的期限;

(四)明显不符合技术规格、技术标准的要求;

(五)投标文件载明的货物包装方式、检验标准和方法等不符合招标文件的要求;

(六)投标文件附有招标人不能接受的条件;

(七)不符合招标文件中规定的其他实质性要求。

投标文件有上述情形之一的,为未能对招标文件作出实质性响应,并按本规定第二十三条规定作否决投标处理。招标文件对重大偏差另有规定的,从其规定。

第二十六条 细微偏差是指投标文件在实质上响应招标文件要求,但在个别地方存在漏项或者提供了不完整的技术信息和数据等情况,并且补正这些遗漏或者不完整不会对其他投标人造成不公平的结果。细微偏差不影响投标文件的有效性。

评标委员会应当书面要求存在细微偏差的投标人在评标结束前

予以补正。拒不补正的，在详细评审时可以对细微偏差作不利于该投标人的量化，量化标准应当在招标文件中规定。

第二十七条 评标委员会根据本规定第二十条、第二十一条、第二十二条、第二十三条、第二十五条的规定否决不合格投标后，因有效投标不足3个使得投标明显缺乏竞争的，评标委员会可以否决全部投标。

投标人少于3个或者所有投标被否决的，招标人在分析招标失败的原因并采取相应措施后，应当依法重新招标。

第四章　详细评审

第二十八条 经初步评审合格的投标文件，评标委员会应当根据招标文件确定的评标标准和方法，对其技术部分和商务部分作进一步评审、比较。

第二十九条 评标方法包括经评审的最低投标价法、综合评估法或者法律、行政法规允许的其他评标方法。

第三十条 经评审的最低投标价法一般适用于具有通用技术、性能标准或者招标人对其技术、性能没有特殊要求的招标项目。

第三十一条 根据经评审的最低投标价法，能够满足招标文件的实质性要求，并且经评审的最低投标价的投标，应当推荐为中标候选人。

第三十二条 采用经评审的最低投标价法的，评标委员会应当根据招标文件中规定的评标价格调整方法，对所有投标人的投标报价以及投标文件的商务部分作必要的价格调整。

采用经评审的最低投标价法的，中标人的投标应当符合招标文件规定的技术要求和标准，但评标委员会无需对投标文件的技术部分进行价格折算。

第三十三条 根据经评审的最低投标价法完成详细评审后，评标委员会应当拟定一份"标价比较表"，连同书面评标报告提交招标人。"标价比较表"应当载明投标人的投标报价、对商务偏差的价格调整和说明以及经评审的最终投标价。

第三十四条 不宜采用经评审的最低投标价法的招标项目，一般应当采取综合评估法进行评审。

第三十五条 根据综合评估法，最大限度地满足招标文件中规定的各项综合评价标准的投标，应当推荐为中标候选人。

衡量投标文件是否最大限度地满足招标文件中规定的各项评价标准，可以采取折算为货币的方法、打分的方法或者其他方法。需量化的因素及其权重应当在招标文件中明确规定。

第三十六条 评标委员会对各个评审因素进行量化时，应当将量化指标建立在同一基础或者同一标准上，使各投标文件具有可比性。

对技术部分和商务部分进行量化后，评标委员会应当对这两部分的量化结果进行加权，计算出每一投标的综合评估价或者综合评估分。

第三十七条 根据综合评估法完成评标后，评标委员会应当拟定一份"综合评估比较表"，连同书面评标报告提交招标人。"综合评估比较表"应当载明投标人的投标报价、所作的任何修正、对商务偏差的调整、对技术偏差的调整、对各评审因素的评估以及对每一投标的最终评审结果。

第三十八条 根据招标文件的规定，允许投标人投备选标的，评标委员会可以对中标人所投的备选标进行评审，以决定是否采纳备选标。不符合中标条件的投标人的备选标不予考虑。

第三十九条 对于划分有多个单项合同的招标项目，招标文件允许投标人为获得整个项目合同而提出优惠的，评标委员会可以对投标人提出的优惠进行审查，以决定是否将招标项目作为一个整体合同授予中标人。将招标项目作为一个整体合同授予的，整体合同中标人的投标应当最有利于招标人。

第四十条 评标和定标应当在投标有效期内完成。不能在投标有效期内完成评标和定标的，招标人应当通知所有投标人延长投标有效期。拒绝延长投标有效期的投标人有权收回投标保证金。同意延长投标有效期的投标人应当相应延长其投标担保的有效期，但不得修改投标文件的实质性内容。因延长投标有效期造成投标人损失的，招标人应当给予补偿，但因不可抗力需延长投标有效期的除外。

招标文件应当载明投标有效期。投标有效期从提交投标文件截止日起计算。

第五章　推荐中标候选人与定标

第四十一条 评标委员会在评标过程中发现的问题，应当及时作出处理或者向招标人提出处理建议，并作书面记录。

第四十二条 评标委员会完成评标后，应当向招标人提出书面评标报告，并抄送有关行政监督部门。评标报告应当如实记载以下内容：

（一）基本情况和数据表；

（二）评标委员会成员名单；

（三）开标记录；

（四）符合要求的投标一览表；

（五）否决投标的情况说明；

（六）评标标准、评标方法或者评标因素一览表；

（七）经评审的价格或者评分比较一览表；

（八）经评审的投标人排序；

（九）推荐的中标候选人名单与签订合同前要处理的事宜；

（十）澄清、说明、补正事项纪要。

第四十三条 评标报告由评标委员会全体成员签字。对评标结论持有异议的评标委员会成员可以书面方式阐述其不同意见和理由。评标委员会成员拒绝在评标报告上签字且不陈述其不同意见和理由的，视为同意评标结论。评标委员会应当对此作出书面说明并记录在案。

第四十四条　向招标人提交书面评标报告后，评标委员会应将评标过程中使用的文件、表格以及其他资料应当即时归还招标人。

第四十五条　评标委员会推荐的中标候选人应当限定在1至3人，并标明排列顺序。

第四十六条　中标人的投标应当符合下列条件之一：

（一）能够最大限度满足招标文件中规定的各项综合评价标准；

（二）能够满足招标文件的实质性要求，并且经评审的投标价格最低；但是投标价格低于成本的除外。

第四十七条　招标人不得与投标人就投标价格、投标方案等实质性内容进行谈判。

第四十八条　国有资金占控股或者主导地位的项目，招标人应当确定排名第一的中标候选人为中标人。排名第一的中标候选人放弃中标、因不可抗力提出不能履行合同，或者招标文件规定应当提交履约保证金而在规定的期限内未能提交，或者被查实存在影响中标结果的违法行为等情形，不符合中标条件的，招标人可以按照评标委员会提出的中标候选人名单排序依次确定其他中标候选人为中标人。依次确定其他中标候选人与招标人预期差距较大，或者对招标人明显不利的，招标人可以重新招标。

招标人可以授权评标委员会直接确定中标人。

国务院对中标人的确定另有规定的，从其规定。

第四十九条　中标人确定后，招标人应当向中标人发出中标通知书，同时通知未中标人，并与中标人在投标有效期内以及中标通知书发出之日起30日之内签订合同。

第五十条　中标通知书对招标人和中标人具有法律约束力。中标通知书发出后，招标人改变中标结果或者中标人放弃中标的，应当承担法律责任。

第五十一条 招标人应当与中标人按照招标文件和中标人的投标文件订立书面合同。招标人与中标人不得再行订立背离合同实质性内容的其他协议。

第五十二条 招标人与中标人签订合同后5日内，应当向中标人和未中标的投标人退还投标保证金。

第六章 罚 则

第五十三条 评标委员会成员有下列行为之一的，由有关行政监督部门责令改正；情节严重的，禁止其在一定期限内参加依法必须进行招标的项目的评标；情节特别严重的，取消其担任评标委员会成员的资格：

（一）应当回避而不回避；

（二）擅离职守；

（三）不按照招标文件规定的评标标准和方法评标；

（四）私下接触投标人；

（五）向招标人征询确定中标人的意向或者接受任何单位或者个人明示或者暗示提出的倾向或者排斥特定投标人的要求；

（六）对依法应当否决的投标不提出否决意见；

（七）暗示或者诱导投标人作出澄清、说明或者接受投标人主动提出的澄清、说明；

（八）其他不客观、不公正履行职务的行为。

第五十四条 评标委员会成员收受投标人的财物或者其他好处的，评标委员会成员或者与评标活动有关的工作人员向他人透露对投标文件的评审和比较、中标候选人的推荐以及与评标有关的其他情况的，给予警告，没收收受的财物，可以并处3000元以上5万元以下的罚款；对有所列违法行为的评标委员会成员取消担任评标委员会成员的资格，不得再参加任何依法必须进行招标项目的评标；构成犯罪的，依法追究刑事责任。

第五十五条 招标人有下列情形之一的，责令改正，可以处中标项目金额千分之十以下的罚款；给他人造成损失的，依法承担赔偿责任；对单位直接负责的主管人员和其他直接责任人员依法给予处分：

（一）无正当理由不发出中标通知书；

（二）不按照规定确定中标人；

（三）中标通知书发出后无正当理由改变中标结果；

（四）无正当理由不与中标人订立合同；

（五）在订立合同时向中标人提出附加条件。

第五十六条 招标人与中标人不按照招标文件和中标人的投标文件订立合同的，合同的主要条款与招标文件、中标人的投标文件的内容不一致，或者招标人、中标人订立背离合同实质性内容的协议的，由有关行政监督部门责令改正，可以处中标项目金额5‰以上10‰以下的罚款。

第五十七条 中标人无正当理由不与招标人订立合同，在签订合同时向招标人提出附加条件，或者不按照招标文件要求提交履约保证金的，取消其中标资格，投标保证金不予退还。对依法必须进行招标的项目的中标人，由有关行政监督部门责令改正，可以处中标项目金额10‰以下的罚款。

第七章 附　　则

第五十八条 依法必须招标项目以外的评标活动，参照本规定执行。

第五十九条 使用国际组织或者外国政府贷款、援助资金的招标项目的评标活动，贷款方、资金提供方对评标委员会与评标方法另有规定的，适用其规定，但违背中华人民共和国的社会公共利益的除外。

第六十条 本规定颁布前有关评标机构和评标方法的规定与本规定不一致的,以本规定为准。法律或者行政法规另有规定的,从其规定。

第六十一条 本规定由国家发展改革委会同有关部门负责解释。

第六十二条 本规定自发布之日起施行。

公平竞争审查制度实施细则

(2021年6月29日 国市监反垄规〔2021〕2号)

第一章 总 则

第一条 为全面落实公平竞争审查制度,健全公平竞争审查机制,规范有效开展审查工作,根据《中华人民共和国反垄断法》、《国务院关于在市场体系建设中建立公平竞争审查制度的意见》(国发〔2016〕34号,以下简称《意见》),制定本细则。

第二条 行政机关以及法律、法规授权的具有管理公共事务职能的组织(以下统称政策制定机关),在制定市场准入和退出、产业发展、招商引资、招标投标、政府采购、经营行为规范、资质标准等涉及市场主体经济活动的规章、规范性文件、其他政策性文件以及"一事一议"形式的具体政策措施(以下统称政策措施)时,应当进行公平竞争审查,评估对市场竞争的影响,防止排除、限制市场竞争。

经公平竞争审查认为不具有排除、限制竞争效果或者符合例外规定的,可以实施;具有排除、限制竞争效果且不符合例外规定的,应当不予出台或者调整至符合相关要求后出台;未经公平竞争审查的,不得出台。

第三条　涉及市场主体经济活动的行政法规、国务院制定的政策措施，以及政府部门负责起草的地方性法规、自治条例和单行条例，由起草部门在起草过程中按照本细则规定进行公平竞争审查。未经公平竞争审查的，不得提交审议。

以县级以上地方各级人民政府名义出台的政策措施，由起草部门或者本级人民政府指定的相关部门进行公平竞争审查。起草部门在审查过程中，可以会同本级市场监管部门进行公平竞争审查。未经审查的，不得提交审议。

以多个部门名义联合制定出台的政策措施，由牵头部门负责公平竞争审查，其他部门在各自职责范围内参与公平竞争审查。政策措施涉及其他部门职权的，政策制定机关在公平竞争审查中应当充分征求其意见。

第四条　市场监管总局、发展改革委、财政部、商务部会同有关部门，建立健全公平竞争审查工作部际联席会议制度，统筹协调和监督指导全国公平竞争审查工作。

县级以上地方各级人民政府负责建立健全本地区公平竞争审查工作联席会议制度（以下简称联席会议），统筹协调和监督指导本地区公平竞争审查工作，原则上由本级人民政府分管负责同志担任联席会议召集人。联席会议办公室设在市场监管部门，承担联席会议日常工作。

地方各级联席会议应当每年向本级人民政府和上一级联席会议报告本地区公平竞争审查制度实施情况，接受其指导和监督。

第二章　审查机制和程序

第五条　政策制定机关应当建立健全公平竞争内部审查机制，明确审查机构和程序，可以由政策制定机关的具体业务机构负责，也可以采取内部特定机构统一审查或者由具体业务机构初审后提交特定机构复核等方式。

第六条 政策制定机关开展公平竞争审查应当遵循审查基本流程（可参考附件1），识别相关政策措施是否属于审查对象、判断是否违反审查标准、分析是否适用例外规定。属于审查对象的，经审查后应当形成明确的书面审查结论。审查结论应当包括政策措施名称、涉及行业领域、性质类别、起草机构、审查机构、征求意见情况、审查结论、适用例外规定情况、审查机构主要负责人意见等内容（可参考附件2）。政策措施出台后，审查结论由政策制定机关存档备查。

未形成书面审查结论出台政策措施的，视为未进行公平竞争审查。

第七条 政策制定机关开展公平竞争审查，应当以适当方式征求利害关系人意见，或者通过政府部门网站、政务新媒体等便于社会公众知晓的方式公开征求意见，并在书面审查结论中说明征求意见情况。

在起草政策措施的其他环节已征求过利害关系人意见或者向社会公开征求意见的，可以不再专门就公平竞争审查问题征求意见。对出台前需要保密或者有正当理由需要限定知悉范围的政策措施，由政策制定机关按照相关法律法规处理。

利害关系人指参与相关市场竞争的经营者、上下游经营者、行业协会商会、消费者以及政策措施可能影响其公平参与市场竞争的其他市场主体。

第八条 政策制定机关进行公平竞争审查，可以咨询专家学者、法律顾问、专业机构的意见。征求上述方面意见的，应当在书面审查结论中说明有关情况。

各级联席会议办公室可以根据实际工作需要，建立公平竞争审查工作专家库，便于政策制定机关进行咨询。

第九条 政策制定机关可以就公平竞争审查中遇到的具体问题，向本级联席会议办公室提出咨询。提出咨询请求的政策制定机关，应当提供书面咨询函、政策措施文稿、起草说明、相关法律法规依据及其他相关材料。联席会议办公室应当在收到书面咨询函后及时研究回复。

对涉及重大公共利益，且在制定过程中被多个单位或者个人反映或者举报涉嫌排除、限制竞争的政策措施，本级联席会议办公室可以主动向政策制定机关提出公平竞争审查意见。

第十条 对多个部门联合制定或者涉及多个部门职责的政策措施，在公平竞争审查中出现较大争议或者部门意见难以协调一致时，政策制定机关可以提请本级联席会议协调。联席会议办公室认为确有必要的，可以根据相关工作规则召开会议进行协调。仍无法协调一致的，由政策制定机关提交上级机关决定。

第十一条 政策制定机关应当对本年度公平竞争审查工作进行总结，于次年1月15日前将书面总结报告报送本级联席会议办公室。

地方各级联席会议办公室汇总形成本级公平竞争审查工作总体情况，于次年1月20日前报送本级人民政府和上一级联席会议办公室，并以适当方式向社会公开。

第十二条 对经公平竞争审查后出台的政策措施，政策制定机关应当对其影响统一市场和公平竞争的情况进行定期评估。评估报告应当向社会公开征求意见，评估结果应当向社会公开。经评估认为妨碍统一市场和公平竞争的，应当及时废止或者修改完善。定期评估可以每三年进行一次，或者在定期清理规章、规范性文件时一并评估。

第三章 审查标准

第十三条 市场准入和退出标准。

（一）不得设置不合理或者歧视性的准入和退出条件，包括但不限于：

1. 设置明显不必要或者超出实际需要的准入和退出条件，排斥或者限制经营者参与市场竞争；

2. 没有法律、行政法规或者国务院规定依据，对不同所有制、地区、组织形式的经营者实施不合理的差别化待遇，设置不平等的市场准入和退出条件；

3. 没有法律、行政法规或者国务院规定依据，以备案、登记、注册、目录、年检、年报、监制、认定、认证、认可、检验、监测、审定、指定、配号、复检、复审、换证、要求设立分支机构以及其他任何形式，设定或者变相设定市场准入障碍；

4. 没有法律、行政法规或者国务院规定依据，对企业注销、破产、挂牌转让、搬迁转移等设定或者变相设定市场退出障碍；

5. 以行政许可、行政检查、行政处罚、行政强制等方式，强制或者变相强制企业转让技术，设定或者变相设定市场准入和退出障碍。

（二）未经公平竞争不得授予经营者特许经营权，包括但不限于：

1. 在一般竞争性领域实施特许经营或者以特许经营为名增设行政许可；

2. 未明确特许经营权期限或者未经法定程序延长特许经营权期限；

3. 未依法采取招标、竞争性谈判等竞争方式，直接将特许经营权授予特定经营者；

4. 设置歧视性条件，使经营者无法公平参与特许经营权竞争。

（三）不得限定经营、购买、使用特定经营者提供的商品和服务，包括但不限于：

1. 以明确要求、暗示、拒绝或者拖延行政审批、重复检查、不予接入平台或者网络、违法违规给予奖励补贴等方式，限定或者变相限定经营、购买、使用特定经营者提供的商品和服务；

2. 在招标投标、政府采购中限定投标人所在地、所有制形式、组织形式，或者设定其他不合理的条件排斥或者限制经营者参与招标投标、政府采购活动；

3. 没有法律、行政法规或者国务院规定依据，通过设置不合理的项目库、名录库、备选库、资格库等条件，排斥或限制潜在经营者提供商品和服务。

（四）不得设置没有法律、行政法规或者国务院规定依据的审批或者具有行政审批性质的事前备案程序，包括但不限于：

1. 没有法律、行政法规或者国务院规定依据，增设行政审批事项，增加行政审批环节、条件和程序；

2. 没有法律、行政法规或者国务院规定依据，设置具有行政审批性质的前置性备案程序。

（五）不得对市场准入负面清单以外的行业、领域、业务等设置审批程序，主要指没有法律、行政法规或者国务院规定依据，采取禁止进入、限制市场主体资质、限制股权比例、限制经营范围和商业模式等方式，限制或者变相限制市场准入。

第十四条 商品和要素自由流动标准。

（一）不得对外地和进口商品、服务实行歧视性价格和歧视性补贴政策，包括但不限于：

1. 制定政府定价或者政府指导价时，对外地和进口同类商品、服务制定歧视性价格；

2. 对相关商品、服务进行补贴时，对外地同类商品、服务，国际经贸协定允许外的进口同类商品以及我国作出国际承诺的进口同类服务不予补贴或者给予较低补贴。

（二）不得限制外地和进口商品、服务进入本地市场或者阻碍本地商品运出、服务输出，包括但不限于：

1. 对外地商品、服务规定与本地同类商品、服务不同的技术要求、检验标准，或者采取重复检验、重复认证等歧视性技术措施；

2. 对进口商品规定与本地同类商品不同的技术要求、检验标准，或者采取重复检验、重复认证等歧视性技术措施；

3. 没有法律、行政法规或者国务院规定依据，对进口服务规定与本地同类服务不同的技术要求、检验标准，或者采取重复检验、重复认证等歧视性技术措施；

4. 设置专门针对外地和进口商品、服务的专营、专卖、审批、许可、备案，或者规定不同的条件、程序和期限等；

5. 在道路、车站、港口、航空港或者本行政区域边界设置关卡，阻碍外地和进口商品、服务进入本地市场或者本地商品运出和服务输出；

6. 通过软件或者互联网设置屏蔽以及采取其他手段，阻碍外地和进口商品、服务进入本地市场或者本地商品运出和服务输出。

（三）不得排斥或者限制外地经营者参加本地招标投标活动，包括但不限于：

1. 不依法及时、有效、完整地发布招标信息；

2. 直接规定外地经营者不能参与本地特定的招标投标活动；

3. 对外地经营者设定歧视性的资质资格要求或者评标评审标准；

4. 将经营者在本地区的业绩、所获得的奖项荣誉作为投标条件、加分条件、中标条件或者用于评价企业信用等级，限制或者变相限制外地经营者参加本地招标投标活动；

5. 没有法律、行政法规或者国务院规定依据，要求经营者在本地注册设立分支机构，在本地拥有一定办公面积，在本地缴纳社会保险等，限制或者变相限制外地经营者参加本地招标投标活动；

6. 通过设定与招标项目的具体特点和实际需要不相适应或者与合同履行无关的资格、技术和商务条件，限制或者变相限制外地经营者参加本地招标投标活动。

（四）不得排斥、限制或者强制外地经营者在本地投资或者设

立分支机构,包括但不限于:

1. 直接拒绝外地经营者在本地投资或者设立分支机构;

2. 没有法律、行政法规或者国务院规定依据,对外地经营者在本地投资的规模、方式以及设立分支机构的地址、模式等进行限制;

3. 没有法律、行政法规或者国务院规定依据,直接强制外地经营者在本地投资或者设立分支机构;

4. 没有法律、行政法规或者国务院规定依据,将在本地投资或者设立分支机构作为参与本地招标投标、享受补贴和优惠政策等的必要条件,变相强制外地经营者在本地投资或者设立分支机构。

(五)不得对外地经营者在本地的投资或者设立的分支机构实行歧视性待遇,侵害其合法权益,包括但不限于:

1. 对外地经营者在本地的投资不给予与本地经营者同等的政策待遇;

2. 对外地经营者在本地设立的分支机构在经营规模、经营方式、税费缴纳等方面规定与本地经营者不同的要求;

3. 在节能环保、安全生产、健康卫生、工程质量、市场监管等方面,对外地经营者在本地设立的分支机构规定歧视性监管标准和要求。

第十五条 影响生产经营成本标准。

(一)不得违法给予特定经营者优惠政策,包括但不限于:

1. 没有法律、行政法规或者国务院规定依据,给予特定经营者财政奖励和补贴;

2. 没有专门的税收法律、法规和国务院规定依据,给予特定经营者税收优惠政策;

3. 没有法律、行政法规或者国务院规定依据,在土地、劳动力、资本、技术、数据等要素获取方面,给予特定经营者优惠政策;

4. 没有法律、行政法规或者国务院规定依据，在环保标准、排污权限等方面给予特定经营者特殊待遇；

5. 没有法律、行政法规或者国务院规定依据，对特定经营者减免、缓征或停征行政事业性收费、政府性基金、住房公积金等。

给予特定经营者的优惠政策应当依法公开。

（二）安排财政支出一般不得与特定经营者缴纳的税收或非税收入挂钩，主要指根据特定经营者缴纳的税收或者非税收入情况，采取列收列支或者违法违规采取先征后返、即征即退等形式，对特定经营者进行返还，或者给予特定经营者财政奖励或补贴、减免土地等自然资源有偿使用收入等优惠政策。

（三）不得违法违规减免或者缓征特定经营者应当缴纳的社会保险费用，主要指没有法律、行政法规或者国务院规定依据，根据经营者规模、所有制形式、组织形式、地区等因素，减免或者缓征特定经营者需要缴纳的基本养老保险费、基本医疗保险费、失业保险费、工伤保险费、生育保险费等。

（四）不得在法律规定之外要求经营者提供或扣留经营者各类保证金，包括但不限于：

1. 没有法律、行政法规依据或者经国务院批准，要求经营者交纳各类保证金；

2. 限定只能以现金形式交纳投标保证金或履约保证金；

3. 在经营者履行相关程序或者完成相关事项后，不依法退还经营者交纳的保证金及银行同期存款利息。

第十六条 影响生产经营行为标准。

（一）不得强制经营者从事《中华人民共和国反垄断法》禁止的垄断行为，主要指以行政命令、行政授权、行政指导等方式或者通过行业协会商会，强制、组织或者引导经营者达成垄断协议、滥用市场支配地位，以及实施具有或者可能具有排除、限制竞争效果的经营者集中等行为。

（二）不得违法披露或者违法要求经营者披露生产经营敏感信息，为经营者实施垄断行为提供便利条件。生产经营敏感信息是指除依据法律、行政法规或者国务院规定需要公开之外，生产经营者未主动公开，通过公开渠道无法采集的生产经营数据。主要包括：拟定价格、成本、营业收入、利润、生产数量、销售数量、生产销售计划、进出口数量、经销商信息、终端客户信息等。

（三）不得超越定价权限进行政府定价，包括但不限于：

1. 对实行政府指导价的商品、服务进行政府定价；

2. 对不属于本级政府定价目录范围内的商品、服务制定政府定价或者政府指导价；

3. 违反《中华人民共和国价格法》等法律法规采取价格干预措施。

（四）不得违法干预实行市场调节价的商品和服务的价格水平，包括但不限于：

1. 制定公布商品和服务的统一执行价、参考价；

2. 规定商品和服务的最高或者最低限价；

3. 干预影响商品和服务价格水平的手续费、折扣或者其他费用。

第四章 例 外 规 定

第十七条 属于下列情形之一的政策措施，虽然在一定程度上具有限制竞争的效果，但在符合规定的情况下可以出台实施：

（一）维护国家经济安全、文化安全、科技安全或者涉及国防建设的；

（二）为实现扶贫开发、救灾救助等社会保障目的；

（三）为实现节约能源资源、保护生态环境、维护公共卫生健康安全等社会公共利益的；

（四）法律、行政法规规定的其他情形。

属于前款第一项至第三项情形的，政策制定机关应当说明相关政策措施对实现政策目的不可或缺，且不会严重限制市场竞争，并明确实施期限。

第十八条　政策制定机关应当在书面审查结论中说明政策措施是否适用例外规定。认为适用例外规定的，应当对符合适用例外规定的情形和条件进行详细说明。

第十九条　政策制定机关应当逐年评估适用例外规定的政策措施的实施效果，形成书面评估报告。实施期限到期或者未达到预期效果的政策措施，应当及时停止执行或者进行调整。

第五章　第三方评估

第二十条　政策制定机关可以根据工作实际，委托具备相应评估能力的高等院校、科研院所、专业咨询公司等第三方机构，对有关政策措施进行公平竞争评估，或者对公平竞争审查有关工作进行评估。

各级联席会议办公室可以委托第三方机构，对本地公平竞争审查制度总体实施情况开展评估。

第二十一条　政策制定机关在开展公平竞争审查工作的以下阶段和环节，均可以采取第三方评估方式进行：

（一）对拟出台的政策措施进行公平竞争审查；
（二）对经公平竞争审查出台的政策措施进行定期评估；
（三）对适用例外规定出台的政策措施进行逐年评估；
（四）对公平竞争审查制度实施情况进行综合评价；
（五）与公平竞争审查工作相关的其他阶段和环节。

第二十二条　对拟出台的政策措施进行公平竞争审查时，存在以下情形之一的，应当引入第三方评估：

（一）政策制定机关拟适用例外规定的；
（二）被多个单位或者个人反映或者举报涉嫌违反公平竞争审

查标准的。

第二十三条 第三方评估结果作为政策制定机关开展公平竞争审查、评价制度实施成效、制定工作推进方案的重要参考。对拟出台的政策措施进行第三方评估的，政策制定机关应当在书面审查结论中说明评估情况。最终做出的审查结论与第三方评估结果不一致的，应当在书面审查结论中说明理由。

第二十四条 第三方评估经费纳入预算管理。政策制定机关依法依规做好第三方评估经费保障。

第六章 监督与责任追究

第二十五条 政策制定机关涉嫌未进行公平竞争审查或者违反审查标准出台政策措施的，任何单位和个人可以向政策制定机关反映，也可以向政策制定机关的上级机关或者本级及以上市场监管部门举报。反映或者举报采用书面形式并提供相关事实依据的，有关部门要及时予以处理。涉嫌违反《中华人民共和国反垄断法》的，由反垄断执法机构依法调查。

第二十六条 政策制定机关未进行公平竞争审查出台政策措施的，应当及时补做审查。发现存在违反公平竞争审查标准问题的，应当按照相关程序停止执行或者调整相关政策措施。停止执行或者调整相关政策措施的，应当依照《中华人民共和国政府信息公开条例》要求向社会公开。

第二十七条 政策制定机关的上级机关经核实认定政策制定机关未进行公平竞争审查或者违反审查标准出台政策措施的，应当责令其改正；拒不改正或者不及时改正的，对直接负责的主管人员和其他直接责任人员依据《中华人民共和国公务员法》、《中华人民共和国公职人员政务处分法》、《行政机关公务员处分条例》等法律法规给予处分。本级及以上市场监管部门可以向政策制定机关或者其上级机关提出整改建议；整改情况要及时向有关方面反馈。违反《中华人民共和国反垄断法》的，反垄断执法机构可以向有关上级机关提出依法处理的建议。相关处理决定和建议依法向社会公开。

第二十八条 市场监管总局负责牵头组织政策措施抽查，检查有关政策措施是否履行审查程序、审查流程是否规范、审查结论是否准确等。对市场主体反映比较强烈、问题比较集中、滥用行政权力排除限制竞争行为多发的行业和地区，进行重点抽查。抽查结果及时反馈被抽查单位，并以适当方式向社会公开。对抽查发现的排除、限制竞争问题，被抽查单位应当及时整改。

各地应当结合实际，建立本地区政策措施抽查机制。

第二十九条 县级以上地方各级人民政府建立健全公平竞争审查考核制度，对落实公平竞争审查制度成效显著的单位予以表扬激励，对工作推进不力的进行督促整改，对工作中出现问题并造成不良后果的依法依规严肃处理。

第七章 附　　则

第三十条 各地区、各部门在遵循《意见》和本细则规定的基础上，可以根据本地区、本行业实际情况，制定公平竞争审查工作办法和具体措施。

第三十一条 本细则自公布之日起实施。《公平竞争审查制度实施细则（暂行）》（发改价监〔2017〕1849号）同时废止。

附件： 1. 公平竞争审查基本流程（略）

　　　　 2. 公平竞争审查表（略）

电子招标投标办法

（2013年2月4日国家发展和改革委员会、工业和信息化部、监察部、住房和城乡建设部、交通运输部、铁道部、水利部、商务部令第20号公布 自2013年5月1日起施行）

第一章 总 则

第一条 为了规范电子招标投标活动，促进电子招标投标健康发展，根据《中华人民共和国招标投标法》、《中华人民共和国招标投标法实施条例》（以下分别简称招标投标法、招标投标法实施条例），制定本办法。

第二条 在中华人民共和国境内进行电子招标投标活动，适用本办法。

本办法所称电子招标投标活动是指以数据电文形式，依托电子招标投标系统完成的全部或者部分招标投标交易、公共服务和行政监督活动。

数据电文形式与纸质形式的招标投标活动具有同等法律效力。

第三条 电子招标投标系统根据功能的不同，分为交易平台、公共服务平台和行政监督平台。

交易平台是以数据电文形式完成招标投标交易活动的信息平台。公共服务平台是满足交易平台之间信息交换、资源共享需要，并为市场主体、行政监督部门和社会公众提供信息服务的信息平台。行政监督平台是行政监督部门和监察机关在线监督电子招标投标活动的信息平台。

电子招标投标系统的开发、检测、认证、运营应当遵守本办法及所附《电子招标投标系统技术规范》(以下简称技术规范)。

第四条 国务院发展改革部门负责指导协调全国电子招标投标活动,各级地方人民政府发展改革部门负责指导协调本行政区域内电子招标投标活动。各级人民政府发展改革、工业和信息化、住房城乡建设、交通运输、铁道、水利、商务等部门,按照规定的职责分工,对电子招标投标活动实施监督,依法查处电子招标投标活动中的违法行为。

依法设立的招标投标交易场所的监管机构负责督促、指导招标投标交易场所推进电子招标投标工作,配合有关部门对电子招标投标活动实施监督。

省级以上人民政府有关部门对本行政区域内电子招标投标系统的建设、运营,以及相关检测、认证活动实施监督。

监察机关依法对与电子招标投标活动有关的监察对象实施监察。

第二章 电子招标投标交易平台

第五条 电子招标投标交易平台按照标准统一、互联互通、公开透明、安全高效的原则以及市场化、专业化、集约化方向建设和运营。

第六条 依法设立的招标投标交易场所、招标人、招标代理机构以及其他依法设立的法人组织可以按行业、专业类别,建设和运营电子招标投标交易平台。国家鼓励电子招标投标交易平台平等竞争。

第七条 电子招标投标交易平台应当按照本办法和技术规范规定,具备下列主要功能:

(一)在线完成招标投标全部交易过程;

(二)编辑、生成、对接、交换和发布有关招标投标数据信息;

(三)提供行政监督部门和监察机关依法实施监督和受理投诉

所需的监督通道；

（四）本办法和技术规范规定的其他功能。

第八条 电子招标投标交易平台应当按照技术规范规定，执行统一的信息分类和编码标准，为各类电子招标投标信息的互联互通和交换共享开放数据接口、公布接口要求。

电子招标投标交易平台接口应当保持技术中立，与各类需要分离开发的工具软件相兼容对接，不得限制或者排斥符合技术规范规定的工具软件与其对接。

第九条 电子招标投标交易平台应当允许社会公众、市场主体免费注册登录和获取依法公开的招标投标信息，为招标投标活动当事人、行政监督部门和监察机关按各自职责和注册权限登录使用交易平台提供必要条件。

第十条 电子招标投标交易平台应当依照《中华人民共和国认证认可条例》等有关规定进行检测、认证，通过检测、认证的电子招标投标交易平台应当在省级以上电子招标投标公共服务平台上公布。

电子招标投标交易平台服务器应当设在中华人民共和国境内。

第十一条 电子招标投标交易平台运营机构应当是依法成立的法人，拥有一定数量的专职信息技术、招标专业人员。

第十二条 电子招标投标交易平台运营机构应当根据国家有关法律法规及技术规范，建立健全电子招标投标交易平台规范运行和安全管理制度，加强监控、检测，及时发现和排除隐患。

第十三条 电子招标投标交易平台运营机构应当采用可靠的身份识别、权限控制、加密、病毒防范等技术，防范非授权操作，保证交易平台的安全、稳定、可靠。

第十四条 电子招标投标交易平台运营机构应当采取有效措施，验证初始录入信息的真实性，并确保数据电文不被篡改、不遗漏和可追溯。

第十五条　电子招标投标交易平台运营机构不得以任何手段限制或者排斥潜在投标人，不得泄露依法应当保密的信息，不得弄虚作假、串通投标或者为弄虚作假、串通投标提供便利。

第三章　电子招标

第十六条　招标人或者其委托的招标代理机构应当在其使用的电子招标投标交易平台注册登记，选择使用除招标人或招标代理机构之外第三方运营的电子招标投标交易平台的，还应当与电子招标投标交易平台运营机构签订使用合同，明确服务内容、服务质量、服务费用等权利和义务，并对服务过程中相关信息的产权归属、保密责任、存档等依法作出约定。

电子招标投标交易平台运营机构不得以技术和数据接口配套为由，要求潜在投标人购买指定的工具软件。

第十七条　招标人或者其委托的招标代理机构应当在资格预审公告、招标公告或者投标邀请书中载明潜在投标人访问电子招标投标交易平台的网络地址和方法。依法必须进行公开招标项目的上述相关公告应当在电子招标投标交易平台和国家指定的招标公告媒介同步发布。

第十八条　招标人或者其委托的招标代理机构应当及时将数据电文形式的资格预审文件、招标文件加载至电子招标投标交易平台，供潜在投标人下载或者查阅。

第十九条　数据电文形式的资格预审公告、招标公告、资格预审文件、招标文件等应当标准化、格式化，并符合有关法律法规以及国家有关部门颁发的标准文本的要求。

第二十条　除本办法和技术规范规定的注册登记外，任何单位和个人不得在招标投标活动中设置注册登记、投标报名等前置条件限制潜在投标人下载资格预审文件或者招标文件。

第二十一条　在投标截止时间前，电子招标投标交易平台运营机构不得向招标人或者其委托的招标代理机构以外的任何单位和个人泄露下载资格预审文件、招标文件的潜在投标人名称、数量以及可能影响公平竞争的其他信息。

第二十二条 招标人对资格预审文件、招标文件进行澄清或者修改的，应当通过电子招标投标交易平台以醒目的方式公告澄清或者修改的内容，并以有效方式通知所有已下载资格预审文件或者招标文件的潜在投标人。

第四章 电子投标

第二十三条 电子招标投标交易平台的运营机构，以及与该机构有控股或者管理关系可能影响招标公正性的任何单位和个人，不得在该交易平台进行的招标项目中投标和代理投标。

第二十四条 投标人应当在资格预审公告、招标公告或者投标邀请书载明的电子招标投标交易平台注册登记，如实递交有关信息，并经电子招标投标交易平台运营机构验证。

第二十五条 投标人应当通过资格预审公告、招标公告或者投标邀请书载明的电子招标投标交易平台递交数据电文形式的资格预审申请文件或者投标文件。

第二十六条 电子招标投标交易平台应当允许投标人离线编制投标文件，并且具备分段或者整体加密、解密功能。

投标人应当按照招标文件和电子招标投标交易平台的要求编制并加密投标文件。

投标人未按规定加密的投标文件，电子招标投标交易平台应当拒收并提示。

第二十七条 投标人应当在投标截止时间前完成投标文件的传输递交，并可以补充、修改或者撤回投标文件。投标截止时间前未完成投标文件传输的，视为撤回投标文件。投标截止时间后送达的投标文件，电子招标投标交易平台应当拒收。

电子招标投标交易平台收到投标人送达的投标文件，应当即时向投标人发出确认回执通知，并妥善保存投标文件。在投标截止时间前，除投标人补充、修改或者撤回投标文件外，任何单位和个人不得解密、提取投标文件。

第二十八条 资格预审申请文件的编制、加密、递交、传输、接收确认等，适用本办法关于投标文件的规定。

第五章 电子开标、评标和中标

第二十九条 电子开标应当按照招标文件确定的时间，在电子招标投标交易平台上公开进行，所有投标人均应当准时在线参加开标。

第三十条 开标时，电子招标投标交易平台自动提取所有投标文件，提示招标人和投标人按招标文件规定方式按时在线解密。解密全部完成后，应当向所有投标人公布投标人名称、投标价格和招标文件规定的其他内容。

第三十一条 因投标人原因造成投标文件未解密的，视为撤销其投标文件；因投标人之外的原因造成投标文件未解密的，视为撤回其投标文件，投标人有权要求责任方赔偿因此遭受的直接损失。部分投标文件未解密的，其他投标文件的开标可以继续进行。

招标人可以在招标文件中明确投标文件解密失败的补救方案，投标文件应按照招标文件的要求作出响应。

第三十二条 电子招标投标交易平台应当生成开标记录并向社会公众公布，但依法应当保密的除外。

第三十三条 电子评标应当在有效监控和保密的环境下在线进行。

根据国家规定应当进入依法设立的招标投标交易场所的招标项目，评标委员会成员应当在依法设立的招标投标交易场所登录招标项目所使用的电子招标投标交易平台进行评标。

评标中需要投标人对投标文件澄清或者说明的，招标人和投标人应当通过电子招标投标交易平台交换数据电文。

第三十四条 评标委员会完成评标后，应当通过电子招标投标交易平台向招标人提交数据电文形式的评标报告。

第三十五条 依法必须进行招标的项目中标候选人和中标结果应当在电子招标投标交易平台进行公示和公布。

第三十六条 招标人确定中标人后，应当通过电子招标投标交易平台以数据电文形式向中标人发出中标通知书，并向未中标人发出中标结果通知书。

招标人应当通过电子招标投标交易平台，以数据电文形式与中标人签订合同。

第三十七条 鼓励招标人、中标人等相关主体及时通过电子招标投标交易平台递交和公布中标合同履行情况的信息。

第三十八条 资格预审申请文件的解密、开启、评审、发出结果通知书等，适用本办法关于投标文件的规定。

第三十九条 投标人或者其他利害关系人依法对资格预审文件、招标文件、开标和评标结果提出异议，以及招标人答复，均应当通过电子招标投标交易平台进行。

第四十条 招标投标活动中的下列数据电文应当按照《中华人民共和国电子签名法》和招标文件的要求进行电子签名并进行电子存档：

（一）资格预审公告、招标公告或者投标邀请书；

（二）资格预审文件、招标文件及其澄清、补充和修改；

（三）资格预审申请文件、投标文件及其澄清和说明；

（四）资格审查报告、评标报告；

（五）资格预审结果通知书和中标通知书；

（六）合同；

（七）国家规定的其他文件。

第六章　信息共享与公共服务

第四十一条　电子招标投标交易平台应当依法及时公布下列主要信息：

（一）招标人名称、地址、联系人及联系方式；

（二）招标项目名称、内容范围、规模、资金来源和主要技术要求；

（三）招标代理机构名称、资格、项目负责人及联系方式；

（四）投标人名称、资质和许可范围、项目负责人；

（五）中标人名称、中标金额、签约时间、合同期限；

（六）国家规定的公告、公示和技术规范规定公布和交换的其他信息。

鼓励招标投标活动当事人通过电子招标投标交易平台公布项目完成质量、期限、结算金额等合同履行情况。

第四十二条　各级人民政府有关部门应当按照《中华人民共和国政府信息公开条例》等规定，在本部门网站及时公布并允许下载下列信息：

（一）有关法律法规规章及规范性文件；

（二）取得相关工程、服务资质证书或货物生产、经营许可证的单位名称、营业范围及年检情况；

（三）取得有关职称、职业资格的从业人员的姓名、电子证书编号；

（四）对有关违法行为作出的行政处理决定和招标投标活动的投诉处理情况；

（五）依法公开的工商、税务、海关、金融等相关信息。

第四十三条　设区的市级以上人民政府发展改革部门会同有关部门，按照政府主导、共建共享、公益服务的原则，推动建立本地区统一的电子招标投标公共服务平台，为电子招标投标交易平台、招标投标活动当事人、社会公众和行政监督部门、监察机关提供信息服务。

第四十四条 电子招标投标公共服务平台应当按照本办法和技术规范规定，具备下列主要功能：

（一）链接各级人民政府及其部门网站，收集、整合和发布有关法律法规规章及规范性文件、行政许可、行政处理决定、市场监管和服务的相关信息；

（二）连接电子招标投标交易平台、国家规定的公告媒介，交换、整合和发布本办法第四十一条规定的信息；

（三）连接依法设立的评标专家库，实现专家资源共享；

（四）支持不同电子认证服务机构数字证书的兼容互认；

（五）提供行政监督部门和监察机关依法实施监督、监察所需的监督通道；

（六）整合分析相关数据信息，动态反映招标投标市场运行状况、相关市场主体业绩和信用情况。

属于依法必须公开的信息，公共服务平台应当无偿提供。

公共服务平台应同时遵守本办法第八条至第十五条规定。

第四十五条 电子招标投标交易平台应当按照本办法和技术规范规定，在任一电子招标投标公共服务平台注册登记，并向电子招标投标公共服务平台及时提供本办法第四十一条规定的信息，以及双方协商确定的其他信息。

电子招标投标公共服务平台应当按照本办法和技术规范规定，开放数据接口、公布接口要求，与电子招标投标交易平台及时交换招标投标活动所必需的信息，以及双方协商确定的其他信息。

电子招标投标公共服务平台应当按照本办法和技术规范规定，开放数据接口、公布接口要求，与上一层级电子招标投标公共服务平台连接并注册登记，及时交换本办法第四十四条规定的信息，以及双方协商确定的其他信息。

电子招标投标公共服务平台应当允许社会公众、市场主体免费注册登录和获取依法公开的招标投标信息，为招标人、投标人、行政监督部门和监察机关按各自职责和注册权限登录使用公共服务平台提供必要条件。

第七章　监　督　管　理

第四十六条　电子招标投标活动及相关主体应当自觉接受行政监督部门、监察机关依法实施的监督、监察。

第四十七条　行政监督部门、监察机关结合电子政务建设，提升电子招标投标监督能力，依法设置并公布有关法律法规规章、行政监督的依据、职责权限、监督环节、程序和时限、信息交换要求和联系方式等相关内容。

第四十八条　电子招标投标交易平台和公共服务平台应当按照本办法和技术规范规定，向行政监督平台开放数据接口、公布接口要求，按有关规定及时对接交换和公布有关招标投标信息。

行政监督平台应当开放数据接口，公布数据接口要求，不得限制和排斥已通过检测认证的电子招标投标交易平台和公共服务平台与其对接交换信息，并参照执行本办法第八条至第十五条的有关规定。

第四十九条　电子招标投标交易平台应当依法设置电子招标投标工作人员的职责权限，如实记录招标投标过程、数据信息来源，以及每一操作环节的时间、网络地址和工作人员，并具备电子归档功能。

电子招标投标公共服务平台应当记录和公布相关交换数据信息的来源、时间并进行电子归档备份。

任何单位和个人不得伪造、篡改或者损毁电子招标投标活动信息。

第五十条　行政监督部门、监察机关及其工作人员，除依法履行职责外，不得干预电子招标投标活动，并遵守有关信息保密的规定。

第五十一条 投标人或者其他利害关系人认为电子招标投标活动不符合有关规定的，通过相关行政监督平台进行投诉。

第五十二条 行政监督部门和监察机关在依法监督检查招标投标活动或者处理投诉时，通过其平台发出的行政监督或者行政监察指令，招标投标活动当事人和电子招标投标交易平台、公共服务平台的运营机构应当执行，并如实提供相关信息，协助调查处理。

第八章 法律责任

第五十三条 电子招标投标系统有下列情形的，责令改正；拒不改正的，不得交付使用，已经运营的应当停止运营。

（一）不具备本办法及技术规范规定的主要功能；

（二）不向行政监督部门和监察机关提供监督通道；

（三）不执行统一的信息分类和编码标准；

（四）不开放数据接口、不公布接口要求；

（五）不按照规定注册登记、对接、交换、公布信息；

（六）不满足规定的技术和安全保障要求；

（七）未按照规定通过检测和认证。

第五十四条 招标人或者电子招标投标系统运营机构存在以下情形的，视为限制或者排斥潜在投标人，依照招标投标法第五十一条规定处罚。

（一）利用技术手段对享有相同权限的市场主体提供有差别的信息；

（二）拒绝或者限制社会公众、市场主体免费注册并获取依法必须公开的招标投标信息；

（三）违规设置注册登记、投标报名等前置条件；

（四）故意与各类需要分离开发并符合技术规范规定的工具软件不兼容对接；

（五）故意对递交或者解密投标文件设置障碍。

第五十五条 电子招标投标交易平台运营机构有下列情形的，责令改正，并按照有关规定处罚。

（一）违反规定要求投标人注册登记、收取费用；

（二）要求投标人购买指定的工具软件；

（三）其他侵犯招标投标活动当事人合法权益的情形。

第五十六条 电子招标投标系统运营机构向他人透露已获取招标文件的潜在投标人的名称、数量、投标文件内容或者对投标文件的评审和比较以及其他可能影响公平竞争的招标投标信息，参照招标投标法第五十二条关于招标人泄密的规定予以处罚。

第五十七条 招标投标活动当事人和电子招标投标系统运营机构协助招标人、投标人串通投标的，依照招标投标法第五十三条和招标投标法实施条例第六十七条规定处罚。

第五十八条 招标投标活动当事人和电子招标投标系统运营机构伪造、篡改、损毁招标投标信息，或者以其他方式弄虚作假的，依照招标投标法第五十四条和招标投标法实施条例第六十八条规定处罚。

第五十九条 电子招标投标系统运营机构未按照本办法和技术规范规定履行初始录入信息验证义务，造成招标投标活动当事人损失的，应当承担相应的赔偿责任。

第六十条 有关行政监督部门及其工作人员不履行职责，或者利用职务便利非法干涉电子招标投标活动的，依照有关法律法规处理。

第九章　附　　则

第六十一条 招标投标协会应当按照有关规定，加强电子招标投标活动的自律管理和服务。

第六十二条　电子招标投标某些环节需要同时使用纸质文件的，应当在招标文件中明确约定；当纸质文件与数据电文不一致时，除招标文件特别约定外，以数据电文为准。

第六十三条　本办法未尽事宜，按照有关法律、法规、规章执行。

第六十四条　本办法由国家发展和改革委员会会同有关部门负责解释。

第六十五条　技术规范作为本办法的附件，与本办法具有同等效力。

第六十六条　本办法自2013年5月1日起施行。

附件：《电子招标投标系统技术规范—第1部分》（略）

（四）监督管理

招标投标违法行为记录公告暂行办法

（2008年6月18日　发改法规〔2008〕1531号）

第一章　总　　则

第一条　为贯彻《国务院办公厅关于进一步规范招投标活动的若干意见》（国办发〔2004〕56号），促进招标投标信用体系建设，健全招标投标失信惩戒机制，规范招标投标当事人行为，根据《招标投标法》等相关法律规定，制定本办法。

第二条　对招标投标活动当事人的招标投标违法行为记录进行公告，适用本办法。

本办法所称招标投标活动当事人是指招标人、投标人、招标代理机构以及评标委员会成员。

本办法所称招标投标违法行为记录，是指有关行政主管部门在依法履行职责过程中，对招标投标当事人违法行为所作行政处理决定的记录。

第三条 国务院有关行政主管部门按照规定的职责分工，建立各自的招标投标违法行为记录公告平台，并负责公告平台的日常维护。

国家发展改革委会同国务院其他有关行政主管部门制定公告平台管理方面的综合性政策和相关规定。

省级人民政府有关行政主管部门按照规定的职责分工，建立招标投标违法行为记录公告平台，并负责公告平台的日常维护。

第四条 招标投标违法行为记录的公告应坚持准确、及时、客观的原则。

第五条 招标投标违法行为记录公告不得公开涉及国家秘密、商业秘密、个人隐私的记录。但是，经权利人同意公开或者行政机关认为不公开可能对公共利益造成重大影响的涉及商业秘密、个人隐私的违法行为记录，可以公开。

第二章 违法行为记录的公告

第六条 国务院有关行政主管部门和省级人民政府有关行政主管部门（以下简称"公告部门"）应自招标投标违法行为行政处理决定作出之日起20个工作日内对外进行记录公告。

省级人民政府有关行政主管部门公告的招标投标违法行为行政处理决定应同时抄报相应国务院行政主管部门。

第七条 对招标投标违法行为所作出的以下行政处理决定应给予公告：

（一）警告；

（二）罚款；

（三）没收违法所得；

（四）暂停或者取消招标代理资格；

（五）取消在一定时期内参加依法必须进行招标的项目的投标资格；

（六）取消担任评标委员会成员的资格；

（七）暂停项目执行或追回已拨付资金；

（八）暂停安排国家建设资金；

（九）暂停建设项目的审查批准；

（十）行政主管部门依法作出的其他行政处理决定。

第八条 违法行为记录公告的基本内容为：被处理招标投标当事人名称（或姓名）、违法行为、处理依据、处理决定、处理时间和处理机关等。

公告部门可将招标投标违法行为行政处理决定书直接进行公告。

第九条 违法行为记录公告期限为六个月。公告期满后，转入后台保存。

依法限制招标投标当事人资质（资格）等方面的行政处理决定，所认定的限制期限长于六个月的，公告期限从其决定。

第十条 公告部门负责建立公告平台信息系统，对记录信息数据进行追加、修改、更新，并保证公告的违法行为记录与行政处理决定的相关内容一致。

公告平台信息系统应具备历史公告记录查询功能。

第十一条 公告部门应对公告记录所依据的招标投标违法行为行政处理决定书等材料妥善保管、留档备查。

第十二条 被公告的招标投标当事人认为公告记录与行政处理决定的相关内容不符的，可向公告部门提出书面更正申请，并提供相关证据。

公告部门接到书面申请后，应在5个工作日内进行核对。公告的记录与行政处理决定的相关内容不一致的，应当给予更正并告知申请人；公告的记录与行政处理决定的相关内容一致的，应当告知申请人。

公告部门在作出答复前不停止对违法行为记录的公告。

第十三条 行政处理决定在被行政复议或行政诉讼期间，公告部门依法不停止对违法行为记录的公告，但行政处理决定被依法停止执行的除外。

第十四条 原行政处理决定被依法变更或撤销的，公告部门应当及时对公告记录予以变更或撤销，并在公告平台上予以声明。

第三章 监督管理

第十五条 有关行政主管部门应依法加强对招标投标违法行为记录被公告当事人的监督管理。

第十六条 招标投标违法行为记录公告应逐步实现互联互通、互认共用，条件成熟时建立统一的招标投标违法行为记录公告平台。

第十七条 公告的招标投标违法行为记录应当作为招标代理机构资格认定，依法必须招标项目资质审查、招标代理机构选择、中标人推荐和确定、评标委员会成员确定和评标专家考核等活动的重要参考。

第十八条 有关行政主管部门及其工作人员在违法行为记录的提供、收集和公告等工作中有玩忽职守、弄虚作假或者徇私舞弊等行为的，由其所在单位或者上级主管机关予以通报批评，并依纪依法追究直接责任人和有关领导的责任；构成犯罪的，移送司法机关依法追究刑事责任。

第四章 附 则

第十九条 各省、自治区、直辖市发展改革部门可会同有关部门根据本办法制定具体实施办法。

第二十条　本办法由国家发展改革委会同国务院有关部门负责解释。

第二十一条　本办法自2009年1月1日起施行。

国家发展改革委、工业和信息化部、监察部等关于进一步贯彻落实招标投标违法行为记录公告制度的通知

(2010年3月29日　发改法规〔2010〕628号)

各省、自治区、直辖市发展改革委、工业和信息化主管部门、通信管理局、监察厅、财政厅、住房城乡建设厅（建委、建设交通委）、交通厅、水利厅、商务主管部门、法制办、各铁路局、民航各地区管理局：

严格落实招标投标违法行为记录公告制度是工程建设领域突出问题专项治理工作的一项重要任务。《招标投标违法行为记录公告暂行办法》（发改法规〔2008〕1531号，以下简称《暂行办法》）自2009年1月1日颁布实施以来，各地认真贯彻落实，推进招标投标市场诚信建设取得积极成效。但是，总体进展尚不平衡，一些地方至今尚未建立公告平台，一些地方虽建立了公告平台却没有按照规定及时进行公告，影响了违法行为记录公告制度实施效果。为进一步贯彻落实中共中央办公厅、国务院办公厅《关于开展工程建设领域突出问题专项治理工作的意见》（中办发〔2009〕27号）、中央治理工程建设领域突出问题工作领导小组《工程建设领域突出问题专项治理工作实施方案》（中治工发〔2009〕2号）和《规范工程建设项目决策行为和招标投标活动指导意见》（中治工发〔2009〕3号）部署和要求，切实发挥招标投标违法行为记录公告

制度的失信惩戒作用，促进招标投标市场信用体系建设，现将有关事项通知如下：

一、**抓紧建立违法行为记录公告平台**。2010年5月底前，各省级有关行政主管部门要按照《暂行办法》要求，在本部门网站上建立招标投标违法行为记录公告平台，并做好公告平台维护和管理工作；已经建立的，进一步规范和完善公告平台，逐步实现互联互通、互认共用；条件成熟的建立统一的违法行为记录公告平台。要加强对市、县级招标投标违法行为记录公告平台建设的指导和督促，争取今年年底前，建立起国务院有关部门，以及省、市、县四级公告平台。结合开展工程建设领域突出问题专项治理工作，将招标投标违法行为记录公告平台制度落实与工程建设领域项目信息公开和诚信体系建设相结合，促进信息共享。

二、**依法公告违法行为记录**。各省级有关行政主管部门要以落实中央工程建设领域突出问题专项治理工作部署为契机，加大监督检查工作力度，按照规定的职责分工，严肃查处招标投标违法违规行为。对于依法应当公告的违法行为，应及时在公告平台上公告。严格按照《暂行办法》规定的程序和要求发布公告，确保公告准确和客观。各省级有关行政主管部门公告的招标投标违法行为行政处理决定，须按要求及时抄报相应国务院行政主管部门。国务院有关行政主管部门将选取一批典型案件进行公告，并加强对本系统违法行为记录公告工作的指导，建立系统公告记录信息通报制度。

三、**加大招标投标失信惩戒力度**。各地可以结合本地实际，进一步健全失信惩戒制度，将公告的招标投标违法行为记录作为招标代理机构资格认定、依法必须招标项目投标人资格审查、招标代理机构选择、中标人推荐和确定、评标委员会成员确定和评标专家考核等活动的重要依据。

各地要按照中央工程建设领域突出问题专项治理工作统一部署，采取有效措施，全面落实招标投标违法行为记录公告制度。

2010年上半年，国家发展改革委、监察部将会同国务院有关部门对各地贯彻落实情况进行监督检查，重点检查公告平台建立和运行情况。对没有建立公告平台，或者不按照规定及时公告违法行为记录的地方，要进行通报。

工程建设项目
招标投标活动投诉处理办法

（2004年6月21日国家发展和改革委员会、建设部、铁道部、交通部、信息产业部、水利部、中国民用航空总局令第11号发布　根据2013年3月11日国家发展和改革委员会、工业和信息化部、财政部、住房和城乡建设部、交通运输部、铁道部、水利部、国家广播电影电视总局、中国民用航空局《关于废止和修改部分招标投标规章和规范性文件的决定》修订）

第一条　为保护国家利益、社会公共利益和招标投标当事人的合法权益，建立公平、高效的工程建设项目招标投标活动投诉处理机制，根据《中华人民共和国招标投标法》、《中华人民共和国招标投标法实施条例》，制定本办法。

第二条　本办法适用于工程建设项目招标投标活动的投诉及其处理活动。

前款所称招标投标活动，包括招标、投标、开标、评标、中标以及签订合同等各阶段。

第三条　投标人或者其他利害关系人认为招标投标活动不符合法律、法规和规章规定的，有权依法向有关行政监督部门投诉。

前款所称其他利害关系人是指投标人以外的，与招标项目或者招标活动有直接和间接利益关系的法人、其他组织和自然人。

第四条 各级发展改革、工业和信息化、住房城乡建设、水利、交通运输、铁道、商务、民航等招标投标活动行政监督部门，依照《国务院办公厅印发国务院有关部门实施招标投标活动行政监督的职责分工的意见的通知》（国办发〔2000〕34号）和地方各级人民政府规定的职责分工，受理投诉并依法做出处理决定。

对国家重大建设项目（含工业项目）招标投标活动的投诉，由国家发展改革委受理并依法做出处理决定。对国家重大建设项目招标投标活动的投诉，有关行业行政监督部门已经收到的，应当通报国家发展改革委，国家发展改革委不再受理。

第五条 行政监督部门处理投诉时，应当坚持公平、公正、高效原则，维护国家利益、社会公共利益和招标投标当事人的合法权益。

第六条 行政监督部门应当确定本部门内部负责受理投诉的机构及其电话、传真、电子信箱和通讯地址，并向社会公布。

第七条 投诉人投诉时，应当提交投诉书。投诉书应当包括下列内容：

（一）投诉人的名称、地址及有效联系方式；

（二）被投诉人的名称、地址及有效联系方式；

（三）投诉事项的基本事实；

（四）相关请求及主张；

（五）有效线索和相关证明材料。

对招标投标法实施条例规定应先提出异议的事项进行投诉的，应当附提出异议的证明文件。已向有关行政监督部门投诉的，应当一并说明。

投诉人是法人的，投诉书必须由其法定代表人或者授权代表签字并盖章；其他组织或者自然人投诉的，投诉书必须由其主要负责人或者投诉人本人签字，并附有效身份证明复印件。

投诉书有关材料是外文的,投诉人应当同时提供其中文译本。

第八条 投诉人不得以投诉为名排挤竞争对手,不得进行虚假、恶意投诉,阻碍招标投标活动的正常进行。

第九条 投诉人认为招标投标活动不符合法律行政法规规定的,可以在知道或者应当知道之日起十日内提出书面投诉。依照有关行政法规提出异议的,异议答复期间不计算在内。

第十条 投诉人可以自己直接投诉,也可以委托代理人办理投诉事务。代理人办理投诉事务时,应将授权委托书连同投诉书一并提交给行政监督部门。授权委托书应当明确有关委托代理权限和事项。

第十一条 行政监督部门收到投诉书后,应当在三个工作日内进行审查,视情况分别做出以下处理决定:

(一)不符合投诉处理条件的,决定不予受理,并将不予受理的理由书面告知投诉人;

(二)对符合投诉处理条件,但不属于本部门受理的投诉,书面告知投诉人向其他行政监督部门提出投诉;

对于符合投诉处理条件并决定受理的,收到投诉书之日即为正式受理。

第十二条 有下列情形之一的投诉,不予受理:

(一)投诉人不是所投诉招标投标活动的参与者,或者与投诉项目无任何利害关系;

(二)投诉事项不具体,且未提供有效线索,难以查证的;

(三)投诉书未署具投诉人真实姓名、签字和有效联系方式的;以法人名义投诉的,投诉书未经法定代表人签字并加盖公章的;

(四)超过投诉时效的;

(五)已经作出处理决定,并且投诉人没有提出新的证据的;

(六)投诉事项应先提出异议没有提出异议、已进入行政复议或行政诉讼程序的。

第十三条 行政监督部门负责投诉处理的工作人员,有下列情形之一的,应当主动回避:

(一) 近亲属是被投诉人、投诉人,或者是被投诉人、投诉人的主要负责人;

(二) 在近三年内本人曾经在被投诉人单位担任高级管理职务;

(三) 与被投诉人、投诉人有其他利害关系,可能影响对投诉事项公正处理的。

第十四条 行政监督部门受理投诉后,应当调取、查阅有关文件,调查、核实有关情况。

对情况复杂、涉及面广的重大投诉事项,有权受理投诉的行政监督部门可以会同其他有关的行政监督部门进行联合调查,共同研究后由受理部门做出处理决定。

第十五条 行政监督部门调查取证时,应当由两名以上行政执法人员进行,并做笔录,交被调查人签字确认。

第十六条 在投诉处理过程中,行政监督部门应当听取被投诉人的陈述和申辩,必要时可通知投诉人和被投诉人进行质证。

第十七条 行政监督部门负责处理投诉的人员应当严格遵守保密规定,对于在投诉处理过程中所接触到的国家秘密、商业秘密应当予以保密,也不得将投诉事项透露给与投诉无关的其他单位和个人。

第十八条 行政监督部门处理投诉,有权查阅、复制有关文件、资料,调查有关情况,相关单位和人员应当予以配合。必要时,行政监督部门可以责令暂停招标投标活动。

对行政监督部门依法进行的调查,投诉人、被投诉人以及评标委员会成员等与投诉事项有关的当事人应当予以配合,如实提供有关资料及情况,不得拒绝、隐匿或者伪报。

第十九条 投诉处理决定做出前,投诉人要求撤回投诉的,应当以书面形式提出并说明理由,由行政监督部门视以下情况,决定是否准予撤回：

（一）已经查实有明显违法行为的，应当不准撤回，并继续调查直至做出处理决定；

（二）撤回投诉不损害国家利益、社会公共利益或者其他当事人合法权益的，应当准予撤回，投诉处理过程终止。投诉人不得以同一事实和理由再提出投诉。

第二十条　行政监督部门应当根据调查和取证情况，对投诉事项进行审查，按照下列规定做出处理决定：

（一）投诉缺乏事实根据或者法律依据的，或者投诉人捏造事实、伪造材料或者以非法手段取得证明材料进行投诉的，驳回投诉；

（二）投诉情况属实，招标投标活动确实存在违法行为的，依据《中华人民共和国招标投标法》、《中华人民共和国招标投标法实施条例》及其他有关法规、规章做出处罚。

第二十一条　负责受理投诉的行政监督部门应当自受理投诉之日起三十个工作日内，对投诉事项做出处理决定，并以书面形式通知投诉人、被投诉人和其他与投诉处理结果有关的当事人。需要检验、检测、鉴定、专家评审的，所需时间不计算在内。

第二十二条　投诉处理决定应当包括下列主要内容：

（一）投诉人和被投诉人的名称、住址；

（二）投诉人的投诉事项及主张；

（三）被投诉人的答辩及请求；

（四）调查认定的基本事实；

（五）行政监督部门的处理意见及依据。

第二十三条　行政监督部门应当建立投诉处理档案，并做好保存和管理工作，接受有关方面的监督检查。

第二十四条　行政监督部门在处理投诉过程中，发现被投诉人单位直接负责的主管人员和其他直接责任人员有违法、违规或者违纪行为的，应当建议其行政主管机关、纪检监察部门给予处分；情节严重构成犯罪的，移送司法机关处理。

对招标代理机构有违法行为，且情节严重的，依法暂停直至取消招标代理资格。

第二十五条 当事人对行政监督部门的投诉处理决定不服或者行政监督部门逾期未做处理的，可以依法申请行政复议或者向人民法院提起行政诉讼。

第二十六条 投诉人故意捏造事实、伪造证明材料或者以非法手段取得证明材料进行投诉，给他人造成损失的，依法承担赔偿责任。

第二十七条 行政监督部门工作人员在处理投诉过程中徇私舞弊、滥用职权或者玩忽职守，对投诉人打击报复的，依法给予行政处分；构成犯罪的，依法追究刑事责任。

第二十八条 行政监督部门在处理投诉过程中，不得向投诉人和被投诉人收取任何费用。

第二十九条 对于性质恶劣、情节严重的投诉事项，行政监督部门可以将投诉处理结果在有关媒体上公布，接受舆论和公众监督。

第三十条 本办法由国家发展改革委会同国务院有关部门解释。

第三十一条 本办法自 2004 年 8 月 1 日起施行。

关于在招标投标活动中
对失信被执行人实施联合惩戒的通知

(2016年8月30日　法〔2016〕285号)

为贯彻党的十八届三中、四中、五中全会精神，落实《中央政法委关于切实解决人民法院执行难问题的通知》（政法〔2005〕52号）、《国务院关于促进市场公平竞争维护市场正常秩序的若干意见》（国发〔2014〕20号）、《国务院关于印发社会信用体系建设规划纲要（2014-2020年）的通知》（国发〔2014〕21号）、《关于对失信被执行人实施联合惩戒的合作备忘录》（发改财金〔2016〕141号）要求，加快推进社会信用体系建设，健全跨部门失信联合惩戒机制，促进招标投标市场健康有序发展，现就在招标投标活动中对失信被执行人实施联合惩戒的有关事项通知如下。

一、充分认识在招标投标活动中实施联合惩戒的重要性

诚实信用是招标投标活动的基本原则之一。在招标投标活动中对失信被执行人开展联合惩戒，有利于规范招标投标活动中当事人的行为，促进招标投标市场健康有序发展；有利于建立健全"一处失信，处处受限"的信用联合惩戒机制，推进社会信用体系建设；有利于维护司法权威，提升司法公信力，在全社会形成尊重司法、诚实守信的良好氛围。各有关单位要进一步提高认识，在招标投标活动中对失信被执行人实施联合惩戒，有效应用失信被执行人信息，推动招标投标活动规范、高效、透明。

二、联合惩戒对象

联合惩戒对象为被人民法院列为失信被执行人的下列人员：投标人、招标代理机构、评标专家以及其他招标从业人员。

三、失信被执行人信息查询内容及方式

（一）查询内容

失信被执行人（法人或者其他组织）的名称、统一社会信用代码（或组织机构代码）、法定代表人或者负责人姓名；失信被执行人（自然人）的姓名、性别、年龄、身份证号码；生效法律文书确定的义务和被执行人的履行情况；失信被执行人失信行为的具体情形；执行依据的制作单位和文号、执行案号、立案时间、执行法院；人民法院认为应当记载和公布的不涉及国家秘密、商业秘密、个人隐私的其他事项。

（二）推送及查询方式

最高人民法院将失信被执行人信息推送到全国信用信息共享平台和"信用中国"网站，并负责及时更新。

招标人、招标代理机构、有关单位应当通过"信用中国"网站（www.creditchina.gov.cn）或各级信用信息共享平台查询相关主体是否为失信被执行人，并采取必要方式做好失信被执行人信息查询记录和证据留存。投标人可通过"信用中国"网站查询相关主体是否为失信被执行人。

国家公共资源交易平台、中国招标投标公共服务平台、各省级信用信息共享平台通过全国信用信息共享平台共享失信被执行人信息，各省级公共资源交易平台通过国家公共资源交易平台共享失信被执行人信息，逐步实现失信被执行人信息推送、接收、查询、应用的自动化。

四、联合惩戒措施

各相关部门应依据《中华人民共和国民事诉讼法》《中华人民共和国招标投标法》《中华人民共和国招标投标法实施条例》《最高人民法院关于公布失信被执行人名单信息的若干规定》等相关法律法规，依法对失信被执行人在招标投标活动中采取限制措施。

（一）限制失信被执行人的投标活动

依法必须进行招标的工程建设项目，招标人应当在资格预审公告、招标公告、投标邀请书及资格预审文件、招标文件中明确规定对失信被执行人的处理方法和评标标准，在评标阶段，招标人或者招标代理机构、评标专家委员会应当查询投标人是否为失信被执行人，对属于失信被执行人的投标活动依法予以限制。

两个以上的自然人、法人或者其他组织组成一个联合体，以一个投标人的身份共同参加投标活动的，应当对所有联合体成员进行失信被执行人信息查询。联合体中有一个或一个以上成员属于失信被执行人的，联合体视为失信被执行人。

（二）限制失信被执行人的招标代理活动

招标人委托招标代理机构开展招标事宜的，应当查询其失信被执行人信息，鼓励优先选择无失信记录的招标代理机构。

（三）限制失信被执行人的评标活动

依法建立的评标专家库管理单位在对评标专家聘用审核及日常管理时，应当查询有关失信被执行人信息，不得聘用失信被执行人为评标专家。对评标专家在聘用期间成为失信被执行人的，应及时清退。

（四）限制失信被执行人招标从业活动

招标人、招标代理机构在聘用招标从业人员前，应当明确规定对失信被执行人的处理办法，查询相关人员的失信被执行人信息，对属于失信被执行人的招标从业人员应按照规定进行处理。

以上限制自失信被执行人从最高人民法院失信被执行人信息库中删除之时起终止。

五、工作要求

（一）有关单位要根据本《通知》，共同推动在招标投标活动中对失信被执行人开展联合惩戒工作，指导、督促各地、各部门落实联合惩戒工作要求，确保联合惩戒工作规范有序进行。

（二）有关单位应在规范招标投标活动中，建立相关单位和个人违法失信行为信用记录，通过全国信用信息共享平台、国家公共资源交易平台和中国招标投标公共服务平台实现信用信息交换共享和动态更新，并按照有关规定及时在"信用中国"网站予以公开。

（三）有关单位应当妥善保管失信被执行人信息，不得用于招标投标以外的事项，不得泄露企业经营秘密和相关个人隐私。

住房城乡建设部办公厅关于取消工程建设项目招标代理机构资格认定加强事中事后监管的通知

（2017年12月28日　建办市〔2017〕77号）

各省、自治区住房城乡建设厅，直辖市建委，新疆生产建设兵团建设局：

为贯彻落实《全国人民代表大会常务委员会关于修改〈中华人民共和国招标投标法〉、〈中华人民共和国计量法〉的决定》，深入推进工程建设领域"放管服"改革，加强工程建设项目招标代理机构（以下简称招标代理机构）事中事后监管，规范工程招标代理行为，维护建筑市场秩序，现将有关事项通知如下：

一、**停止招标代理机构资格申请受理和审批**。自2017年12月28日起，各级住房城乡建设部门不再受理招标代理机构资格认定申请，停止招标代理机构资格审批。

二、**建立信息报送和公开制度**。招标代理机构可按照自愿原则向工商注册所在地省级建筑市场监管一体化工作平台报送基本信息。信息内容包括：营业执照相关信息、注册执业人员、具有工程建设类职称的专职人员、近3年代表性业绩、联系方式。上述信息统一在我部全国建筑市场监管公共服务平台（以下简称公共服务平台）对外公开，供招标人根据工程项目实际情况选择参考。

招标代理机构对报送信息的真实性和准确性负责，并及时核实其在公共服务平台的信息内容。信息内容发生变化的，应当及时更新。任何单位和个人如发现招标代理机构报送虚假信息，可向招标代理机构工商注册所在地省级住房城乡建设主管部门举报。工商注册所在地省级住房城乡建设主管部门应当及时组织核实，对涉及非本省市工程业绩的，可商请工程所在地省级住房城乡建设主管部门协助核查，工程所在地省级住房城乡建设主管部门应当给予配合。对存在报送虚假信息行为的招标代理机构，工商注册所在地省级住房城乡建设主管部门应当将其弄虚作假行为信息推送至公共服务平台对外公布。

三、规范工程招标代理行为。招标代理机构应当与招标人签订工程招标代理书面委托合同，并在合同约定的范围内依法开展工程招标代理活动。招标代理机构及其从业人员应当严格按照招标投标法、招标投标法实施条例等相关法律法规开展工程招标代理活动，并对工程招标代理业务承担相应责任。

四、强化工程招投标活动监管。各级住房城乡建设主管部门要加大房屋建筑和市政基础设施招标投标活动监管力度，推进电子招投标，加强招标代理机构行为监管，严格依法查处招标代理机构违法违规行为，及时归集相关处罚信息并向社会公开，切实维护建筑市场秩序。

五、加强信用体系建设。加快推进省级建筑市场监管一体化工作平台建设，规范招标代理机构信用信息采集、报送机制，加大信息公开力度，强化信用信息应用，推进部门之间信用信息共享共用。加快建立失信联合惩戒机制，强化信用对招标代理机构的约束作用，构建"一处失信、处处受制"的市场环境。

六、加大投诉举报查处力度。各级住房城乡建设主管部门要建立健全公平、高效的投诉举报处理机制，严格按照《工程建设项目招标投标活动投诉处理办法》，及时受理并依法处理房屋建筑和市政基础设施领域的招投标投诉举报，保护招标投标活动当事人的合法权益，维护招标投标活动的正常市场秩序。

七、推进行业自律。充分发挥行业协会对促进工程建设项目招标代理行业规范发展的重要作用。支持行业协会研究制定从业机构和从业人员行为规范，发布行业自律公约，加强对招标代理机构和从业人员行为的约束和管理。鼓励行业协会开展招标代理机构资信评价和从业人员培训工作，提升招标代理服务能力。

各级住房城乡建设主管部门要高度重视招标代理机构资格认定取消后的事中事后监管工作，完善工作机制，创新监管手段，加强工程建设项目招标投标活动监管，依法严肃查处违法违规行为，促进招投标活动有序开展。

机电产品国际招标代理机构监督管理办法（试行）

（2016年11月16日商务部令2016年第5号公布　自2017年1月1日起施行）

第一章　总　　则

第一条　为加强机电产品国际招标代理机构（以下简称招标机构）监督管理，依据《中华人民共和国招标投标法》（以下简称招标投标法）、《中华人民共和国招标投标法实施条例》（以下简称招标投标法实施条例）等法律、行政法规以及国务院对有关部门实施招标投标活动行政监督的职责分工，制定本办法。

第二条　本办法适用于对在中华人民共和国境内从事机电产品国际招标代理业务的招标机构的监督管理。

第三条　招标机构是依法设立、从事机电产品国际招标代理业务并提供相关服务的社会中介组织。

招标机构应当具备从事招标代理业务的营业场所和相应资金；具备能够编制招标文件（中、英文）和组织评标的相应专业力量；拥有一定数量的招标专业人员。

第四条 商务部负责全国招标机构的监督管理工作；负责组织和指导对全国招标机构的监督检查工作；负责建立全国招标机构信用档案，发布招标机构信用信息；负责指导机电产品国际招标投标有关行业协会开展工作。

各省、自治区、直辖市、计划单列市、新疆生产建设兵团、沿海开放城市及经济特区商务主管部门、国务院有关部门机电产品进出口管理机构负责本地区、本部门所属招标机构的监督管理工作；负责在本地区、本行业从事机电产品国际招标代理行为的监督检查工作。

各级机电产品进出口管理机构（以下简称主管部门）及其工作人员应当依法履行职责。

第二章 招标机构注册办法

第五条 招标机构从事机电产品国际招标代理业务，应当在中国国际招标网（网址：www.chinabidding.com，以下简称招标网）免费注册，注册前应当在招标网作出诚信承诺；注册时应当在招标网如实填写《机电产品国际招标代理机构注册登记表》（以下简称《注册登记表》，附件1）和《机电产品国际招标专职从业人员名单》（以下简称《人员名单》，附件2）。

第六条 招标机构对《注册登记表》所填写的登记信息的真实性、合法性负责。因招标机构填写信息错误、遗漏、虚假，以及提供虚假证明材料引起的法律责任由其自行承担。

第七条 注册信息发生变更的，招标机构应当在相关信息变更后30日内在招标网修改相关信息。

因合并、分立而续存的招标机构，其注册信息发生变化的，应当依照前款规定办理注册信息变更；因合并、分立而解散的招标机构，应当及时在招标网办理注销；因合并、分立而新设立的招标机构，应当依照本办法在招标网重新注册。

第八条 不再从事机电产品国际招标代理业务的招标机构，应当及时在招标网注销。

招标机构已在工商部门办理注销手续或被吊销营业执照的，自营业执照注销或被吊销之日起，其招标网注册自动失效。

第三章 招标机构代理行为规范

第九条 招标机构应当遵守招标投标法、招标投标法实施条例、机电产品国际招标投标实施办法和本办法的规定；在招标代理活动中，应当依法经营、公平竞争、诚实守信，不得弄虚作假，不得损害国家利益、社会公共利益或者他人合法权益。

第十条 招标机构应当与招标人签订书面委托合同，载明委托事项和代理权限。招标机构应当在招标人委托的范围内开展招标代理业务，不得接受招标人违法的委托内容和要求；不得在所代理的招标项目中投标或者代理投标，也不得为所代理的招标项目的投标人提供咨询。

第十一条 招标机构从事机电产品国际招标代理业务的人员应当为与本机构依法存在劳动合同关系的员工，应当熟练掌握机电产品国际招标相关法律规定和政策。招标机构代理机电产品国际招标项目的负责人应当由招标专业人员担任。

第十二条 招标机构应当受招标人委托依法组织招标投标活动，协助招标人及时对异议作出答复。在招标项目所属主管部门处理投诉期间，招标机构应当按照招标项目所属主管部门要求积极予以配合。

招标机构应当按照规定及时向招标项目所属主管部门报送招标

投标相关材料，并在规定的时间内将招标投标情况及其相关数据上传招标网，在招标网上发布、公示或存档的内容应当与相应书面材料一致。

招标机构应当按照有关规定妥善保存招标投标相关资料，并对评标情况和资料严格保密。

第十三条　招标机构应当积极开展招标投标相关法律规定、政策和业务培训，加强行业自律和内部管理。

第四章　信用监督管理

第十四条　商务部在招标网设立招标机构信息发布栏，公布以下信息：

（一）机构信息：招标机构名称、注册地址、企业性质、联系方式、法定代表人姓名、从事机电产品国际招标代理业务时间、人员、场所等；

（二）人员信息：机电产品国际招标专职从业人员姓名、学历、专业、职称、英语水平、劳动合同关系、从事机电产品国际招标代理业务时间、学术成果、机电产品国际招标代理主要业绩等；

（三）其他信息：招标机构职业教育培训、学术交流成果、参加社会公益活动、纳税额等；

（四）业绩记录：招标机构代理项目当年机电产品国际招标中标金额、历史年度机电产品国际招标中标金额、特定行业机电产品国际招标中标金额等；

（五）异议和投诉记录：招标机构当年及历史年度代理项目异议数量、异议率、异议结果，以及投诉数量、投诉率和投诉处理结果等；

（六）检查结果记录：本办法第十九条规定的监督检查记录；

（七）错误操作记录：招标机构在机电产品国际招标代理过程中的错误操作行为，及直接责任人员和项目名称等（招标机构主动纠正，并且未对招标项目产生实质性影响的错误操作不记录在内）；

（八）违法记录：当年及历史年度在从事机电产品国际招标代理业务过程中违法的招标机构名称、法定代表人姓名、直接责任人员姓名、项目名称、违法情况和行政处理决定等。

前款第一项至第三项由招标机构填报，由招标机构所属主管部门核实；第四项、第五项由商务部公布；第六项、第七项由招标机构或招标项目所属主管部门填写；第八项由作出行政处理决定的主管部门填写。

商务部建立全国招标机构信用档案，纳入第一款所列信息。

第十五条 任何单位和个人发现招标机构信息存在不实的，可以在招标网或通过其他书面形式向该招标机构所属主管部门提出，并提供相关证明材料。经核实，招标机构信息确实存在不实的，由招标机构所属主管部门责令限期改正。

第十六条 推动建立机电产品国际招标代理行业诚信自律体系，倡导招标机构签署行业诚信自律公约，承诺依法经营、诚实守信，共同维护公平竞争的招投标市场秩序。

第五章　行政监督管理

第十七条 招标机构在招标网完成注册登记后，应当向招标机构所属主管部门提交下列材料存档：

（一）由招标机构法定代表人签字并加盖单位公章的《注册登记表》原件；

（二）企业法人营业执照（复印件）、公司章程（复印件）并加盖单位公章；

（三）《人员名单》及相关证明材料（复印件）并加盖单位公章：身份证、劳动合同、学历（或学位）证书、职称证书、英语水平证明、注册前三个月的社会保险缴费凭证等；

（四）营业场所和资金证明材料（复印件）并加盖单位公章；

房产证明（自有产权的提供房屋产权证书，非自有产权的提供房屋租赁合同和出租方房屋产权证书）、上一年度由会计师事务所出具的审计报告等（设立不满一年的企业可在下一年度补充提交）。

招标机构名称、法定代表人、营业场所发生变更的，应当在相关信息变更后30日内将变更后的由法定代表人签字并加盖单位公章的《注册登记表》及相关证明材料报送招标机构所属主管部门。机电产品国际招标专职从业人员发生变更的，应当在每年1月份将变更后的由法定代表人签字并加盖单位公章的《人员名单》及相关补充证明材料报送招标机构所属主管部门。

招标机构所属主管部门应当妥善保存招标机构的相关注册材料。

第十八条 主管部门应当加强招标机构在本地区、本行业从事机电产品国际招标代理行为的事中事后监督检查。主管部门开展监督检查工作，可以采取书面抽查、网络监测、实地检查等方式。各主管部门上年度监督检查情况，应当通过招标网于次年1月15日前报商务部。

第十九条 商务部建立随机抽取检查对象、随机选派检查人员的"双随机"抽查机制，在招标网建立招标机构名录库、招标项目库和招标检查人员名录库，根据法律法规规章修订情况和工作实际动态调整随机抽查事项清单，并及时在招标网向社会公布。

实地检查应当采用"双随机"抽查方式。实施实地检查的主管部门从招标机构名录库中随机抽取检查机构，从招标项目库中随机抽取检查项目，从招标检查人员名录库中随机选派检查人员，按照随机抽查事项清单依法实施检查。

主管部门可根据本地区、本行业招标机构和招标项目实际情况，合理确定随机抽查的比例和频次。对所属招标机构的实地检查，年度检查率应当不低于所属招标机构数量的10%。每年实地检查的所属招标项目数量，应当不少于5个或者上一年度所属招标项目数量的1%（两者以高者为准）；上一年度所属招标项目数量低于5个的，应当至少实地检查1个项目。对投诉举报多、错误操作记录多或有严重违法记录等情况的招标机构，可增加抽查频次。

主管部门开展实地检查工作，检查人员不得少于二人。检查时，主管部门可以依法查阅、复制有关文件、资料，调查有关情况，被检查机构应当予以配合。检查人员应当填写实地检查记录表，如实记录检查情况。主管部门根据检查情况形成检查结果记录，由检查人员签字后存档并在招标网公布。

商务部可以组织对全国范围内招标机构及项目进行"双随机"抽查。

第二十条 主管部门应当对招标机构是否存在下列行为依法进行监督：

（一）与招标人、投标人串通损害国家利益、社会公共利益或者他人合法权益的；

（二）在所代理的招标项目中投标、代理投标或者向该项目投标人提供咨询的；

（三）参加受托编制标底项目的投标或者为该项目的投标人编制投标文件、提供咨询的；

（四）泄露应当保密的与招标投标活动有关的情况和资料的；

（五）与招标人、投标人相互串通、搞虚假招标投标的；

（六）在进行招标机构注册登记时填写虚假信息或提供虚假证明材料的；

（七）无故废弃随机抽取的评审专家的；

（八）不按照规定及时向主管部门报送材料或者向主管部门提供虚假材料的；

（九）未在规定的时间内将招标投标情况及其相关数据上传招标网，或者在招标网上发布、公示或存档的内容与招标公告、招标文件、投标文件、评标报告等相应书面内容存在实质性不符的；

（十）不按照规定对异议作出答复，或者在投诉处理的过程中未按照主管部门要求予以配合的；

（十一）因招标机构的过失，投诉处理结果为招标无效或中标无效的；

（十二）不按照规定发出中标通知书或者擅自变更中标结果的；

（十三）未按照本办法规定及时主动办理注册信息变更的；

（十四）招标网注册失效的招标机构，或者被暂停机电产品国际招标代理业务的招标机构，继续开展新的机电产品国际招标代理业务的；

（十五）从事机电产品国际招标代理业务未在招标网注册的；

（十六）其他违反招标投标法、招标投标法实施条例、机电产品国际招标投标实施办法和本办法的行为。

第二十一条 主管部门可以责成招标机构自查，可以依法利用其他政府部门作出的检查、核查结果或者专业机构作出的专业结论。

第二十二条 主管部门应当依法履行监管职责，对检查发现的违法行为，要依法处理。

主管部门实施检查不得妨碍被检查机构正常的经营活动，不得收受被检查机构给予的财物或者其他好处。

第二十三条 主管部门应当对本地区、本部门所属招标机构进行培训和指导，组织开展机电产品国际招标法律规定、政策和业务的交流和培训。

第六章 法 律 责 任

第二十四条 招标机构有本办法第二十条第一项至第十二项所列的行为或者其他违反招标投标法、招标投标法实施条例、机电产品国际招标投标实施办法的行为的，依照招标投标法、招标投标法实施条例、机电产品国际招标投标实施办法的有关规定处罚。

第二十五条 招标机构有本办法第二十条第十三项至第十五项所列的行为或者其他违反本办法的行为的，责令改正，可以给予警告，并处 3 万元以下罚款。

第二十六条 招标机构有本办法第二十条第一项至第四项行为之一，情节严重的，商务部或招标机构所属主管部门可暂停其机电产品国际招标代理业务，并在招标网上公布。

在暂停机电产品国际招标代理业务期间，招标机构不得开展新的机电产品国际招标代理业务；同一单位法定代表人和直接责任人员不得作为法定代表人在招标网另行注册招标机构。

第二十七条 本章规定的行政处罚，由相应的招标机构所属主管部门或招标项目所属主管部门决定。招标投标法、招标投标法实施条例已对实施行政处罚的机关作出规定的除外。

第二十八条 主管部门应当依法履行职责，依法查处违反招标投标法、招标投标法实施条例、机电产品国际招标投标实施办法和本办法规定的行为，依法公告对招标机构当事人违法行为的行政处理决定。

第七章　附　　则

第二十九条 机电产品国际招标投标有关行业协会按照依法制定的章程开展活动，加强行业自律和服务。

第三十条 本办法所称"日"为日历日，期限的最后一日是国家法定节假日的，顺延到节假日后的次日为期限的最后一日。

第三十一条 本办法由商务部负责解释。

第三十二条 本办法自 2017 年 1 月 1 日起施行。《机电产品国际招标机构资格管理办法》（商务部令 2012 年第 3 号）同时废止。

附件：1. 机电产品国际招标代理机构注册登记表（略）
　　　2. 机电产品国际招标专职从业人员名单（略）

机电产品国际招标投标"双随机一公开"监管工作细则

(2017年8月17日 商办贸函〔2017〕345号)

第一条 为进一步规范机电产品国际招标投标监督检查行为，全面推行"双随机、一公开"，根据《中华人民共和国招标投标法》《中华人民共和国招标投标法实施条例》，以及《机电产品国际招标投标实施办法（试行）》（商务部令2014年第1号）、《机电产品国际招标代理机构监督管理办法（试行）》（商务部令2016年第5号）等有关规定，制定本细则。

第二条 商务部负责组织和指导对全国机电产品国际招标投标活动和全国机电产品国际招标代理机构（以下简称招标机构）的监督检查工作。各省、自治区、直辖市、计划单列市、新疆生产建设兵团、沿海开放城市及经济特区商务主管部门、国务院有关部门机电产品进出口管理机构负责本地区、本部门所属机电产品国际招标投标活动和招标机构的监督检查工作。各级机电产品进出口管理机构（以下简称主管部门）对机电产品国际招标投标活动和招标机构实施监督检查时，适用本细则。

第三条 本细则所称"双随机、一公开"工作，是指主管部门依法实施机电产品国际招标投标监督检查时，采取随机抽取检查对象、随机选派执法检查人员，及时公开抽查情况和查处结果的活动。

第四条 机电产品国际招标投标监督检查按照本细则开展，坚持监管规范高效、公平公正、公开透明的原则。

第五条 商务部在中国国际招标网（以下简称招标网，网址：

www.chinabidding.com）建立执法检查人员名录库和检查对象名录库。执法检查人员应为主管部门正式在编的工作人员，以机电产品国际招标投标业务主管工作人员为主。执法检查人员名录库由各主管部门负责各自执法检查人员信息录入和维护。检查对象为机电产品国际招标项目和招标机构，招标项目名录库、招标机构名录库由商务部负责信息录入和维护。招标项目名录库、招标机构名录库和执法检查人员名录库根据变动情况动态调整。

第六条　商务部根据法律法规规章修订情况和工作实际，制定并动态调整机电产品国际招标投标随机抽查事项清单（见附件），及时在招标网向社会公布。主管部门按照随机抽查事项清单，对机电产品国际招标投标活动和招标机构合法合规情况依法实施检查。

第七条　主管部门实施检查前，从招标网上的招标机构名录库中随机抽取被检查机构，从招标项目名录库中随机抽取被检查项目，从执法检查人员名录库中随机选派执法检查人员，抽取过程在招标网全程记录。主管部门可以设定招标时间、招标环节、招标行业、被投诉数量、错误操作数量等类别条件定向抽取被检查项目或被检查机构。

第八条　主管部门可以根据本地区、本行业招标机构和招标项目实际情况，合理确定随机抽查的比例和频次。对所属招标机构的随机抽查，年度检查率应当不低于所属招标机构数量的10%。每年随机抽查的所属招标项目数量，应当不少于5个或者上一年度所属招标项目数量的1%（两者以高者为准）；上一年度所属招标项目数量低于5个的，应当至少随机抽查1个项目。近三年内检查过的招标项目，在抽取时可以排除。对投诉举报多、错误操作记录多或有严重违法记录等情况的招标机构，可增加抽查频次。商务部可以组织实施对全国范围内招标机构及项目进行"双随机"抽查。

第九条　主管部门开展"双随机"抽查工作，执法检查人员的抽取数量根据检查工作需要确定，同一检查组执法检查人员不得少于二人。出现随机抽取的执法检查人员因实际困难不能参加检查工作或需要回避等情形，应从执法检查人员名录库中及时随机抽取，补齐执法检查人员。

第十条 主管部门实施检查时，可以依法查阅、复制有关文件、资料，调查有关情况，被检查机构应当予以配合。

第十一条 执法检查人员应当填写检查记录表，如实记录检查情况，根据检查情况形成检查结果记录。随机抽取的检查对象名单和检查结果记录，由执法检查人员签字后存档并在招标网公布。任何单位和个人对公布的检查对象名单和检查结果记录信息有异议的，可以在招标网或通过其他书面形式向实施检查的主管部门或商务部提出，并提供相关证明材料。经核实，异议情况属实的，由主管部门更正相关信息后重新公布。

第十二条 主管部门应当依法履行监管职责，对检查发现的违法行为，要依法处理，依法公告处罚结果。对不属于主管部门职权范围的事项，依法依纪移送其他部门处理。

第十三条 主管部门实施检查不得妨碍被检查机构正常的经营活动，不得收受被检查机构给予的财物或者其他好处。

第十四条 各主管部门应当及时就当年开展"双随机、一公开"监管工作情况进行总结，并于当年12月5日前将总结报告通过招标网报商务部，同时于次年1月15日前将加盖单位公章的书面材料报商务部。

第十五条 商务部建立全国机电产品国际招标投标信用档案，"双随机"抽查结果纳入信用档案。

第十六条本细则自发布之日起施行。

附件：机电产品国际招标投标随机抽查事项清单（略）

（五）具体领域规定

工程建设项目申报材料增加招标内容和核准招标事项暂行规定

（2001年6月18日国家发展计划委员会令第9号公布 根据2013年3月11日国家发展和改革委员会、工业和信息化部、财政部、住房和城乡建设部、交通运输部、铁道部、水利部、国家广播电影电视总局、中国民用航空局《关于废止和修改部分招标投标规章和规范性文件的决定》修订）

第一条 为了规范工程建设项目的招标活动，依据《中华人民共和国招标投标法》、《中华人民共和国招标投标法实施条例》，制定本规定。

第二条 本规定适用于《工程建设项目招标范围和规模标准规定》（国家发展计划委员会令第3号）中规定的依法必须进行招标且按照国家有关规定需要履行项目审批、核准手续的各类工程建设项目。

第三条 本规定第二条包括的工程建设项目，必须在报送的项目可行性研究报告或者资金申请报告、项目申请报告中增加有关招标的内容。

第四条 增加的招标内容包括：

（一）建设项目的勘察、设计、施工、监理以及重要设备、材料等采购活动的具体招标范围（全部或者部分招标）；

（二）建设项目的勘察、设计、施工、监理以及重要设备、材料等采购活动拟采用的招标组织形式（委托招标或者自行招标）；拟自行招标的，还应按照《工程建设项目自行招标试行办法》（国家发展计划委员会令第5号）规定报送书面材料；

（三）建设项目的勘察、设计、施工、监理以及重要设备、材料等采购活动拟采用的招标方式（公开招标或者邀请招标）；国家发展改革委确定的国家重点项目和省、自治区、直辖市人民政府确定的地方重点项目，拟采用邀请招标的，应对采用邀请招标的理由作出说明；

（四）其他有关内容。

报送招标内容时应附招标基本情况表（表式见附表一）。

第五条 属于下列情况之一的，建设项目可以不进行招标。但在报送可行性研究报告或者资金申请报告、项目申请报告中须提出不招标申请，并说明不招标原因：

（一）涉及国家安全、国家秘密、抢险救灾或者属于利用扶贫资金实行以工代赈、需要使用农民工等特殊情况，不适宜进行招标；

（二）建设项目的勘察、设计，采用不可替代的专利或者专有技术，或者其建筑艺术造型有特殊要求；

（三）承包商、供应商或者服务提供者少于三家，不能形成有效竞争；

（四）采购人依法能够自行建设、生产或者提供；

（五）已通过招标方式选定的特许经营项目投资人依法能够自行建设、生产或者提供；

（六）需要向原中标人采购工程、货物或者服务，否则将影响施工或者配套要求；

（七）国家规定的其他特殊情形。

第六条 经项目审批、核准部门审批、核准，工程建设项目因特殊情况可以在报送可行性研究报告或者资金申请报告、项目申请报告前先行开展招标活动，但应在报送的可行性研究报告或者资金申请报告、项目申请报告中予以说明。项目审批、核准部门认定先行开展的招标活动中有违背法律、法规的情形的，应要求其纠正。

第七条 在项目可行性研究报告或者资金申请报告、项目申请报告中增加的招标内容，作为附件与可行性研究报告或者资金申请报告、项目申请报告一同报送。

第八条 项目审批、核准部门应依据法律、法规规定的权限，对项目建设单位拟定的招标范围、招标组织形式、招标方式等内容提出是否予以审批、核准的意见。项目审批、核准部门对招标事项审批、核准意见格式见附表二。

第九条 审批、核准招标事项，按以下分工办理：

（一）应报送国家发展改革委审批和国家发展改革委核报国务院审批的建设项目，由国家发展改革委审批；

（二）应报送国务院行业主管部门审批的建设项目，由国务院行业主管部门审批；

（三）应报送地方人民政府发展改革部门审批和地方人民政府发展改革部门核报地方人民政府审批的建设项目，由地方人民政府发展改革部门审批；

（四）按照规定应报送国家发展改革委核准的建设项目，由国家发展改革委核准；

（五）按照规定应报送地方人民政府发展改革部门核准的建设项目，由地方人民政府发展改革部门核准。

第十条 使用国际金融组织或者外国政府资金的建设项目，资金提供方对建设项目报送招标内容有规定的，从其规定。

第十一条 项目建设单位在招标活动中对审批、核准的招标范围、招标组织形式、招标方式等作出改变的，应向原审批、核准部门重新办理有关审批、核准手续。

第十二条 项目审批、核准部门应将审批、核准建设项目招标内容的意见抄送有关行政监督部门。

第十三条 项目建设单位在报送招标内容中弄虚作假，或者在招标活动中违背项目审批、核准部门审批、核准事项，由项目审批、核准部门和有关行政监督部门依法处罚。

第十四条 本规定由国家发展改革委解释。

第十五条 本规定自发布之日起施行。

附表：（略）

工程建设项目施工招标投标办法

（2003年3月8日国家发展计划委员会、建设部、铁道部、交通部、信息产业部、水利部、中国民用航空总局第30号令发布 根据2013年3月11日国家发展和改革委员会、工业和信息化部、财政部、住房和城乡建设部、交通运输部、铁道部、水利部、国家广播电影电视总局、中国民用航空局《关于废止和修改部分招标投标规章和规范性文件的决定》修订）

第一章 总 则

第一条 为规范工程建设项目施工（以下简称工程施工）招标投标活动，根据《中华人民共和国招标投标法》、《中华人民共和国招标投标法实施条例》和国务院有关部门的职责分工，制定本办法。

第二条 在中华人民共和国境内进行工程施工招标投标活动，适用本办法。

第三条 工程建设项目符合《工程建设项目招标范围和规模标准规定》（国家计委令第3号）规定的范围和标准的，必须通过招标选择施工单位。

任何单位和个人不得将依法必须进行招标的项目化整为零或者以其他任何方式规避招标。

第四条 工程施工招标投标活动应当遵循公开、公平、公正和诚实信用的原则。

第五条 工程施工招标投标活动，依法由招标人负责。任何单位和个人不得以任何方式非法干涉工程施工招标投标活动。

施工招标投标活动不受地区或者部门的限制。

第六条 各级发展改革、工业和信息化、住房城乡建设、交通运输、铁道、水利、商务、民航等部门依照《国务院办公厅印发国务院有关部门实施招标投标活动行政监督的职责分工意见的通知》（国办发〔2000〕34号）和各地规定的职责分工，对工程施工招标投标活动实施监督，依法查处工程施工招标投标活动中的违法行为。

第二章 招 标

第七条 工程施工招标人是依法提出施工招标项目、进行招标的法人或者其他组织。

第八条 依法必须招标的工程建设项目，应当具备下列条件才能进行施工招标：

（一）招标人已经依法成立；

（二）初步设计及概算应当履行审批手续的，已经批准；

（三）有相应资金或资金来源已经落实；

（四）有招标所需的设计图纸及技术资料。

第九条 工程施工招标分为公开招标和邀请招标。

第十条 按照国家有关规定需要履行项目审批、核准手续的依法必须进行施工招标的工程建设项目，其招标范围、招标方式、招标组织形式应当报项目审批部门审批、核准。项目审批、核准部门应当及时将审批、核准确定的招标内容通报有关行政监督部门。

第十一条 依法必须进行公开招标的项目，有下列情形之一的，可以邀请招标：

（一）项目技术复杂或有特殊要求，或者受自然地域环境限制，只有少量潜在投标人可供选择；

（二）涉及国家安全、国家秘密或者抢险救灾，适宜招标但不宜公开招标；

（三）采用公开招标方式的费用占项目合同金额的比例过大。

有前款第二项所列情形，属于本办法第十条规定的项目，由项目审批、核准部门在审批、核准项目时作出认定；其他项目由招标人申请有关行政监督部门作出认定。

全部使用国有资金投资或者国有资金投资占控股或者主导地位的并需要审批的工程建设项目的邀请招标，应当经项目审批部门批准，但项目审批部门只审批立项的，由有关行政监督部门批准。

第十二条 依法必须进行施工招标的工程建设项目有下列情形之一的，可以不进行施工招标：

（一）涉及国家安全、国家秘密、抢险救灾或者属于利用扶贫资金实行以工代赈需要使用农民工等特殊情况，不适宜进行招标；

（二）施工主要技术采用不可替代的专利或者专有技术；

（三）已通过招标方式选定的特许经营项目投资人依法能够自行建设；

（四）采购人依法能够自行建设；

（五）在建工程追加的附属小型工程或者主体加层工程，原中标人仍具备承包能力，并且其他人承担将影响施工或者功能配套要求；

（六）国家规定的其他情形。

第十三条 采用公开招标方式的，招标人应当发布招标公告，邀请不特定的法人或者其他组织投标。依法必须进行施工招标项目的招标公告，应当在国家指定的报刊和信息网络上发布。

采用邀请招标方式的，招标人应当向三家以上具备承担施工招标项目的能力、资信良好的特定的法人或者其他组织发出投标邀请书。

第十四条 招标公告或者投标邀请书应当至少载明下列内容：

（一）招标人的名称和地址；

（二）招标项目的内容、规模、资金来源；

（三）招标项目的实施地点和工期；

（四）获取招标文件或者资格预审文件的地点和时间；

（五）对招标文件或者资格预审文件收取的费用；

（六）对投标人的资质等级的要求。

第十五条 招标人应当按招标公告或者投标邀请书规定的时间、地点出售招标文件或资格预审文件。自招标文件或者资格预审文件出售之日起至停止出售之日止，最短不得少于五日。

招标人可以通过信息网络或者其他媒介发布招标文件，通过信息网络或者其他媒介发布的招标文件与书面招标文件具有同等法律效力，出现不一致时以书面招标文件为准，国家另有规定的除外。

对招标文件或者资格预审文件的收费应当限于补偿印刷、邮寄的成本支出，不得以营利为目的。对于所附的设计文件，招标人可以向投标人酌收押金；对于开标后投标人退还设计文件的，招标人应当向投标人退还押金。

招标文件或者资格预审文件售出后，不予退还。除不可抗力原因外，招标人在发布招标公告、发出投标邀请书后或者售出招标文件或资格预审文件后不得终止招标。

第十六条 招标人可以根据招标项目本身的特点和需要，要求潜在投标人或者投标人提供满足其资格要求的文件，对潜在投标人或者投标人进行资格审查；国家对潜在投标人或者投标人的资格条件有规定的，依照其规定。

第十七条 资格审查分为资格预审和资格后审。

资格预审，是指在投标前对潜在投标人进行的资格审查。

资格后审，是指在开标后对投标人进行的资格审查。

进行资格预审的，一般不再进行资格后审，但招标文件另有规定的除外。

第十八条 采取资格预审的，招标人应当发布资格预审公告。资格预审公告适用本办法第十三条、第十四条有关招标公告的规定。

采取资格预审的，招标人应当在资格预审文件中载明资格预审的条件、标准和方法；采取资格后审的，招标人应当在招标文件中载明对投标人资格要求的条件、标准和方法。

招标人不得改变载明的资格条件或者以没有载明的资格条件对潜在投标人或者投标人进行资格审查。

第十九条 经资格预审后，招标人应当向资格预审合格的潜在投标人发出资格预审合格通知书，告知获取招标文件的时间、地点和方法，并同时向资格预审不合格的潜在投标人告知资格预审结果。资格预审不合格的潜在投标人不得参加投标。

经资格后审不合格的投标人的投标应予否决。

第二十条 资格审查应主要审查潜在投标人或者投标人是否符合下列条件：

（一）具有独立订立合同的权利；

（二）具有履行合同的能力，包括专业、技术资格和能力，资金、设备和其他物质设施状况，管理能力，经验、信誉和相应的从业人员；

（三）没有处于被责令停业，投标资格被取消，财产被接管、冻结，破产状态；

（四）在最近三年内没有骗取中标和严重违约及重大工程质量问题；

（五）国家规定的其他资格条件。

资格审查时，招标人不得以不合理的条件限制、排斥潜在投标人或者投标人，不得对潜在投标人或者投标人实行歧视待遇。任何单位和个人不得以行政手段或者其他不合理方式限制投标人的数量。

第二十一条 招标人符合法律规定的自行招标条件的，可以自行办理招标事宜。任何单位和个人不得强制其委托招标代理机构办理招标事宜。

第二十二条 招标代理机构应当在招标人委托的范围内承担招标事宜。招标代理机构可以在其资格等级范围内承担下列招标事宜：

（一）拟订招标方案，编制和出售招标文件、资格预审文件；

（二）审查投标人资格；

（三）编制标底；

（四）组织投标人踏勘现场；

（五）组织开标、评标，协助招标人定标；

（六）草拟合同；

（七）招标人委托的其他事项。

招标代理机构不得无权代理、越权代理，不得明知委托事项违法而进行代理。

招标代理机构不得在所代理的招标项目中投标或者代理投标，也不得为所代理的招标项目的投标人提供咨询；未经招标人同意，不得转让招标代理业务。

第二十三条 工程招标代理机构与招标人应当签订书面委托合同，并按双方约定的标准收取代理费；国家对收费标准有规定的，依照其规定。

第二十四条 招标人根据施工招标项目的特点和需要编制招标文件。招标文件一般包括下列内容：

（一）招标公告或投标邀请书；

（二）投标人须知；

（三）合同主要条款；

（四）投标文件格式；

（五）采用工程量清单招标的，应当提供工程量清单；

（六）技术条款；

（七）设计图纸；

（八）评标标准和方法；

（九）投标辅助材料。

招标人应当在招标文件中规定实质性要求和条件，并用醒目的方式标明。

第二十五条 招标人可以要求投标人在提交符合招标文件规定要求的投标文件外，提交备选投标方案，但应当在招标文件中作出说明，并提出相应的评审和比较办法。

第二十六条 招标文件规定的各项技术标准应符合国家强制性标准。

招标文件中规定的各项技术标准均不得要求或标明某一特定的专利、商标、名称、设计、原产地或生产供应者，不得含有倾向或者排斥潜在投标人的其他内容。如果必须引用某一生产供应者的技术标准才能准确或清楚地说明拟招标项目的技术标准时，则应当在参照后面加上"或相当于"的字样。

第二十七条 施工招标项目需要划分标段、确定工期的，招标人应当合理划分标段、确定工期，并在招标文件中载明。对工程技术上紧密相联、不可分割的单位工程不得分割标段。

招标人不得以不合理的标段或工期限制或者排斥潜在投标人或者投标人。依法必须进行施工招标的项目的招标人不得利用划分标段规避招标。

第二十八条 招标文件应当明确规定所有评标因素，以及如何将这些因素量化或者据以进行评估。

在评标过程中，不得改变招标文件中规定的评标标准、方法和中标条件。

第二十九条 招标文件应当规定一个适当的投标有效期，以保证招标人有足够的时间完成评标和与中标人签订合同。投标有效期从投标人提交投标文件截止之日起计算。

在原投标有效期结束前，出现特殊情况的，招标人可以书面形式要求所有投标人延长投标有效期。投标人同意延长的，不得要求或被允许修改其投标文件的实质性内容，但应当相应延长其投标保证金的有效期；投标人拒绝延长的，其投标失效，但投标人有权收回其投标保证金。因延长投标有效期造成投标人损失的，招标人应当给予补偿，但因不可抗力需要延长投标有效期的除外。

第三十条 施工招标项目工期较长的，招标文件中可以规定工程造价指数体系、价格调整因素和调整方法。

第三十一条 招标人应当确定投标人编制投标文件所需要的合理时间；但是，依法必须进行招标的项目，自招标文件开始发出之日起至投标人提交投标文件截止之日止，最短不得少于20日。

第三十二条 招标人根据招标项目的具体情况，可以组织潜在投标人踏勘项目现场，向其介绍工程场地和相关环境的有关情况。潜在投标人依据招标人介绍情况作出的判断和决策，由投标人自行负责。

招标人不得单独或者分别组织任何一个投标人进行现场踏勘。

第三十三条 对于潜在投标人在阅读招标文件和现场踏勘中提出的疑问，招标人可以书面形式或召开投标预备会的方式解答，但需同时将解答以书面方式通知所有购买招标文件的潜在投标人。该解答的内容为招标文件的组成部分。

第三十四条 招标人可根据项目特点决定是否编制标底。编制标底的，标底编制过程和标底在开标前必须保密。

招标项目编制标底的，应根据批准的初步设计、投资概算，依据有关计价办法，参照有关工程定额，结合市场供求状况，综合考虑投资、工期和质量等方面的因素合理确定。

标底由招标人自行编制或委托中介机构编制。一个工程只能编制一个标底。

任何单位和个人不得强制招标人编制或报审标底，或干预其确定标底。

招标项目可以不设标底，进行无标底招标。

招标人设有最高投标限价的，应当在招标文件中明确最高投标限价或者最高投标限价的计算方法。招标人不得规定最低投标限价。

第三章　投　　标

第三十五条　投标人是响应招标、参加投标竞争的法人或者其他组织。招标人的任何不具独立法人资格的附属机构（单位），或者为招标项目的前期准备或者监理工作提供设计、咨询服务的任何法人及其任何附属机构（单位），都无资格参加该招标项目的投标。

第三十六条　投标人应当按照招标文件的要求编制投标文件。投标文件应当对招标文件提出的实质性要求和条件作出响应。

投标文件一般包括下列内容：

（一）投标函；

（二）投标报价；

（三）施工组织设计；

（四）商务和技术偏差表。

投标人根据招标文件载明的项目实际情况，拟在中标后将中标项目的部分非主体、非关键性工作进行分包的，应当在投标文件中载明。

第三十七条　招标人可以在招标文件中要求投标人提交投标保

证金。投标保证金除现金外，可以是银行出具的银行保函、保兑支票、银行汇票或现金支票。

投标保证金不得超过项目估算价的百分之二，但最高不得超过八十万元人民币。投标保证金有效期应当与投标有效期一致。

招标人或其委托的招标代理机构应当按照招标文件要求的方式和金额，将投标保证金随投标文件提交给招标人。

依法必须进行施工招标的项目的境内投标单位，以现金或者支票形式提交的投标保证金应当从其基本账户转出。

第三十八条　投标人应当在招标文件要求提交投标文件的截止时间前，将投标文件密封送达投标地点。招标人收到投标文件后，应当向投标人出具标明签收人和签收时间的凭证，在开标前任何单位和个人不得开启投标文件。

在招标文件要求提交投标文件的截止时间后送达的投标文件，招标人应当拒收。

依法必须进行施工招标的项目提交投标文件的投标人少于三个的，招标人在分析招标失败的原因并采取相应措施后，应当依法重新招标。重新招标后投标人仍少于三个的，属于必须审批、核准的工程建设项目，报经原审批、核准部门审批、核准后可以不再进行招标；其他工程建设项目，招标人可自行决定不再进行招标。

第三十九条　投标人在招标文件要求提交投标文件的截止时间前，可以补充、修改、替代或者撤回已提交的投标文件，并书面通知招标人。补充、修改的内容为投标文件的组成部分。

第四十条　在提交投标文件截止时间后到招标文件规定的投标有效期终止之前，投标人不得撤销其投标文件，否则招标人可以不退还其投标保证金。

第四十一条　在开标前，招标人应妥善保管好已接收的投标文件、修改或撤回通知、备选投标方案等投标资料。

第四十二条　两个以上法人或者其他组织可以组成一个联合

体，以一个投标人的身份共同投标。

联合体各方签订共同投标协议后，不得再以自己名义单独投标，也不得组成新的联合体或参加其他联合体在同一项目中投标。

第四十三条 招标人接受联合体投标并进行资格预审的，联合体应当在提交资格预审申请文件前组成。资格预审后联合体增减、更换成员的，其投标无效。

第四十四条 联合体各方应当指定牵头人，授权其代表所有联合体成员负责投标和合同实施阶段的主办、协调工作，并应当向招标人提交由所有联合体成员法定代表人签署的授权书。

第四十五条 联合体投标的，应当以联合体各方或者联合体中牵头人的名义提交投标保证金。以联合体中牵头人名义提交的投标保证金，对联合体各成员具有约束力。

第四十六条 下列行为均属投标人串通投标报价：

（一）投标人之间相互约定抬高或压低投标报价；

（二）投标人之间相互约定，在招标项目中分别以高、中、低价位报价；

（三）投标人之间先进行内部竞价，内定中标人，然后再参加投标；

（四）投标人之间其他串通投标报价的行为。

第四十七条 下列行为均属招标人与投标人串通投标：

（一）招标人在开标前开启投标文件并将有关信息泄露给其他投标人，或者授意投标人撤换、修改投标文件；

（二）招标人向投标人泄露标底、评标委员会成员等信息；

（三）招标人明示或者暗示投标人压低或抬高投标报价；

（四）招标人明示或者暗示投标人为特定投标人中标提供方便；

（五）招标人与投标人为谋求特定中标人中标而采取的其他串通行为。

第四十八条 投标人不得以他人名义投标。

前款所称以他人名义投标，指投标人挂靠其他施工单位，或从其他单位通过受让或租借的方式获取资格或资质证书，或者由其他单位及其法定代表人在自己编制的投标文件上加盖印章和签字等行为。

第四章　开标、评标和定标

第四十九条　开标应当在招标文件确定的提交投标文件截止时间的同一时间公开进行；开标地点应当为招标文件中确定的地点。

投标人对开标有异议的，应当在开标现场提出，招标人应当当场作出答复，并制作记录。

第五十条　投标文件有下列情形之一的，招标人应当拒收：

（一）逾期送达；

（二）未按招标文件要求密封。

有下列情形之一的，评标委员会应当否决其投标：

（一）投标文件未经投标单位盖章和单位负责人签字；

（二）投标联合体没有提交共同投标协议；

（三）投标人不符合国家或者招标文件规定的资格条件；

（四）同一投标人提交两个以上不同的投标文件或者投标报价，但招标文件要求提交备选投标的除外；

（五）投标报价低于成本或者高于招标文件设定的最高投标限价；

（六）投标文件没有对招标文件的实质性要求和条件作出响应；

（七）投标人有串通投标、弄虚作假、行贿等违法行为。

第五十一条　评标委员会可以书面方式要求投标人对投标文件中含义不明确、对同类问题表述不一致或者有明显文字和计算错误的内容作必要的澄清、说明或补正。评标委员会不得向投标人提出带有暗示性或诱导性的问题，或向其明确投标文件中的遗漏和错误。

第五十二条 投标文件不响应招标文件的实质性要求和条件的,评标委员会不得允许投标人通过修正或撤销其不符合要求的差异或保留,使之成为具有响应性的投标。

第五十三条 评标委员会在对实质上响应招标文件要求的投标进行报价评估时,除招标文件另有约定外,应当按下述原则进行修正:

(一)用数字表示的数额与用文字表示的数额不一致时,以文字数额为准;

(二)单价与工程量的乘积与总价之间不一致时,以单价为准。若单价有明显的小数点错位,应以总价为准,并修改单价。

按前款规定调整后的报价经投标人确认后产生约束力。

投标文件中没有列入的价格和优惠条件在评标时不予考虑。

第五十四条 对于投标人提交的优越于招标文件中技术标准的备选投标方案所产生的附加收益,不得考虑进评标价中。符合招标文件的基本技术要求且评标价最低或综合评分最高的投标人,其所提交的备选方案方可予以考虑。

第五十五条 招标人设有标底的,标底在评标中应当作为参考,但不得作为评标的唯一依据。

第五十六条 评标委员会完成评标后,应向招标人提出书面评标报告。评标报告由评标委员会全体成员签字。

依法必须进行招标的项目,招标人应当自收到评标报告之日起三日内公示中标候选人,公示期不得少于三日。

中标通知书由招标人发出。

第五十七条 评标委员会推荐的中标候选人应当限定在一至三人,并标明排列顺序。招标人应当接受评标委员会推荐的中标候选人,不得在评标委员会推荐的中标候选人之外确定中标人。

第五十八条 国有资金占控股或者主导地位的依法必须进行招标的项目,招标人应当确定排名第一的中标候选人为中标人。排名第一的中标候选人放弃中标、因不可抗力提出不能履行合同、不按照招标文件的要求提交履约保证金，或者被查实存在影响中标结果的违法行为等情形，不符合中标条件的，招标人可以按照评标委员会提出的中标候选人名单排序依次确定其他中标候选人为中标人。依次确定其他中标候选人与招标人预期差距较大，或者对招标人明显不利的，招标人可以重新招标。

招标人可以授权评标委员会直接确定中标人。

国务院对中标人的确定另有规定的，从其规定。

第五十九条 招标人不得向中标人提出压低报价、增加工作量、缩短工期或其他违背中标人意愿的要求，以此作为发出中标通知书和签订合同的条件。

第六十条 中标通知书对招标人和中标人具有法律效力。中标通知书发出后，招标人改变中标结果的，或者中标人放弃中标项目的，应当依法承担法律责任。

第六十一条 招标人全部或者部分使用非中标单位投标文件中的技术成果或技术方案时，需征得其书面同意，并给予一定的经济补偿。

第六十二条 招标人和中标人应当在投标有效期内并在自中标通知书发出之日起 30 日内，按照招标文件和中标人的投标文件订立书面合同。招标人和中标人不得再行订立背离合同实质性内容的其他协议。

招标人要求中标人提供履约保证金或其他形式履约担保的，招标人应当同时向中标人提供工程款支付担保。

招标人不得擅自提高履约保证金，不得强制要求中标人垫付中标项目建设资金。

第六十三条 招标人最迟应当在与中标人签订合同后五日内，向中标人和未中标的投标人退还投标保证金及银行同期存款利息。

第六十四条 合同中确定的建设规模、建设标准、建设内容、合同价格应当控制在批准的初步设计及概算文件范围内；确需超出规定范围的，应当在中标合同签订前，报原项目审批部门审查同意。凡应报经审查而未报的，在初步设计及概算调整时，原项目审批部门一律不予承认。

第六十五条 依法必须进行施工招标的项目，招标人应当自发出中标通知书之日起 15 日内，向有关行政监督部门提交招标投标情况的书面报告。

前款所称书面报告至少应包括下列内容：

（一）招标范围；

（二）招标方式和发布招标公告的媒介；

（三）招标文件中投标人须知、技术条款、评标标准和方法、合同主要条款等内容；

（四）评标委员会的组成和评标报告；

（五）中标结果。

第六十六条 招标人不得直接指定分包人。

第六十七条 对于不具备分包条件或者不符合分包规定的，招标人有权在签订合同或者中标人提出分包要求时予以拒绝。发现中标人转包或违法分包时，可要求其改正；拒不改正的，可终止合同，并报请有关行政监督部门查处。

监理人员和有关行政部门发现中标人违反合同约定进行转包或违法分包的，应当要求中标人改正，或者告知招标人要求其改正；对于拒不改正的，应当报请有关行政监督部门查处。

第五章 法律责任

第六十八条 依法必须进行招标的项目而不招标的，将必须进行招标的项目化整为零或者以其他任何方式规避招标的，有关行政监督部门责令限期改正，可以处项目合同金额 5‰ 以上 10‰ 以下的罚款；对全部或者部分使用国有资金的项目，项目审批部门可以暂停项目执行或者暂停资金拨付；对单位直接负责的主管人员和其他直接责任人员依法给予处分。

第六十九条 招标代理机构违法泄露应当保密的与招标投标活动有关的情况和资料的，或者与招标人、投标人串通损害国家利益、社会公共利益或者他人合法权益的，由有关行政监督部门处5万元以上25万元以下罚款，对单位直接负责的主管人员和其他直接责任人员处单位罚款数额5%以上10%以下罚款；有违法所得的，并处没收违法所得；情节严重的，有关行政监督部门可停止其一定时期内参与相关领域的招标代理业务，资格认定部门可暂停直至取消招标代理资格；构成犯罪的，由司法部门依法追究刑事责任。给他人造成损失的，依法承担赔偿责任。

前款所列行为影响中标结果的，中标无效。

第七十条 招标人以不合理的条件限制或者排斥潜在投标人的，对潜在投标人实行歧视待遇的，强制要求投标人组成联合体共同投标的，或者限制投标人之间竞争的，有关行政监督部门责令改正，可处1万元以上5万元以下罚款。

第七十一条 依法必须进行招标项目的招标人向他人透露已获取招标文件的潜在投标人的名称、数量或者可能影响公平竞争的有关招标投标的其他情况的，或者泄露标底的，有关行政监督部门给予警告，可以并处1万元以上10万元以下的罚款；对单位直接负责的主管人员和其他直接责任人员依法给予处分；构成犯罪的，依法追究刑事责任。

前款所列行为影响中标结果的，中标无效。

第七十二条 招标人在发布招标公告、发出投标邀请书或者售出招标文件或资格预审文件后终止招标的，应当及时退还所收取的资格预审文件、招标文件的费用，以及所收取的投标保证金及银行同期存款利息。给潜在投标人或者投标人造成损失的，应当赔偿损失。

第七十三条 招标人有下列限制或者排斥潜在投标人行为之一的，由有关行政监督部门依照招标投标法第五十一条的规定处罚；其中，构成依法必须进行施工招标的项目的招标人规避招标的，依照招标投标法第四十九条的规定处罚：

（一）依法应当公开招标的项目不按照规定在指定媒介发布资格预审公告或者招标公告；

（二）在不同媒介发布的同一招标项目的资格预审公告或者招标公告的内容不一致，影响潜在投标人申请资格预审或者投标。

招标人有下列情形之一的，由有关行政监督部门责令改正，可以处 10 万元以下的罚款：

（一）依法应当公开招标而采用邀请招标；

（二）招标文件、资格预审文件的发售、澄清、修改的时限，或者确定的提交资格预审申请文件、投标文件的时限不符合招标投标法和招标投标法实施条例规定；

（三）接受未通过资格预审的单位或者个人参加投标；

（四）接受应当拒收的投标文件。

招标人有前款第一项、第三项、第四项所列行为之一的，对单位直接负责的主管人员和其他直接责任人员依法给予处分。

第七十四条 投标人相互串通投标或者与招标人串通投标的，投标人以向招标人或者评标委员会成员行贿的手段谋取中标的，中标无效，由有关行政监督部门处中标项目金额 5‰ 以上 10‰ 以下的罚款，对单位直接负责的主管人员和其他直接责任人员处单位罚款数额 5% 以上 10% 以下的罚款；有违法所得的，并处没收违法所得；情节严重的，取消其一至二年的投标资格，并予以公告，直至由工商行政管理机关吊销营业执照；构成犯罪的，依法追究刑事责任。给他人造成损失的，依法承担赔偿责任。投标人未中标的，对单位的罚款金额按照招标项目合同金额依照招标投标法规定的比例计算。

第七十五条　投标人以他人名义投标或者以其他方式弄虚作假，骗取中标的，中标无效，给招标人造成损失的，依法承担赔偿责任；构成犯罪的，依法追究刑事责任。

依法必须进行招标项目的投标人有前款所列行为尚未构成犯罪的，有关行政监督部门处中标项目金额5‰以上10‰以下的罚款，对单位直接负责的主管人员和其他直接责任人员处单位罚款数额5%以上10%以下的罚款；有违法所得的，并处没收违法所得；情节严重的，取消其一至三年投标资格，并予以公告，直至由工商行政管理机关吊销营业执照。投标人未中标的，对单位的罚款金额按照招标项目合同金额依照招标投标法规定的比例计算。

第七十六条　依法必须进行招标的项目，招标人违法与投标人就投标价格、投标方案等实质性内容进行谈判的，有关行政监督部门给予警告，对单位直接负责的主管人员和其他直接责任人员依法给予处分。

前款所列行为影响中标结果的，中标无效。

第七十七条　评标委员会成员收受投标人的财物或者其他好处的，没收收受的财物，可以并处3000元以上5万元以下的罚款，取消担任评标委员会成员的资格并予以公告，不得再参加依法必须进行招标的项目的评标；构成犯罪的，依法追究刑事责任。

第七十八条　评标委员会成员应当回避而不回避，擅离职守，不按照招标文件规定的评标标准和方法评标，私下接触投标人，向招标人征询确定中标人的意向或者接受任何单位或者个人明示或者暗示提出的倾向或者排斥特定投标人的要求，对依法应当否决的投标不提出否决意见，暗示或者诱导投标人作出澄清、说明或者接受投标人主动提出的澄清、说明，或者有其他不能客观公正地履行职责行为的，有关行政监督部门责令改正；情节严重的，禁止其在一定期限内参加依法必须进行招标的项目的评标；情节特别严重的，取消其担任评标委员会成员的资格。

第七十九条　依法必须进行招标的项目的招标人不按照规定组建评标委员会，或者确定、更换评标委员会成员违反招标投标法和招标投标法实施条例规定的，由有关行政监督部门责令改正，可以处 10 万元以下的罚款，对单位直接负责的主管人员和其他直接责任人员依法给予处分；违法确定或者更换的评标委员会成员作出的评审决定无效，依法重新进行评审。

第八十条　依法必须进行招标的项目的招标人有下列情形之一的，由有关行政监督部门责令改正，可以处中标项目金额千分之十以下的罚款；给他人造成损失的，依法承担赔偿责任；对单位直接负责的主管人员和其他直接责任人员依法给予处分：

（一）无正当理由不发出中标通知书；

（二）不按照规定确定中标人；

（三）中标通知书发出后无正当理由改变中标结果；

（四）无正当理由不与中标人订立合同；

（五）在订立合同时向中标人提出附加条件。

第八十一条　中标通知书发出后，中标人放弃中标项目的，无正当理由不与招标人签订合同的，在签订合同时向招标人提出附加条件或者更改合同实质性内容的，或者拒不提交所要求的履约保证金的，取消其中标资格，投标保证金不予退还；给招标人的损失超过投标保证金数额的，中标人应当对超过部分予以赔偿；没有提交投标保证金的，应当对招标人的损失承担赔偿责任。对依法必须进行施工招标的项目的中标人，由有关行政监督部门责令改正，可以处中标金额千分之十以下罚款。

第八十二条　中标人将中标项目转让给他人的，将中标项目肢解后分别转让给他人的，违法将中标项目的部分主体、关键性工作分包给他人的，或者分包人再次分包的，转让、分包无效，有关行政监督部门处转让、分包项目金额 5‰ 以上 10‰ 以下的罚款；有违法所得的，并处没收违法所得；可以责令停业整顿；情节严重的，由工商行政管理机关吊销营业执照。

第八十三条 招标人与中标人不按照招标文件和中标人的投标文件订立合同的，合同的主要条款与招标文件、中标人的投标文件的内容不一致，或者招标人、中标人订立背离合同实质性内容的协议的，有关行政监督部门责令改正；可以处中标项目金额5‰以上10‰以下的罚款。

第八十四条 中标人不履行与招标人订立的合同的，履约保证金不予退还，给招标人造成的损失超过履约保证金数额的，还应当对超过部分予以赔偿；没有提交履约保证金的，应当对招标人的损失承担赔偿责任。

中标人不按照与招标人订立的合同履行义务，情节严重的，有关行政监督部门取消其2至5年参加招标项目的投标资格并予以公告，直至由工商行政管理机关吊销营业执照。

因不可抗力不能履行合同的，不适用前两款规定。

第八十五条 招标人不履行与中标人订立的合同的，应当返还中标人的履约保证金，并承担相应的赔偿责任；没有提交履约保证金的，应当对中标人的损失承担赔偿责任。

因不可抗力不能履行合同的，不适用前款规定。

第八十六条 依法必须进行施工招标的项目违反法律规定，中标无效的，应当依照法律规定的中标条件从其余投标人中重新确定中标人或者依法重新进行招标。

中标无效的，发出的中标通知书和签订的合同自始没有法律约束力，但不影响合同中独立存在的有关解决争议方法的条款的效力。

第八十七条 任何单位违法限制或者排斥本地区、本系统以外的法人或者其他组织参加投标的，为招标人指定招标代理机构的，强制招标人委托招标代理机构办理招标事宜的，或者以其他方式干涉招标投标活动的，有关行政监督部门责令改正；对单位直接负责的主管人员和其他直接责任人员依法给予警告、记过、记大过的处分，情节较重的，依法给予降级、撤职、开除的处分。

个人利用职权进行前款违法行为的，依照前款规定追究责任。

第八十八条 对招标投标活动依法负有行政监督职责的国家机关工作人员徇私舞弊、滥用职权或者玩忽职守，构成犯罪的，依法追究刑事责任；不构成犯罪的，依法给予行政处分。

第八十九条 投标人或者其他利害关系人认为工程建设项目施工招标投标活动不符合国家规定的，可以自知道或者应当知道之日起 10 日内向有关行政监督部门投诉。投诉应当有明确的请求和必要的证明材料。

第六章 附 则

第九十条 使用国际组织或者外国政府贷款、援助资金的项目进行招标，贷款方、资金提供方对工程施工招标投标活动的条件和程序有不同规定的，可以适用其规定，但违背中华人民共和国社会公共利益的除外。

第九十一条 本办法由国家发展改革委会同有关部门负责解释。

第九十二条 本办法自 2003 年 5 月 1 日起施行。

工程建设项目勘察设计招标投标办法

（2003年6月12日国家发改委、建设部、铁道部、交通部、信息产业部、水利部、中国民航总局、国家广电总局令第2号发布 根据2013年3月11日国家发展和改革委员会、工业和信息化部、财政部、住房和城乡建设部、交通运输部、铁道部、水利部、国家广播电影电视总局、中国民用航空局《关于废止和修改部分招标投标规章和规范性文件的决定》修订）

第一章 总 则

第一条 为规范工程建设项目勘察设计招标投标活动，提高投资效益，保证工程质量，根据《中华人民共和国招标投标法》、《中华人民共和国招标投标法实施条例》制定本办法。

第二条 在中华人民共和国境内进行工程建设项目勘察设计招标投标活动，适用本办法。

第三条 工程建设项目符合《工程建设项目招标范围和规模标准规定》（国家计委令第3号）规定的范围和标准的，必须依据本办法进行招标。

任何单位和个人不得将依法必须进行招标的项目化整为零或者以其他任何方式规避招标。

第四条 按照国家规定需要履行项目审批、核准手续的依法必须进行招标的项目，有下列情形之一的，经项目审批、核准部门审批、核准，项目的勘察设计可以不进行招标：

（一）涉及国家安全、国家秘密、抢险救灾或者属于利用扶贫资金实行以工代赈、需要使用农民工等特殊情况，不适宜进行招标；

（二）主要工艺、技术采用不可替代的专利或者专有技术，或者其建筑艺术造型有特殊要求；

（三）采购人依法能够自行勘察、设计；

（四）已通过招标方式选定的特许经营项目投资人依法能够自行勘察、设计；

（五）技术复杂或专业性强，能够满足条件的勘察设计单位少于三家，不能形成有效竞争；

（六）已建成项目需要改、扩建或者技术改造，由其他单位进行设计影响项目功能配套性；

（七）国家规定其他特殊情形。

第五条 勘察设计招标工作由招标人负责。任何单位和个人不得以任何方式非法干涉招标投标活动。

第六条 各级发展改革、工业和信息化、住房城乡建设、交通运输、铁道、水利、商务、广电、民航等部门依照《国务院办公厅印发国务院有关部门实施招标投标活动行政监督的职责分工意见的通知》（国办发〔2000〕34号）和各地规定的职责分工，对工程建设项目勘察设计招标投标活动实施监督，依法查处招标投标活动中的违法行为。

第二章 招 标

第七条 招标人可以依据工程建设项目的不同特点，实行勘察设计一次性总体招标；也可以在保证项目完整性、连续性的前提下，按照技术要求实行分段或分项招标。

招标人不得利用前款规定限制或者排斥潜在投标人或者投标。依法必须进行招标的项目的招标人不得利用前款规定规避招标。

第八条 依法必须招标的工程建设项目，招标人可以对项目的勘察、设计、施工以及与工程建设有关的重要设备、材料的采购，实行总承包招标。

第九条 依法必须进行勘察设计招标的工程建设项目，在招标时应当具备下列条件：

（一）招标人已经依法成立；

（二）按照国家有关规定需要履行项目审批、核准或者备案手续的，已经审批、核准或者备案；

（三）勘察设计有相应资金或者资金来源已经落实；

（四）所必需的勘察设计基础资料已经收集完成；

（五）法律法规规定的其他条件。

第十条 工程建设项目勘察设计招标分为公开招标和邀请招标。

国有资金投资占控股或者主导地位的工程建设项目，以及国务院发展和改革部门确定的国家重点项目和省、自治区、直辖市人民政府确定的地方重点项目，除符合本办法第十一条规定条件并依法获得批准外，应当公开招标。

第十一条 依法必须进行公开招标的项目，在下列情况下可以进行邀请招标：

（一）技术复杂、有特殊要求或者受自然环境限制，只有少量潜在投标人可供选择；

（二）采用公开招标方式的费用占项目合同金额的比例过大。

有前款第二项所列情形，属于按照国家有关规定需要履行项目审批、核准手续的项目，由项目审批、核准部门在审批、核准项目时作出认定；其他项目由招标人申请有关行政监督部门作出认定。

招标人采用邀请招标方式的，应保证有三个以上具备承担招标项目勘察设计的能力，并具有相应资质的特定法人或者其他组织参加投标。

第十二条 招标人应当按照资格预审公告、招标公告或者投标邀请书规定的时间、地点出售招标文件或者资格预审文件。自招标文件或者资格预审文件出售之日起至停止出售之日止，最短不得少于五日。

第十三条　进行资格预审的，招标人只向资格预审合格的潜在投标人发售招标文件，并同时向资格预审不合格的潜在投标人告知资格预审结果。

第十四条　凡是资格预审合格的潜在投标人都应被允许参加投标。

招标人不得以抽签、摇号等不合理条件限制或者排斥资格预审合格的潜在投标人参加投标。

第十五条　招标人应当根据招标项目的特点和需要编制招标文件。

勘察设计招标文件应当包括下列内容：

（一）投标须知；

（二）投标文件格式及主要合同条款；

（三）项目说明书，包括资金来源情况；

（四）勘察设计范围，对勘察设计进度、阶段和深度要求；

（五）勘察设计基础资料；

（六）勘察设计费用支付方式，对未中标人是否给予补偿及补偿标准；

（七）投标报价要求；

（八）对投标人资格审查的标准；

（九）评标标准和方法；

（十）投标有效期。

投标有效期，从提交投标文件截止日起计算。

对招标文件的收费应仅限于补偿印刷、邮寄的成本支出，招标人不得通过出售招标文件谋取利益。

第十六条　招标人负责提供与招标项目有关的基础资料，并保证所提供资料的真实性、完整性。涉及国家秘密的除外。

第十七条 对于潜在投标人在阅读招标文件和现场踏勘中提出的疑问，招标人可以书面形式或召开投标预备会的方式解答，但需同时将解答以书面方式通知所有招标文件收受人。该解答的内容为招标文件的组成部分。

第十八条 招标人可以要求投标人在提交符合招标文件规定要求的投标文件外，提交备选投标文件，但应当在招标文件中做出说明，并提出相应的评审和比较办法。

第十九条 招标人应当确定潜在投标人编制投标文件所需要的合理时间。

依法必须进行勘察设计招标的项目，自招标文件开始发出之日起至投标人提交投标文件截止之日止，最短不得少于20日。

第二十条 除不可抗力原因外，招标人在发布招标公告或者发出投标邀请书后不得终止招标，也不得在出售招标文件后终止招标。

第三章 投 标

第二十一条 投标人是响应招标、参加投标竞争的法人或者其他组织。

在其本国注册登记，从事建筑、工程服务的国外设计企业参加投标的，必须符合中华人民共和国缔结或者参加的国际条约、协定中所作的市场准入承诺以及有关勘察设计市场准入的管理规定。

投标人应当符合国家规定的资质条件。

第二十二条 投标人应当按照招标文件或者投标邀请书的要求编制投标文件。投标文件中的勘察设计收费报价，应当符合国务院价格主管部门制定的工程勘察设计收费标准。

第二十三条 投标人在投标文件有关技术方案和要求中不得指定与工程建设项目有关的重要设备、材料的生产供应者，或者含有倾向或者排斥特定生产供应者的内容。

第二十四条 招标文件要求投标人提交投标保证金的，保证金数额不得超过勘察设计估算费用的百分之二，最多不超过十万元人民币。

依法必须进行招标的项目的境内投标单位，以现金或者支票形式提交的投标保证金应当从其基本账户转出。

第二十五条 在提交投标文件截止时间后到招标文件规定的投标有效期终止之前，投标人不得撤销其投标文件，否则招标人可以不退还投标保证金。

第二十六条 投标人在投标截止时间前提交的投标文件，补充、修改或撤回投标文件的通知，备选投标文件等，都必须加盖所在单位公章，并且由其法定代表人或授权代表签字，但招标文件另有规定的除外。

招标人在接收上述材料时，应检查其密封或签章是否完好，并向投标人出具标明签收人和签收时间的回执。

第二十七条 以联合体形式投标的，联合体各方应签订共同投标协议，连同投标文件一并提交招标人。

联合体各方不得再单独以自己名义，或者参加另外的联合体投同一个标。

招标人接受联合体投标并进行资格预审的，联合体应当在提交资格预审申请文件前组成。资格预审后联合体增减、更换成员的，其投标无效。

第二十八条 联合体中标的，应指定牵头人或代表，授权其代表所有联合体成员与招标人签订合同，负责整个合同实施阶段的协调工作。但是，需要向招标人提交由所有联合体成员法定代表人签署的授权委托书。

第二十九条 投标人不得以他人名义投标，也不得利用伪造、转让、无效或者租借的资质证书参加投标，或者以任何方式请其他单位在自己编制的投标文件代为签字盖章，损害国家利益、社会公共利益和招标人的合法权益。

第三十条 投标人不得通过故意压低投资额、降低施工技术要求、减少占地面积，或者缩短工期等手段弄虚作假，骗取中标。

第四章 开标、评标和中标

第三十一条 开标应当在招标文件确定的提交投标文件截止时间的同一时间公开进行；除不可抗力原因外，招标人不得以任何理由拖延开标，或者拒绝开标。

投标人对开标有异议的，应当在开标现场提出，招标人应当当场作出答复，并制作记录。

第三十二条 评标工作由评标委员会负责。评标委员会的组成方式及要求，按《中华人民共和国招标投标法》、《中华人民共和国招标投标法实施条例》及《评标委员会和评标方法暂行规定》（国家计委等七部委联合令第12号）的有关规定执行。

第三十三条 勘察设计评标一般采取综合评估法进行。评标委员会应当按照招标文件确定的评标标准和方法，结合经批准的项目建议书、可行性研究报告或者上阶段设计批复文件，对投标人的业绩、信誉和勘察设计人员的能力以及勘察设计方案的优劣进行综合评定。

招标文件中没有规定的标准和方法，不得作为评标的依据。

第三十四条 评标委员会可以要求投标人对其技术文件进行必要的说明或介绍，但不得提出带有暗示性或诱导性的问题，也不得明确指出其投标文件中的遗漏和错误。

第三十五条 根据招标文件的规定，允许投标人投备选标的，评标委员会可以对中标人所提交的备选标进行评审，以决定是否采纳备选标。不符合中标条件的投标人的备选标不予考虑。

第三十六条 投标文件有下列情况之一的，评标委员会应当否决其投标：

（一）未经投标单位盖章和单位负责人签字；

（二）投标报价不符合国家颁布的勘察设计取费标准，或者低于成本，或者高于招标文件设定的最高投标限价；

（三）未响应招标文件的实质性要求和条件。

第三十七条 投标人有下列情况之一的，评标委员会应当否决其投标：

（一）不符合国家或者招标文件规定的资格条件；

（二）与其他投标人或者与招标人串通投标；

（三）以他人名义投标，或者以其他方式弄虚作假；

（四）以向招标人或者评标委员会成员行贿的手段谋取中标；

（五）以联合体形式投标，未提交共同投标协议；

（六）提交两个以上不同的投标文件或者投标报价，但招标文件要求提交备选投标的除外。

第三十八条 评标委员会完成评标后，应当向招标人提出书面评标报告，推荐合格的中标候选人。

评标报告的内容应当符合《评标委员会和评标方法暂行规定》第四十二条的规定。但是，评标委员会决定否决所有投标的，应在评标报告中详细说明理由。

第三十九条 评标委员会推荐的中标候选人应当限定在一至三人，并标明排列顺序。

能够最大限度地满足招标文件中规定的各项综合评价标准的投标人，应当推荐为中标候选人。

第四十条 国有资金占控股或者主导地位的依法必须招标的项目，招标人应当确定排名第一的中标候选人为中标人。

排名第一的中标候选人放弃中标、因不可抗力提出不能履行合同，不按照招标文件要求提交履约保证金，或者被查实存在影响中标结果的违法行为等情形，不符合中标条件的，招标人可以按照评标委员会提出的中标候选人名单排序依次确定其他中标候选人为中标人。依次确定其他中标候选人与招标人预期差距较大，或者对招标人明显不利的，招标人可以重新招标。

招标人可以授权评标委员会直接确定中标人。

国务院对中标人的确定另有规定的,从其规定。

第四十一条 招标人应在接到评标委员会的书面评标报告之日起三日内公示中标候选人,公示期不少于三日。

第四十二条 招标人和中标人应当在投标有效期内并在自中标通知书发出之日起三十日内,按照招标文件和中标人的投标文件订立书面合同。

中标人履行合同应当遵守《合同法》以及《建设工程勘察设计管理条例》中勘察设计文件编制实施的有关规定。

第四十三条 招标人不得以压低勘察设计费、增加工作量、缩短勘察设计周期等作为发出中标通知书的条件,也不得与中标人再行订立背离合同实质性内容的其他协议。

第四十四条 招标人与中标人签订合同后五日内,应当向中标人和未中标人一次性退还投标保证金及银行同期存款利息。招标文件中规定给予未中标人经济补偿的,也应在此期限内一并给付。

招标文件要求中标人提交履约保证金的,中标人应当提交;经中标人同意,可将其投标保证金抵作履约保证金。

第四十五条 招标人或者中标人采用其他未中标人投标文件中技术方案的,应当征得未中标人的书面同意,并支付合理的使用费。

第四十六条 评标定标工作应当在投标有效期内完成,不能如期完成的,招标人应当通知所有投标人延长投标有效期。

同意延长投标有效期的投标人应当相应延长其投标担保的有效期,但不得修改投标文件的实质性内容。

拒绝延长投标有效期的投标人有权收回投标保证金。招标文件中规定给予未中标人补偿的,拒绝延长的投标人有权获得补偿。

第四十七条 依法必须进行勘察设计招标的项目,招标人应当在确定中标人之日起 15 日内,向有关行政监督部门提交招标投标情况的书面报告。

书面报告一般应包括以下内容：

（一）招标项目基本情况；

（二）投标人情况；

（三）评标委员会成员名单；

（四）开标情况；

（五）评标标准和方法；

（六）否决投标情况；

（七）评标委员会推荐的经排序的中标候选人名单；

（八）中标结果；

（九）未确定排名第一的中标候选人为中标人的原因；

（十）其他需说明的问题。

第四十八条 在下列情况下，依法必须招标项目的招标人在分析招标失败的原因并采取相应措施后，应当依照本办法重新招标：

（一）资格预审合格的潜在投标人不足3个的；

（二）在投标截止时间前提交投标文件的投标人少于3个的；

（三）所有投标均被否决的；

（四）评标委员会否决不合格投标后，因有效投标不足3个使得投标明显缺乏竞争，评标委员会决定否决全部投标的；

（五）根据第四十六条规定，同意延长投标有效期的投标人少于3个的。

第四十九条 招标人重新招标后，发生本办法第四十八条情形之一的，属于按照国家规定需要政府审批、核准的项目，报经原项目审批、核准部门审批、核准后可以不再进行招标；其他工程建设项目，招标人可自行决定不再进行招标。

第五章 罚　　则

第五十条 招标人有下列限制或者排斥潜在投标人行为之一的，由有关行政监督部门依照招标投标法第五十一条的规定处罚；

其中，构成依法必须进行勘察设计招标的项目的招标人规避招标的，依照招标投标法第四十九条的规定处罚：

（一）依法必须公开招标的项目不按照规定在指定媒介发布资格预审公告或者招标公告；

（二）在不同媒介发布的同一招标项目的资格预审公告或者招标公告的内容不一致，影响潜在投标人申请资格预审或者投标。

第五十一条 招标人有下列情形之一的，由有关行政监督部门责令改正，可以处 10 万元以下的罚款：

（一）依法应当公开招标而采用邀请招标；

（二）招标文件、资格预审文件的发售、澄清、修改的时限，或者确定的提交资格预审申请文件、投标文件的时限不符合招标投标法和招标投标法实施条例规定；

（三）接受未通过资格预审的单位或者个人参加投标；

（四）接受应当拒收的投标文件。

招标人有前款第一项、第三项、第四项所列行为之一的，对单位直接负责的主管人员和其他直接责任人员依法给予处分。

第五十二条 依法必须进行招标的项目的投标人以他人名义投标，利用伪造、转让、租借、无效的资质证书参加投标，或者请其他单位在自己编制的投标文件上代为签字盖章，弄虚作假，骗取中标的，中标无效。尚未构成犯罪的，处中标项目金额 5‰ 以上 10‰ 以下的罚款，对单位直接负责的主管人员和其他直接责任人员处单位罚款数额 5% 以上 10% 以下的罚款；有违法所得的，并处没收违法所得；情节严重的，取消其 1 年至 3 年内参加依法必须进行招标的项目的投标资格并予以公告，直至由工商行政管理机关吊销营业执照。

第五十三条 招标人以抽签、摇号等不合理的条件限制或者排斥资格预审合格的潜在投标人参加投标，对潜在投标人实行歧视待遇的，强制要求投标人组成联合体共同投标的，或者限制投标人之间竞争的，责令改正，可以处1万元以上5万元以下的罚款。

依法必须进行招标的项目的招标人不按照规定组建评标委员会，或者确定、更换评标委员会成员违反招标投标法和招标投标法实施条例规定的，由有关行政监督部门责令改正，可以处10万元以下的罚款，对单位直接负责的主管人员和其他直接责任人员依法给予处分；违法确定或者更换的评标委员会成员作出的评审结论无效，依法重新进行评审。

第五十四条 评标委员会成员有下列行为之一的，由有关行政监督部门责令改正；情节严重的，禁止其在一定期限内参加依法必须进行招标的项目的评标；情节特别严重的，取消其担任评标委员会成员的资格：

（一）不按照招标文件规定的评标标准和方法评标；

（二）应当回避而不回避；

（三）擅离职守；

（四）私下接触投标人；

（五）向招标人征询确定中标人的意向或者接受任何单位或者个人明示或者暗示提出的倾向或者排斥特定投标人的要求；

（六）对依法应当否决的投标不提出否决意见；

（七）暗示或者诱导投标人作出澄清、说明或者接受投标人主动提出的澄清、说明；

（八）其他不客观、不公正履行职务的行为。

第五十五条 招标人与中标人不按照招标文件和中标人的投标文件订立合同，责令改正，可以处中标项目金额千分之五以上千分之十以下的罚款。

第五十六条 本办法对违法行为及其处罚措施未做规定的，依据《中华人民共和国招标投标法》、《中华人民共和国招标投标法实施条例》和有关法律、行政法规的规定执行。

第六章 附 则

第五十七条 使用国际组织或者外国政府贷款、援助资金的项目进行招标，贷款方、资金提供方对工程勘察设计招标投标活动的条件和程序另有规定的，可以适用其规定，但违背中华人民共和国社会公共利益的除外。

第五十八条 本办法发布之前有关勘察设计招标投标的规定与本办法不一致的，以本办法为准。法律或者行政法规另有规定的，从其规定。

第五十九条 本办法由国家发展和改革委员会会同有关部门负责解释。

第六十条 本办法自2003年8月1日起施行。

工程建设项目货物招标投标办法

（2005年1月18日国家发展和改革委员会、建设部、铁道部、交通部、信息产业部、水利部、中国民用航空总局令第27号发布 根据2013年3月11日国家发展和改革委员会、工业和信息化部、财政部、住房和城乡建设部、交通运输部、铁道部、水利部、国家广播电影电视总局、中国民用航空局《关于废止和修改部分招标投标规章和规范性文件的决定》修订）

第一章 总 则

第一条 为规范工程建设项目的货物招标投标活动，保护国家利益、社会公共利益和招标投标活动当事人的合法权益，保证工程质量，提高投资效益，根据《中华人民共和国招标投标法》、《中华人民共和国招标投标法实施条例》和国务院有关部门的职责分工,制定本办法。

第二条 本办法适用于在中华人民共和国境内工程建设项目货物招标投标活动。

第三条 工程建设项目符合《工程建设项目招标范围和规模标准规定》(原国家计委令第3号)规定的范围和标准的,必须通过招标选择货物供应单位。

任何单位和个人不得将依法必须进行招标的项目化整为零或者以其他任何方式规避招标。

第四条 工程建设项目货物招标投标活动应当遵循公开、公平、公正和诚实信用的原则。货物招标投标活动不受地区或者部门的限制。

第五条 工程建设项目货物招标投标活动,依法由招标人负责。

工程建设项目招标人对项目实行总承包招标时,未包括在总承包范围内的货物属于依法必须进行招标的项目范围且达到国家规定规模标准的,应当由工程建设项目招标人依法组织招标。

工程建设项目实行总承包招标时,以暂估价形式包括在总承包范围内的货物属于依法必须进行招标的项目范围且达到国家规定规模标准的,应当依法组织招标。

第六条 各级发展改革、工业和信息化、住房城乡建设、交通运输、铁道、水利、民航等部门依照国务院和地方各级人民政府关于工程建设项目行政监督的职责分工,对工程建设项目中所包括的货物招标投标活动实施监督,依法查处货物招标投标活动中的违法行为。

第二章 招 标

第七条 工程建设项目招标人是依法提出招标项目、进行招标的法人或者其他组织。本办法第五条总承包中标人单独或者共同招标时，也为招标人。

第八条 依法必须招标的工程建设项目，应当具备下列条件才能进行货物招标：

（一）招标人已经依法成立；

（二）按照国家有关规定应当履行项目审批、核准或者备案手续的，已经审批、核准或者备案；

（三）有相应资金或者资金来源已经落实；

（四）能够提出货物的使用与技术要求。

第九条 依法必须进行招标的工程建设项目，按国家有关规定需要履行审批、核准手续的，招标人应当在报送的可行性研究报告、资金申请报告或者项目申请报告中将货物招标范围、招标方式（公开招标或邀请招标）、招标组织形式（自行招标或委托招标）等有关招标内容报项目审批、核准部门审批、核准。项目审批、核准部门应当将审批、核准的招标内容通报有关行政监督部门。

第十条 货物招标分为公开招标和邀请招标。

第十一条 依法应当公开招标的项目，有下列情形之一的，可以邀请招标：

（一）技术复杂、有特殊要求或者受自然环境限制，只有少量潜在投标人可供选择；

（二）采用公开招标方式的费用占项目合同金额的比例过大；

（三）涉及国家安全、国家秘密或者抢险救灾，适宜招标但不宜公开招标。

有前款第二项所列情形，属于按照国家有关规定需要履行项目审批、核准手续的依法必须进行招标的项目，由项目审批、核准部门认定；其他项目由招标人申请有关行政监督部门作出认定。

第十二条 采用公开招标方式的，招标人应当发布资格预审公告或者招标公告。依法必须进行货物招标的资格预审公告或者招标公告，应当在国家指定的报刊或者信息网络上发布。

采用邀请招标方式的，招标人应当向三家以上具备货物供应的能力、资信良好的特定的法人或者其他组织发出投标邀请书。

第十三条 招标公告或者投标邀请书应当载明下列内容：

（一）招标人的名称和地址；

（二）招标货物的名称、数量、技术规格、资金来源；

（三）交货的地点和时间；

（四）获取招标文件或者资格预审文件的地点和时间；

（五）对招标文件或者资格预审文件收取的费用；

（六）提交资格预审申请书或者投标文件的地点和截止日期；

（七）对投标人的资格要求。

第十四条 招标人应当按照资格预审公告、招标公告或者投标邀请书规定的时间、地点发售招标文件或者资格预审文件。自招标文件或者资格预审文件发售之日起至停止发售之日止，最短不得少于五日。

招标人可以通过信息网络或者其他媒介发布招标文件，通过信息网络或者其他媒介发布的招标文件与书面招标文件具有同等法律效力，出现不一致时以书面招标文件为准，但国家另有规定的除外。

对招标文件或者资格预审文件的收费应当限于补偿印刷、邮寄的成本支出，不得以营利为目的。

除不可抗力原因外，招标文件或者资格预审文件发出后，不予退还；招标人在发布招标公告、发出投标邀请书后或者发出招标文件或资格预审文件后不得终止招标。招标人终止招标的，应当及时发布公告，或者以书面形式通知被邀请的或者已经获取资格预审文件、招标文件的潜在投标人。已经发售资格预审文件、招标文件或者已经收取投标保证金的，招标人应当及时退还所收取的资格预审文件、招标文件的费用，以及所收取的投标保证金及银行同期存款利息。

第十五条 招标人可以根据招标货物的特点和需要,对潜在投标人或者投标人进行资格审查;国家对潜在投标人或者投标人的资格条件有规定的,依照其规定。

第十六条 资格审查分为资格预审和资格后审。

资格预审,是指招标人出售招标文件或者发出投标邀请书前对潜在投标人进行的资格审查。资格预审一般适用于潜在投标人较多或者大型、技术复杂货物的招标。

资格后审,是指在开标后对投标人进行的资格审查。资格后审一般在评标过程中的初步评审开始时进行。

第十七条 采取资格预审的,招标人应当发布资格预审公告。资格预审公告适用本办法第十二条、第十三条有关招标公告的规定。

第十八条 资格预审文件一般包括下列内容:

(一)资格预审公告;

(二)申请人须知;

(三)资格要求;

(四)其他业绩要求;

(五)资格审查标准和方法;

(六)资格预审结果的通知方式。

第十九条 采取资格预审的,招标人应当在资格预审文件中详细规定资格审查的标准和方法;采取资格后审的,招标人应当在招标文件中详细规定资格审查的标准和方法。

招标人在进行资格审查时,不得改变或补充载明的资格审查标准和方法或者以没有载明的资格审查标准和方法对潜在投标人或者投标人进行资格审查。

第二十条 经资格预审后,招标人应当向资格预审合格的潜在投标人发出资格预审合格通知书,告知获取招标文件的时间、地点和方法,并同时向资格预审不合格的潜在投标人告知资格预审结果。依法必须招标的项目通过资格预审的申请人不足三个的，招标人在分析招标失败的原因并采取相应措施后，应当重新招标。

对资格后审不合格的投标人，评标委员会应当否决其投标。

第二十一条　招标文件一般包括下列内容：

（一）招标公告或者投标邀请书；

（二）投标人须知；

（三）投标文件格式；

（四）技术规格、参数及其他要求；

（五）评标标准和方法；

（六）合同主要条款。

招标人应当在招标文件中规定实质性要求和条件，说明不满足其中任何一项实质性要求和条件的投标将被拒绝，并用醒目的方式标明；没有标明的要求和条件在评标时不得作为实质性要求和条件。对于非实质性要求和条件，应规定允许偏差的最大范围、最高项数，以及对这些偏差进行调整的方法。

国家对招标货物的技术、标准、质量等有规定的，招标人应当按照其规定在招标文件中提出相应要求。

第二十二条　招标货物需要划分标包的，招标人应合理划分标包，确定各标包的交货期，并在招标文件中如实载明。

招标人不得以不合理的标包限制或者排斥潜在投标人或者投标人。依法必须进行招标的项目的招标人不得利用标包划分规避招标。

第二十三条　招标人允许中标人对非主体货物进行分包的，应当在招标文件中载明。主要设备、材料或者供货合同的主要部分不得要求或者允许分包。

除招标文件要求不得改变标准货物的供应商外，中标人经招标人同意改变标准货物的供应商的，不应视为转包和违法分包。

第二十四条　招标人可以要求投标人在提交符合招标文件规定

要求的投标文件外，提交备选投标方案，但应当在招标文件中作出说明。不符合中标条件的投标人的备选投标方案不予考虑。

第二十五条 招标文件规定的各项技术规格应当符合国家技术法规的规定。

招标文件中规定的各项技术规格均不得要求或标明某一特定的专利技术、商标、名称、设计、原产地或供应者等，不得含有倾向或者排斥潜在投标人的其他内容。如果必须引用某一供应者的技术规格才能准确或清楚地说明拟招标货物的技术规格时，则应当在参照后面加上"或相当于"的字样。

第二十六条 招标文件应当明确规定评标时包含价格在内的所有评标因素，以及据此进行评估的方法。

在评标过程中，不得改变招标文件中规定的评标标准、方法和中标条件。

第二十七条 招标人可以在招标文件中要求投标人以自己的名义提交投标保证金。投标保证金除现金外，可以是银行出具的银行保函、保兑支票、银行汇票或现金支票，也可以是招标人认可的其他合法担保形式。依法必须进行招标的项目的境内投标单位，以现金或者支票形式提交的投标保证金应当从其基本账户转出。

投标保证金不得超过项目估算价的百分之二，但最高不得超过八十万元人民币。投标保证金有效期应当与投标有效期一致。

投标人应当按照招标文件要求的方式和金额，在提交投标文件截止时间前将投标保证金提交给招标人或其委托的招标代理机构。

第二十八条 招标文件应当规定一个适当的投标有效期，以保证招标人有足够的时间完成评标和与中标人签订合同。投标有效期从招标文件规定的提交投标文件截止之日起计算。

在原投标有效期结束前，出现特殊情况的，招标人可以书面形式要求所有投标人延长投标有效期。投标人同意延长的，不得要求或被允许修改其投标文件的实质性内容，但应当相应延长其投标保证金的有效期；投标人拒绝延长的，其投标失效，但投标人有权收回其投标保证金及银行同期存款利息。

依法必须进行招标的项目同意延长投标有效期的投标人少于三个的，招标人在分析招标失败的原因并采取相应措施后，应当重新招标。

第二十九条 对于潜在投标人在阅读招标文件中提出的疑问，招标人应当以书面形式、投标预备会方式或者通过电子网络解答，但需同时将解答以书面方式通知所有购买招标文件的潜在投标人。该解答的内容为招标文件的组成部分。

除招标文件明确要求外，出席投标预备会不是强制性的，由潜在投标人自行决定，并自行承担由此可能产生的风险。

第三十条 招标人应当确定投标人编制投标文件所需的合理时间。依法必须进行招标的货物，自招标文件开始发出之日起至投标人提交投标文件截止之日止，最短不得少于二十日。

第三十一条 对无法精确拟定其技术规格的货物，招标人可以采用两阶段招标程序。

在第一阶段，招标人可以首先要求潜在投标人提交技术建议，详细阐明货物的技术规格、质量和其他特性。招标人可以与投标人就其建议的内容进行协商和讨论，达成一个统一的技术规格后编制招标文件。

在第二阶段，招标人应当向第一阶段提交了技术建议的投标人提供包含统一技术规格的正式招标文件，投标人根据正式招标文件的要求提交包括价格在内的最后投标文件。

招标人要求投标人提交投标保证金的，应当在第二阶段提出。

第三章 投　　标

第三十二条 投标人是响应招标、参加投标竞争的法人或者其他组织。

法定代表人为同一个人的两个及两个以上法人，母公司、全资子公司及其控股公司，都不得在同一货物招标中同时投标。

违反前两款规定的，相关投标均无效。

一个制造商对同一品牌同一型号的货物，仅能委托一个代理商参加投标。

第三十三条 投标人应当按照招标文件的要求编制投标文件。投标文件应当对招标文件提出的实质性要求和条件作出响应。

投标文件一般包括下列内容：

（一）投标函；

（二）投标一览表；

（三）技术性能参数的详细描述；

（四）商务和技术偏差表；

（五）投标保证金；

（六）有关资格证明文件；

（七）招标文件要求的其他内容。

投标人根据招标文件载明的货物实际情况，拟在中标后将供货合同中的非主要部分进行分包的，应当在投标文件中载明。

第三十四条 投标人应当在招标文件要求提交投标文件的截止时间前，将投标文件密封送达招标文件中规定的地点。招标人收到投标文件后，应当向投标人出具标明签收人和签收时间的凭证，在开标前任何单位和个人不得开启投标文件。

在招标文件要求提交投标文件的截止时间后送达的投标文件，为无效的投标文件，招标人应当拒收，并将其原封不动地退回投标人。

在招标文件要求提交投标文件的截止时间后送达的投标文件，招标人应当拒收。

依法必须进行招标的项目，提交投标文件的投标人少于三个的，招标人在分析招标失败的原因并采取相应措施后，应当重新招标。重新招标后投标人仍少于三个，按国家有关规定需要履行审批、核准手续的依法必须进行招标的项目，报项目审批、核准部门审批、核准后可以不再进行招标。

第三十五条 投标人在招标文件要求提交投标文件的截止时间前，可以补充、修改、替代或者撤回已提交的投标文件，并书面通知招标人。补充、修改的内容为投标文件的组成部分。

第三十六条 在提交投标文件截止时间后，投标人不得撤销其投标文件，否则招标人可以不退还其投标保证金。

第三十七条 招标人应妥善保管好已接收的投标文件、修改或撤回通知、备选投标方案等投标资料，并严格保密。

第三十八条 两个以上法人或者其他组织可以组成一个联合体，以一个投标人的身份共同投标。

联合体各方签订共同投标协议后，不得再以自己名义单独投标，也不得组成或参加其他联合体在同一项目中投标；否则相关投标均无效。

联合体中标的，应当指定牵头人或代表，授权其代表所有联合体成员与招标人签订合同，负责整个合同实施阶段的协调工作。但是，需要向招标人提交由所有联合体成员法定代表人签署的授权委托书。

第三十九条 招标人接受联合体投标并进行资格预审的，联合体应当在提交资格预审申请文件前组成。资格预审后联合体增减、更换成员的，其投标无效。

招标人不得强制资格预审合格的投标人组成联合体。

第四章 开标、评标和定标

第四十条 开标应当在招标文件确定的提交投标文件截止时间的同一时间公开进行；开标地点应当为招标文件中确定的地点。

投标人或其授权代表有权出席开标会，也可以自主决定不参加开标会。

投标人对开标有异议的，应当在开标现场提出，招标人应当当场作出答复，并制作记录。

第四十一条 投标文件有下列情形之一的，招标人应当拒收：

（一）逾期送达；

（二）未按招标文件要求密封。

有下列情形之一的，评标委员会应当否决其投标：

（一）投标文件未经投标单位盖章和单位负责人签字；

（二）投标联合体没有提交共同投标协议；

（三）投标人不符合国家或者招标文件规定的资格条件；

（四）同一投标人提交两个以上不同的投标文件或者投标报价，但招标文件要求提交备选投标的除外；

（五）投标标价低于成本或者高于招标文件设定的最高投标限价；

（六）投标文件没有对招标文件的实质性要求和条件作出响应；

（七）投标人有串通投标、弄虚作假、行贿等违法行为。

依法必须招标的项目评标委员会否决所有投标的，或者评标委员会否决一部分投标后其他有效投标不足三个使得投标明显缺乏竞争，决定否决全部投标的，招标人在分析招标失败的原因并采取相应措施后，应当重新招标。

第四十二条 评标委员会可以书面方式要求投标人对投标文件中含义不明确、对同类问题表述不一致或者有明显文字和计算错误的内容作必要的澄清、说明或补正。评标委员会不得向投标人提出带有暗示性或诱导性的问题，或向其明确投标文件中的遗漏和错误。

第四十三条 投标文件不响应招标文件的实质性要求和条件的，评标委员会不得允许投标人通过修正或撤销其不符合要求的差异或保留，使之成为具有响应性的投标。

第四十四条 技术简单或技术规格、性能、制作工艺要求统一的货物，一般采用经评审的最低投标价法进行评标。技术复杂或技术规格、性能、制作工艺要求难以统一的货物，一般采用综合评估法进行评标。

第四十五条 符合招标文件要求且评标价最低或综合评分最高而被推荐为中标候选人的投标人，其所提交的备选投标方案方可予以考虑。

第四十六条 评标委员会完成评标后，应向招标人提出书面评标报告。评标报告由评标委员会全体成员签字。

第四十七条 评标委员会在书面评标报告中推荐的中标候选人应当限定在一至三人，并标明排列顺序。招标人应当接受评标委员会推荐的中标候选人，不得在评标委员会推荐的中标候选人之外确定中标人。

依法必须进行招标的项目，招标人应当自收到评标报告之日起三日内公示中标候选人，公示期不得少于三日。

第四十八条 国有资金占控股或者主导地位的依法必须进行招标的项目，招标人应当确定排名第一的中标候选人为中标人。排名第一的中标候选人放弃中标、因不可抗力提出不能履行合同、不按照招标文件要求提交履约保证金，或者被查实存在影响中标结果的违法行为等情形，不符合中标条件的，招标人可以按照评标委员会提出的中标候选人名单排序依次确定其他中标候选人为中标人。依次确定其他中标候选人与招标人预期差距较大，或者对招标人明显不利的，招标人可以重新招标。

招标人可以授权评标委员会直接确定中标人。

国务院对中标人的确定另有规定的，从其规定。

第四十九条 招标人不得向中标人提出压低报价、增加配件或者售后服务量以及其他超出招标文件规定的违背中标人意愿的要求，以此作为发出中标通知书和签订合同的条件。

第五十条 中标通知书对招标人和中标人具有法律效力。中标通知书发出后，招标人改变中标结果的，或者中标人放弃中标项目的，应当依法承担法律责任。

中标通知书由招标人发出，也可以委托其招标代理机构发出。

第五十一条 招标人和中标人应当在投标有效期内并在自中标通知书发出之日起三十日内，按照招标文件和中标人的投标文件订立书面合同。招标人和中标人不得再行订立背离合同实质性内容的其他协议。

招标文件要求中标人提交履约保证金或者其他形式履约担保的，中标人应当提交；拒绝提交的，视为放弃中标项目。招标人要求中标人提供履约保证金或其他形式履约担保的，招标人应当同时向中标人提供货物款支付担保。

履约保证金不得超过中标合同金额的10%。

第五十二条 招标人最迟应当在书面合同签订后五日内，向中标人和未中标的投标人一次性退还投标保证金及银行同期存款利息。

第五十三条 必须审批的工程建设项目，货物合同价格应当控制在批准的概算投资范围内；确需超出范围的，应当在中标合同签订前，报原项目审批部门审查同意。项目审批部门应当根据招标的实际情况，及时作出批准或者不予批准的决定；项目审批部门不予批准的，招标人应当自行平衡超出的概算。

第五十四条 依法必须进行货物招标的项目，招标人应当自确定中标人之日起十五日内，向有关行政监督部门提交招标投标情况的书面报告。

前款所称书面报告至少应包括下列内容：

（一）招标货物基本情况；

（二）招标方式和发布招标公告或者资格预审公告的媒介；

（三）招标文件中投标人须知、技术条款、评标标准和方法、合同主要条款等内容；

（四）评标委员会的组成和评标报告；

（五）中标结果。

第五章　罚　　则

第五十五条　招标人有下列限制或者排斥潜在投标行为之一的，由有关行政监督部门依照招标投标法第五十一条的规定处罚；其中，构成依法必须进行招标的项目的招标人规避招标的，依照招标投标法第四十九条的规定处罚：

（一）依法应当公开招标的项目不按照规定在指定媒介发布资格预审公告或者招标公告；

（二）在不同媒介发布的同一招标项目的资格预审公告或者招标公告内容不一致，影响潜在投标人申请资格预审或者投标。

第五十六条　招标人有下列情形之一的，由有关行政监督部门责令改正，可以处10万元以下的罚款：

（一）依法应当公开招标而采用邀请招标；

（二）招标文件、资格预审文件的发售、澄清、修改的时限，或者确定的提交资格预审申请文件、投标文件的时限不符合招标投标法和招标投标法实施条例规定；

（三）接受未通过资格预审的单位或者个人参加投标；

（四）接受应当拒收的投标文件。招标人有前款第一项、第三项、第四项所列行为之一的，对单位直接负责的主管人员和其他直接责任人员依法给予处分。

第五十七条　评标委员会成员有下列行为之一的，由有关行政监督部门责令改正；情节严重的，禁止其在一定期限内参加依法必须进行招标的项目的评标；情节特别严重的，取消其担任评标委员会成员的资格：

（一）应当回避而不回避；

（二）擅离职守；

（三）不按照招标文件规定的评标标准和方法评标；

（四）私下接触投标人；

（五）向招标人征询确定中标人的意向或者接受任何单位或者个人明示或者暗示提出的倾向或者排斥特定投标人的要求；

（六）对依法应当否决的投标不提出否决意见；

（七）暗示或者诱导投标人作出澄清、说明或者接受投标人主动提出的澄清、说明；

（八）其他不客观、不公正履行职务的行为。

第五十八条 依法必须进行招标的项目的招标人有下列情形之一的，由有关行政监督部门责令改正，可以处中标项目金额千分之十以下的罚款；给他人造成损失的，依法承担赔偿责任；对单位直接负责的主管人员和其他直接责任人员依法给予处分：

（一）无正当理由不发出中标通知书；

（二）不按照规定确定中标人；

（三）中标通知书发出后无正当理由改变中标结果；

（四）无正当理由不与中标人订立合同；

（五）在订立合同时向中标人提出附加条件。

中标通知书发出后，中标人放弃中标项目的，无正当理由不与招标人签订合同的，在签订合同时向招标人提出附加条件或者更改合同实质性内容的，或者拒不提交所要求的履约保证金的，取消其中标资格，投标保证金不予退还；给招标人的损失超过投标保证金数额的，中标人应当对超过部分予以赔偿；没有提交投标保证金的，应当对招标人的损失承担赔偿责任。对依法必须进行招标的项目的中标人，由有关行政监督部门责令改正，可以处中标金额千分之十以下罚款。

第五十九条 招标人不履行与中标人订立的合同的，应当返还中标人的履约保证金，并承担相应的赔偿责任；没有提交履约保证金的，应当对中标人的损失承担赔偿责任。

因不可抗力不能履行合同的，不适用前款规定。

第六十条 中标无效的，发出的中标通知书和签订的合同自始没有法律约束力，但不影响合同中独立存在的有关解决争议方法的条款的效力。

第六章 附 则

第六十一条 不属于工程建设项目，但属于固定资产投资的货物招标投标活动，参照本办法执行。

第六十二条 使用国际组织或者外国政府贷款、援助资金的项目进行招标，贷款方、资金提供方对货物招标投标活动的条件和程序有不同规定的，可以适用其规定，但违背中华人民共和国社会公共利益的除外。

第六十三条 本办法由国家发展和改革委员会会同有关部门负责解释。

第六十四条 本办法自2005年3月1日起施行。

工程项目招投标领域营商环境专项整治工作方案

（2019年8月20日　发改办法规〔2019〕862号）

根据《国务院办公厅关于聚焦企业关切 进一步推动优化营商环境政策落实的通知》（国办发〔2018〕104号）部署和全国深化"放管服"改革优化营商环境电视电话会议精神，为消除招投标过程中对不同所有制企业设置的各类不合理限制和壁垒，维护公平竞争的市场秩序，国家发展改革委、工业和信息化部、住房城乡建设部、交通运输部、水利部、商务部、铁路局、民航局决定在全国开展工程项目招投标领域营商环境专项整治。为有力有序推进专项整治工作，制定本方案。

一、工作目标

坚持以习近平新时代中国特色社会主义思想为指导，全面贯彻党的十九大和十九届二中、三中全会精神，深刻学习领会习近平总书记在民营企业座谈会上的重要讲话精神，把思想和行动统一到党中央、国务院关于支持民营企业发展、平等对待外商投资企业、优化营商环境的决策部署上来，通过深入开展工程项目招投标领域营商环境专项整治，消除招投标过程中对不同所有制企业特别是民营企业、外资企业设置的各类不合理限制和壁垒，促进招标人依法履行招标采购主体责任，依法规范招标代理机构和评标专家行为，督促各级招投标行政监督部门依法履行监管职责，切实有效解决招投标活动中市场主体反映强烈的突出问题，保障不同所有制企业公平参与市场竞争。

二、整治范围和内容

（一）整治范围

本次专项整治的范围包括：各地区、各部门现行涉及工程项目招投标的部门规章、地方性法规、地方政府规章、规范性文件及其他政策文件，以及没有体现到制度文件中的实践做法；2018年6月1日至2019年11月20日期间根据《必须招标的工程项目规定》（国家发展改革委令第16号）和《必须招标的基础设施和公用事业项目范围规定》（发改法规〔2018〕843号）依法必须进行招标的项目。

（二）整治内容

根据《招标投标法》《招标投标法实施条例》等有关规定，清理、排查、纠正在招投标法规政策文件、招标公告、投标邀请书、资格预审公告、资格预审文件、招标文件以及招投标实践操作中，对不同所有制企业设置的各类不合理限制和壁垒。重点针对以下问题：

1. 违法设置的限制、排斥不同所有制企业参与招投标的规定，以及虽然没有直接限制、排斥，但实质上起到变相限制、排斥效果的规定。

2. 违法限定潜在投标人或者投标人的所有制形式或者组织形式，对不同所有制投标人采取不同的资格审查标准。

3. 设定企业股东背景、年平均承接项目数量或者金额、从业人员、纳税额、营业场所面积等规模条件；设置超过项目实际需要的企业注册资本、资产总额、净资产规模、营业收入、利润、授信额度等财务指标。

4. 设定明显超出招标项目具体特点和实际需要的过高的资质资格、技术、商务条件或者业绩、奖项要求。

5. 将国家已经明令取消的资质资格作为投标条件、加分条件、中标条件；在国家已经明令取消资质资格的领域，将其他资质资格作为投标条件、加分条件、中标条件。

6. 将特定行政区域、特定行业的业绩、奖项作为投标条件、加分条件、中标条件；将政府部门、行业协会商会或者其他机构对投标人作出的荣誉奖励和慈善公益证明等作为投标条件、中标条件。

7. 限定或者指定特定的专利、商标、品牌、原产地、供应商或者检验检测认证机构（法律法规有明确要求的除外）。

8. 要求投标人在本地注册设立子公司、分公司、分支机构，在本地拥有一定办公面积，在本地缴纳社会保险等。

9. 没有法律法规依据设定投标报名、招标文件审查等事前审批或者审核环节。

10. 对仅需提供有关资质证明文件、证照、证件复印件的，要求必须提供原件；对按规定可以采用"多证合一"电子证照的，要求必须提供纸质证照。

11. 在开标环节要求投标人的法定代表人必须到场，不接受经授权委托的投标人代表到场。

12. 评标专家对不同所有制投标人打分畸高或畸低，且无法说明正当理由。

13. 明示或暗示评标专家对不同所有制投标人采取不同的评标标准、实施不客观公正评价。

14. 采用抽签、摇号等方式直接确定中标候选人。

15. 限定投标保证金、履约保证金只能以现金形式提交，或者不按规定或者合同约定返还保证金。

16. 简单以注册人员、业绩数量等规模条件或者特定行政区域的业绩奖项评价企业的信用等级，或者设置对不同所有制企业构成歧视的信用评价指标。

17. 不落实《必须招标的工程项目规定》《必须招标的基础设施和公用事业项目范围规定》，违法干涉社会投资的房屋建筑等工程建设单位发包自主权。

18. 其他对不同所有制企业设置的不合理限制和壁垒。

请各地区、各部门突出工作重点，围绕上述问题组织开展专项整治。对不属于本次专项整治重点的其他招投标违法违规行为，依法依规开展日常监管执法。

三、整治方式

本次专项整治工作重在抓落实、查问题、出成效，主要采取法规文件清理、随机抽查、重点核查等整治方式。

（一）法规文件清理。国务院有关部门对本部门制定的部门规章、规范性文件及其他政策文件进行全面自查；各地对本地区及有关部门制定的地方性法规、地方政府规章、规范性文件及其他政策文件进行全面自查。对违反竞争中性原则、限制或者排斥不同所有制企业招投标、妨碍建立统一开放竞争有序现代市场体系的制度规定，根据权限修订、废止，或者提请本级人大、政府修订或废止。在此基础上，按照《关于建立清理和规范招标投标有关规定长效机制的意见》（发改法规〔2015〕787号）要求，对经清理后保留的招投标规章和规范性文件实行目录管理并向社会公布。

（二）随机抽查。各地区、各部门按照监管职责分工，组织对整治范围内招标项目的招标公告、投标邀请书、资格预审公告、资格预审文件、招标文件等开展事中事后随机抽查，抽查项目数量由各地区、各部门结合实际自行确定，抽查比例原则上不低于整治范围内招标项目总数的20%。鼓励各地区、各部门依托各级招投标公共服务平台、公共资源交易平台、行业招投标管理平台等，运用大数据分析等现代信息技术手段，对整治范围内招标项目进行全面筛查，对招投标活动进行动态监测分析，及时发现并纠正限制、排斥不同所有制企业招投标的违法违规行为。各地区、各部门应当对随机抽查记录建立台账，存档备查。

（三）重点核查。各地区、各部门进一步畅通招投标投诉举报渠道，建立健全投诉举报接收、转办、反馈工作机制，对涉及本次整治内容的投诉举报进行重点核查。同时，针对本次专项整治开展线索征集，国务院各有关部门、地方各级招投标工作牵头部门和有关行政监督部门网站，各级招投标公共服务平台、公共资源交易平台应当在显著位置公布专项整治线索征集电子邮箱等渠道，并建立线索转交转办以及对下级单位督办机制。对于征集到的明确可查的线索，有关行政监督部门应当组织力量进行重点核查。鼓励各地区、各部门围绕本次专项整治目标，结合本地区、本行业实际，运用科学方法，创新整治方式，提升整治实效。

四、工作步骤

本次专项整治自本通知印发之日起开展，12月15日之前结束，主要工作步骤和时间节点如下。

（一）动员部署。各地区、各部门深入学习党中央、国务院关于优化营商环境、支持民营企业发展、平等对待外商投资企业的决策部署。各省级招投标工作牵头部门会同有关部门，结合实际制定印发具体实施方案，对省市县三级开展专项整治工作进行部署，9月20日前将实施方案抄报国家发展改革委。同时，指定1名处级干部作为联络员，8月31日前报送国家发展改革委法规司。

（二）过程推进。10月31日前，国务院有关部门完成本部门规章、规范性文件及其他政策文件清理工作，各省级招投标工作牵头部门汇总本地区法规文件清理情况，报送国家发展改革委，并于2019年年底前完成法规文件修订和废止工作。同时，各省级招投标工作牵头部门对省本级开展随机抽查和重点核查的情况进行阶段性总结，10月31日前一并报送国家发展改革委。国家发展改革委将会同国务院有关部门，根据各地报送的实施方案和阶段性工作进展，对工作部署不力、社会反映强烈、整治效果不明显，特别是不按期报送材料或者报送"零报告"的地区进行重点督导；对存在严重问题的单位和个人，通报地方政府严肃问责。

（三）总结报告。各省级招投标工作牵头部门会同有关部门对本地区专项整治工作开展情况进行认真总结，形成总结报告（包括专项整治工作开展情况和主要做法、发现的主要问题和处理情况、建立的长效机制、可复制推广的典型经验、下一步工作打算以及对国家层面的意见建议等），连同省市县三级开展随机抽查和重点核查的情况，于12月15日前报送国家发展改革委。国家发展改革委会同国务院有关部门在各地报告基础上汇总形成总报告，呈报国务院。

各地区铁路、民航领域专项整治实施方案、阶段性进展报告和总结报告由各地区铁路监管局、民航各地区管理局按上述时间节点和要求直接报送国家铁路局、国家民航局。国家铁路局、国家民航局汇总后转送国家发展改革委。

五、工作要求

（一）强化组织领导。本次专项整治工作是贯彻落实全国深化"放管服"改革优化营商环境电视电话会议精神的重要举措，各地区、各部门要强化政治站位，提高思想认识，强化组织领导，周密抓好实施。国家发展改革委会同工业和信息化部、住房城乡建设部、交通运输部、水利部、商务部、铁路局、民航局，按照职责分工，指导督促各地区、各部门落实专项整治任务。各地招投标工作牵头部门是本地区专项整治的统筹部门，要加强组织协调，形成部门合力，确保按时保质完成整治任务。各地招投标行政监督部门是本地区专项整治的责任主体，要切实担负起行业监管职责，将整治任务落实到位。各级招投标公共服务平台、公共资源交易平台要积极配合有关部门，提供信息和技术支持，协助做好专项整治工作。

（二）依法纠正查处。各地区、各部门对随机抽查、重点核查过程中发现的限制、排斥不同所有制企业招投标的违法违规行为，要依法予以处理。对尚未截止投标的项目，招标公告、投标邀请书、资格预审公告、资格预审文件、招标文件设置限制、排斥不同所有制投标人内容的，责令及时改正，取消不合理的条件限制；对已截止投标但尚未确定中标候选人的项目，视违法情节严重程度责令改正；对已经完成招标的项目，也应严肃指出违法情形，责令承诺不再发生相关违法行为。违法行为严重的，依法实施行政处罚，记入有关责任单位和责任人信用记录，通过"信用中国"网站公开。对地方各级公共资源交易中心在招投标活动中存在违法违规行为的，依法严肃处理。对地方各级招投标行政监督部门不依法履行监管职责的，进行严肃问责。

（三）加强宣传教育。各地区、各部门要通过多种途径加强宣传教育和舆论引导，充分彰显党中央、国务院持续优化营商环境、推动各种所有制企业共同发展的坚定决心，进一步增强企业发展信心，稳定市场预期，为专项整治工作营造良好舆论氛围。要大力开展行业警示教育，通过多种渠道曝光一批典型违法违规案例，增强相关市场主体对招投标违法违规行为危害性的认识，自觉维护公平竞争市场秩序。

（四）建立长效机制。建立统一开放、竞争有序的现代市场体系是一项长期任务，各地区、各部门要在开展专项整治工作的基础上，健全管理制度，完善工作机制，加强日常监管，坚决防止违法违规行为反弹。同时，注重广泛听取招投标市场主体、行业协会等方面意见建议，加快建立健全保障不同所有制企业平等参与市场竞争、支持不同所有制企业健康发展的长效机制，巩固专项整治成果。

工程建设项目自行招标试行办法

（2000年7月1日国家发展计划委员会令第5号发布 根据2013年3月11日国家发展和改革委员会、工业和信息化部、财政部、住房和城乡建设部、交通运输部、铁道部、水利部、国家广播电影电视总局、中国民用航空局《关于废止和修改部分招标投标规章和规范性文件的决定》修订）

第一条 为了规范工程建设项目招标人自行招标行为，加强对招标投标活动的监督，根据《中华人民共和国招标投标法》（以下简称招标投标法）、《中华人民共和国招标投标法实施条例》（以下简称招标投标法实施条例）和《国务院办公厅印发国务院有关部门实施招标投标活动行政监督的职责分工意见的通知》（国办发〔2000〕34号），制定本办法。

第二条 本办法适用于经国家发展改革委审批、核准（含经国家发展改革委初审后报国务院审批）依法必须进行招标的工程建设项目的自行招标活动。

前款工程建设项目的招标范围和规模标准，适用《工程建设项目招标范围和规模标准规定》（国家计委第 3 号令）。

第三条 招标人是指依照法律规定进行工程建设项目的勘察、设计、施工、监理以及与工程建设有关的重要设备、材料等招标的法人。

第四条 招标人自行办理招标事宜，应当具有编制招标文件和组织评标的能力，具体包括：

（一）具有项目法人资格（或者法人资格）；

（二）具有与招标项目规模和复杂程度相适应的工程技术、概预算、财务和工程管理等方面专业技术力量；

（三）有从事同类工程建设项目招标的经验；

（四）拥有 3 名以上取得招标职业资格的专职招标业务人员；

（五）熟悉和掌握招标投标法及有关法规规章。

第五条 招标人自行招标的，项目法人或者组建中的项目法人应当在国家发展改革委上报项目可行性研究报告或者资金申请报告、项目申请报告时，一并报送符合本办法第四条规定的书面材料。

书面材料应当至少包括：

（一）项目法人营业执照、法人证书或者项目法人组建文件；

（二）与招标项目相适应的专业技术力量情况；

（三）取得招标职业资格的专职招标业务人员的基本情况；

（四）拟使用的专家库情况；

（五）以往编制的同类工程建设项目招标文件和评标报告，以及招标业绩的证明材料；

（六）其他材料。

在报送可行性研究报告或者资金申请报告、项目申请报告前，招标人确需通过招标方式或者其他方式确定勘察、设计单位开展前期工作的，应当在前款规定的书面材料中说明。

第六条 国家发展改革委审查招标人报送的书面材料，核准招标人符合本办法规定的自行招标条件的，招标人可以自行办理招标事宜。任何单位和个人不得限制其自行办理招标事宜，也不得拒绝办理工程建设有关手续。

第七条 国家发展改革委审查招标报送的书面材料，认定招标人不符合本办法规定的自行招标条件的，在批复、核准可行性研究报告或者资金申请报告、项目申请报告时，要求招标人委托招标代理机构办理招标事宜。

第八条 一次核准手续仅适用于一个工程建设项目。

第九条 招标人不具备自行招标条件，不影响国家发展改革委对项目的审批或者核准。

第十条 招标人自行招标的，应当自确定中标人之日起15日内，向国家发展改革委提交招标投标情况的书面报告。书面报告至少应包括下列内容：

（一）招标方式和发布资格预审公告、招标公告的媒介；

（二）招标文件中投标人须知、技术规格、评标标准和方法、合同主要条款等内容；

（三）评标委员会的组成和评标报告；

（四）中标结果。

第十一条 招标人不按本办法规定要求履行自行招标核准手续的或者报送的书面材料有遗漏的，国家发展改革委要求其补正；不及时补正的，视同不具备自行招标条件。

招标人履行核准手续中有弄虚作假情况的，视同不自行招标条件。

第十二条 招标人不按本办法提交招标投标情况的书面报告的，国家发展改革委要求补正；拒不补正的，给予警告，并视招标人是否有招标投标法第五章以及招标投标法实施条例第六章规定的违法行为，给予相应的处罚。

第十三条 任何单位和个人非法强制招标人委托招标代理机构

或者其他组织办理招标事宜的，非法拒绝办理工程建设有关手续的，或者以其他任何方式非法干预招标人自行招标活动的，由国家发展改革委依据招标投标法以及招标投标法实施条例的有关规定处罚或者向有关行政监督部门提出处理建议。

第十四条 本办法自发布之日起施行。

住房和城乡建设部关于进一步加强房屋建筑和市政基础设施工程招标投标监管的指导意见

(2019年12月19日 建市规〔2019〕11号)

各省、自治区住房和城乡建设厅，直辖市住房和城乡建设（管）委，新疆生产建设兵团住房和城乡建设局：

工程招标投标制度在维护国家利益和社会公共利益、规范建筑市场行为、提高投资效益、促进廉政建设等方面发挥了重要作用。但是，当前工程招标投标活动中招标人主体责任缺失、串通投标、弄虚作假违法违规问题依然突出。为深入贯彻落实《国务院办公厅关于促进建筑业持续健康发展的意见》（国办发〔2017〕19号）、《国务院办公厅转发住房城乡建设部关于完善质量保障体系提升建筑工程品质指导意见的通知》（国办函〔2019〕92号），积极推进房屋建筑和市政基础设施工程招标投标制度改革，加强相关工程招标投标活动监管，严厉打击招标投标环节违法违规问题，维护建筑市场秩序，现提出如下意见。

一、夯实招标人的权责

（一）落实招标人首要责任。工程招标投标活动依法应由招标人负责，招标人自主决定发起招标，自主选择工程建设项目招标代理机构、资格审查方式、招标人代表和评标方法。夯实招标投标活动中各方主体责任，党员干部严禁利用职权或者职务上的影响干预招标投标活动。

（二）政府投资工程鼓励集中建设管理方式。实施相对集中专业化管理，采用组建集中建设机构或竞争选择企业实行代建的模式，严格控制工程项目投资，科学确定并严格执行合理的工程建设周期，保障工程质量安全，竣工验收后移交使用单位，提高政府投资工程的专业化管理水平。

二、优化招标投标方法

（三）缩小招标范围。社会投资的房屋建筑工程，建设单位自主决定发包方式，社会投资的市政基础设施工程依法决定发包方式。政府投资工程鼓励采用全过程工程咨询、工程总承包方式，减少招标投标层级，依据合同约定或经招标人同意，由总承包单位自主决定专业分包，招标人不得指定分包或肢解工程。

（四）探索推进评定分离方法。招标人应科学制定评标定标方法，组建评标委员会，通过资格审查强化对投标人的信用状况和履约能力审查，围绕高质量发展要求优先考虑创新、绿色等评审因素。评标委员会对投标文件的技术、质量、安全、工期的控制能力等因素提供技术咨询建议，向招标人推荐合格的中标候选人。由招标人按照科学、民主决策原则，建立健全内部控制程序和决策约束机制，根据报价情况和技术咨询建议，择优确定中标人，实现招标投标过程的规范透明，结果的合法公正，依法依规接受监督。

（五）全面推行电子招标投标。全面推行招标投标交易全过程电子化和异地远程评标，实现招标投标活动信息公开。积极创新电子化行政监督，招标投标交易平台应当与本地建筑市场监管平台实现数据对接，加快推动交易、监管数据互联共享，加大全国建筑市场监管公共服务平台工程项目数据信息的归集和共享力度。

（六）推动市场形成价格机制。实施工程造价供给侧结构性改革，鼓励地方建立工程造价数据库和发布市场化的造价指标指数，促进通过市场竞争形成合同价。对标国际，建立工程计量计价体系，完善工程材料、机械、人工等各类价格市场化信息发布机制。改进最高投标限价编制方式，强化招标人工程造价管控责任，推行全过程工程造价咨询。严格合同履约管理和工程变更，强化工程进度款支付和工程结算管理，招标人不得将未完成审计作为延期工程结算、拖欠工程款的理由。

三、加强招标投标过程监管

（七）加强招标投标活动监管。各级住房和城乡建设主管部门应按照"双随机、一公开"的要求，加大招标投标事中事后查处力度，严厉打击串通投标、弄虚作假等违法违规行为，维护建筑市场秩序。对围标串标等情节严重的，应纳入失信联合惩戒范围，直至清出市场。

（八）加强评标专家监管。各级住房和城乡建设主管部门要结合实际健全完善评标专家动态监管和抽取监督的管理制度，严格履行对评标专家的监管职责。建立评标专家考核和退出机制，对存在违法违规行为的评标专家，应取消其评标专家资格，依法依规严肃查处。

（九）强化招标代理机构市场行为监管。实行招标代理机构信息自愿报送和年度业绩公示制度，完善全过程工程咨询机构从事招标投标活动的监管。加强招标代理机构从业人员考核、评价，严格依法查处从业人员违法违规行为，信用评价信息向社会公开，实行招标代理机构"黑名单"制度，构建守信激励、失信惩戒机制。

（十）强化合同履约监管。加强建筑市场和施工现场"两场"联动，将履约行为纳入信用评价，中标人应严格按照投标承诺的技术力量和技术方案履约，对中标人拒不履行合同约定义务的，作为不良行为记入信用记录。

四、优化招标投标市场环境

（十一）加快推行工程担保制度。推行银行保函制度，在有条件的地区推行工程担保公司保函和工程保证保险。招标人要求中标人提供履约担保的，招标人应当同时向中标人提供工程款支付担保。对采用最低价中标的探索实行高保额履约担保。

（十二）加大信息公开力度。公开招标的项目信息，包括资格预审公告、招标公告、评审委员会评审信息、资格审查不合格名单、评标结果、中标候选人、定标方法、受理投诉的联系方式等内容，应在招标公告发布的公共服务平台、交易平台向社会公开，接受社会公众的监督。

（十三）完善建筑市场信用评价机制。积极开展建筑市场信用评价，健全招标人、投标人、招标代理机构及从业人员等市场主体信用档案，完善信用信息的分级管理制度，对存在严重失信行为的市场主体予以惩戒，推动建筑市场信用评价结果在招标投标活动中规范应用，严禁假借信用评价实行地方保护。

（十四）畅通投诉渠道，规范投诉行为。招标投标监管部门要建立健全公平、高效的投诉处理机制，及时受理并依法处理招标投标投诉，加大查处力度。要规范投诉行为，投诉书应包括投诉人和被投诉人的名称地址及有效联系方式、投诉的基本事实、相关请求及主张、有效线索和相关证明材料、已提出异议的证明文件。属于恶意投诉的，应追究其相应责任。

五、强化保障措施

（十五）强化组织领导。各地住房和城乡建设主管部门要高度重视建筑市场交易活动，创新工程招标投标监管机制，完善相关配套政策，加强对建筑市场交易活动的引导和支持，加强与发展改革、财政、审计等有关部门的沟通协调，切实解决招标投标活动中的实际问题。

（十六）推动示范引领。各地住房和城乡建设主管部门要积极推动工程建设项目招标投标改革，选择部分地区开展试点，及时总结试点做法，形成可复制、可推广的经验。试点中的问题和建议及时告住房和城乡建设部。

（十七）做好宣传引导。各地住房和城乡建设主管部门要通过多种形式及时宣传报道招标投标改革工作措施和取得的成效，加强舆论引导，争取社会公众和市场主体的支持，及时回应舆论关切，为顺利推进招标投标改革工作营造良好的舆论环境。

建筑工程设计招标投标管理办法

（2017年1月24日住房和城乡建设部令第33号发布 自2017年5月1日起施行）

第一条 为规范建筑工程设计市场，提高建筑工程设计水平，促进公平竞争，繁荣建筑创作，根据《中华人民共和国建筑法》、《中华人民共和国招标投标法》、《建设工程勘察设计管理条例》和《中华人民共和国招标投标法实施条例》等法律法规，制定本办法。

第二条 依法必须进行招标的各类房屋建筑工程，其设计招标投标活动，适用本办法。

第三条 国务院住房城乡建设主管部门依法对全国建筑工程设计招标投标活动实施监督。

县级以上地方人民政府住房城乡建设主管部门依法对本行政区域内建筑工程设计招标投标活动实施监督，依法查处招标投标活动中的违法违规行为。

第四条 建筑工程设计招标范围和规模标准按照国家有关规定执行，有下列情形之一的，可以不进行招标：

（一）采用不可替代的专利或者专有技术的；

（二）对建筑艺术造型有特殊要求，并经有关主管部门批准的；

（三）建设单位依法能够自行设计的；

（四）建筑工程项目的改建、扩建或者技术改造，需要由原设计单位设计，否则将影响功能配套要求的；

（五）国家规定的其他特殊情形。

第五条 建筑工程设计招标应当依法进行公开招标或者邀请招标。

第六条 建筑工程设计招标可以采用设计方案招标或者设计团队招标，招标人可以根据项目特点和实际需要选择。

设计方案招标，是指主要通过对投标人提交的设计方案进行评审确定中标人。

设计团队招标，是指主要通过对投标人拟派设计团队的综合能力进行评审确定中标人。

第七条 公开招标的，招标人应当发布招标公告。邀请招标的，招标人应当向 3 个以上潜在投标人发出投标邀请书。

招标公告或者投标邀请书应当载明招标人名称和地址、招标项目的基本要求、投标人的资质要求以及获取招标文件的办法等事项。

第八条 招标人一般应当将建筑工程的方案设计、初步设计和施工图设计一并招标。确需另行选择设计单位承担初步设计、施工图设计的，应当在招标公告或者投标邀请书中明确。

第九条 鼓励建筑工程实行设计总包。实行设计总包的，按照合同约定或者经招标人同意，设计单位可以不通过招标方式将建筑工程非主体部分的设计进行分包。

第十条 招标文件应当满足设计方案招标或者设计团队招标的不同需求，主要包括以下内容：

（一）项目基本情况；

（二）城乡规划和城市设计对项目的基本要求；

（三）项目工程经济技术要求；

（四）项目有关基础资料；

（五）招标内容；

（六）招标文件答疑、现场踏勘安排；

（七）投标文件编制要求；

（八）评标标准和方法；

（九）投标文件送达地点和截止时间；

（十）开标时间和地点；

（十一）拟签订合同的主要条款；

（十二）设计费或者计费方法；

（十三）未中标方案补偿办法。

第十一条 招标人应当在资格预审公告、招标公告或者投标邀请书中载明是否接受联合体投标。采用联合体形式投标的，联合体各方应当签订共同投标协议，明确约定各方承担的工作和责任，就中标项目向招标人承担连带责任。

第十二条 招标人可以对已发出的招标文件进行必要的澄清或者修改。澄清或者修改的内容可能影响投标文件编制的，招标人应当在投标截止时间至少15日前，以书面形式通知所有获取招标文件的潜在投标人，不足15日的，招标人应当顺延提交投标文件的截止时间。

潜在投标人或者其他利害关系人对招标文件有异议的，应当在投标截止时间10日前提出。招标人应当自收到异议之日起3日内作出答复；作出答复前，应当暂停招标投标活动。

第十三条 招标人应当确定投标人编制投标文件所需要的合理时间，自招标文件开始发出之日起至投标人提交投标文件截止之日止，时限最短不少于20日。

第十四条 投标人应当具有与招标项目相适应的工程设计资质。境外设计单位参加国内建筑工程设计投标的，按照国家有关规定执行。

第十五条 投标人应当按照招标文件的要求编制投标文件。投标文件应当对招标文件提出的实质性要求和条件作出响应。

第十六条 评标由评标委员会负责。

评标委员会由招标人代表和有关专家组成。评标委员会人数为 5 人以上单数，其中技术和经济方面的专家不得少于成员总数的 2/3。建筑工程设计方案评标时，建筑专业专家不得少于技术和经济方面专家总数的 2/3。

评标专家一般从专家库随机抽取，对于技术复杂、专业性强或者国家有特殊要求的项目，招标人也可以直接邀请相应专业的中国科学院院士、中国工程院院士、全国工程勘察设计大师以及境外具有相应资历的专家参加评标。

投标人或者与投标人有利害关系的人员不得参加评标委员会。

第十七条 有下列情形之一的，评标委员会应当否决其投标：

（一）投标文件未按招标文件要求经投标人盖章和单位负责人签字；

（二）投标联合体没有提交共同投标协议；

（三）投标人不符合国家或者招标文件规定的资格条件；

（四）同一投标人提交两个以上不同的投标文件或者投标报价，但招标文件要求提交备选投标的除外；

（五）投标文件没有对招标文件的实质性要求和条件作出响应；

（六）投标人有串通投标、弄虚作假、行贿等违法行为；

（七）法律法规规定的其他应当否决投标的情形。

第十八条 评标委员会应当按照招标文件确定的评标标准和方法，对投标文件进行评审。

采用设计方案招标的，评标委员会应当在符合城乡规划、城市设计以及安全、绿色、节能、环保要求的前提下，重点对功能、技术、经济和美观等进行评审。

采用设计团队招标的，评标委员会应当对投标人拟从事项目设计的人员构成、人员业绩、人员从业经历、项目解读、设计构思、投标人信用情况和业绩等进行评审。

第十九条 评标委员会应当在评标完成后，向招标人提出书面评标报告，推荐不超过 3 个中标候选人，并标明顺序。

第二十条 招标人应当公示中标候选人。采用设计团队招标的，招标人应当公示中标候选人投标文件中所列主要人员、业绩等内容。

第二十一条 招标人根据评标委员会的书面评标报告和推荐的中标候选人确定中标人。招标人也可以授权评标委员会直接确定中标人。

采用设计方案招标的，招标人认为评标委员会推荐的候选方案不能最大限度满足招标文件规定的要求的，应当依法重新招标。

第二十二条 招标人应当在确定中标人后及时向中标人发出中标通知书，并同时将中标结果通知所有未中标人。

第二十三条 招标人应当自确定中标人之日起 15 日内，向县级以上地方人民政府住房城乡建设主管部门提交招标投标情况的书面报告。

第二十四条 县级以上地方人民政府住房城乡建设主管部门应当自收到招标投标情况的书面报告之日起 5 个工作日内，公开专家评审意见等信息，涉及国家秘密、商业秘密的除外。

第二十五条 招标人和中标人应当自中标通知书发出之日起 30 日内，按照招标文件和中标人的投标文件订立书面合同。

第二十六条 招标人、中标人使用未中标方案的，应当征得提交方案的投标人同意并付给使用费。

第二十七条 国务院住房城乡建设主管部门，省、自治区、直辖市人民政府住房城乡建设主管部门应当加强建筑工程设计评标专家和专家库的管理。

建筑专业专家库应当按建筑工程类别细化分类。

第二十八条 住房城乡建设主管部门应当加快推进电子招标投标，完善招标投标信息平台建设，促进建筑工程设计招标投标信息化监管。

第二十九条 招标人以不合理的条件限制或者排斥潜在投标人的，对潜在投标人实行歧视待遇的，强制要求投标人组成联合体共同投标的，或者限制投标人之间竞争的，由县级以上地方人民政府住房城乡建设主管部门责令改正，可以处 1 万元以上 5 万元以下的罚款。

第三十条 招标人澄清、修改招标文件的时限，或者确定的提交投标文件的时限不符合本办法规定的，由县级以上地方人民政府住房城乡建设主管部门责令改正，可以处 10 万元以下的罚款。

第三十一条 招标人不按照规定组建评标委员会，或者评标委员会成员的确定违反本办法规定的，由县级以上地方人民政府住房城乡建设主管部门责令改正，可以处 10 万元以下的罚款，相应评审结论无效，依法重新进行评审。

第三十二条 招标人有下列情形之一的，由县级以上地方人民政府住房城乡建设主管部门责令改正，可以处中标项目金额 10‰ 以下的罚款；给他人造成损失的，依法承担赔偿责任；对单位直接负责的主管人员和其他直接责任人员依法给予处分：

（一）无正当理由未按本办法规定发出中标通知书；

（二）不按照规定确定中标人；

（三）中标通知书发出后无正当理由改变中标结果；

（四）无正当理由未按本办法规定与中标人订立合同；

（五）在订立合同时向中标人提出附加条件。

第三十三条 投标人以他人名义投标或者以其他方式弄虚作假，骗取中标的，中标无效，给招标人造成损失的，依法承担赔偿责任；构成犯罪的，依法追究刑事责任。

投标人有前款所列行为尚未构成犯罪的，由县级以上地方人民政府住房城乡建设主管部门处中标项目金额 5‰ 以上 10‰ 以下的罚款，对单位直接负责的主管人员和其他直接责任人员处单位罚款数额 5%以上 10%以下的罚款；有违法所得的，并处没收违法所得；情节严重的，取消其 1 年至 3 年内参加依法必须进行招标的建筑工程设计招标的投标资格，并予以公告，直至由工商行政管理机关吊销营业执照。

第三十四条 评标委员会成员收受投标人的财物或者其他好处的，评标委员会成员或者参加评标的有关工作人员向他人透露对投标文件的评审和比较、中标候选人的推荐以及与评标有关的其他情况的，由县级以上地方人民政府住房城乡建设主管部门给予警告，没收收受的财物，可以并处 3000 元以上 5 万元以下的罚款。

评标委员会成员有前款所列行为的，由有关主管部门通报批评并取消担任评标委员会成员的资格，不得再参加任何依法必须进行招标的建筑工程设计招标投标的评标；构成犯罪的，依法追究刑事责任。

第三十五条 评标委员会成员违反本办法规定，对应当否决的投标不提出否决意见的，由县级以上地方人民政府住房城乡建设主管部门责令改正；情节严重的，禁止其在一定期限内参加依法必须进行招标的建筑工程设计招标投标的评标；情节特别严重的，由有关主管部门取消其担任评标委员会成员的资格。

第三十六条 住房城乡建设主管部门或者有关职能部门的工作人员徇私舞弊、滥用职权或者玩忽职守，构成犯罪的，依法追究刑事责任；不构成犯罪的，依法给予行政处分。

第三十七条 市政公用工程及园林工程设计招标投标参照本办法执行。

第三十八条 本办法自 2017 年 5 月 1 日起施行。2000 年 10 月 18 日建设部颁布的《建筑工程设计招标投标管理办法》（建设部令第 82 号）同时废止。

建筑工程方案设计招标投标管理办法

(2008年3月21日建市〔2008〕63号公布 根据2019年3月18日《住房和城乡建设部关于修改有关文件的通知》修正)

第一章 总 则

第一条 为规范建筑工程方案设计招标投标活动，提高建筑工程方案设计质量，体现公平有序竞争，根据《中华人民共和国建筑法》、《中华人民共和国招标投标法》及相关法律、法规和规章，制定本办法。

第二条 在中华人民共和国境内从事建筑工程方案设计招标投标及其管理活动的，适用本办法。

学术性的项目方案设计竞赛或不对某工程项目下一步设计工作的承接具有直接因果关系的"创意征集"等活动，不适用本办法。

第三条 本办法所称建筑工程方案设计招标投标，是指在建筑工程方案设计阶段，按照有关招标投标法律、法规和规章等规定进行的方案设计招标投标活动。

第四条 按照国家规定需要政府审批的建筑工程项目，有下列情形之一的，经有关部门批准，可以不进行招标：

（一）涉及国家安全、国家秘密的；

（二）涉及抢险救灾的；

（三）主要工艺、技术采用特定专利、专有技术，或者建筑艺术造型有特殊要求的；

（四）技术复杂或专业性强，能够满足条件的设计机构少于三家，不能形成有效竞争的；

（五）项目的改、扩建或者技术改造，由其他设计机构设计影响项目功能配套性的；

（六）法律、法规规定可以不进行设计招标的其他情形。

第五条 国务院建设主管部门负责全国建筑工程方案设计招标投标活动统一监督管理。县级以上人民政府建设主管部门依法对本行政区域内建筑工程方案设计招标投标活动实施监督管理。

建筑工程方案设计招标投标管理流程图详见附件一。

第六条 建筑工程方案设计应按照科学发展观，全面贯彻适用、经济，在可能条件下注意美观的原则。建筑工程设计方案要与当地经济发展水平相适应，积极鼓励采用节能、节地、节水、节材、环保技术的建筑工程设计方案。

第七条 建筑工程方案设计招标投标活动应遵循公开、公平、公正、择优和诚实信用的原则。

第八条 建筑工程方案设计应严格执行《建设工程质量管理条例》、《建设工程勘察设计管理条例》和国家强制性标准条文；满足现行的建筑工程建设标准、设计规范（规程）和本办法规定的相应设计文件编制深度要求。

第二章 招 标

第九条 建筑工程方案设计招标方式分为公开招标和邀请招标。

全部使用国有资金投资或者国有资金投资占控股或者主导地位的建筑工程项目，以及国务院发展和改革部门确定的国家重点项目和省、自治区、直辖市人民政府确定的地方重点项目，除符合本办法第四条及第十条规定条件并依法获得批准外，应当公开招标。

第十条 依法必须进行公开招标的建筑工程项目，在下列情形下可以进行邀请招标：

（一）项目的技术性、专业性强，或者环境资源条件特殊，符合条件的潜在投标人数量有限的；

（二）如采用公开招标，所需费用占建筑工程项目总投资额比例过大的；

（三）受自然因素限制，如采用公开招标，影响建筑工程项目实施时机的；

（四）法律、法规规定不宜公开招标的。

招标人采用邀请招标的方式，应保证有三个以上具备承担招标项目设计能力，并具有相应资质的机构参加投标。

第十一条 根据设计条件及设计深度，建筑工程方案设计招标类型分为建筑工程概念性方案设计招标和建筑工程实施性方案设计招标两种类型。

招标人应在招标公告或者投标邀请函中明示采用何种招标类型。

第十二条 建筑工程方案设计招标时应当具备下列条件：

（一）按照国家有关规定需要履行项目审批手续的，已履行审批手续，取得批准；

（二）设计所需要资金已经落实；

（三）设计基础资料已经收集完成；

（四）符合相关法律、法规规定的其他条件。

建筑工程概念性方案设计招标和建筑工程实施性方案设计招标的招标条件详见本办法附件二。

第十三条 公开招标的项目，招标人应当在指定的媒介发布招标公告。大型公共建筑工程的招标公告应当按照有关规定在指定的全国性媒介发布。

第十四条 招标人填写的招标公告或投标邀请函应当内容真实、准确和完整。

招标公告或投标邀请函的主要内容应当包括：工程概况、招标方式、招标类型、招标内容及范围、投标人承担设计任务范围、对投标人资质、经验及业绩的要求、投标人报名要求、招标文件工本费收费标准、投标报名时间、提交资格预审申请文件的截止时间、投标截止时间等。

建筑工程方案设计招标公告和投标邀请函样本详见本办法附件三。

第十五条 招标人应当按招标公告或者投标邀请函规定的时间、地点发出招标文件或者资格预审文件。自招标文件或者资格预审文件发出之日起至停止发出之日止，不得少于5个工作日。

第十六条 大型公共建筑工程项目或投标人报名数量较多的建筑工程项目招标可以实行资格预审。采用资格预审的，招标人应在招标公告中明示，并发出资格预审文件。招标人不得通过资格预审排斥潜在投标人。

对于投标人数量过多，招标人实行资格预审的情形，招标人应在招标公告中明确进行资格预审所需达到的投标人报名数量。招标人未在招标公告中明确或实际投标人报名数量未达到招标公告中规定的数量时，招标人不得进行资格预审。

资格预审必须由专业人员评审。资格预审不采用打分的方式评审，只有"通过"和"未通过"之分。如果通过资格预审投标人的数量不足三家，招标人应修订并公布新的资格预审条件，重新进行资格预审，直至三家或三家以上投标人通过资格预审为止。特殊情况下，招标人不能重新制定新的资格预审条件的，必须依据国家相关法律、法规规定执行。

建筑工程方案设计招标资格预审文件样本详见本办法附件四。

第十七条 招标人应当根据建筑工程特点和需要编制招标文件。招标文件包括以下方面内容：

（一）投标须知

（二）投标技术文件要求

（三）投标商务文件要求

（四）评标、定标标准及方法说明

（五）设计合同授予及投标补偿费用说明

招标人应在招标文件中明确执行国家规定的设计收费标准或提供投标人设计收费的统一计算基价。

对政府或国有资金投资的大型公共建筑工程项目，招标人应当在招标文件中明确参与投标的设计方案必须包括有关使用功能、建筑节能、工程造价、运营成本等方面的专题报告。

设计招标文件中的投标须知样本、招标技术文件编写内容及深度要求、投标商务文件内容等分别详见本办法附件五、附件六和附件七。

第十八条 各级建设主管部门对招标投标活动实施监督。

第十九条 概念性方案设计招标或者实施性方案设计招标的中标人应按招标文件要求承担方案及后续阶段的设计和服务工作。但中标人为中华人民共和国境外企业的，若承担后续阶段的设计和服务工作应按照《关于外国企业在中华人民共和国境内从事建设工程设计活动的管理暂行规定》（建市［2004］78号）执行。

如果招标人只要求中标人承担方案阶段设计，而不再委托中标人承接或参加后续阶段工程设计业务的，应在招标公告或投标邀请函中明示，并说明支付中标人的设计费用。采用建筑工程实施性方案设计招标的，招标人应按照国家规定方案阶段设计付费标准支付中标人。采用建筑工程概念性方案设计招标的，招标人应按照国家规定方案阶段设计付费标准的80%支付中标人。

第三章 投　　标

第二十条 参加建筑工程项目方案设计的投标人应具备下列主体资格：

（一）在中华人民共和国境内注册的企业，应当具有建设主管部门颁发的建筑工程设计资质证书或建筑专业事务所资质证书，并按规定的等级和范围参加建筑工程项目方案设计投标活动。

（二）注册在中华人民共和国境外的企业，应当是其所在国或者所在地区的建筑设计行业协会或组织推荐的会员。其行业协会或组织的推荐名单应由建设单位确认。

（三）各种形式的投标联合体各方应符合上述要求。招标人不得强制投标人组成联合体共同投标，不得限制投标人组成联合体参与投标。

招标人可以根据工程项目实际情况，在招标公告或投标邀请函中明确投标人其他资格条件。

第二十一条　采用国际招标的，不应人为设置条件排斥境内投标人。

第二十二条　投标人应按照招标文件确定的内容和深度提交投标文件。

第二十三条　招标人要求投标人提交备选方案的，应当在招标文件中明确相应的评审和比选办法。

凡招标文件中未明确规定允许提交备选方案的，投标人不得提交备选方案。如投标人擅自提交备选方案的，招标人应当拒绝该投标人提交的所有方案。

第二十四条　建筑工程概念性方案设计投标文件编制一般不少于二十日，其中大型公共建筑工程概念性方案设计投标文件编制一般不少于四十日；建筑工程实施性方案设计投标文件编制一般不少于四十五日。招标文件中规定的编制时间不符合上述要求的，建设主管部门对招标文件不予备案。

第四章　开标、评标、定标

第二十五条　开标应在招标文件规定提交投标文件截止时间的同一时间公开进行；除不可抗力外，招标人不得以任何理由拖延开标，或者拒绝开标。

建筑工程方案设计招标开标程序详见本办法附件八。

第二十六条 投标文件出现下列情形之一的，其投标文件作为无效标处理，招标人不予受理：

（一）逾期送达的或者未送达指定地点的；

（二）投标文件未按招标文件要求予以密封的；

（三）违反有关规定的其他情形。

第二十七条 招标人或招标代理机构根据招标建筑工程项目特点和需要组建评标委员会，其组成应当符合有关法律、法规和本办法的规定：

（一）评标委员会的组成应包括招标人以及与建筑工程项目方案设计有关的建筑、规划、结构、经济、设备等专业专家。大型公共建筑工程项目应增加环境保护、节能、消防专家。评委应以建筑专业专家为主，其中技术、经济专家人数应占评委总数的三分之二以上；

（二）评标委员会人数为 5 人以上单数组成，其中大型公共建筑工程项目评标委员会人数不应少于 9 人；

（三）大型公共建筑工程或具有一定社会影响的建筑工程，以及技术特别复杂、专业性要求特别高的建筑工程，采取随机抽取确定的专家难以胜任的，经主管部门批准，招标人可以从设计类资深专家库中直接确定，必要时可以邀请外地或境外资深专家参加评标。

第二十八条 评标委员会必须严格按照招标文件确定的评标标准和评标办法进行评审。评委应遵循公平、公正、客观、科学、独立、实事求是的评标原则。

评审标准主要包括以下方面：

（一）对方案设计符合有关技术规范及标准规定的要求进行分析、评价；

（二）对方案设计水平、设计质量高低、对招标目标的响应度进行综合评审；

（三）对方案社会效益、经济效益及环境效益的高低进行分析、评价；

（四）对方案结构设计的安全性、合理性进行分析、评价；

（五）对方案投资估算的合理性进行分析、评价；

（六）对方案规划及经济技术指标的准确度进行比较、分析；

（七）对保证设计质量、配合工程实施，提供优质服务的措施进行分析、评价；

（八）对招标文件规定废标或被否决的投标文件进行评判。

评标方法主要包括记名投票法、排序法和百分制综合评估法等，招标人可根据项目实际情况确定评标方法。评标方法及实施步骤详见本办法附件九。

第二十九条 设计招标投标评审活动应当符合以下规定：

（一）招标人应确保评标专家有足够时间审阅投标文件，评审时间安排应与工程的复杂程度、设计深度、提交有效标的投标人数量和投标人提交设计方案的数量相适应。

（二）评审应由评标委员会负责人主持，负责人应从评标委员会中确定一名资深技术专家担任，并从技术评委中推荐一名评标会议纪要人。

（三）评标应严格按照招标文件中规定的评标标准和办法进行，除了有关法律、法规以及国家标准中规定的强制性条文外，不得引用招标文件规定以外的标准和办法进行评审。

（四）在评标过程中，当评标委员会对投标文件有疑问，需要向投标人质疑时，投标人可以到场解释或澄清投标文件有关内容。

（五）在评标过程中，一旦发现投标人有对招标人、评标委员会成员或其他有关人员施加不正当影响的行为，评标委员会有权拒绝该投标人的投标。

（六）投标人不得以任何形式干扰评标活动，否则评标委员会有权拒绝该投标人的投标。

（七）对于国有资金投资或国家融资的有重大社会影响的标志性建筑，招标人可以邀请人大代表、政协委员和社会公众代表列席，接受社会监督。但列席人员不发表评审意见，也不得以任何方式干涉评标委员会独立开展评标工作。

第三十条 大型公共建筑工程项目如有下列情况之一的，招标人可以在评标过程中对其中有关规划、安全、技术、经济、结构、环保、节能等方面进行专项技术论证：

（一）对于重要地区主要景观道路沿线，设计方案是否适合周边地区环境条件兴建的；

（二）设计方案中出现的安全、技术、经济、结构、材料、环保、节能等有重大不确定因素的；

（三）有特殊要求，需要进行设计方案技术论证的。

一般建筑工程项目，必要时，招标人也可进行涉及安全、技术、经济、结构、材料、环保、节能中的一个或多个方面的专项技术论证，以确保建筑方案的安全性和合理性。

第三十一条 投标文件有下列情形之一的，经评标委员会评审后按废标处理或被否决：

（一）投标文件中的投标函无投标人公章（有效签署）、投标人的法定代表人有效签章及未有相应资格的注册建筑师有效签章的；或者投标人的法定代表人授权委托人没有经有效签章的合法、有效授权委托书原件的；

（二）以联合体形式投标，未向招标人提交共同签署的联合体协议书的；

（三）投标联合体通过资格预审后在组成上发生变化的；

（四）投标文件中标明的投标人与资格预审的申请人在名称和组织结构上存在实质性差别的；

（五）未按招标文件规定的格式填写，内容不全，未响应招标文件的实质性要求和条件的，经评标委员会评审未通过的；

（六）违反编制投标文件的相关规定，可能对评标工作产生实质性影响的；

（七）与其他投标人串通投标，或者与招标人串通投标的；

（八）以他人名义投标，或者以其他方式弄虚作假的；

（九）未按招标文件的要求提交投标保证金的；

（十）投标文件中承诺的投标有效期短于招标文件规定的；

（十一）在投标过程中有商业贿赂行为的；

（十二）其他违反招标文件规定实质性条款要求的。

评标委员会对投标文件确认为废标的，应当由三分之二以上评委签字确认。

第三十二条 有下列情形之一的，招标人应当依法重新招标：

（一）所有投标均做废标处理或被否决的；

（二）评标委员会界定为不合格标或废标后，因有效投标人不足3个使得投标明显缺乏竞争，评标委员会决定否决全部投标的；

（三）同意延长投标有效期的投标人少于3个的。

符合前款第一种情形的，评标委员会应在评标纪要上详细说明所有投标均做废标处理或被否决的理由。

招标人依法重新招标的，应对有串标、欺诈、行贿、压价或弄虚作假等违法或严重违规行为的投标人取消其重新投标的资格。

第三十三条 评标委员会按如下规定向招标人推荐合格的中标候选人：

（一）采取公开和邀请招标方式的，推荐1至3名；

（二）招标人也可以委托评标委员会直接确定中标人。

（三）经评标委员会评审，认为各投标文件未最大程度响应招标文件要求，重新招标时间又不允许的，经评标委员会同意，评委可以以记名投票方式，按自然多数票产生3名或3名以上投标人进行方案优化设计。评标委员会重新对优化设计方案评审后，推荐合格的中标候选人。

第三十四条 各级建设主管部门应在评标结束后 15 天内在指定媒介上公开排名顺序，并对推荐中标方案、评标专家名单及各位专家评审意见进行公示，公示期为 5 个工作日。

第三十五条 推荐中标方案在公示期间没有异议、异议不成立、没有投诉或投诉处理后没有发现问题的，招标人应当根据招标文件中规定的定标方法从评标委员会推荐的中标候选方案中确定中标人。定标方法主要包括：

（一）招标人委托评标委员会直接确定中标人；

（二）招标人确定评标委员会推荐的排名第一的中标候选人为中标人。排名第一的中标候选人放弃中标、因不可抗力提出不能履行合同、招标文件规定应当提交履约保证金而在规定的期限内未提交的，或者存在违法行为被有关部门依法查处，且其违法行为影响中标结果的，招标人可以确定排名第二的中标候选人为中标人。如排名第二的中标候选人也发生上述问题，依次可确定排名第三的中标候选人为中标人。

（三）招标人根据评标委员会的书面评标报告，组织审查评标委员会推荐的中标候选方案后，确定中标人。

第三十六条 依法必须进行设计招标的项目，招标人应当在确定中标人之日起 15 日内，向有关建设主管部门提交招标投标情况的书面报告。

建筑工程方案设计招标投标情况书面报告的主要内容详见本办法附件十。

第五章 其 他

第三十七条 招标人和中标人应当自中标通知书发出之日起 30 日内，依据《中华人民共和国合同法》及有关工程设计合同管理规定的要求，按照不违背招标文件和中标人的投标文件内容签订设计委托合同，并履行合同约定的各项内容。合同中确定的建设标准、建设内容应当控制在经审批的可行性报告规定范围内。

国家制定的设计收费标准上下浮动20%是签订建筑工程设计合同的依据。招标人不得以压低设计费、增加工作量、缩短设计周期等作为发出中标通知书的条件，也不得与中标人再订立背离合同实质性内容的其他协议。如招标人违反上述规定，其签订的合同效力按《中华人民共和国合同法》有关规定执行，同时建设主管部门对设计合同不予备案，并依法予以处理。

招标人应在签订设计合同起7个工作日内，将设计合同报项目所在地建设或规划主管部门备案。

第三十八条　对于达到设计招标文件要求但未中标的设计方案，招标人应给予不同程度的补偿。

（一）采用公开招标，招标人应在招标文件中明确其补偿标准。若投标人数量过多，招标人可在招标文件中明确对一定数量的投标人进行补偿。

（二）采用邀请招标，招标人应给予每个未中标的投标人经济补偿，并在投标邀请函中明确补偿标准。

招标人可根据情况设置不同档次的补偿标准，以便对评标委员会评选出的优秀设计方案给予适当鼓励。

第三十九条　境内外设计企业在中华人民共和国境内参加建筑工程设计招标的设计收费，应按照同等国民待遇原则，严格执行中华人民共和国的设计收费标准。

工程设计中采用投标人自有专利或者专有技术的，其专利和专有技术收费由招标人和投标人协商确定。

第四十条　招标人应保护投标人的知识产权。投标人拥有设计方案的著作权（版权）。未经投标人书面同意，招标人不得将交付的设计方案向第三方转让或用于本招标范围以外的其他建设项目。

招标人与中标人签署设计合同后，招标人在该建设项目中拥有中标方案的使用权。中标人应保护招标人一旦使用其设计方案不能受到来自第三方的侵权诉讼或索赔，否则中标人应承担由此而产生的一切责任。

招标人或者中标人使用其他未中标人投标文件中的技术成果或技术方案的，应当事先征得该投标人的书面同意，并按规定支付使用费。未经相关投标人书面许可，招标人或者中标人不得擅自使用其他投标人投标文件中的技术成果或技术方案。

联合体投标人合作完成的设计方案，其知识产权由联合体成员共同所有。

第四十一条 设计单位应对其提供的方案设计的安全性、可行性、经济性、合理性、真实性及合同履行承担相应的法律责任。

由于设计原因造成工程项目总投资超出预算的，建设单位有权依法对设计单位追究责任。但设计单位根据建设单位要求，仅承担方案设计，不承担后续阶段工程设计业务的情形除外。

第四十二条 各级建设主管部门应加强对建设单位、招标代理机构、设计单位及取得执业资格注册人员的诚信管理。在设计招标投标活动中对招标代理机构、设计单位及取得执业资格注册人员的各种失信行为和违法违规行为记录在案，并建立招标代理机构、设计单位及取得执业资格注册人员的诚信档案。

第四十三条 各级政府部门不得干预正常的招标投标活动和无故否决依法按规定程序评出的中标方案。

各级政府相关部门应加强监督国家和地方建设方针、政策、标准、规范的落实情况，查处不正当竞争行为。

在建筑工程方案设计招标投标活动中，对违反《中华人民共和国招标投标法》、《工程建设项目勘察设计招标投标办法》和本办法规定的，建设主管部门应当依法予以处理。

第六章 附 则

第四十四条 本办法所称大型公共建筑工程一般指建筑面积 2

万平方米以上的办公建筑、商业建筑、旅游建筑、科教文卫建筑、通信建筑以及交通运输用房等。

第四十五条 使用国际组织或者外国政府贷款、援助资金的建筑工程进行设计招标时,贷款方、资金提供方对招标投标的条件和程序另有规定的,可以适用其规定,但违背中华人民共和国社会公共利益的除外。

第四十六条 各省、自治区、直辖市建设主管部门可依据本办法制定实施细则。

第四十七条 本办法自 2008 年 5 月 1 日起施行。

附件一:建筑工程方案设计招标管理流程图(略)

附件二:建筑工程方案设计招标条件(略)

附件三:建筑工程方案设计公开招标公告样本和建筑工程方案设计投标邀请函样本(略)

附件四:建筑工程方案设计招标资格预审文件样本(略)

附件五:建筑工程方案设计投标须知内容(略)

附件六:建筑工程方案设计招标技术文件编制内容及深度要求(略)

附件七:建筑工程方案设计投标商务示范文件(略)

附件八:建筑工程方案设计招标开标程序(略)

附件九:建筑工程方案设计招标评标方法(略)

附件十:建筑工程方案设计投标评审结果公示样本(略)

附件十一:建筑工程方案设计招标投标情况书面报告(略)

房屋建筑和市政基础设施工程
施工招标投标管理办法

(2001年6月1日建设部令第89号发布 根据2018年9月28日《住房城乡建设部关于修改〈房屋建筑和市政基础设施工程施工招标投标管理办法〉的决定》第一次修正 根据2019年3月13日《住房和城乡建设部关于修改部分部门规章的决定》第二次修正)

第一章 总 则

第一条 为了规范房屋建筑和市政基础设施工程施工招标投标活动，维护招标投标当事人的合法权益，依据《中华人民共和国建筑法》、《中华人民共和国招标投标法》等法律、行政法规，制定本办法。

第二条 依法必须进行招标的房屋建筑和市政基础设施工程（以下简称工程），其施工招标投标活动，适用本办法。

本办法所称房屋建筑工程，是指各类房屋建筑及其附属设施和与其配套的线路、管道、设备安装工程及室内外装修工程。

本办法所称市政基础设施工程，是指城市道路、公共交通、供水、排水、燃气、热力、园林、环卫、污水处理、垃圾处理、防洪、地下公共设施及附属设施的土建、管道、设备安装工程。

第三条 国务院建设行政主管部门负责全国工程施工招标投标活动的监督管理。

县级以上地方人民政府建设行政主管部门负责本行政区域内工程施工招标投标活动的监督管理。具体的监督管理工作，可以委托工程招标投标监督管理机构负责实施。

第四条 任何单位和个人不得违反法律、行政法规规定，限制或者排斥本地区、本系统以外的法人或者其他组织参加投标，不得以任何方式非法干涉施工招标投标活动。

第五条 施工招标投标活动及其当事人应当依法接受监督。

建设行政主管部门依法对施工招标投标活动实施监督，查处施工招标投标活动中的违法行为。

第二章 招　　标

第六条 工程施工招标由招标人依法组织实施。招标人不得以不合理条件限制或者排斥潜在投标人，不得对潜在投标人实行歧视待遇，不得对潜在投标人提出与招标工程实际要求不符的过高的资质等级要求和其他要求。

第七条 工程施工招标应当具备下列条件：

（一）按照国家有关规定需要履行项目审批手续的，已经履行审批手续；

（二）工程资金或者资金来源已经落实；

（三）有满足施工招标需要的设计文件及其他技术资料；

（四）法律、法规、规章规定的其他条件。

第八条 工程施工招标分为公开招标和邀请招标。

依法必须进行施工招标的工程，全部使用国有资金投资或者国有资金投资占控股或者主导地位的，应当公开招标，但经国家计委或者省、自治区、直辖市人民政府依法批准可以进行邀请招标的重点建设项目除外；其他工程可以实行邀请招标。

第九条 工程有下列情形之一的，经县级以上地方人民政府建设行政主管部门批准，可以不进行施工招标：

（一）停建或者缓建后恢复建设的单位工程，且承包人未发生变更的；

（二）施工企业自建自用的工程，且该施工企业资质等级符合工程要求的；

（三）在建工程追加的附属小型工程或者主体加层工程，且承包人未发生变更的；

（四）法律、法规、规章规定的其他情形。

第十条 依法必须进行施工招标的工程，招标人自行办理施工招标事宜的，应当具有编制招标文件和组织评标的能力：

（一）有专门的施工招标组织机构；

（二）有与工程规模、复杂程度相适应并具有同类工程施工招标经验、熟悉有关工程施工招标法律法规的工程技术、概预算及工程管理的专业人员。

不具备上述条件的，招标人应当委托工程招标代理机构代理施工招标。

第十一条 招标人自行办理施工招标事宜的，应当在发布招标公告或者发出投标邀请书的5日前，向工程所在地县级以上地方人民政府建设行政主管部门备案，并报送下列材料：

（一）按照国家有关规定办理审批手续的各项批准文件；

（二）本办法第十条所列条件的证明材料，包括专业技术人员的名单、职称证书或者执业资格证书及其工作经历的证明材料；

（三）法律、法规、规章规定的其他材料。

招标人不具备自行办理施工招标事宜条件的，建设行政主管部门应当自收到备案材料之日起5日内责令招标人停止自行办理施工招标事宜。

第十二条 全部使用国有资金投资或者国有资金投资占控股或者主导地位，依法必须进行施工招标的工程项目，应当进入有形建筑市场进行招标投标活动。

政府有关管理机关可以在有形建筑市场集中办理有关手续，并依法实施监督。

第十三条 依法必须进行施工公开招标的工程项目，应当在国家或者地方指定的报刊、信息网络或者其他媒介上发布招标公告，并同时在中国工程建设和建筑业信息网上发布招标公告。

招标公告应当载明招标人的名称和地址，招标工程的性质、规模、地点以及获取招标文件的办法等事项。

第十四条 招标人采用邀请招标方式的，应当向3个以上符合资质条件的施工企业发出投标邀请书。

投标邀请书应当载明本办法第十三条第二款规定的事项。

第十五条 招标人可以根据招标工程的需要，对投标申请人进行资格预审，也可以委托工程招标代理机构对投标申请人进行资格预审。实行资格预审的招标工程，招标人应当在招标公告或者投标邀请书中载明资格预审的条件和获取资格预审文件的办法。

资格预审文件一般应当包括资格预审申请书格式、申请人须知，以及需要投标申请人提供的企业资质、业绩、技术装备、财务状况和拟派出的项目经理与主要技术人员的简历、业绩等证明材料。

第十六条 经资格预审后，招标人应当向资格预审合格的投标申请人发出资格预审合格通知书，告知获取招标文件的时间、地点和方法，并同时向资格预审不合格的投标申请人告知资格预审结果。

在资格预审合格的投标申请人过多时，可以由招标人从中选择不少于7家资格预审合格的投标申请人。

第十七条 招标人应当根据招标工程的特点和需要，自行或者委托工程招标代理机构编制招标文件。招标文件应当包括下列内容：

（一）投标须知，包括工程概况，招标范围，资格审查条件，工程资金来源或者落实情况，标段划分，工期要求，质量标准，现场踏勘和答疑安排，投标文件编制、提交、修改、撤回的要求，投标报价要求，投标有效期，开标的时间和地点，评标的方法和标准等；

（二）招标工程的技术要求和设计文件；

（三）采用工程量清单招标的，应当提供工程量清单；

（四）投标函的格式及附录；

（五）拟签订合同的主要条款；

（六）要求投标人提交的其他材料。

第十八条 依法必须进行施工招标的工程，招标人应当在招标文件发出的同时，将招标文件报工程所在地的县级以上地方人民政府建设行政主管部门备案，但实施电子招标投标的项目除外。建设行政主管部门发现招标文件有违反法律、法规内容的，应当责令招标人改正。

第十九条 招标人对已发出的招标文件进行必要的澄清或者修改的，应当在招标文件要求提交投标文件截止时间至少15日前，以书面形式通知所有招标文件收受人，并同时报工程所在地的县级以上地方人民政府建设行政主管部门备案，但实施电子招标投标的项目除外。该澄清或者修改的内容为招标文件的组成部分。

第二十条 招标人设有标底的，应当依据国家规定的工程量计算规则及招标文件规定的计价方法和要求编制标底，并在开标前保密。一个招标工程只能编制一个标底。

第二十一条 招标人对于发出的招标文件可以酌收工本费。其中的设计文件，招标人可以酌收押金。对于开标后将设计文件退还的，招标人应当退还押金。

第三章 投 标

第二十二条 施工招标的投标人是响应施工招标、参与投标竞争的施工企业。

投标人应当具备相应的施工企业资质，并在工程业绩、技术能力、项目经理资格条件、财务状况等方面满足招标文件提出的要求。

第二十三条 投标人对招标文件有疑问需要澄清的，应当以书面形式向招标人提出。

第二十四条 投标人应当按照招标文件的要求编制投标文件，对招标文件提出的实质性要求和条件作出响应。

招标文件允许投标人提供备选标的，投标人可以按照招标文件的要求提交替代方案，并作出相应报价作备选标。

第二十五条 投标文件应当包括下列内容：

（一）投标函；

（二）施工组织设计或者施工方案；

（三）投标报价；

（四）招标文件要求提供的其他材料。

第二十六条 招标人可以在招标文件中要求投标人提交投标担保。投标担保可以采用投标保函或者投标保证金的方式。投标保证金可以使用支票、银行汇票等，一般不得超过投标总价的2%，最高不得超过50万元。

投标人应当按照招标文件要求的方式和金额，将投标保函或者投标保证金随投标文件提交招标人。

第二十七条 投标人应当在招标文件要求提交投标文件的截止时间前，将投标文件密封送达投标地点。招标人收到投标文件后，应当向投标人出具标明签收人和签收时间的凭证，并妥善保存投标文件。在开标前，任何单位和个人均不得开启投标文件。在招标文件要求提交投标文件的截止时间后送达的投标文件，为无效的投标文件，招标人应当拒收。

提交投标文件的投标人少于3个的，招标人应当依法重新招标。

第二十八条 投标人在招标文件要求提交投标文件的截止时间前，可以补充、修改或者撤回已提交的投标文件。补充、修改的内容为投标文件的组成部分，并应当按照本办法第二十七条第一款的规定送达、签收和保管。在招标文件要求提交投标文件的截止时间后送达的补充或者修改的内容无效。

第二十九条　两个以上施工企业可以组成一个联合体,签订共同投标协议,以一个投标人的身份共同投标。联合体各方均应当具备承担招标工程的相应资质条件。相同专业的施工企业组成的联合体,按照资质等级低的施工企业的业务许可范围承揽工程。

招标人不得强制投标人组成联合体共同投标,不得限制投标人之间的竞争。

第三十条　投标人不得相互串通投标,不得排挤其他投标人的公平竞争,损害招标人或者其他投标人的合法权益。

投标人不得与招标人串通投标,损害国家利益、社会公共利益或者他人的合法权益。

禁止投标人以向招标人或者评标委员会成员行贿的手段谋取中标。

第三十一条　投标人不得以低于其企业成本的报价竞标,不得以他人名义投标或者以其他方式弄虚作假,骗取中标。

第四章　开标、评标和中标

第三十二条　开标应当在招标文件确定的提交投标文件截止时间的同一时间公开进行;开标地点应当为招标文件中预先确定的地点。

第三十三条　开标由招标人主持,邀请所有投标人参加。开标应当按照下列规定进行:

由投标人或者其推选的代表检查投标文件的密封情况,也可以由招标人委托的公证机构进行检查并公证。经确认无误后,由有关工作人员当众拆封,宣读投标人名称、投标价格和投标文件的其他主要内容。

招标人在招标文件要求提交投标文件的截止时间前收到的所有

投标文件，开标时都应当当众予以拆封、宣读。

开标过程应当记录，并存档备查。

第三十四条 在开标时，投标文件出现下列情形之一的，应当作为无效投标文件，不得进入评标：

（一）投标文件未按照招标文件的要求予以密封的；

（二）投标文件中的投标函未加盖投标人的企业及企业法定代表人印章的，或者企业法定代表人委托代理人没有合法、有效的委托书（原件）及委托代理人印章的；

（三）投标文件的关键内容字迹模糊、无法辨认的；

（四）投标人未按照招标文件的要求提供投标保函或者投标保证金的；

（五）组成联合体投标的，投标文件未附联合体各方共同投标协议的。

第三十五条 评标由招标人依法组建的评标委员会负责。

依法必须进行施工招标的工程，其评标委员会由招标人的代表和有关技术、经济等方面的专家组成，成员人数为5人以上单数，其中招标人、招标代理机构以外的技术、经济等方面专家不得少于成员总数的2/3。评标委员会的专家成员，应当由招标人从建设行政主管部门及其他有关政府部门确定的专家名册或者工程招标代理机构的专家库内相关专业的专家名单中确定。确定专家成员一般应当采取随机抽取的方式。

与投标人有利害关系的人不得进入相关工程的评标委员会。评标委员会成员的名单在中标结果确定前应当保密。

第三十六条 建设行政主管部门的专家名册应当拥有一定数量规模并符合法定资格条件的专家。省、自治区、直辖市人民政府建设行政主管部门可以将专家数量少的地区的专家名册予以合并或者实行专家名册计算机联网。

建设行政主管部门应当对进入专家名册的专家组织有关法律和

业务培训，对其评标能力、廉洁公正等进行综合评估，及时取消不称职或者违法违规人员的评标专家资格。被取消评标专家资格的人员，不得再参加任何评标活动。

第三十七条 评标委员会应当按照招标文件确定的评标标准和方法，对投标文件进行评审和比较，并对评标结果签字确认；设有标底的，应当参考标底。

第三十八条 评标委员会可以用书面形式要求投标人对投标文件中含义不明确的内容作必要的澄清或者说明。投标人应当采用书面形式进行澄清或者说明，其澄清或者说明不得超出投标文件的范围或者改变投标文件的实质性内容。

第三十九条 评标委员会经评审，认为所有投标文件都不符合招标文件要求的，可以否决所有投标。

依法必须进行施工招标工程的所有投标被否决的，招标人应当依法重新招标。

第四十条 评标可以采用综合评估法、经评审的最低投标价法或者法律法规允许的其他评标方法。

采用综合评估法的，应当对投标文件提出的工程质量、施工工期、投标价格、施工组织设计或者施工方案、投标人及项目经理业绩等，能否最大限度地满足招标文件中规定的各项要求和评价标准进行评审和比较。以评分方式进行评估的，对于各种评比奖项不得额外计分。

采用经评审的最低投标价法的，应当在投标文件能够满足招标文件实质性要求的投标人中，评审出投标价格最低的投标人，但投标价格低于其企业成本的除外。

第四十一条 评标委员会完成评标后，应当向招标人提出书面评标报告，阐明评标委员会对各投标文件的评审和比较意见，并按照招标文件中规定的评标方法，推荐不超过3名有排序的合格的中标候选人。招标人根据评标委员会提出的书面评标报告和推荐的中标候选人确定中标人。

使用国有资金投资或者国家融资的工程项目，招标人应当按照中标候选人的排序确定中标人。当确定中标的中标候选人放弃中标或者因不可抗力提出不能履行合同的，招标人可以依序确定其他中标候选人为中标人。

招标人也可以授权评标委员会直接确定中标人。

第四十二条 有下列情形之一的，评标委员会可以要求投标人作出书面说明并提供相关材料：

（一）设有标底的，投标报价低于标底合理幅度的；

（二）不设标底的，投标报价明显低于其他投标报价，有可能低于其企业成本的。

经评标委员会论证，认定该投标人的报价低于其企业成本的，不能推荐为中标候选人或者中标人。

第四十三条 招标人应当在投标有效期截止时限 30 日前确定中标人。投标有效期应当在招标文件中载明。

第四十四条 依法必须进行施工招标的工程，招标人应当自确定中标人之日起 15 日内，向工程所在地的县级以上地方人民政府建设行政主管部门提交施工招标投标情况的书面报告。书面报告应当包括下列内容：

（一）施工招标投标的基本情况，包括施工招标范围、施工招标方式、资格审查、开评标过程和确定中标人的方式及理由等。

（二）相关的文件资料，包括招标公告或者投标邀请书、投标报名表、资格预审文件、招标文件、评标委员会的评标报告（设有标底的，应当附标底）、中标人的投标文件。委托工程招标代理的，还应当附工程施工招标代理委托合同。

前款第二项中已按照本办法的规定办理了备案的文件资料，不再重复提交。

第四十五条 建设行政主管部门自收到书面报告之日起 5 日内

未通知招标人在招标投标活动中有违法行为的,招标人可以向中标人发出中标通知书,并将中标结果通知所有未中标的投标人。

第四十六条 招标人和中标人应当自中标通知书发出之日起30日内,按照招标文件和中标人的投标文件订立书面合同;招标人和中标人不得再行订立背离合同实质性内容的其他协议。

中标人不与招标人订立合同的,投标保证金不予退还并取消其中标资格,给招标人造成的损失超过投标保证金数额的,应当对超过部分予以赔偿;没有提交投标保证金的,应当对招标人的损失承担赔偿责任。

招标人无正当理由不与中标人签订合同,给中标人造成损失的,招标人应当给予赔偿。

第四十七条 招标文件要求中标人提交履约担保的,中标人应当提交。招标人应当同时向中标人提供工程款支付担保。

第五章 罚 则

第四十八条 有违反《招标投标法》行为的,县级以上地方人民政府建设行政主管部门应当按照《招标投标法》的规定予以处罚。

第四十九条 招标投标活动中有《招标投标法》规定中标无效情形的,由县级以上地方人民政府建设行政主管部门宣布中标无效,责令重新组织招标,并依法追究有关责任人责任。

第五十条 应当招标未招标的,应当公开招标未公开招标的,县级以上地方人民政府建设行政主管部门应当责令改正,拒不改正的,不得颁发施工许可证。

第五十一条 招标人不具备自行办理施工招标事宜条件而自行招标的,县级以上地方人民政府建设行政主管部门应当责令改正,处1万元以下的罚款。

第五十二条 评标委员会的组成不符合法律、法规规定的,县级以上地方人民政府建设行政主管部门应当责令招标人重新组织评标委员会。

第五十三条　招标人未向建设行政主管部门提交施工招标投标情况书面报告的，县级以上地方人民政府建设行政主管部门应当责令改正。

第六章　附　　则

第五十四条　工程施工专业分包、劳务分包采用招标方式的，参照本办法执行。

第五十五条　招标文件或者投标文件使用两种以上语言文字的，必须有一种是中文；如对不同文本的解释发生异议的，以中文文本为准。用文字表示的金额与数字表示的金额不一致的，以文字表示的金额为准。

第五十六条　涉及国家安全、国家秘密、抢险救灾或者属于利用扶贫资金实行以工代赈、需要使用农民工等特殊情况，不适宜进行施工招标的工程，按照国家有关规定可以不进行施工招标。

第五十七条　使用国际组织或者外国政府贷款、援助资金的工程进行施工招标，贷款方、资金提供方对招标投标的具体条件和程序有不同规定的，可以适用其规定，但违背中华人民共和国的社会公共利益的除外。

第五十八条　本办法由国务院建设行政主管部门负责解释。

第五十九条　本办法自发布之日起施行。1992年12月30日建设部颁布的《工程建设施工招标投标管理办法》（建设部令第23号）同时废止。

公路工程建设项目招标投标管理办法

(2015年12月8日交通运输部令2015年第24号公布 自2016年2月1日起施行)

第一章 总 则

第一条 为规范公路工程建设项目招标投标活动，完善公路工程建设市场管理体系，根据《中华人民共和国公路法》《中华人民共和国招标投标法》《中华人民共和国招标投标法实施条例》等法律、行政法规，制定本办法。

第二条 在中华人民共和国境内从事公路工程建设项目勘察设计、施工、施工监理等的招标投标活动，适用本办法。

第三条 交通运输部负责全国公路工程建设项目招标投标活动的监督管理工作。

省级人民政府交通运输主管部门负责本行政区域内公路工程建设项目招标投标活动的监督管理工作。

第四条 各级交通运输主管部门应当按照国家有关规定，推进公路工程建设项目招标投标活动进入统一的公共资源交易平台进行。

第五条 各级交通运输主管部门应当按照国家有关规定，推进公路工程建设项目电子招标投标工作。招标投标活动信息应当公开，接受社会公众监督。

第六条 公路工程建设项目的招标人或者其指定机构应当对资格审查、开标、评标等过程录音录像并存档备查。

第二章 招 标

第七条 公路工程建设项目招标人是提出招标项目、进行招标的项目法人或者其他组织。

第八条 对于按照国家有关规定需要履行项目审批、核准手续的依法必须进行招标的公路工程建设项目，招标人应当按照项目审批、核准部门确定的招标范围、招标方式、招标组织形式开展招标。

公路工程建设项目履行项目审批或者核准手续后，方可开展勘察设计招标；初步设计文件批准后，方可开展施工监理、设计施工总承包招标；施工图设计文件批准后，方可开展施工招标。

施工招标采用资格预审方式的，在初步设计文件批准后，可以进行资格预审。

第九条 有下列情形之一的公路工程建设项目，可以不进行招标：

（一）涉及国家安全、国家秘密、抢险救灾或者属于利用扶贫资金实行以工代赈、需要使用农民工等特殊情况；

（二）需要采用不可替代的专利或者专有技术；

（三）采购人自身具有工程施工或者提供服务的资格和能力，且符合法定要求；

（四）已通过招标方式选定的特许经营项目投资人依法能够自行施工或者提供服务；

（五）需要向原中标人采购工程或者服务，否则将影响施工或者功能配套要求；

（六）国家规定的其他特殊情形。

招标人不得为适用前款规定弄虚作假，规避招标。

第十条 公路工程建设项目采用公开招标方式的，原则上采用资格后审办法对投标人进行资格审查。

第十一条 公路工程建设项目采用资格预审方式公开招标的，应当按照下列程序进行：

（一）编制资格预审文件；

（二）发布资格预审公告，发售资格预审文件，公开资格预审文件关键内容；

（三）接收资格预审申请文件；

（四）组建资格审查委员会对资格预审申请人进行资格审查，资格审查委员会编写资格审查报告；

（五）根据资格审查结果，向通过资格预审的申请人发出投标邀请书；向未通过资格预审的申请人发出资格预审结果通知书，告知未通过的依据和原因；

（六）编制招标文件；

（七）发售招标文件，公开招标文件的关键内容；

（八）需要时，组织潜在投标人踏勘项目现场，召开投标预备会；

（九）接收投标文件，公开开标；

（十）组建评标委员会评标，评标委员会编写评标报告、推荐中标候选人；

（十一）公示中标候选人相关信息；

（十二）确定中标人；

（十三）编制招标投标情况的书面报告；

（十四）向中标人发出中标通知书，同时将中标结果通知所有未中标的投标人；

（十五）与中标人订立合同。

采用资格后审方式公开招标的，在完成招标文件编制并发布招标公告后，按照前款程序第（七）项至第（十五）项进行。

采用邀请招标的，在完成招标文件编制并发出投标邀请书后，按照前款程序第（七）项至第（十五）项进行。

第十二条 国有资金占控股或者主导地位的依法必须进行招标的公路工程建设项目，采用资格预审的，招标人应当按照有关规定组建资格审查委员会审查资格预审申请文件。资格审查委员会的专家抽取以及资格审查工作要求，应当适用本办法关于评标委员会的规定。

第十三条 资格预审审查办法原则上采用合格制。

资格预审审查办法采用合格制的，符合资格预审文件规定审查标准的申请人均应当通过资格预审。

第十四条 资格预审审查工作结束后，资格审查委员会应当编制资格审查报告。资格审查报告应当载明下列内容：

（一）招标项目基本情况；

（二）资格审查委员会成员名单；

（三）监督人员名单；

（四）资格预审申请文件递交情况；

（五）通过资格审查的申请人名单；

（六）未通过资格审查的申请人名单以及未通过审查的理由；

（七）评分情况；

（八）澄清、说明事项纪要；

（九）需要说明的其他事项；

（十）资格审查附表。

除前款规定的第（一）、（三）、（四）项内容外，资格审查委员会所有成员应当在资格审查报告上逐页签字。

第十五条 资格预审申请人对资格预审审查结果有异议的，应当自收到资格预审结果通知书后3日内提出。招标人应当自收到异议之日起3日内作出答复；作出答复前，应当暂停招标投标活动。

招标人未收到异议或者收到异议并已作出答复的，应当及时向通过资格预审的申请人发出投标邀请书。未通过资格预审的申请人不具有投标资格。

第十六条 对依法必须进行招标的公路工程建设项目，招标人应当根据交通运输部制定的标准文本，结合招标项目具体特点和实际需要，编制资格预审文件和招标文件。

资格预审文件和招标文件应当载明详细的评审程序、标准和方法，招标人不得另行制定评审细则。

第十七条 招标人应当按照省级人民政府交通运输主管部门的规定，将资格预审文件及其澄清、修改，招标文件及其澄清、修改报相应的交通运输主管部门备案。

第十八条 招标人应当自资格预审文件或者招标文件开始发售之日起，将其关键内容上传至具有招标监督职责的交通运输主管部门政府网站或者其指定的其他网站上进行公开，公开内容包括项目概况、对申请人或者投标人的资格条件要求、资格审查办法、评标办法、招标人联系方式等，公开时间至提交资格预审申请文件截止时间 2 日前或者投标截止时间 10 日前结束。

招标人发出的资格预审文件或者招标文件的澄清或者修改涉及到前款规定的公开内容的，招标人应当在向交通运输主管部门备案的同时，将澄清或者修改的内容上传至前款规定的网站。

第十九条 潜在投标人或者其他利害关系人可以按照国家有关规定对资格预审文件或者招标文件提出异议。招标人应当对异议作出书面答复。未在规定时间内作出书面答复的，应当顺延提交资格预审申请文件截止时间或者投标截止时间。

招标人书面答复内容涉及影响资格预审申请文件或者投标文件编制的，应当按照有关澄清或者修改的规定，调整提交资格预审申请文件截止时间或者投标截止时间，并以书面形式通知所有获取资格预审文件或者招标文件的潜在投标人。

第二十条 招标人应当合理划分标段、确定工期，提出质量、安全目标要求，并在招标文件中载明。标段的划分应当有利于项目组织和施工管理、各专业的衔接与配合，不得利用划分标段规避招标、限制或者排斥潜在投标人。

招标人可以实行设计施工总承包招标、施工总承包招标或者分专业招标。

第二十一条 招标人结合招标项目的具体特点和实际需要，设定潜在投标人或者投标人的资质、业绩、主要人员、财务能力、履约信誉等资格条件，不得以不合理的条件限制、排斥潜在投标人或者投标人。

除《中华人民共和国招标投标法实施条例》第三十二条规定的情形外，招标人有下列行为之一的，属于以不合理的条件限制、排斥潜在投标人或者投标人：

（一）设定的资质、业绩、主要人员、财务能力、履约信誉等资格、技术、商务条件与招标项目的具体特点和实际需要不相适应或者与合同履行无关；

（二）强制要求潜在投标人或者投标人的法定代表人、企业负责人、技术负责人等特定人员亲自购买资格预审文件、招标文件或者参与开标活动；

（三）通过设置备案、登记、注册、设立分支机构等无法律、行政法规依据的不合理条件，限制潜在投标人或者投标人进入项目所在地进行投标。

第二十二条 招标人应当根据国家有关规定，结合招标项目的具体特点和实际需要，合理确定对投标人主要人员以及其他管理和技术人员的数量和资格要求。投标人拟投入的主要人员应当在投标文件中进行填报，其他管理和技术人员的具体人选由招标人和中标人在合同谈判阶段确定。对于特别复杂的特大桥梁和特长隧道项目主体工程和其他有特殊要求的工程，招标人可以要求投标人在投标文件中填报其他管理和技术人员。

本办法所称主要人员是指设计负责人、总监理工程师、项目经理和项目总工程师等项目管理和技术负责人。

第二十三条 招标人可以自行决定是否编制标底或者设置最高投标限价。招标人不得规定最低投标限价。

接受委托编制标底或者最高投标限价的中介机构不得参加该项

目的投标，也不得为该项目的投标人编制投标文件或者提供咨询。

第二十四条 招标人应当严格遵守有关法律、行政法规关于各类保证金收取的规定，在招标文件中载明保证金收取的形式、金额以及返还时间。

招标人不得以任何名义增设或者变相增设保证金或者随意更改招标文件载明的保证金收取形式、金额以及返还时间。招标人不得在资格预审期间收取任何形式的保证金。

第二十五条 招标人在招标文件中要求投标人提交投标保证金的，投标保证金不得超过招标标段估算价的 2%。投标保证金有效期应当与投标有效期一致。

依法必须进行招标的公路工程建设项目的投标人，以现金或者支票形式提交投标保证金的，应当从其基本账户转出。投标人提交的投标保证金不符合招标文件要求的，应当否决其投标。

招标人不得挪用投标保证金。

第二十六条 招标人应当按照国家有关法律法规规定，在招标文件中明确允许分包的或者不得分包的工程和服务，分包人应当满足的资格条件以及对分包实施的管理要求。

招标人不得在招标文件中设置对分包的歧视性条款。

招标人有下列行为之一的，属于前款所称的歧视性条款：

（一）以分包的工作量规模作为否决投标的条件；

（二）对投标人符合法律法规以及招标文件规定的分包计划设定扣分条款；

（三）按照分包的工作量规模对投标人进行区别评分；

（四）以其他不合理条件限制投标人进行分包的行为。

第二十七条 招标人应当在招标文件中合理划分双方风险，不得设置将应由招标人承担的风险转嫁给勘察设计、施工、监理等投标人的不合理条款。招标文件应当设置合理的价格调整条款，明确约定合同价款支付期限、利息计付标准和日期，确保双方主体地位平等。

第二十八条 招标人应当根据招标项目的具体特点以及本办法的相关规定,在招标文件中合理设定评标标准和方法。评标标准和方法中不得含有倾向或者排斥潜在投标人的内容,不得妨碍或者限制投标人之间的竞争。禁止采用抽签、摇号等博彩性方式直接确定中标候选人。

第二十九条 以暂估价形式包括在招标项目范围内的工程、货物、服务,属于依法必须进行招标的项目范围且达到国家规定规模标准的,应当依法进行招标。招标项目的合同条款中应当约定负责实施暂估价项目招标的主体以及相应的招标程序。

第三章 投 标

第三十条 投标人是响应招标、参加投标竞争的法人或者其他组织。

投标人应当具备招标文件规定的资格条件,具有承担所投标项目的相应能力。

第三十一条 投标人在投标文件中填报的资质、业绩、主要人员资历和目前在岗情况、信用等级等信息,应当与其在交通运输主管部门公路建设市场信用信息管理系统上填报并发布的相关信息一致。

第三十二条 投标人应当按照招标文件要求装订、密封投标文件,并按照招标文件规定的时间、地点和方式将投标文件送达招标人。

公路工程勘察设计和施工监理招标的投标文件应当以双信封形式密封,第一信封内为商务文件和技术文件,第二信封内为报价文件。

对公路工程施工招标,招标人采用资格预审方式进行招标且评标方法为技术评分最低标价法的,或者采用资格后审方式进行招标的,投标文件应当以双信封形式密封,第一信封内为商务文件和技术文件，第二信封内为报价文件。

第三十三条　投标文件按照要求送达后，在招标文件规定的投标截止时间前，投标人修改或者撤回投标文件的，应当以书面函件形式通知招标人。

修改投标文件的函件是投标文件的组成部分，其编制形式、密封方式、送达时间等，适用对投标文件的规定。

投标人在投标截止时间前撤回投标文件且招标人已收取投标保证金的，招标人应当自收到投标人书面撤回通知之日起5日内退还其投标保证金。

投标截止后投标人撤销投标文件的，招标人可以不退还投标保证金。

第三十四条　投标人根据招标文件有关分包的规定，拟在中标后将中标项目的部分工作进行分包的，应当在投标文件中载明。

投标人在投标文件中未列入分包计划的工程或者服务，中标后不得分包，法律法规或者招标文件另有规定的除外。

第四章　开标、评标和中标

第三十五条　开标应当在招标文件确定的提交投标文件截止时间的同一时间公开进行；开标地点应当为招标文件中预先确定的地点。

投标人少于3个的，不得开标，投标文件应当当场退还给投标人；招标人应当重新招标。

第三十六条　开标由招标人主持，邀请所有投标人参加。开标过程应当记录，并存档备查。投标人对开标有异议的，应当在开标现场提出，招标人应当当场作出答复，并制作记录。未参加开标的投标人，视为对开标过程无异议。

第三十七条　投标文件按照招标文件规定采用双信封形式密封的，开标分两个步骤公开进行：

第一步骤对第一信封内的商务文件和技术文件进行开标，对第二信封不予拆封并由招标人予以封存；

第二步骤宣布通过商务文件和技术文件评审的投标人名单，对其第二信封内的报价文件进行开标，宣读投标报价。未通过商务文件和技术文件评审的，对其第二信封不予拆封，并当场退还给投标人；投标人未参加第二信封开标的，招标人应当在评标结束后及时将第二信封原封退还投标人。

第三十八条 招标人应当按照国家有关规定组建评标委员会负责评标工作。

国家审批或者核准的高速公路、一级公路、独立桥梁和独立隧道项目，评标委员会专家应当由招标人从国家重点公路工程建设项目评标专家库相关专业中随机抽取；其他公路工程建设项目的评标委员会专家可以从省级公路工程建设项目评标专家库相关专业中随机抽取，也可以从国家重点公路工程建设项目评标专家库相关专业中随机抽取。

对于技术复杂、专业性强或者国家有特殊要求，采取随机抽取方式确定的评标专家难以保证胜任评标工作的特殊招标项目，可以由招标人直接确定。

第三十九条 交通运输部负责国家重点公路工程建设项目评标专家库的管理工作。

省级人民政府交通运输主管部门负责本行政区域公路工程建设项目评标专家库的管理工作。

第四十条 评标委员会应当民主推荐一名主任委员，负责组织评标委员会成员开展评标工作。评标委员会主任委员与评标委员会的其他成员享有同等权利与义务。

第四十一条 招标人应当向评标委员会提供评标所必需的信息，但不得明示或者暗示其倾向或者排斥特定投标人。

评标所必需的信息主要包括招标文件、招标文件的澄清或者修改、开标记录、投标文件、资格预审文件。招标人可以协助评标委员会开展下列工作并提供相关信息：

（一）根据招标文件，编制评标使用的相应表格；

（二）对投标报价进行算术性校核；

（三）以评标标准和方法为依据，列出投标文件相对于招标文件的所有偏差，并进行归类汇总；

（四）查询公路建设市场信用信息管理系统，对投标人的资质、业绩、主要人员资历和目前在岗情况、信用等级进行核实。

招标人不得对投标文件作出任何评价，不得故意遗漏或者片面摘录，不得在评标委员会对所有偏差定性之前透露存有偏差的投标人名称。

评标委员会应当根据招标文件规定，全面、独立评审所有投标文件，并对招标人提供的上述相关信息进行核查，发现错误或者遗漏的，应当进行修正。

第四十二条　评标委员会应当按照招标文件确定的评标标准和方法进行评标。招标文件没有规定的评标标准和方法不得作为评标的依据。

第四十三条　公路工程勘察设计和施工监理招标，应当采用综合评估法进行评标，对投标人的商务文件、技术文件和报价文件进行评分，按照综合得分由高到低排序，推荐中标候选人。评标价的评分权重不宜超过10%，评标价得分应当根据评标价与评标基准价的偏离程度进行计算。

第四十四条　公路工程施工招标，评标采用综合评估法或者经评审的最低投标价法。综合评估法包括合理低价法、技术评分最低标价法和综合评分法。

合理低价法，是指对通过初步评审的投标人，不再对其施工组织设计、项目管理机构、技术能力等因素进行评分，仅依据评标基准价对评标价进行评分，按照得分由高到低排序，推荐中标候选人的评标方法。

技术评分最低标价法，是指对通过初步评审的投标人的施工组织设计、项目管理机构、技术能力等因素进行评分，按照得分由高到低排序，对排名在招标文件规定数量以内的投标人的报价文件进行评审，按照评标价由低到高的顺序推荐中标候选人的评标方法。招标人在招标文件中规定的参与报价文件评审的投标人数量不得少于3个。

综合评分法，是指对通过初步评审的投标人的评标价、施工组织设计、项目管理机构、技术能力等因素进行评分，按照综合得分由高到低排序，推荐中标候选人的评标方法。其中评标价的评分权重不得低于50%。

经评审的最低投标价法，是指对通过初步评审的投标人，按照评标价由低到高排序，推荐中标候选人的评标方法。

公路工程施工招标评标，一般采用合理低价法或者技术评分最低标价法。技术特别复杂的特大桥梁和特长隧道项目主体工程，可以采用综合评分法。工程规模较小、技术含量较低的工程，可以采用经评审的最低投标价法。

第四十五条 实行设计施工总承包招标的，招标人应当根据工程地质条件、技术特点和施工难度确定评标办法。

设计施工总承包招标的评标采用综合评分法的，评分因素包括评标价、项目管理机构、技术能力、设计文件的优化建议、设计施工总承包管理方案、施工组织设计等因素，评标价的评分权重不得低于50%。

第四十六条 评标委员会成员应当客观、公正、审慎地履行职责，遵守职业道德。评标委员会成员应当依据评标办法规定的评审顺序和内容逐项完成评标工作，对本人提出的评审意见以及评分的公正性、客观性、准确性负责。

除评标价和履约信誉评分项外，评标委员会成员对投标人商务和技术各项因素的评分一般不得低于招标文件规定该因素满分值的60%；评分低于满分值60%的，评标委员会成员应当在评标报告中作出说明。

招标人应当对评标委员会成员在评标活动中的职责履行情况予以记录，并在招标投标情况的书面报告中载明。

第四十七条 招标人应当根据项目规模、技术复杂程度、投标文件数量和评标方法等因素合理确定评标时间。超过三分之一的评标委员会成员认为评标时间不够的，招标人应当适当延长。

评标过程中，评标委员会成员有回避事由、擅离职守或者因健康等原因不能继续评标的，应当及时更换。被更换的评标委员会成员作出的评审结论无效，由更换后的评标委员会成员重新进行评审。

根据前款规定被更换的评标委员会成员如为评标专家库专家，招标人应当从原评标专家库中按照原方式抽取更换后的评标委员会成员，或者在符合法律规定的前提下相应减少评标委员会中招标人代表数量。

第四十八条 评标委员会应当查询交通运输主管部门的公路建设市场信用信息管理系统，对投标人的资质、业绩、主要人员资历和目前在岗情况、信用等级等信息进行核实。若投标文件载明的信息与公路建设市场信用信息管理系统发布的信息不符，使得投标人的资格条件不符合招标文件规定的，评标委员会应当否决其投标。

第四十九条 评标委员会发现投标人的投标报价明显低于其他投标人报价或者在设有标底时明显低于标底的，应当要求该投标人对相应投标报价作出书面说明，并提供相关证明材料。

投标人不能证明可以按照其报价以及招标文件规定的质量标准和履行期限完成招标项目的，评标委员会应当认定该投标人以低于成本价竞标，并否决其投标。

第五十条 评标委员会应当根据《中华人民共和国招标投标法实施条例》第三十九条、第四十条、第四十一条的有关规定，对在评标过程中发现的投标人与投标人之间、投标人与招标人之间存在的串通投标的情形进行评审和认定。

第五十一条 评标委员会对投标文件进行评审后，因有效投标不足3个使得投标明显缺乏竞争的，可以否决全部投标。未否决全部投标的，评标委员会应当在评标报告中阐明理由并推荐中标候选人。

投标文件按照招标文件规定采用双信封形式密封的，通过第一信封商务文件和技术文件评审的投标人在3个以上的，招标人应当按照本办法第三十七条规定的程序进行第二信封报价文件开标；在对报价文件进行评审后，有效投标不足3个的，评标委员会应当按照本条第一款规定执行。

通过第一信封商务文件和技术文件评审的投标人少于3个的，评标委员会可以否决全部投标；未否决全部投标的，评标委员会应当在评标报告中阐明理由，招标人应当按照本办法第三十七条规定的程序进行第二信封报价文件开标，但评标委员会在进行报价文件评审时仍有权否决全部投标；评标委员会未在报价文件评审时否决全部投标的，应当在评标报告中阐明理由并推荐中标候选人。

第五十二条 评标完成后，评标委员会应当向招标人提交书面评标报告。评标报告中推荐的中标候选人应当不超过3个，并标明排序。

评标报告应当载明下列内容：

（一）招标项目基本情况；

（二）评标委员会成员名单；

（三）监督人员名单；

（四）开标记录；

（五）符合要求的投标人名单；

（六）否决的投标人名单以及否决理由；

（七）串通投标情形的评审情况说明；

（八）评分情况；

（九）经评审的投标人排序；

（十）中标候选人名单；

（十一）澄清、说明事项纪要；

（十二）需要说明的其他事项；

（十三）评标附表。

对评标监督人员或者招标人代表干预正常评标活动，以及对招标投标活动的其他不正当言行，评标委员会应当在评标报告第（十二）项内容中如实记录。

除第二款规定的第（一）、（三）、（四）项内容外，评标委员会所有成员应当在评标报告上逐页签字。对评标结果有不同意见的评标委员会成员应当以书面形式说明其不同意见和理由，评标报告应当注明该不同意见。评标委员会成员拒绝在评标报告上签字又不书面说明其不同意见和理由的，视为同意评标结果。

第五十三条 依法必须进行招标的公路工程建设项目，招标人应当自收到评标报告之日起3日内，在对该项目具有招标监督职责的交通运输主管部门政府网站或者其指定的其他网站上公示中标候选人，公示期不得少于3日，公示内容包括：

（一）中标候选人排序、名称、投标报价；

（二）中标候选人在投标文件中承诺的主要人员姓名、个人业绩、相关证书编号；

（三）中标候选人在投标文件中填报的项目业绩；

（四）被否决投标的投标人名称、否决依据和原因；

（五）招标文件规定公示的其他内容。

投标人或者其他利害关系人对依法必须进行招标的公路工程建设项目的评标结果有异议的，应当在中标候选人公示期间提出。招标人应当自收到异议之日起3日内作出答复；作出答复前，应当暂停招标投标活动。

第五十四条 除招标人授权评标委员会直接确定中标人外，招标人应当根据评标委员会提出的书面评标报告和推荐的中标候选人确定中标人。国有资金占控股或者主导地位的依法必须进行招标的公路工程建设项目，招标人应当确定排名第一的中标候选人为中标人。排名第一的中标候选人放弃中标、因不可抗力不能履行合同、不按照招标文件要求提交履约保证金，或者被查实存在影响中标结果的违法行为等情形，不符合中标条件的，招标人可以按照评标委员会提出的中标候选人名单排序依次确定其他中标候选人为中标人，也可以重新招标。

第五十五条 依法必须进行招标的公路工程建设项目，招标人应当自确定中标人之日起 15 日内，将招标投标情况的书面报告报对该项目具有招标监督职责的交通运输主管部门备案。

前款所称书面报告至少应当包括下列内容：

（一）招标项目基本情况；

（二）招标过程简述；

（三）评标情况说明；

（四）中标候选人公示情况；

（五）中标结果；

（六）附件，包括评标报告、评标委员会成员履职情况说明等。

有资格预审情况说明、异议及投诉处理情况和资格审查报告的，也应当包括在书面报告中。

第五十六条 招标人应当及时向中标人发出中标通知书，同时将中标结果通知所有未中标的投标人。

第五十七条 招标人和中标人应当自中标通知书发出之日起 30 日内，按照招标文件和中标人的投标文件订立书面合同，合同的标的、价格、质量、安全、履行期限、主要人员等主要条款应当与上述文件的内容一致。招标人和中标人不得再行订立背离合同实质性内容的其他协议。

招标人最迟应当在中标通知书发出后 5 日内向中标候选人以外

的其他投标人退还投标保证金，与中标人签订书面合同后 5 日内向中标人和其他中标候选人退还投标保证金。以现金或者支票形式提交的投标保证金，招标人应当同时退还投标保证金的银行同期活期存款利息，且退还至投标人的基本账户。

第五十八条　招标文件要求中标人提交履约保证金的，中标人应当按照招标文件的要求提交。履约保证金不得超过中标合同金额的 10%。招标人不得指定或者变相指定履约保证金的支付形式，由中标人自主选择银行保函或者现金、支票等支付形式。

第五十九条　招标人应当加强对合同履行的管理，建立对中标人主要人员的到位率考核制度。

省级人民政府交通运输主管部门应当定期组织开展合同履约评价工作的监督检查，将检查情况向社会公示，同时将检查结果记入中标人单位以及主要人员个人的信用档案。

第六十条　依法必须进行招标的公路工程建设项目，有下列情形之一的，招标人在分析招标失败的原因并采取相应措施后，应当依照本办法重新招标：

（一）通过资格预审的申请人少于 3 个的；

（二）投标人少于 3 个的；

（三）所有投标均被否决的；

（四）中标候选人均未与招标人订立书面合同的。

重新招标的，资格预审文件、招标文件和招标投标情况的书面报告应当按照本办法的规定重新报交通运输主管部门备案。

重新招标后投标人仍少于 3 个的，属于按照国家有关规定需要履行项目审批、核准手续的依法必须进行招标的公路工程建设项目，报经项目审批、核准部门批准后可以不再进行招标；其他项目可由招标人自行决定不再进行招标。

依照本条规定不再进行招标的，招标人可以邀请已提交资格预审申请文件的申请人或者已提交投标文件的投标人进行谈判，确定项目承担单位，并将谈判报告报对该项目具有招标监督职责的交通运输主管部门备案。

第五章　监　督　管　理

第六十一条　各级交通运输主管部门应当按照《中华人民共和国招标投标法》《中华人民共和国招标投标法实施条例》等法律法规、规章以及招标投标活动行政监督职责分工，加强对公路工程建设项目招标投标活动的监督管理。

第六十二条　各级交通运输主管部门应当建立健全公路工程建设项目招标投标信用体系，加强信用评价工作的监督管理，维护公平公正的市场竞争秩序。

招标人应当将交通运输主管部门的信用评价结果应用于公路工程建设项目招标。鼓励和支持招标人优先选择信用等级高的从业企业。

招标人对信用等级高的资格预审申请人、投标人或者中标人，可以给予增加参与投标的标段数量、减免投标保证金、减少履约保证金、质量保证金等优惠措施。优惠措施以及信用评价结果的认定条件应当在资格预审文件和招标文件中载明。

资格预审申请人或者投标人的信用评价结果可以作为资格审查或者评标中履约信誉项的评分因素，各信用评价等级的对应得分应当符合省级人民政府交通运输主管部门有关规定，并在资格预审文件或者招标文件中载明。

第六十三条　投标人或者其他利害关系人认为招标投标活动不符合法律、行政法规规定的，可以自知道或者应当知道之日起10日内向交通运输主管部门投诉。

就本办法第十五条、第十九条、第三十六条、第五十三条规定事项投诉的，应当先向招标人提出异议，异议答复期间不计算在前款规定的期限内。

第六十四条 投诉人投诉时，应当提交投诉书。投诉书应当包括下列内容：

（一）投诉人的名称、地址及有效联系方式；

（二）被投诉人的名称、地址及有效联系方式；

（三）投诉事项的基本事实；

（四）异议的提出及招标人答复情况；

（五）相关请求及主张；

（六）有效线索和相关证明材料。

对本办法规定应先提出异议的事项进行投诉的，应当提交已提出异议的证明文件。未按规定提出异议或者未提交已提出异议的证明文件的投诉，交通运输主管部门可以不予受理。

第六十五条 投诉人就同一事项向两个以上交通运输主管部门投诉的，由具体承担该项目招标投标活动监督管理职责的交通运输主管部门负责处理。

交通运输主管部门应当自收到投诉之日起3个工作日内决定是否受理投诉，并自受理投诉之日起30个工作日内作出书面处理决定；需要检验、检测、鉴定、专家评审的，所需时间不计算在内。

投诉人缺乏事实根据或者法律依据进行投诉的，或者有证据表明投诉人捏造事实、伪造材料的，或者投诉人以非法手段取得证明材料进行投诉的，交通运输主管部门应当予以驳回，并对恶意投诉按照有关规定追究投诉人责任。

第六十六条 交通运输主管部门处理投诉，有权查阅、复制有关文件、资料，调查有关情况，相关单位和人员应当予以配合。必要时，交通运输主管部门可以责令暂停招标投标活动。

交通运输主管部门的工作人员对监督检查过程中知悉的国家秘密、商业秘密，应当依法予以保密。

第六十七条 交通运输主管部门对投诉事项作出的处理决定，应当在对该项目具有招标监督职责的交通运输主管部门政府网站上进行公告，包括投诉的事由、调查结果、处理决定、处罚依据以及处罚意见等内容。

第六章　法　律　责　任

第六十八条　招标人有下列情形之一的，由交通运输主管部门责令改正，可以处三万元以下的罚款：

（一）不满足本办法第八条规定的条件而进行招标的；

（二）不按照本办法规定将资格预审文件、招标文件和招标投标情况的书面报告备案的；

（三）邀请招标不依法发出投标邀请书的；

（四）不按照项目审批、核准部门确定的招标范围、招标方式、招标组织形式进行招标的；

（五）不按照本办法规定编制资格预审文件或者招标文件的；

（六）由于招标人原因导致资格审查报告存在重大偏差且影响资格预审结果的；

（七）挪用投标保证金，增设或者变相增设保证金的；

（八）投标人数量不符合法定要求不重新招标的；

（九）向评标委员会提供的评标信息不符合本办法规定的；

（十）不按照本办法规定公示中标候选人的；

（十一）招标文件中规定的履约保证金的金额、支付形式不符合本办法规定的。

第六十九条　投标人在投标过程中存在弄虚作假、与招标人或者其他投标人串通投标、以行贿谋取中标、无正当理由放弃中标以及进行恶意投诉等投标不良行为的，除依照有关法律、法规进行处罚外，省级交通运输主管部门还可以扣减其年度信用评价分数或者降低年度信用评价等级。

第七十条　评标委员会成员未对招标人根据本办法第四十一条第二款（一）至（四）项规定提供的相关信息进行认真核查，导致评标出现疏漏或者错误的，由交通运输主管部门责令改正。

第七十一条 交通运输主管部门应当依法公告对公路工程建设项目招标投标活动中招标人、招标代理机构、投标人以及评标委员会成员等的违法违规或者恶意投诉等行为的行政处理决定，并将其作为招标投标不良行为信息记入相应当事人的信用档案。

第七章 附 则

第七十二条 使用国际组织或者外国政府贷款、援助资金的项目进行招标，贷款方、资金提供方对招标投标的具体条件和程序有不同规定的，可以适用其规定，但违背中华人民共和国的社会公共利益的除外。

第七十三条 采用电子招标投标的，应当按照本办法和国家有关电子招标投标的规定执行。

第七十四条 本办法自 2016 年 2 月 1 日起施行。《公路工程施工招标投标管理办法》（交通部令 2006 年第 7 号）、《公路工程施工监理招标投标管理办法》（交通部令 2006 年第 5 号）、《公路工程勘察设计招标投标管理办法》（交通部令 2001 年第 6 号）和《关于修改〈公路工程勘察设计招标投标管理办法〉的决定》（交通运输部令 2013 年第 3 号）、《关于贯彻国务院办公厅关于进一步规范招投标活动的若干意见的通知》（交公路发〔2004〕688 号）、《关于公路建设项目货物招标严禁指定材料产地的通知》（厅公路字〔2007〕224 号）、《公路工程施工招标资格预审办法》（交公路发〔2006〕57 号）、《关于加强公路工程评标专家管理工作的通知》（交公路发〔2003〕464 号）、《关于进一步加强公路工程施工招标评标管理工作的通知》（交公路发〔2008〕261 号）、《关于进一步加强公路工程施工招标资格审查工作的通知》（交公路发〔2009〕123 号）、《关于改革使用国际金融组织或者外国政府贷款公路建设项目施工招标管理制度的通知》（厅公路字〔2008〕40 号）、《公路工程勘察设计招标评标办法》（交公路发〔2001〕582号）、《关于认真贯彻执行公路工程勘察设计招标投标管理办法的通知》（交公路发〔2002〕303号）同时废止。

水运工程建设项目招标投标管理办法

（2012年12月20日交通运输部令2012年第11号发布　根据2021年8月11日《交通运输部关于修改〈水运工程建设项目招标投标管理办法〉的决定》修正）

第一章　总　　则

第一条　为了规范水运工程建设项目招标投标活动，保护招标投标活动当事人的合法权益，保证水运工程建设项目的质量，根据《中华人民共和国招标投标法》《中华人民共和国招标投标法实施条例》等法律法规，制定本办法。

第二条　在中华人民共和国境内依法必须进行的水运工程建设项目招标投标活动适用本办法。

水运工程建设项目是指水运工程以及与水运工程建设有关的货物、服务。

前款所称水运工程包括港口工程、航道整治、航道疏浚、航运枢纽、过船建筑物、修造船水工建筑物等及其附属建筑物和设施的新建、改建、扩建及其相关的装修、拆除、修缮等工程；货物是指构成水运工程不可分割的组成部分，且为实现工程基本功能所必需的设备、材料等；服务是指为完成水运工程所需的勘察、设计、监理等服务。

第三条　水运工程建设项目招标投标活动，应遵循公开、公平、公正和诚实信用的原则。

第四条 水运工程建设项目招标投标活动不受地区或者部门的限制。

任何单位和个人不得以任何方式非法干涉招标投标活动，不得将依法必须进行招标的项目化整为零或者以其他任何方式规避招标。

第五条 水运工程建设项目招标投标工作实行统一领导、分级管理。

交通运输部主管全国水运工程建设项目招标投标活动，并具体负责经国家发展和改革委员会等部门审批、核准和经交通运输部审批的水运工程建设项目招标投标活动的监督管理工作。

省级交通运输主管部门主管本行政区域内的水运工程建设项目招标投标活动，并具体负责省级人民政府有关部门审批、核准的水运工程建设项目招标投标活动的监督管理工作。

省级以下交通运输主管部门按照各自职责对水运工程建设项目招标投标活动实施监督管理。

第六条 水运工程建设项目应当按照国家有关规定，进入项目所在地设区的市级以上人民政府设立的公共资源交易场所或者授权的其他招标投标交易场所开展招标投标活动。

鼓励利用依法建立的招标投标网络服务平台及现代信息技术进行水运工程建设项目电子招标投标。

第二章 招 标

第七条 水运工程建设项目招标的具体范围及规模标准执行国务院的有关规定。

鼓励水运工程建设项目的招标代理机构、专项科学试验研究项目、监测等承担单位的选取采用招标或者竞争性谈判等其他竞争性方式确定。

第八条 水运工程建设项目招标人是指提出招标项目并进行招

标的水运工程建设项目法人。

第九条 按照国家有关规定需要履行项目立项审批、核准手续的水运工程建设项目，在取得批准后方可开展勘察、设计招标。

水运工程建设项目通过初步设计审批后，方可开展监理、施工、设备、材料等招标。

第十条 水运工程建设项目招标分为公开招标和邀请招标。

按照国家有关规定需要履行项目立项审批、核准手续的水运工程建设项目，招标人应当按照项目审批、核准时确定的招标范围、招标方式、招标组织形式开展招标；没有确定招标范围、招标方式、招标组织形式的，依据国家有关规定确定。

不需要履行项目立项审批、核准手续的水运工程建设项目，其招标范围、招标方式、招标组织形式，依据国家有关规定确定。

第十一条 招标人应当合理划分标段、确定工期，并在招标文件中载明。不得利用划分标段规避招标、虚假招标、限制或者排斥潜在投标人。

第十二条 国有资金占控股或者主导地位的水运工程建设项目，应当公开招标。但有下列情形之一的，可以进行邀请招标：

（一）技术复杂、有特殊要求或者受自然环境限制，只有少量潜在投标人可供选择；

（二）采用公开招标方式的费用占项目合同金额的比例过大。

本条所规定的水运工程建设项目，需要按照国家有关规定履行项目审批、核准手续的，由项目审批、核准部门对该项目是否具有前款第（二）项所列情形予以认定；其他项目由招标人向对项目负有监管职责的交通运输主管部门申请作出认定。

第十三条 有下列情形之一的水运工程建设项目，可以不进行招标：

（一）涉及国家安全、国家秘密、抢险救灾或者属于利用扶贫资金实行以工代赈、需要使用农民工等特殊情况，不适宜进行招标的；

（二）需要采用不可替代的专利或者专有技术的；

（三）采购人自身具有工程建设、货物生产或者服务提供的资格和能力，且符合法定要求的；

（四）已通过招标方式选定的特许经营项目投资人依法能够自行建设、生产或者提供的；

（五）需要向原中标人采购工程、货物或者服务，否则将影响施工或者功能配套要求的；

（六）国家规定的其他特殊情形。

招标人为适用前款规定弄虚作假的，属于招标投标法第四条规定的规避招标。

第十四条 水运工程建设项目设计招标可采用设计方案招标或设计组织招标。

第十五条 招标人可以依法对工程以及与工程建设有关的货物、服务全部或者部分实行总承包招标。

以暂估价形式包括在总承包范围内的工程、货物、服务，属于依法必须进行招标的项目范围且达到国家规定规模标准的，应当依法进行招标，其招标实施主体应当在总承包合同中约定，并统一由总承包发包的招标人按照第十八条的规定履行招标及备案手续。

前款所称暂估价，是指总承包招标时不能确定价格而由招标人在招标文件中暂时估定的工程、货物、服务的金额。

第十六条 招标人自行办理招标事宜的，应当具备下列条件：

（一）招标人应当是该水运工程建设项目的项目法人；

（二）具有与招标项目规模和复杂程度相适应的水运工程建设项目技术、经济等方面的专业人员；

（三）具有能够承担编制招标文件和组织评标的组织机构或者专职业务人员；

（四）熟悉和掌握招标投标的程序及相关法规。

招标人自行办理招标事宜的，应当向具有监督管理职责的交通运输主管部门备案。

招标人不具备本条前款规定条件的，应当委托招标代理机构办理水运工程建设项目招标事宜。任何单位和个人不得为招标人指定招标代理机构。

第十七条 招标人采用招标或其他竞争性方式选择招标代理机构的，应当从业绩、信誉、从业人员素质、服务方案等方面进行考查。招标人与招标代理机构应当签订书面委托合同。合同约定的收费标准应当符合国家有关规定。

招标代理机构在其资格许可和招标人委托的范围内开展招标代理业务，不受任何单位、个人的非法干预或者限制。

第十八条 水运工程建设项目采用资格预审方式公开招标的，招标人应当按下列程序开展招标投标活动：

（一）编制资格预审文件和招标文件，报交通运输主管部门备案；

（二）发布资格预审公告并发售资格预审文件；

（三）对提出投标申请的潜在投标人进行资格预审，资格审查结果报交通运输主管部门备案；

国有资金占控股或者主导地位的依法必须进行招标的水运工程建设项目，招标人应当组建资格审查委员会审查资格预审申请文件；

（四）向通过资格预审的潜在投标人发出投标邀请书；向未通过资格预审的潜在投标人发出资格预审结果通知书；

（五）发售招标文件；

（六）需要时组织潜在投标人踏勘现场，并进行答疑；

（七）接收投标人的投标文件，公开开标；

（八）组建评标委员会评标，推荐中标候选人；

（九）公示中标候选人，确定中标人；

（十）编制招标投标情况书面报告报交通运输主管部门备案；

（十一）发出中标通知书；

（十二）与中标人签订合同。

第十九条 水运工程建设项目采用资格后审方式公开招标的，应当参照第十八条规定的程序进行，并应当在开标后由评标委员会按照招标文件规定的标准和方法对投标人的资格进行审查。

第二十条 水运工程建设项目实行邀请招标的，招标文件应当报有监督管理权限的交通运输主管部门备案。

第二十一条 招标人编制的资格预审文件、招标文件的内容违反法律、行政法规的强制性规定，违反公开、公平、公正和诚实信用原则，影响资格预审结果或者潜在投标人投标的，依法必须进行招标的项目的招标人应当在修改资格预审文件或者招标文件后重新招标。

依法必须进行招标的水运工程建设项目的资格预审文件和招标文件的编制，应当使用国务院发展改革部门会同有关行政监督部门制定的标准文本以及交通运输部发布的行业标准文本。

招标人在制定资格审查条件、评标标准和方法时，应利用水运工程建设市场信用信息成果以及招标投标违法行为记录公告平台发布的信息，对潜在投标人或投标人进行综合评价。

第二十二条 资格预审公告和招标公告除按照规定在指定的媒体发布外，招标人可以同时在交通运输行业主流媒体或者建设等相关单位的门户网站发布。

资格预审公告和招标公告的发布应当充分公开，任何单位和个人不得非法干涉、限制发布地点、发布范围或发布方式。

在网络上发布的资格预审公告和招标公告，至少应当持续到资格预审文件和招标文件发售截止时间为止。

第二十三条 招标人应当按资格预审公告、招标公告或者投标邀请书规定的时间、地点发售资格预审文件或者招标文件。资格预审文件或者招标文件的发售期不得少于 5 日。资格预审文件或者招标文件售出后，不予退还。

第二十四条 自资格预审文件停止发售之日起至提交资格预审申请文件截止之日止，不得少于 5 日。

对资格预审文件的澄清或修改可能影响资格预审申请文件编制的，应当在提交资格预审申请文件截止时间至少 3 日前以书面形式通知所有获取资格预审文件的潜在投标人。不足 3 日的，招标人应当顺延提交资格预审申请文件的截止时间。

依法必须招标的项目在资格预审文件停止发售之日止，获取资格预审文件的潜在投标人少于 3 个的，应当重新招标。

第二十五条 潜在投标人或者其他利害关系人对资格预审文件有异议的，应当在提交资格预审申请文件截止时间 2 日前提出。招标人应当自收到异议之日起 3 日内作出答复；作出答复前，应当暂停招标投标活动。对异议作出的答复如果实质性影响资格预审申请文件的编制，则相应顺延提交资格预审申请文件的截止时间。

第二十六条 资格预审审查方法分为合格制和有限数量制。一般情况下应当采用合格制，凡符合资格预审文件规定资格条件的资格预审申请人，均通过资格预审。潜在投标人过多的，可采用有限数量制，但该数额不得少于 7 个；符合资格条件的申请人不足该数额的，均视为通过资格预审。

通过资格预审的申请人少于 3 个的，应当重新招标。

资格预审应当按照资格预审文件载明的标准和方法进行。资格预审文件未载明的标准和方法，不得作为资格审查的依据。

第二十七条 自招标文件开始发售之日起至潜在投标人提交投标文件截止之日止，最短不得少于 20 日。

对招标文件的澄清或修改可能影响投标文件编制的，应当在提交投标文件截止时间至少 15 日前，以书面形式通知所有获取招标文件的潜在投标人；不足 15 日的，招标人应当顺延提交投标文件的截止时间。

获取招标文件的潜在投标人少于 3 个的，应当重新招标。

第二十八条 潜在投标人或者其他利害关系人对招标文件有异议的，应当在提交投标文件截止时间 10 日前提出；招标人应当自收到异议之日起 3 日内作出答复；作出答复前，应当暂停招标投标活动。对异议作出的答复如果实质性影响投标文件的编制，则相应顺延提交投标文件截止时间。

第二十九条 招标人应当在招标文件中载明投标有效期。投标有效期从提交投标文件的截止之日起算。

第三十条 招标人在招标文件中要求投标人提交投标保证金的，投标保证金不得超过招标项目估算价的 2%，投标保证金有效期应当与投标有效期一致。

投标保证金的额度和支付形式应当在招标文件中确定。境内投标单位如果采用现金或者支票形式提交投标保证金的，应当从投标人的基本账户转出。

投标保证金不得挪用。

第三十一条 招标人可以自行决定是否编制标底。一个招标项目只能有一个标底。开标前标底必须保密。

接受委托编制标底的中介机构不得参加受托编制标底项目的投标，也不得为该项目的投标人编制投标文件或者提供咨询等相关的服务。

招标人设有最高投标限价的，应当在招标文件中明确最高投标限价或者最高投标限价的计算方法。招标人不得规定最低投标限价。

第三十二条 招标人组织踏勘项目现场的，应通知所有潜在投标人参与，不得组织单个或者部分潜在投标人踏勘项目现场。潜在投标人因自身原因不参与踏勘现场的，不得提出异议。

第三十三条 招标人在发布资格预审公告、招标公告、发出投标邀请书或者售出资格预审文件、招标文件后，无正当理由不得随意终止招标。招标人因特殊原因需要终止招标的，应当及时发布公告，或者以书面形式通知被邀请的或者已经获取资格预审文件、招标文件的潜在投标人。已经发售资格预审文件、招标文件或者已经收取投标保证金的，招标人应当及时退还所收取的购买资格预审文件、招标文件的费用，以及所收取的投标保证金及银行同期存款利息。利息的计算方法应当在招标文件中载明。

第三十四条 招标人不得以不合理的条件限制、排斥潜在投标人或者投标人。招标人有下列行为之一的，属于以不合理条件限制、排斥潜在投标人或者投标人：

（一）就同一招标项目向潜在投标人或者投标人提供有差别的项目信息；

（二）设定的资格、技术、商务条件与招标项目的具体特点和实际需要不相适应或者与合同履行无关；

（三）依法必须进行招标的项目以特定行政区域或者特定行业的业绩、奖项作为加分条件或者中标条件；

（四）对潜在投标人或者投标人采取不同的资格审查或者评标标准；

（五）限定或者指定特定的专利、商标、品牌、原产地或者供应商；

（六）依法必须进行招标的项目非法限定潜在投标人或者投标人的所有制形式或者组织形式；

（七）以其他不合理条件限制、排斥潜在投标人或者投标人。

第三章 投　　标

第三十五条 与招标人存在利害关系可能影响招标公正性的法人、其他组织或者个人，不得参加投标。

单位负责人为同一人或者存在控股、管理关系的不同单位，不得参加同一标段投标或者未划分标段的同一招标项目投标。

施工投标人与本标段的设计人、监理人、代建人或招标代理机构不得为同一个法定代表人、存在相互控股或参股或法定代表人相互任职、工作。

违反上述规定的,相关投标均无效。

第三十六条 投标人可以按照招标文件的要求由两个以上法人或者其他组织组成一个联合体,以一个投标人的身份共同投标。国家有关规定或者招标文件对投标人资格条件有规定的,联合体各方均应当具备规定的相应资格条件,资格条件考核以联合体协议书中约定的分工为依据。由同一专业的单位组成的联合体,按照资质等级较低的单位确定资质等级。

联合体成员间应签订共同投标协议,明确牵头人以及各方的责任、权利和义务,并将协议连同资格预审申请文件、投标文件一并提交招标人。联合体各方签署联合体协议后,不得再以自己名义单独或者参加其他联合体在同一招标项目中投标。联合体中标的,联合体各方应当共同与招标人签订合同,就中标项目向招标人承担连带责任。

招标人不得强制投标人组成联合体共同投标。

第三十七条 投标人发生合并、分立、破产等重大变化的,应当及时书面告知招标人。投标人不再具备资格预审文件、招标文件规定的资格条件或者投标影响公正性的,其投标无效。

招标人接受联合体投标并进行资格预审的,联合体应当在提交资格预审申请文件前组成。资格预审后联合体增减、更换成员的,其投标无效。

第三十八条 资格预审申请文件或投标文件按要求送达后,在资格预审文件、招标文件规定的截止时间前,招标人应允许潜在投标人或投标人对已提交的资格预审申请文件、投标文件进行撤回或补充、修改。潜在投标人或投标人如需撤回或者补充、修改资格预审申请文件、投标文件，应当以正式函件向招标人提出并做出说明。

修改资格预审申请文件、投标文件的函件是资格预审申请文件、投标文件的组成部分，其形式要求、密封方式、送达时间，适用本办法有关投标文件的规定。

第三十九条　招标人接收资格预审申请文件和投标文件，应当如实记载送达时间和密封情况，签收保存，不得开启。

资格预审申请文件、投标文件有下列情形之一的，招标人应当拒收：

（一）逾期送达的；

（二）未送达指定地点的；

（三）未按资格预审文件、招标文件要求密封的。

招标人拒收资格预审申请文件、投标文件的，应当如实记载送达时间和拒收情况，并将该记录签字存档。

第四十条　投标人在投标截止时间之前撤回已提交投标文件的，招标人应当自收到投标人书面撤回通知之日起5日内退还已收取的投标保证金。

投标截止后投标人撤销投标文件的，招标人可以不退还投标保证金。

出现特殊情况需要延长投标有效期的，招标人以书面形式通知所有投标人延长投标有效期。投标人同意延长的，应当延长其投标保证金的有效期，但不得要求或被允许修改其投标文件；投标人拒绝延长的，其投标失效，投标人有权撤销其投标文件，并收回投标保证金。

第四十一条　禁止投标人相互串通投标、招标人与投标人串通投标、以他人名义投标以及以其他方式弄虚作假的行为，认定标准执行《中华人民共和国招标投标法实施条例》有关规定。

第四章　开标、评标和定标

第四十二条　招标人应当按照招标文件中规定的时间、地点开标。

投标人少于3个的，不得开标，招标人应当重新招标。

第四十三条　开标由招标人或招标代理组织并主持。

开标应按照招标文件确定的程序进行，开标过程应当场记录，招标人、招标代理机构、投标人、参加开标的公证和监督机构等单位的代表应签字，并存档备查。开标记录应包括投标人名称、投标保证金、投标报价、工期、密封情况以及招标文件确定的其他内容。

投标人对开标有异议的，应当在开标现场提出，招标人或招标代理应当场作出答复，并制作记录。

第四十四条　招标人开标时，邀请所有投标人的法定代表人或其委托代理人准时参加。投标人未参加开标的，视为承认开标记录，事后对开标结果提出的任何异议无效。

第四十五条　评标由招标人依法组建的评标委员会负责。

依法必须进行招标的水运工程建设项目，其评标委员会成员由招标人的代表及有关技术、经济等方面的专家组成，人数为五人以上单数，其中技术、经济等方面的专家不得少于成员总数的三分之二。招标人的代表应具有相关专业知识和工程管理经验。

与投标人有利害关系的人员不得进入评标委员会。任何单位和个人不得以明示、暗示等任何方式指定或者变相指定参加评标委员会的专家成员。行政监督部门的工作人员不得担任本部门负责监督项目的评标委员会成员。

交通运输部具体负责监督管理的水运工程建设项目，其评标专家从交通运输部水运工程和交通支持系统综合评标专家库中随机抽取确定，其他水运工程建设项目的评标专家从省级交通运输主管部门建立的评标专家库或其他依法组建的综合评标专家库中随机抽取确定。

评标委员会成员名单在中标结果确定前应当保密。评标结束后，招标人应当按照交通运输主管部门的要求及时对评标专家的能力、履行职责等进行评价。

第四十六条 招标人设有标底的，应在开标时公布。标底只能作为评标的参考，不得以投标报价是否接近标底作为中标条件，也不得以投标报价超过标底上下浮动范围作为否决投标的条件。

第四十七条 招标人应当向评标委员会提供评标所必需的信息和数据，并根据项目规模和技术复杂程度等确定合理的评标时间；必要时可向评标委员会说明招标文件有关内容，但不得明示或者暗示其倾向或者排斥特定投标人。

在评标过程中，评标委员会成员因存在回避事由、健康等原因不能继续评标，或者擅离职守的，应当及时更换。被更换的评标委员会成员已作出的评审结论无效，由更换后的评标专家重新进行评审。已形成评标报告的，应当作相应修改。

第四十八条 有下列情形之一的，评标委员会应当否决其投标：

（一）投标文件未按招标文件要求盖章并由法定代表人或其书面授权的代理人签字的；

（二）投标联合体没有提交共同投标协议的；

（三）未按照招标文件要求提交投标保证金的；

（四）投标函未按照招标文件规定的格式填写，内容不全或者关键字迹模糊无法辨认的；

（五）投标人不符合国家或者招标文件规定的资格条件的；

（六）投标人名称或者组织结构与资格预审时不一致且未提供有效证明的；

（七）投标人提交两份或者多份内容不同的投标文件，或者在

同一份投标文件中对同一招标项目有两个或者多个报价,且未声明哪一个为最终报价的,但按招标文件要求提交备选投标的除外;

(八)串通投标、以行贿手段谋取中标、以他人名义或者其他弄虚作假方式投标的;

(九)报价明显低于成本或者高于招标文件中设定的最高限价的;

(十)无正当理由不按照评标委员会的要求对投标文件进行澄清或说明的;

(十一)没有对招标文件提出的实质性要求和条件做出响应的;

(十二)招标文件明确规定废标的其他情形。

第四十九条 投标文件在实质上响应招标文件要求,但存在含义不明确的内容、明显文字或者计算错误,评标委员会不得随意否决投标,评标委员会认为需要投标人做出必要澄清、说明的,应当书面通知该投标人。投标人的澄清、说明应当采用书面形式,并不得超出投标文件的范围或者改变投标文件的实质性内容。

评标委员会不得暗示或者诱导投标人做出澄清、说明,不得接受投标人主动提出的澄清、说明。

第五十条 评标委员会经评审,认为所有投标都不符合招标文件要求的,或者否决不合格投标后,因有效投标不足3个使得投标明显缺乏竞争的,可以否决全部投标。

所有投标被否决的,招标人应当依法重新招标。

第五十一条 评标委员会应当遵循公平、公正、科学、择优的原则,按照招标文件规定的标准和方法,对投标文件进行评审和比较。

招标文件没有规定的评标标准和方法,不得作为评标的依据。

第五十二条 根据本办法第二十四条、第二十六条、第二十七条、第四十二条、第五十条规定重新进行了资格预审或招标,再次出现了需要重新资格预审或者重新招标的情形之一的,经书面报告交通运输主管部门后，招标人可不再招标，并可通过与已提交资格预审申请文件或投标文件的潜在投标人进行谈判确定中标人，将谈判情况书面报告交通运输主管部门备案。

第五十三条　中标人的投标应当符合下列条件之一：

（一）能够最大限度地满足招标文件规定的各项综合评价标准；

（二）能够满足招标文件的实质性要求，并且经评审的投标价格最低，但是投标价格低于成本的除外。

第五十四条　评标委员会完成评标后，应当向招标人提交书面评标报告并推荐中标候选人。中标候选人应当不超过三个，并标明排序。

评标报告由评标委员会全体成员签字。对评标结论持有异议的评标委员会成员可以书面方式阐述其不同意见和理由，评标报告应当注明该不同意见。评标委员会成员拒绝在评标报告上签字又不书面说明其不同意见和理由的，视为同意评标结论，评标委员会应当对此做出书面说明并记录。

第五十五条　评标报告应包括以下内容：

（一）评标委员会成员名单；

（二）对投标文件的符合性评审情况；

（三）否决投标情况；

（四）评标标准、评标方法或者评标因素一览表；

（五）经评审的投标价格或者评分比较一览表；

（六）经评审的投标人排序；

（七）推荐的中标候选人名单与签订合同前需要处理的事宜；

（八）澄清、说明、补正事项纪要。

第五十六条　依法必须进行招标的项目，招标人应当自收到书面评标报告之日起3日内按照国家有关规定公示中标候选人，公示期不得少于3日。

投标人或者其他利害关系人对评标结果有异议的，应当在中标候选人公示期间提出。招标人应当自收到异议之日起 3 日内作出答复；作出答复前，应当暂停招标投标活动。

第五十七条　公示期间没有异议、异议不成立、没有投诉或者投诉处理后没有发现问题的，招标人应当从评标委员会推荐的中标候选人中确定中标人。异议成立或者投诉发现问题的，应当及时更正。

国有资金占控股或者主导地位的水运工程建设项目，招标人应当确定排名第一的中标候选人为中标人。排名第一的中标候选人放弃中标、因不可抗力不能履行合同、不按照招标文件要求提交履约保证金，或者被查实存在影响中标结果的违法行为等情形，不符合中标条件的，招标人可以按照评标委员会提出的中标候选人名单排序依次确定其他中标候选人为中标人，也可以重新招标。

第五十八条　中标人确定后，招标人应当及时向中标人发出中标通知书，并同时将中标结果通知所有未中标的投标人。

第五十九条　招标人和中标人应当自中标通知书发出之日起 30 日内，按照招标文件和中标人的投标文件订立书面合同，合同的标的、价款、质量、履行期限等主要条款应当与招标文件和中标人的投标文件的内容一致。招标人和中标人不得再行订立背离合同实质性内容的其他协议。

招标文件要求中标人提交履约保证金的，中标人应当按照招标文件的要求提交。履约保证金不得超过中标金额的 10%。

招标人最迟应当在书面合同签订后 5 日内向中标人和未中标的投标人退还投标保证金及银行同期存款利息。

第六十条　中标候选人的经营、财务状况发生较大变化或者存在违法行为，招标人认为可能影响其履约能力的，应当在发出中标通知书前由原评标委员会按照招标文件规定的标准和方法审查确认。

第六十一条　招标人应当自确定中标人之日起 15 日内，向具体负责本项目招标活动监督管理的交通运输主管部门提交招标投标情况的书面报告。

招标投标情况书面报告主要内容包括：招标项目基本情况、投标人开标签到表、开标记录、监督人员名单、评标标准和方法、评标委员会评分表和汇总表、评标委员会推荐的中标候选人名单、中标人、经评标委员会签字的评标报告、评标结果公示、投诉处理情况等。

第六十二条　中标人应当按照合同约定履行义务，完成中标项目。中标人不得向他人转让中标项目，也不得将中标项目肢解后分别向他人转让。

中标人按照合同约定或者经招标人同意，可以将中标项目的部分非主体、非关键性工作分包给他人完成。接受分包的人应当具备相应的资格条件，并不得再次分包。

中标人应当就分包项目向招标人负责，接受分包的人就分包项目承担连带责任。

第五章　投诉与处理

第六十三条　投标人或者其他利害关系人认为招标投标活动不符合法律、行政法规规定的，可以自知道或者应当知道之日起10日内向交通运输主管部门投诉。投诉应当有明确的请求和必要的证明材料。

就本办法第二十五条、第二十八条、第四十三条、第五十六条规定事项投诉的，应当先向招标人提出异议，异议答复期间不计算在前款规定的期限内。

第六十四条　投诉人就同一招标事项向两个以上交通运输主管部门投诉的，由具体承担该项目招标活动监督管理职责的交通运输主管部门负责处理。

交通运输主管部门应当自收到投诉之日起3个工作日内决定是否受理投诉，并自受理投诉之日起30个工作日内作出书面处理决定；需要检验、检测、鉴定、专家评审的，所需时间不计算在内。

投诉人捏造事实、伪造材料或者以非法手段取得证明材料进行投诉的，交通运输主管部门应当予以驳回。

第六十五条 交通运输主管部门处理投诉，有权查阅、复制有关文件、资料，调查有关情况，相关单位和人员应当予以配合。必要时，交通运输主管部门责令暂停该项目的招标投标活动。

交通运输主管部门的工作人员对监督检查过程中知悉的国家秘密、商业秘密，应当依法予以保密。

第六章 法律责任

第六十六条 违反本办法第九条规定，水运工程建设项目未履行相关审批、核准手续开展招标活动的，由交通运输主管部门责令改正，可处三万元以下罚款。

第六十七条 违反本办法第十六条规定，招标人不具备自行招标条件而自行招标的，由交通运输主管部门责令改正。

第六十八条 违反本办法第二十一条规定，资格预审文件和招标文件的编制，未使用国务院发展改革部门会同有关行政监督部门制定的标准文本或者交通运输部发布的行业标准文本的，由交通运输主管部门责令改正。

第六十九条 交通运输主管部门应当按照《中华人民共和国招标投标法》、《中华人民共和国招标投标法实施条例》等规定，对水运工程建设项目招标投标活动中的违法行为进行处理。

第七十条 交通运输主管部门应当建立健全水运工程建设项目招标投标信用制度，并应当对招标人、招标代理机构、投标人、评标委员会成员等当事人的违法行为及处理情况予以公告。

第七章 附 则

第七十一条 使用国际金融组织或者外国政府贷款、援助资金的项目进行招标，贷款方、资金提供方对招标投标的具体条件和程序有特殊要求的，可以适用其要求，但有损我国社会公共利益的除外。

第七十二条　水运工程建设项目机电产品国际招标投标活动，依照国家相关规定办理。

第七十三条　交通支持系统建设项目招标投标活动参照本办法执行。

第七十四条　本办法自2013年2月1日起施行，《水运工程施工招标投标管理办法》（交通部令2000年第4号）、《水运工程施工监理招标投标管理办法》（交通部令2002年第3号）、《水运工程勘察设计招标投标管理办法》（交通部令2003年第4号）、《水运工程机电设备招标投标管理办法》（交通部令2004年第9号）同时废止。

铁路工程建设项目招标投标管理办法

（2018年8月31日交通运输部令2018年第13号公布 自2019年1月1日起施行）

第一章　总　　则

第一条　为了规范铁路工程建设项目招标投标活动，保护国家利益、社会公共利益和招标投标活动当事人的合法权益，根据《中华人民共和国招标投标法》《中华人民共和国招标投标法实施条例》等法律、行政法规，制定本办法。

第二条　在中华人民共和国境内从事铁路工程建设项目的招标投标活动适用本办法。

前款所称铁路工程建设项目是指铁路工程以及与铁路工程建设

有关的货物、服务。

第三条 依法必须进行招标的铁路工程建设项目的招标投标，应当依照《公共资源交易平台管理暂行办法》等国家规定纳入公共资源交易平台。

依法必须进行招标的铁路工程建设项目的具体范围和规模标准，依照《中华人民共和国招标投标法》《中华人民共和国招标投标法实施条例》《必须招标的工程项目规定》等确定。

第四条 国家铁路局负责全国铁路工程建设项目招标投标活动的监督管理工作。

地区铁路监督管理局负责辖区内铁路工程建设项目招标投标活动的监督管理工作。

国家铁路局、地区铁路监督管理局以下统称铁路工程建设项目招标投标行政监管部门。

第五条 铁路工程建设项目的招标人和交易场所应当按照国家有关规定推行电子招标投标。

国家铁路局建立铁路工程建设行政监督平台，对铁路工程建设项目招标投标活动实行信息化监督管理。

第二章 招 标

第六条 铁路工程建设项目的招标人是指提出招标项目、进行招标的法人或者其他组织。

招标人组织开展的铁路工程建设项目招标活动，应当具备《中华人民共和国招标投标法》《中华人民共和国招标投标法实施条例》《工程建设项目勘察设计招标投标办法》《工程建设项目施工招标投标办法》《工程建设项目货物招标投标办法》等规定的有关条件。

第七条 招标人委托招标代理机构进行招标的，应当与被委托的招标代理机构签订书面委托合同。招标人授权项目管理机构进行招标或者由项目代建人承担招标工作的，招标人或者代建项目的委托人应当出具包括委托授权招标范围、招标工作权限等内容的委托授权书。多个招标人就相同或者类似的招标项目进行联合招标的，可以委托招标代理机构或者其中一个招标人牵头组织招标工作。

第八条 依法必须进行招标的铁路工程建设项目，招标人应当根据国务院发展改革部门会同有关行政监督部门制定的《标准施工招标资格预审文件》《标准施工招标文件》《标准设备采购招标文件》《标准材料采购招标文件》《标准勘察招标文件》《标准设计招标文件》《标准监理招标文件》等标准文本以及铁路行业补充文本，结合招标项目具体特点和实际需要，编制资格预审文件和招标文件。

第九条 采用公开招标方式的铁路工程建设项目，招标人应当依法发布资格预审公告或者招标公告。

依法必须进行招标的铁路工程建设项目的资格预审公告或者招标公告应当至少载明下列内容：

（一）招标项目名称、内容、范围、规模、资金来源；

（二）投标资格能力要求，以及是否接受联合体投标；

（三）获取资格预审文件或者招标文件的时间、方式；

（四）递交资格预审文件或者投标文件的截止时间、方式；

（五）招标人及其招标代理机构的名称、地址、联系人及联系方式；

（六）采用电子招标投标方式的，潜在投标人访问电子招标投标交易平台的网址和方法；

（七）对具有行贿犯罪记录、失信被执行人等失信情形潜在投标人的依法限制要求；

（八）其他依法应当载明的内容。

第十条 采用邀请招标方式的铁路工程建设项目，招标人应当向3家以上具备相应资质能力、资信良好的特定的法人或者其他组织发出投标邀请书。

第十一条 依法必须进行招标的铁路工程建设项目，招标人应当在发布资格预审公告或者招标公告前 7 个工作日内向铁路工程建设项目招标投标行政监管部门备案。鼓励采用电子方式进行备案。

第十二条 资格预审应当按照资格预审文件载明的标准和方法进行。

第十三条 国有资金占控股或者主导地位的依法必须进行招标的铁路工程建设项目资格预审结束后，资格审查委员会应当编制资格审查报告。资格审查报告应当载明下列内容，如果有评分情况，在资格审查报告中一并列明：

（一）招标项目基本情况；

（二）资格审查委员会成员名单；

（三）资格预审申请文件递交情况；

（四）通过资格审查的申请人名单；

（五）未通过资格审查的申请人名单，以及未通过审查的具体理由、依据（应当指明不符合资格预审文件的具体条款序号）；

（六）澄清、说明事项；

（七）需要说明的其他事项。

资格审查委员会所有成员应当在资格审查报告上签字。对审查结果有不同意见的资格审查委员会成员应当以书面形式说明其不同意见和理由，资格审查报告应当注明该不同意见。资格审查委员会成员拒绝在资格审查报告上签字又不书面说明其不同意见和理由的，视为同意资格审查结果。

第十四条 招标人应当及时向资格预审合格的潜在投标人发出资格预审合格通知书或者投标邀请书，告知获取招标文件的时间、地点和方法；同时向资格预审不合格的潜在投标人发出资格预审结果通知书，注明未通过资格预审的具体理由。

通过资格预审的申请人少于 3 个的，应当重新招标。

第十五条　资格预审申请人对资格预审结果有异议的，可以自收到或者应当收到资格预审结果通知书后3日内提出。招标人应当自收到异议之日起3日内作出答复，异议答复应当列明事实和依据；作出答复前，应当暂停招标投标活动。

第十六条　招标人应当依照国家有关法律法规规定，在招标文件中载明招标项目是否允许分包，以及允许分包或者不得分包的范围。

第十七条　招标人应当在招标文件或者资格预审文件中集中载明评标办法、评审标准和否决情形。否决情形应当以醒目方式标注。资格审查委员会或者评标委员会不得以未集中载明的评审标准和否决情形限制、排斥潜在投标人或者否决投标。

第十八条　招标人不得以不合理的条件限制或者排斥潜在投标人，不得对潜在投标人实行歧视待遇。

除《中华人民共和国招标投标法实施条例》第三十二条规定的情形外，招标人有下列行为之一的，视为以不合理的条件限制或者排斥潜在投标人：

（一）对符合国家关于铁路建设市场开放规定的设计、施工、监理企业，不接受其参加有关招标项目的投标；

（二）设定的企业资质、个人执业资格条件违反国家有关规定，或者与招标项目实际内容无关；

（三）招标文件或者资格预审文件中设定的投标人资格要求高于招标公告载明的投标人资格要求；

（四）对企业或者项目负责人的业绩指标要求，超出招标项目对应的工程实际需要。

第十九条　招标人以暂估价形式包括在总承包范围内的工程、货物、服务属于依法必须进行招标的项目范围且达到国家规定规模标准的，应当依法进行招标。暂估价部分招标的实施主体应当在总承包项目的合同条款中约定。

第二十条　招标人在发布招标公告、发出投标邀请书、售出招标文件或者资格预审文件后，除不可抗力、国家政策变化等原因外，不得擅自终止招标。

招标人终止招标的，应当及时发布公告，或者以书面形式通知被邀请的或者已经获取资格预审文件、招标文件的潜在投标人。已经发售资格预审文件、招标文件或者已经收取投标保证金的，招标人应当及时退还所收取的资格预审文件、招标文件的费用，以及所收取的投标保证金及银行同期存款利息。

第三章　投　　标

第二十一条　铁路工程建设项目的投标人是指响应招标、参加投标竞争的法人或者其他组织。

投标人应当具备承担招标项目的能力，并具备招标文件规定和国家规定的资格条件。

第二十二条　投标人应当按照招标文件的要求编制投标文件。投标文件应当对招标文件提出的实质性要求和条件予以响应。

第二十三条　投标人可以银行保函方式提交投标保证金。招标人不得拒绝投标人以银行保函形式提交的投标保证金，评标委员会也不得以此理由否决其投标。

第二十四条　根据招标文件载明的项目实际情况和工程分包的有关规定，投标人应当在投标文件中载明中标后拟分包的工程内容等事项。

第二十五条　投标人在投标文件中填报的资质、业绩、主要人员资历和目前在岗情况、信用等信息，应当与其在铁路工程建设行政监督平台上填报、发布的一致。

第二十六条　投标人不得有下列行为：

（一）串通投标；

（二）向招标人、招标代理机构或者评标委员会成员行贿；

（三）采取挂靠、转让、租借等方式从其他法人、组织获取资格或者资质证书进行投标，或者以其他方式弄虚作假进行投标；

（四）排挤其他投标人公平竞争的行为。

第四章　开标、评标和中标

第二十七条　招标人应当按照招标文件规定的时间、地点开标，并邀请所有投标人参加。

递交投标文件的投标人少于3个的标段或者包件，招标人不得开标，应当将相应标段或者包件的投标文件当场退还给投标人，并依法重新组织招标。

重新招标后投标人仍少于3个，属于按照国家规定需要政府审批、核准的铁路工程建设项目的，报经原审批、核准部门审批、核准后可以不再进行招标；其他铁路工程建设项目，招标人可以自行决定不再进行招标。

依照本条规定不再进行招标的，招标人可以邀请已提交资格预审申请文件的申请人或者已提交投标文件的投标人进行谈判，确定项目承担单位，并将谈判报告报对该项目具有招标监督职责的铁路工程建设项目招标投标行政监管部门备案。

第二十八条　招标人应当记录关于开标过程的下列内容并存档备查：

（一）开标时间和地点；

（二）投标文件密封检查情况；

（三）投标人名称、投标价格和招标文件规定的其他主要内容；

（四）投标人提出的异议及当场答复情况。

第二十九条　评标由招标人依法组建的评标委员会负责。评标委员会成员的确定和更换应当遵守《中华人民共和国招标投标法》《中华人民共和国招标投标法实施条例》《评标委员会和评标方法暂行规定》等规定。

依法必须进行招标的铁路工程建设项目的评标委员会中，除招标人代表外，招标人及与该工程建设项目有监督管理关系的人员不得以技术、经济专家身份等名义参加评审。

第三十条　招标人应当向评标委员会提供评标所必需的信息和材料，但不得明示或者暗示其倾向或者排斥特定投标人。提供评标所必需的信息和材料主要包括招标文件、招标文件的澄清或者修改、开标记录、投标文件、资格预审相关文件、投标人信用信息等。

第三十一条　评标委员会设负责人的，评标委员会负责人应当由评标委员会成员推举产生或者由招标人确定。评标委员会负责人负责组织并与评标委员会成员一起开展评标工作，其与评标委员会的其他成员享有同等权利与义务。

第三十二条　评标委员会认为投标人的报价明显低于其他投标报价，有可能影响工程质量或者不能诚信履约的，可以要求其澄清、说明是否低于成本价投标，必要时应当要求其一并提交相关证明材料。投标人不能证明其报价合理性的，评标委员会应当认定其以低于成本价竞标，并否决其投标。

第三十三条　评标委员会经评审，否决投标的，应当在评标报告中列明否决投标人的原因及依据；认为所有投标都不符合招标文件要求，或者符合招标文件要求的投标人不足3家使得投标明显缺乏竞争性的，可以否决所有投标。评标委员会作出否决投标或者否决所有投标意见的，应当有三分之二及以上评标委员会成员同意。

第三十四条　评标委员会成员应当客观、公正地履行职务，恪守职业道德，对所提出的评审意见承担个人责任。

评标委员会成员不得私下接触投标人，不得收受投标人的财物或者其他好处，不得向招标人征询确定中标人的意向，不得接受任何单位或者个人明示或者暗示提出的倾向或者排斥特定投标人的要求。

评标委员会成员和参与评标的有关工作人员不得透露对投标文件的评审和比较、中标候选人的推荐情况以及与评标有关的其他情况。

第三十五条 评标完成后，评标委员会应当向招标人提交书面评标报告和中标候选人名单。中标候选人应当不超过 3 个，并标明排序。

评标报告应当如实记载下列内容：

（一）基本情况和数据表；

（二）评标委员会成员名单，评标委员会设有负责人的一并注明；

（三）开标记录；

（四）符合要求的投标人名单；

（五）否决投标的情况说明，包括具体理由及招标文件中的相应否决条款；

（六）评标标准、评标方法或者评标因素一览表；

（七）经评审的价格或者评分比较一览表；

（八）经评审的投标人排序；

（九）推荐的中标候选人名单与签订合同前要处理的事宜；

（十）澄清、说明、补正事项纪要。

评标报告应当由评标委员会全体成员签字；设立评标委员会负责人的，评标委员会负责人应当在评标报告上逐页签字。对评标结果有不同意见的评标委员会成员应当以书面形式说明其不同意见和理由，评标报告应当注明该不同意见。评标委员会成员拒绝在评标报告上签字又不书面说明其不同意见和理由的，视为同意评标结果。评标委员会提交的评标报告内容不符合前款要求的，应当补充完善。

第三十六条 依法必须进行招标的铁路工程建设项目的招标人，应当对评标委员会成员履职情况如实记录并按规定对铁路建设工程评标专家予以评价。

第三十七条 招标人根据评标委员会提出的书面评标报告和推荐的中标候选人确定中标人。招标人也可以授权评标委员会直接确定中标人。依法必须进行招标的铁路工程建设项目，招标人应当自收到评标报告之日起3日内在规定的媒介上公示中标候选人，公示期不得少于3日。

对中标候选人的公示信息应当包括：招标项目名称，标段或者包件编号，中标候选人排序、名称、投标报价、工期或者交货期承诺，评分或者经评审的投标报价情况，项目负责人姓名及其相关证书名称和编号，中标候选人在投标文件中填报的企业和项目负责人的工程业绩，异议受理部门及联系方式等。

第三十八条 依法必须进行招标的铁路工程建设项目的投标人或者其他利害关系人对评标结果有异议的，应当在中标候选人公示期间提出。招标人应当自收到异议之日起3日内作出答复，异议答复应当列明事实、依据；作出答复前，应当暂停招标投标活动。

招标人经核查发现异议成立并对中标结果产生实质性影响的，应当组织原评标委员会按照招标文件规定的标准和方法审查确认。若异议事项涉嫌弄虚作假等违法行为或者原评标委员会无法根据招标文件和投标文件审查确认的，以及招标人发现评标结果有明显错误的，招标人应当向铁路工程建设项目招标投标行政监管部门反映或者投诉。

第三十九条 中标候选人的经营、财务状况发生较大变化或者存在违法行为，招标人认为可能影响其履约能力的，应当在发出中标通知书前由原评标委员会按照招标文件规定的标准和方法审查确认。

非因本办法第三十八条第二款及本条第一款规定的事由，招标人不得擅自组织原评标委员会或者另行组建评标委员会审查确认。

第四十条 中标人确定后，招标人应当向中标人发出中标通知书，并同时将中标结果通知所有未中标的投标人。依法必须进行招标项目的中标结果还应当按规定在有关媒介公示中标人名称。

所有投标均被否决的，招标人应当书面通知所有投标人，并说明具体原因。

第四十一条 依法必须进行招标的铁路工程建设项目，招标人应当自确定中标人之日起 15 日内，向铁路工程建设项目招标投标行政监管部门提交招标投标情况书面报告。鼓励采用电子方式报告。

招标投标情况书面报告应当包括下列主要内容：

（一）招标范围；

（二）招标方式和发布招标公告的媒介；

（三）招标文件中投标人须知、技术条款、评标标准和方法、合同主要条款等内容；

（四）评标委员会的组成、成员遵守评标纪律和履职情况，对评标专家的评价意见；

（五）评标报告；

（六）中标结果；

（七）其他需提交的问题说明和资料。

第四十二条 招标人和中标人应当在投标有效期内并自中标通知书发出之日起 30 日内，按照招标文件和中标人的投标文件订立书面合同。招标人和中标人不得再行订立背离合同实质性内容的其他协议。

第四十三条 招标文件要求中标人提交履约保证金的，中标人应当提交。履约保证金可以银行保函、支票、现金等方式提交。

中标人提交履约保证金的，在工程项目竣工前，招标人不得再同时预留工程质量保证金。

第四十四条 中标人应当按照合同约定履行义务，完成中标项目。

招标人应当加强对合同履行的管理，建立对中标人合同履约的考核制度。依法必须进行招标的铁路工程建设项目，招标人、中标人应当按规定向铁路工程建设项目招标投标行政监管部门提交合同履约信息。

第四十五条 铁路工程建设项目的施工中标人对已包含在中标工程内的货物再次通过招标方式采购的，招标人应当依据承包合同约定对再次招标活动进行监督，对施工中标人再次招标选定的货物进场质量验收情况进行检查。

第五章 监 督 管 理

第四十六条 铁路工程建设项目招标投标行政监管部门应当依法加强对铁路工程建设项目招标投标活动的监督管理。

国家铁路局组建、管理铁路建设工程评标专家库，指导、协调地区铁路监督管理局开展铁路工程建设项目招标投标监督管理工作。

地区铁路监督管理局应当按规定通报或者报告辖区内的铁路工程建设项目招标投标违法违规行为和相关监督管理信息，分析铁路工程建设项目招标投标相关情况。

第四十七条 铁路工程建设项目招标投标监督管理方式主要包括监督抽查、投诉处理、办理备案、接收书面报告、行政处罚、记录公告等方式。

第四十八条 投标人或者其他利害关系人（以下简称投诉人）认为铁路工程建设项目招标投标活动不符合法律、行政法规规定的，可以自知道或者应当知道之日起 10 日内向铁路工程建设项目招标投标行政监管部门投诉。

第四十九条 投诉人投诉时，应当提交投诉书。投诉书应当包括下列内容：

（一）投诉人的名称、地址及有效联系方式；

（二）被投诉人的名称、地址及有效联系方式；

（三）投诉事项的基本事实；

（四）相关请求及主张；

（五）有效线索和相关证明材料。

对按规定应当先向招标人提出异议的事项进行投诉的，还应当提交已提出异议的证明文件。如果已向有关行政监督部门投诉的，应当一并说明。

投诉人是法人的，投诉书必须由其法定代表人或者授权代表签字并盖章；其他组织或者自然人投诉的，投诉书必须由其主要负责人或者投诉人本人签字，并附有效身份证明复印件。

投诉书有关材料是外文的，投诉人应当同时提供其中文译本。

第五十条 有下列情形之一的投诉，铁路工程建设项目招标投标行政监管部门不予受理：

（一）投诉人不是所投诉招标投标活动的参与者，或者与投诉项目无任何利害关系；

（二）投诉事项不具体，且未提供有效线索，难以查证的；

（三）投诉书未署具投诉人真实姓名、签字和有效联系方式的；以法人名义投诉的，投诉书未经法定代表人或者授权代表签字并加盖公章的；

（四）超过投诉时效的；

（五）已经作出处理决定，并且投诉人没有提出新的证据的；

（六）投诉事项应当先提出异议没有提出异议的，或者已进入行政复议或者行政诉讼程序的。

第五十一条 铁路工程建设项目招标投标行政监管部门受理投诉后，应当调取、查阅有关文件，调查、核实有关情况，根据调查和取证情况，对投诉事项进行审查，按照下列规定做出处理决定：

（一）投诉缺乏事实根据或者法律依据的，驳回投诉；

（二）投诉情况属实，招标投标活动确实存在违法行为的，依照

《中华人民共和国招标投标法》及其他有关法规、规章进行处理。

第五十二条 铁路工程建设项目招标投标行政监管部门积极推进铁路建设工程招标投标信用体系建设，建立健全守信激励和失信惩戒机制，维护公平公正的市场竞争秩序。

鼓励和支持招标人优先选择信用良好的从业企业。招标人可以对信用良好的投标人或者中标人，减免投标保证金，减少履约保证金或者质量保证金。招标人采用相关信用优惠措施的，应当在招标文件中载明。

第五十三条 铁路工程建设项目招标投标行政监管部门对招标人、招标代理机构、投标人以及评标委员会成员等的违法违规行为依法作出行政处理决定的，应当按规定予以公告，并记入相应当事人的不良行为记录。

对于列入不良行为记录、行贿犯罪档案、失信被执行人名录的市场主体，依法按规定在招标投标活动中对其予以限制。

第五十四条 铁路工程建设项目招标投标行政监管部门履行监督管理职责过程中，有权查阅、复制招标投标活动的有关文件、资料和数据；在投诉调查处理中，发现有违反法律、法规、规章规定的，应当要求相关当事人整改，必要时可以责令暂停招标投标活动。招标投标活动交易服务机构及市场主体应当如实提供相关情况和材料。

第五十五条 铁路工程建设项目招标投标行政监管部门的工作人员对监督过程中知悉的国家秘密、商业秘密，应当依法予以保密。

第六章 法 律 责 任

第五十六条 招标人有下列情形之一的，由铁路工程建设项目招标投标行政监管部门责令改正，给予警告；情节严重的，可以并处 3 万元以下的罚款：

（一）不按本办法规定编制资格预审文件或者招标文件的；

（二）拒绝以银行保函方式提交的投标保证金或者履约保证金的，或者违规在招标文件中增设保证金的；

（三）向评标委员会提供的评标所需信息不符合本办法规定的；

（四）不按本办法规定公示中标候选人的；

（五）不按本办法规定进行招标备案或者提交招标投标情况书面报告的；

（六）否决所有投标未按本办法规定告知的；

（七）擅自终止招标活动的，或者终止招标未按规定告知有关潜在投标人的；

（八）非因本办法第三十八条第二款和第三十九条第一款规定的事由，擅自组织原评标委员会或者另行组建评标委员会审查确认的。

第五十七条 投标人或者其他利害关系人捏造事实、伪造材料或者以非法手段取得证明材料进行投诉，尚未构成犯罪的，由铁路工程建设项目招标投标行政监管部门责令改正，给予警告；情节严重的，可以并处3万元以下的罚款。

第五十八条 评标委员会成员、资格审查委员会成员有下列情形之一的，由铁路工程建设项目招标投标行政监管部门责令改正，给予警告；情节严重的，禁止其在6个月至1年内参加依法必须进行招标的铁路工程建设项目的评审；情节特别严重的，取消担任评标委员会、资格审查委员会成员资格，并从专家库中除名，不再接受其评标专家入库申请：

（一）应当回避而不回避；

（二）擅离职守；

（三）不按照招标文件规定的评标标准和方法评标；

（四）私下接触投标人；

（五）向招标人征询确定中标人的意向，或者接受任何单位或者个人明示或者暗示提出的倾向或者排斥特定投标人的要求；

（六）对依法应当否决的投标不提出否决意见；

（七）暗示或者诱导投标人作出澄清、说明或者接受投标人主动提出的澄清、说明；

（八）评审活动中其他不客观、不公正的行为。

第七章　附　　则

第五十九条　采用电子方式进行招标投标的，应当符合本办法和国家有关电子招标投标的规定。

第六十条　本办法自2019年1月1日起施行。

通信工程建设项目招标投标管理办法

（2014年5月4日工业和信息化部令第27号公布　自2014年7月1日起施行）

第一章　总　　则

第一条　为了规范通信工程建设项目招标投标活动，根据《中华人民共和国招标投标法》（以下简称《招标投标法》）和《中华人民共和国招标投标法实施条例》（以下简称《实施条例》），制定本办法。

第二条　在中华人民共和国境内进行通信工程建设项目招标投标活动，适用本办法。

前款所称通信工程建设项目，是指通信工程以及与通信工程建设有关的货物、服务。其中，通信工程包括通信设施或者通信网络的新建、改建、扩建、拆除等施工；与通信工程建设有关的货物，是指构成通信工程不可分割的组成部分，且为实现通信工程基本功能所必需的设备、材料等；与通信工程建设有关的服务，是指为完成通信工程所需的勘察、设计、监理等服务。

依法必须进行招标的通信工程建设项目的具体范围和规模标准，依据国家有关规定确定。

第三条 工业和信息化部和各省、自治区、直辖市通信管理局（以下统称为"通信行政监督部门"）依法对通信工程建设项目招标投标活动实施监督。

第四条 工业和信息化部鼓励按照《电子招标投标办法》进行通信工程建设项目电子招标投标。

第五条 工业和信息化部建立"通信工程建设项目招标投标管理信息平台"（以下简称"管理平台"），实行通信工程建设项目招标投标活动信息化管理。

第二章 招标和投标

第六条 国有资金占控股或者主导地位的依法必须进行招标的通信工程建设项目，应当公开招标；但有下列情形之一的，可以邀请招标：

（一）技术复杂、有特殊要求或者受自然环境限制，只有少量潜在投标人可供选择；

（二）采用公开招标方式的费用占项目合同金额的比例过大。

有前款第一项所列情形，招标人邀请招标的，应当向其知道或者应当知道的全部潜在投标人发出投标邀请书。

采用公开招标方式的费用占项目合同金额的比例超过1.5%，且采用邀请招标方式的费用明显低于公开招标方式的费用的，方可被认定为有本条第一款第二项所列情形。

第七条 除《招标投标法》第六十六条和《实施条例》第九条规定的可以不进行招标的情形外，潜在投标人少于3个的，可以不进行招标。

招标人为适用前款规定弄虚作假的，属于《招标投标法》第四条规定的规避招标。

第八条 依法必须进行招标的通信工程建设项目的招标人自行办理招标事宜的，应当自发布招标公告或者发出投标邀请书之日起2日内通过"管理平台"向通信行政监督部门提交《通信工程建设项目自行招标备案表》（见附录一）。

第九条 招标代理机构代理招标业务，适用《招标投标法》、《实施条例》和本办法关于招标人的规定。

第十条 公开招标的项目，招标人采用资格预审办法对潜在投标人进行资格审查的，应当发布资格预审公告、编制资格预审文件。招标人发布资格预审公告后，可不再发布招标公告。

依法必须进行招标的通信工程建设项目的资格预审公告和招标公告，除在国家发展和改革委员会依法指定的媒介发布外，还应当在"管理平台"发布。在不同媒介发布的同一招标项目的资格预审公告或者招标公告的内容应当一致。

第十一条 资格预审公告、招标公告或者投标邀请书应当载明下列内容：

（一）招标人的名称和地址；

（二）招标项目的性质、内容、规模、技术要求和资金来源；

（三）招标项目的实施或者交货时间和地点要求；

（四）获取招标文件或者资格预审文件的时间、地点和方法；

（五）对招标文件或者资格预审文件收取的费用；

（六）提交资格预审申请文件或者投标文件的地点和截止时间。

招标人对投标人的资格要求，应当在资格预审公告、招标公告或者投标邀请书中载明。

第十二条 资格预审文件一般包括下列内容：

（一）资格预审公告；

（二）申请人须知；

（三）资格要求；

（四）业绩要求；

（五）资格审查标准和方法；

（六）资格预审结果的通知方式；

（七）资格预审申请文件格式。

资格预审应当按照资格预审文件载明的标准和方法进行，资格预审文件没有规定的标准和方法不得作为资格预审的依据。

第十三条 招标人应当根据招标项目的特点和需要编制招标文件。招标文件一般包括下列内容：

（一）招标公告或者投标邀请书；

（二）投标人须知；

（三）投标文件格式；

（四）项目的技术要求；

（五）投标报价要求；

（六）评标标准、方法和条件；

（七）网络与信息安全有关要求；

（八）合同主要条款。

招标文件应当载明所有评标标准、方法和条件，并能够指导评标工作，在评标过程中不得作任何改变。

第十四条 招标人应当在招标文件中以显著的方式标明实质性要求、条件以及不满足实质性要求和条件的投标将被否决的提示；对于非实质性要求和条件，应当规定允许偏差的最大范围、最高项数和调整偏差的方法。

第十五条 编制依法必须进行招标的通信工程建设项目资格预审文件和招标文件，应当使用国家发展和改革委员会会同有关行政监督部门制定的标准文本及工业和信息化部制定的范本。

第十六条 勘察设计招标项目的评标标准一般包括下列内容：

（一）投标人的资质、业绩、财务状况和履约表现；

（二）项目负责人的资格和业绩；
（三）勘察设计团队人员；
（四）技术方案和技术创新；
（五）质量标准及质量管理措施；
（六）技术支持与保障；
（七）投标价格；
（八）组织实施方案及进度安排。

第十七条 监理招标项目的评标标准一般包括下列内容：
（一）投标人的资质、业绩、财务状况和履约表现；
（二）项目总监理工程师的资格和业绩；
（三）主要监理人员及安全监理人员；
（四）监理大纲；
（五）质量和安全管理措施；
（六）投标价格。

第十八条 施工招标项目的评标标准一般包括下列内容：
（一）投标人的资质、业绩、财务状况和履约表现；
（二）项目负责人的资格和业绩；
（三）专职安全生产管理人员；
（四）主要施工设备及施工安全防护设施；
（五）质量和安全管理措施；
（六）投标价格；
（七）施工组织设计及安全生产应急预案。

第十九条 与通信工程建设有关的货物招标项目的评标标准一般包括下列内容：
（一）投标人的资质、业绩、财务状况和履约表现；
（二）投标价格；
（三）技术标准及质量标准；
（四）组织供货计划；

（五）售后服务。

第二十条　评标方法包括综合评估法、经评审的最低投标价法或者法律、行政法规允许的其他评标方法。

鼓励通信工程建设项目使用综合评估法进行评标。

第二十一条　通信工程建设项目需要划分标段的，招标人应当在招标文件中载明允许投标人中标的最多标段数。

第二十二条　通信工程建设项目已确定投资计划并落实资金来源的，招标人可以将多个同类通信工程建设项目集中进行招标。

招标人进行集中招标的，应当遵守《招标投标法》、《实施条例》和本办法有关依法必须进行招标的项目的规定。

第二十三条　招标人进行集中招标的，应当在招标文件中载明工程或者有关货物、服务的类型、预估招标规模、中标人数量及每个中标人对应的中标份额等；对与工程或者有关服务进行集中招标的，还应当载明每个中标人对应的实施地域。

第二十四条　招标人可以对多个同类通信工程建设项目的潜在投标人进行集中资格预审。招标人进行集中资格预审的，应当发布资格预审公告，明确集中资格预审的适用范围和有效期限，并且应当预估项目规模，合理设定资格、技术和商务条件，不得限制、排斥潜在投标人。

招标人进行集中资格预审，应当遵守国家有关勘察、设计、施工、监理等资质管理的规定。

集中资格预审后，通信工程建设项目的招标人应当继续完成招标程序，不得直接发包工程；直接发包工程的，属于《招标投标法》第四条规定的规避招标。

第二十五条　招标人根据招标项目的具体情况，可以在发售招标文件截止之日后，组织潜在投标人踏勘项目现场和召开投标预备会。

招标人组织潜在投标人踏勘项目现场或者召开投标预备会的，

应当向全部潜在投标人发出邀请。

第二十六条 投标人应当在招标文件要求提交投标文件的截止时间前，将投标文件送达投标地点。通信工程建设项目划分标段的，投标人应当在投标文件上标明相应的标段。

未通过资格预审的申请人提交的投标文件，以及逾期送达或者不按照招标文件要求密封的投标文件，招标人应当拒收。

招标人收到投标文件后，不得开启，并应当如实记载投标文件的送达时间和密封情况，存档备查。

第三章 开标、评标和中标

第二十七条 通信工程建设项目投标人少于3个的，不得开标，招标人在分析招标失败的原因并采取相应措施后，应当依法重新招标。划分标段的通信工程建设项目某一标段的投标人少于3个的，该标段不得开标，招标人在分析招标失败的原因并采取相应措施后，应当依法对该标段重新招标。

投标人认为存在低于成本价投标情形的，可以在开标现场提出异议，并在评标完成前向招标人提交书面材料。招标人应当及时将书面材料转交评标委员会。

第二十八条 招标人应当根据《招标投标法》和《实施条例》的规定开标，记录开标过程并存档备查。招标人应当记录下列内容：

（一）开标时间和地点；

（二）投标人名称、投标价格等唱标内容；

（三）开标过程是否经过公证；

（四）投标人提出的异议。

开标记录应当由投标人代表、唱标人、记录人和监督人签字。

因不可抗力或者其他特殊原因需要变更开标地点的，招标人应提前通知所有潜在投标人，确保其有足够的时间能够到达开标地点。

第二十九条 评标由招标人依法组建的评标委员会负责。

通信工程建设项目评标委员会的专家成员应当具备下列条件：

（一）从事通信相关领域工作满8年并具有高级职称或者同等专业水平。掌握通信新技术的特殊人才经工作单位推荐，可以视为具备本项规定的条件；

（二）熟悉国家和通信行业有关招标投标以及通信建设管理的法律、行政法规和规章，并具有与招标项目有关的实践经验；

（三）能够认真、公正、诚实、廉洁地履行职责；

（四）未因违法、违纪被取消评标资格或者未因在招标、评标以及其他与招标投标有关活动中从事违法行为而受过行政处罚或者刑事处罚；

（五）身体健康，能够承担评标工作。

工业和信息化部统一组建和管理通信工程建设项目评标专家库，各省、自治区、直辖市通信管理局负责本行政区域内评标专家的监督管理工作。

第三十条 依法必须进行招标的通信工程建设项目，评标委员会的专家应当从通信工程建设项目评标专家库内相关专业的专家名单中采取随机抽取方式确定；个别技术复杂、专业性强或者国家有特殊要求，采取随机抽取方式确定的专家难以保证胜任评标工作的招标项目，可以由招标人从通信工程建设项目评标专家库内相关专业的专家名单中直接确定。

依法必须进行招标的通信工程建设项目的招标人应当通过"管理平台"抽取评标委员会的专家成员，通信行政监督部门可以对抽取过程进行远程监督或者现场监督。

第三十一条 依法必须进行招标的通信工程建设项目技术复杂、评审工作量大，其评标委员会需要分组评审的，每组成员人数应为5人以上，且每组每个成员应对所有投标文件进行评审。评标委员会的分组方案应当经全体成员同意。

评标委员会设负责人的，其负责人由评标委员会成员推举产生或者由招标人确定。评标委员会其他成员与负责人享有同等的表决权。

第三十二条 评标委员会成员应当客观、公正地对投标文件提出评审意见，并对所提出的评审意见负责。

招标文件没有规定的评标标准和方法不得作为评标依据。

第三十三条 评标过程中，评标委员会收到低于成本价投标的书面质疑材料、发现投标人的综合报价明显低于其他投标报价或者设有标底时明显低于标底，认为投标报价可能低于成本的，应当书面要求该投标人作出书面说明并提供相关证明材料。招标人要求以某一单项报价核定是否低于成本的，应当在招标文件中载明。

投标人不能合理说明或者不能提供相关证明材料的，评标委员会应当否决其投标。

第三十四条 投标人以他人名义投标或者投标人经资格审查不合格的，评标委员会应当否决其投标。

部分投标人在开标后撤销投标文件或者部分投标人被否决投标后，有效投标不足3个且明显缺乏竞争的，评标委员会应当否决全部投标。有效投标不足3个，评标委员会未否决全部投标的，应当在评标报告中说明理由。

依法必须进行招标的通信工程建设项目，评标委员会否决全部投标的，招标人应当重新招标。

第三十五条 评标完成后，评标委员会应当根据《招标投标法》和《实施条例》的有关规定向招标人提交评标报告和中标候选人名单。

招标人进行集中招标的，评标委员会应当推荐不少于招标文件载明的中标人数量的中标候选人，并标明排序。

评标委员会分组的，应当形成统一、完整的评标报告。

第三十六条 评标报告应当包括下列内容：

（一）基本情况；

（二）开标记录和投标一览表；

（三）评标方法、评标标准或者评标因素一览表；

（四）评标专家评分原始记录表和否决投标的情况说明；

（五）经评审的价格或者评分比较一览表和投标人排序；

（六）推荐的中标候选人名单及其排序；

（七）签订合同前要处理的事宜；

（八）澄清、说明、补正事项纪要；

（九）评标委员会成员名单及本人签字、拒绝在评标报告上签字的评标委员会成员名单及其陈述的不同意见和理由。

第三十七条　依法必须进行招标的通信工程建设项目的招标人应当自收到评标报告之日起3日内通过"管理平台"公示中标候选人，公示期不得少于3日。

第三十八条　招标人应当根据《招标投标法》和《实施条例》的有关规定确定中标人。

招标人进行集中招标的，应当依次确定排名靠前的中标候选人为中标人，且中标人数量及每个中标人对应的中标份额等应当与招标文件载明的内容一致。招标人与中标人订立的合同中应当明确中标价格、预估合同份额等主要条款。

中标人不能履行合同的，招标人可以按照评标委员会提出的中标候选人名单排序依次确定其他中标候选人为中标人，也可以对中标人的中标份额进行调整，但应当在招标文件中载明调整规则。

第三十九条　在确定中标人之前，招标人不得与投标人就投标价格、投标方案等实质性内容进行谈判。

招标人不得向中标人提出压低报价、增加工作量、增加配件、增加售后服务量、缩短工期或其他违背中标人的投标文件实质性内容的要求。

第四十条　依法必须进行招标的通信工程建设项目的招标人应

当自确定中标人之日起 15 日内,通过"管理平台"向通信行政监督部门提交《通信工程建设项目招标投标情况报告表》(见附录二)。

第四十一条 招标人应建立完整的招标档案,并按国家有关规定保存。招标档案应当包括下列内容:

(一)招标文件;

(二)中标人的投标文件;

(三)评标报告;

(四)中标通知书;

(五)招标人与中标人签订的书面合同;

(六)向通信行政监督部门提交的《通信工程建设项目自行招标备案表》、《通信工程建设项目招标投标情况报告表》;

(七)其他需要存档的内容。

第四十二条 招标人进行集中招标的,应当在所有项目实施完成之日起 30 日内通过"管理平台"向通信行政监督部门报告项目实施情况。

第四十三条 通信行政监督部门对通信工程建设项目招标投标活动实施监督检查,可以查阅、复制招标投标活动中有关文件、资料,调查有关情况,相关单位和人员应当配合。必要时,通信行政监督部门可以责令暂停招标投标活动。

通信行政监督部门的工作人员对监督检查过程中知悉的国家秘密、商业秘密,应当依法予以保密。

第四章 法 律 责 任

第四十四条 招标人在发布招标公告、发出投标邀请书或者售出招标文件或资格预审文件后无正当理由终止招标的,由通信行政监督部门处以警告,可以并处 1 万元以上 3 万元以下的罚款。

第四十五条 依法必须进行招标的通信工程建设项目的招标人

或者招标代理机构有下列情形之一的，由通信行政监督部门责令改正，可以处3万元以下的罚款：

（一）招标人自行招标，未按规定向通信行政监督部门备案；

（二）未通过"管理平台"确定评标委员会的专家；

（三）招标人未通过"管理平台"公示中标候选人；

（四）确定中标人后，未按规定向通信行政监督部门提交招标投标情况报告。

第四十六条 招标人有下列情形之一的，由通信行政监督部门责令改正，可以处3万元以下的罚款，对单位直接负责的主管人员和其他直接责任人员依法给予处分；对中标结果造成实质性影响，且不能采取补救措施予以纠正的，招标人应当重新招标或者评标：

（一）编制的资格预审文件、招标文件中未载明所有资格审查或者评标的标准和方法；

（二）招标文件中含有要求投标人多轮次报价、投标人保证报价不高于历史价格等违法条款；

（三）不按规定组建资格审查委员会；

（四）投标人数量不符合法定要求时未重新招标而直接发包；

（五）开标过程、开标记录不符合《招标投标法》、《实施条例》和本办法的规定；

（六）违反《实施条例》第三十二条的规定限制、排斥投标人；

（七）以任何方式要求评标委员会成员以其指定的投标人作为中标候选人、以招标文件未规定的评标标准和方法作为评标依据，或者以其他方式非法干涉评标活动，影响评标结果。

第四十七条 招标人进行集中招标或者集中资格预审，违反本办法第二十三条、第二十四条、第三十五条或者第三十八条规定的，由通信行政监督部门责令改正，可以处3万元以下的罚款。

第五章　附　　则

第四十八条　通信行政监督部门建立通信工程建设项目招标投标情况通报制度，定期通报通信工程建设项目招标投标总体情况、公开招标及招标备案情况、重大违法违约事件等信息。

第四十九条　本办法自 2014 年 7 月 1 日起施行。原中华人民共和国信息产业部 2000 年 9 月 22 日公布的《通信建设项目招标投标管理暂行规定》(中华人民共和国信息产业部令第 2 号) 同时废止。

附录一：通信工程建设项目自行招标备案表（略）

附录二：通信工程建设项目招标投标情况报告表（适用于按项目招标）（略）

通信工程建设项目招标投标情况报告表（适用于集中招标）（略）

前期物业管理招标投标管理暂行办法

(2003 年 6 月 26 日　建住房〔2003〕130 号)

第一章　总　　则

第一条　为了规范前期物业管理招标投标活动，保护招标投标当事人的合法权益，促进物业管理市场的公平竞争，制定本办法。

第二条　前期物业管理，是指在业主、业主大会选聘物业管理企业之前，由建设单位选聘物业管理企业实施的物业管理。

建设单位通过招投标的方式选聘具有相应资质的物业管理企业和行政主管部门对物业管理招投标活动实施监督管理，适用本办法。

第三条 住宅及同一物业管理区域内非住宅的建设单位，应当通过招投标的方式选聘具有相应资质的物业管理企业；投标人少于3个或者住宅规模较小的，经物业所在地的区、县人民政府房地产行政主管部门批准，可以采用协议方式选聘具有相应资质的物业管理企业。

国家提倡其他物业的建设单位通过招投标的方式，选聘具有相应资质的物业管理企业。

第四条 前期物业管理招标投标应当遵循公开、公平、公正和诚实信用的原则。

第五条 国务院建设行政主管部门负责全国物业管理招标投标活动的监督管理。

省、自治区人民政府建设行政主管部门负责本行政区域内物业管理招标投标活动的监督管理。

直辖市、市、县人民政府房地产行政主管部门负责本行政区域内物业管理招标投标活动的监督管理。

第六条 任何单位和个人不得违反法律、行政法规规定，限制或者排斥具备投标资格的物业管理企业参加投标，不得以任何方式非法干涉物业管理招标投标活动。

第二章 招　　标

第七条 本办法所称招标人是指依法进行前期物业管理招标的物业建设单位。

前期物业管理招标由招标人依法组织实施。招标人不得以不合理条件限制或者排斥潜在投标人，不得对潜在投标人实行歧视待遇，不得对潜在投标人提出与招标物业管理项目实际要求不符的过高的资格等要求。

第八条 前期物业管理招标分为公开招标和邀请招标。

招标人采取公开招标方式的，应当在公共媒介上发布招标公告，并同时在中国住宅与房地产信息网和中国物业管理协会网上发布免费招标公告。

招标公告应当载明招标人的名称和地址，招标项目的基本情况以及获取招标文件的办法等事项。

招标人采取邀请招标方式的，应当向3个以上物业管理企业发出投标邀请书，投标邀请书应当包含前款规定的事项。

第九条 招标人可以委托招标代理机构办理招标事宜；有能力组织和实施招标活动的，也可以自行组织实施招标活动。

物业管理招标代理机构应当在招标人委托的范围内办理招标事宜，并遵守本办法对招标人的有关规定。

第十条 招标人应当根据物业管理项目的特点和需要，在招标前完成招标文件的编制。

招标文件应包括以下内容：

（一）招标人及招标项目简介，包括招标人名称、地址、联系方式、项目基本情况、物业管理用房的配备情况等；

（二）物业管理服务内容及要求，包括服务内容、服务标准等；

（三）对投标人及投标书的要求，包括投标人的资格、投标书的格式、主要内容等；

（四）评标标准和评标方法；

（五）招标活动方案，包括招标组织机构、开标时间及地点等；

（六）物业服务合同的签订说明；

（七）其他事项的说明及法律法规规定的其他内容。

第十一条 招标人应当在发布招标公告或者发出投标邀请书的10日前，提交以下材料报物业项目所在地的县级以上地方人民政府房地产行政主管部门备案：

（一）与物业管理有关的物业项目开发建设的政府批件；

（二）招标公告或者招标邀请书；

（三）招标文件；

（四）法律、法规规定的其他材料。

房地产行政主管部门发现招标有违反法律、法规规定的，应当及时责令招标人改正。

第十二条 公开招标的招标人可以根据招标文件的规定，对投标申请人进行资格预审。

实行投标资格预审的物业管理项目，招标人应当在招标公告或者投标邀请书中载明资格预审的条件和获取资格预审文件的办法。

资格预审文件一般应当包括资格预审申请书格式、申请人须知，以及需要投标申请人提供的企业资格文件、业绩、技术装备、财务状况和拟派出的项目负责人与主要管理人员的简历、业绩等证明材料。

第十三条 经资格预审后，公开招标的招标人应当向资格预审合格的投标申请人发出资格预审合格通知书，告知获取招标文件的时间、地点和方法，并同时向资格不合格的投标申请人告知资格预审结果。

在资格预审合格的投标申请人过多时，可以由招标人从中选择不少于 5 家资格预审合格的投标申请人。

第十四条 招标人应当确定投标人编制投标文件所需要的合理时间。公开招标的物业管理项目，自招标文件发出之日起至投标人提交投标文件截止之日止，最短不得少于 20 日。

第十五条 招标人对已发出的招标文件进行必要的澄清或者修改的，应当在招标文件要求提交投标文件截止时间至少 15 日前，以书面形式通知所有的招标文件收受人。该澄清或者修改的内容为招标文件的组成部分。

第十六条 招标人根据物业管理项目的具体情况，可以组织潜在的投标申请人踏勘物业项目现场，并提供隐蔽工程图纸等详细资料。对投标申请人提出的疑问应当予以澄清并以书面形式发送给所有的招标文件收受人。

第十七条 招标人不得向他人透露已获取招标文件的潜在投标人的名称、数量以及可能影响公平竞争的有关招标投标的其他情况。

招标人设有标底的，标底必须保密。

第十八条 在确定中标人前，招标人不得与投标人就投标价格、投标方案等实质内容进行谈判。

第十九条 通过招标投标方式选择物业管理企业的，招标人应当按照以下规定时限完成物业管理招标投标工作：

（一）新建现售商品房项目应当在现售前30日完成；

（二）预售商品房项目应当在取得《商品房预售许可证》之前完成；

（三）非出售的新建物业项目应当在交付使用前90日完成。

第三章 投 标

第二十条 本办法所称投标人是指响应前期物业管理招标、参与投标竞争的物业管理企业。

投标人应当具有相应的物业管理企业资质和招标文件要求的其他条件。

第二十一条 投标人对招标文件有疑问需要澄清的，应当以书面形式向招标人提出。

第二十二条 投标人应当按照招标文件的内容和要求编制投标文件，投标文件应当对招标文件提出的实质性要求和条件作出响应。

投标文件应当包括以下内容：

（一）投标函；

（二）投标报价；

（三）物业管理方案；

（四）招标文件要求提供的其他材料。

第二十三条 投标人应当在招标文件要求提交投标文件的截止

时间前，将投标文件密封送达投标地点。招标人收到投标文件后，应当向投标人出具标明签收人和签收时间的凭证，并妥善保存投标文件。在开标前，任何单位和个人均不得开启投标文件。在招标文件要求提交投标文件的截止时间后送达的投标文件，为无效的投标文件，招标人应当拒收。

第二十四条 投标人在招标文件要求提交投标文件的截止时间前，可以补充、修改或者撤回已提交的投标文件，并书面通知招标人。补充、修改的内容为投标文件的组成部分，并应当按照本办法第二十三条的规定送达、签收和保管。在招标文件要求提交投标文件的截止时间后送达的补充或者修改的内容无效。

第二十五条 投标人不得以他人名义投标或者以其他方式弄虚作假，骗取中标。

投标人不得相互串通投标，不得排挤其他投标人的公平竞争，不得损害招标人或者其他投标人的合法权益。

投标人不得与招标人串通投标，损害国家利益、社会公共利益或者他人的合法权益。

禁止投标人以向招标人或者评标委员会成员行贿等不正当手段谋取中标。

第四章 开标、评标和中标

第二十六条 开标应当在招标文件确定的提交投标文件截止时间的同一时间公开进行；开标地点应当为招标文件中预先确定的地点。

第二十七条 开标由招标人主持，邀请所有投标人参加。开标应当按照下列规定进行：

由投标人或者其推选的代表检查投标文件的密封情况，也可以由招标人委托的公证机构进行检查并公证。经确认无误后，由工作人员当众拆封，宣读投标人名称、投标价格和投标文件的其他主要内容。

招标人在招标文件要求提交投标文件的截止时间前收到的所有投标文件,开标时都应当当众予以拆封。

开标过程应当记录,并由招标人存档备查。

第二十八条 评标由招标人依法组建的评标委员会负责。

评标委员会由招标人代表和物业管理方面的专家组成,成员为5人以上单数,其中招标人代表以外的物业管理方面的专家不得少于成员总数的三分之二。

评标委员会的专家成员,应当由招标人从房地产行政主管部门建立的专家名册中采取随机抽取的方式确定。

与投标人有利害关系的人不得进入相关项目的评标委员会。

第二十九条 房地产行政主管部门应当建立评标的专家名册。省、自治区、直辖市人民政府房地产行政主管部门可以将专家数量少的城市的专家名册予以合并或者实行专家名册计算机联网。

房地产行政主管部门应当对进入专家名册的专家进行有关法律和业务培训,对其评标能力、廉洁公正等进行综合考评,及时取消不称职或者违法违规人员的评标专家资格。被取消评标专家资格的人员,不得再参加任何评标活动。

第三十条 评标委员会成员应当认真、公正、诚实、廉洁地履行职责。

评标委员会成员不得与任何投标人或者与招标结果有利害关系的人进行私下接触,不得收受投标人、中介人、其他利害关系人的财物或者其他好处。

评标委员会成员和与评标活动有关的工作人员不得透露对投标文件的评审和比较、中标候选人的推荐情况以及与评标有关的其他情况。

前款所称与评标活动有关的工作人员,是指评标委员会成员以外的因参与评标监督工作或者事务性工作而知悉有关评标情况的所有人员。

第三十一条 评标委员会可以用书面形式要求投标人对投标文件中含义不明确的内容作必要的澄清或者说明。投标人应当采用书面形式进行澄清或者说明，其澄清或者说明不得超出投标文件的范围或者改变投标文件的实质性内容。

第三十二条 在评标过程中召开现场答辩会的，应当事先在招标文件中说明，并注明所占的评分比重。

评标委员会应当按照招标文件的评标要求，根据标书评分、现场答辩等情况进行综合评标。

除了现场答辩部分外，评标应当在保密的情况下进行。

第三十三条 评标委员会应当按照招标文件确定的评标标准和方法，对投标文件进行评审和比较，并对评标结果签字确认。

第三十四条 评标委员会经评审，认为所有投标文件都不符合招标文件要求的，可以否决所有投标。

依法必须进行招标的物业管理项目的所有投标被否决的，招标人应当重新招标。

第三十五条 评标委员会完成评标后，应当向招标人提出书面评标报告，阐明评标委员会对各投标文件的评审和比较意见，并按照招标文件规定的评标标准和评标方法，推荐不超过 3 名有排序的合格的中标候选人。

招标人应当按照中标候选人的排序确定中标人。当确定中标的中标候选人放弃中标或者因不可抗力提出不能履行合同的，招标人可以依序确定其他中标候选人为中标人。

第三十六条 招标人应当在投标有效期截止时限 30 日前确定中标人。投标有效期应当在招标文件中载明。

第三十七条 招标人应当向中标人发出中标通知书，同时将中标结果通知所有未中标的投标人，并应当返还其投标书。

招标人应当自确定中标人之日起 15 日内，向物业项目所在地的县级以上地方人民政府房地产行政主管部门备案。备案资料应当包括开标评标过程、确定中标人的方式及理由、评标委员会的评标报告、中标人的投标文件等资料。委托代理招标的，还应当附招标代理委托合同。

第三十八条 招标人和中标人应当自中标通知书发出之日起30日内，按照招标文件和中标人的投标文件订立书面合同；招标人和中标人不得再行订立背离合同实质性内容的其他协议。

第三十九条 招标人无正当理由不与中标人签订合同，给中标人造成损失的，招标人应当给予赔偿。

第五章 附　　则

第四十条 投标人和其他利害关系人认为招标投标活动不符合本办法有关规定的，有权向招标人提出异议，或者依法向有关部门投诉。

第四十一条 招标文件或者投标文件使用两种以上语言文字的，必须有一种是中文；如对不同文本的解释发生异议的，以中文文本为准。用文字表示的数额与数字表示的金额不一致的，以文字表示的金额为准。

第四十二条 本办法第三条规定住宅规模较小的，经物业所在地的区、县人民政府房地产行政主管部门批准，可以采用协议方式选聘物业管理企业的，其规模标准由省、自治区、直辖市人民政府房地产行政主管部门确定。

第四十三条 业主和业主大会通过招投标的方式选聘具有相应资质的物业管理企业的，参照本办法执行。

第四十四条 本办法自2003年9月1日起施行。

委托会计师事务所审计招标规范

(2006年1月26日 财会〔2006〕2号)

第一条 为了规范招标委托会计师事务所（以下简称事务所）从事审计业务的活动，促进注册会计师行业的公平竞争，保护招标单位和投标事务所的合法权益，根据《中华人民共和国招标投标法》、《中华人民共和国注册会计师法》及相关法律，制定本规范。

第二条 招标单位采用招标方式委托事务所从事审计业务的，应当遵守《中华人民共和国招标投标法》，并符合本规范的规定。

第三条 招标投标活动应当遵循公开、公平、公正和诚实信用的原则。

任何单位和个人不得违反法律、行政法规规定，限制或者排斥事务所参加投标，不得以任何方式非法干涉招标投标活动。

事务所通过投标承接和执行审计业务的，应当遵守审计准则和职业道德规范，严格按照业务约定书履行义务、完成中标项目。

第四条 招标委托事务所从事审计业务，按照下列程序进行：

（一）招标，包括确定招标方式、发布招标公告（公开招标方式下）或发出投标邀请书（邀请招标方式下）、编制招标文件、向潜在投标事务所发出招标文件；

（二）开标；

（三）评标；

（四）确定中标事务所，发出中标通知书，与中标事务所签订业务约定书。

第五条 招标单位一般应当采用公开招标方式委托事务所。

对于符合下列情形之一的招标项目，可以采用邀请招标方式：

（一）具有特殊性，只能从有限范围的事务所中选择的；

（二）具有突发性，按公开招标程序无法在规定时间内完成委托事宜的。

第六条 采用公开招标方式的，应当发布招标公告。采用邀请招标方式的，应当向3家以上事务所发出投标邀请书。

招标公告和投标邀请书应当载明招标单位的名称和地址、招标项目的性质、数量、实施地点和时间以及获取招标文件的办法等事项。

第七条 招标单位可以根据招标项目本身的要求，在招标公告或者投标邀请书中，要求潜在投标事务所提供有关资质证明文件和业绩情况，并对潜在投标事务所进行资格审查。

在资格审查过程中，招标单位应当充分利用财政部门和注册会计师协会公开的行业信息，并执行财政部有关审计的管理规定。

第八条 招标单位应当根据招标项目的特点和需要编制招标文件。招标文件应当包括下列内容：

（一）招标项目介绍；

（二）对投标事务所资格审查的标准；

（三）投标报价要求；

（四）评标标准；

（五）拟签订业务约定书的主要条款。

第九条 招标单位应当在招标文件中详细披露便于投标事务所确定工作量、制定工作方案、提出合理报价、编制投标文件的招标项目信息，包括被审计单位的组织架构、所处行业、业务类型、地域分布、财务信息（如资产规模及结构、负债水平、年业务收入水平、其他相关财务指标）等。

第十条 招标单位应当根据招标项目要求，综合考虑投标事务所的工作方案、人员配备、相关工作经验、职业道德记录和质量控制水平、商务响应程度、报价等方面，合理确定评审内容、设定评审标准、设计各项评审内容分值占总分值的权重。投标事务所报价分值的权重不应高于20%。

评标标准的具体设计可以参考所附《评审内容及其权重设计参考表》。

第十一条 招标项目需要确定工期的，招标单位应当考虑注册会计师行业服务的特殊性，合理确定事务所完成相应工作的工期，并在招标文件中载明。

第十二条 招标单位可以根据招标项目的具体情况，组织潜在投标事务所座谈、答疑。潜在投标事务所需要查询招标项目详细资料的，招标单位应当在可能的情况下提供便利。

第十三条 招标单位在做出投标事务所编制投标文件的时限要求时，应当考虑注册会计师行业服务的特殊性，自招标文件开始发出之日起至投标事务所提交投标文件截止之日止，一般不得少于20日。

第十四条 招标单位应当公开进行开标，并邀请所有投标事务所参加。

第十五条 招标单位应当组建评标委员会，由评标委员会负责评标。

评标委员会由招标单位的代表和熟悉注册会计师行业的专家组成，与投标单位有利害关系的人不得进入相关项目的评标委员会。

评标委员会成员（以下简称评委）人数应当为5人以上单数，其中熟悉注册会计师行业的专家一般不应少于成员总数的2/3。

评委名单在中标结果确定前应当保密。

第十六条 招标单位应当采取必要的措施，保证评标在严格保密的情况下进行。任何单位和个人不得非法干预、影响评标的过程和结果。

第十七条 评委应当依据评标标准对投标事务所进行评分。

评标委员会应当按照各投标事务所得分高低次序排出名次，并根据名次推荐中标候选事务所。

第十八条 评标委员会完成评标后,应当向招标单位提出书面评标报告。

招标单位应当根据评标委员会提出的书面评标报告和推荐的中标候选事务所确定中标事务所。招标单位也可以授权评标委员会直接确定中标事务所。

第十九条 中标事务所确定后,招标单位应当向中标事务所发出中标通知书,同时将中标结果通知所有未中标的投标事务所。

第二十条 招标单位应当自中标通知书发出之日起 30 日内,以招标文件和中标事务所投标文件的内容为依据,与中标事务所签订业务约定书。

招标单位不得向中标事务所提出改变招标项目实质性内容、提高招标项目的技术要求、降低支付委托费用等要求,不得以各种名目向中标事务所索要回扣。

招标单位不得与中标事务所再行订立背离业务约定书实质性内容的其他协议。

第二十一条 财政部和各省、自治区、直辖市财政部门应当对审计招标投标活动进行监督,对审计招标投标活动中的违法违规行为予以制止并依法进行处理。

第二十二条 招标单位招标委托事务所从事其他鉴证业务和相关服务业务的,参照执行本规范。

第二十三条 本规范由财政部负责解释。

第二十四条 本规范自 2006 年 3 月 1 日起施行。

附表:评审内容及其权重设计参考表(略)

企业债券招标发行业务指引

(2019年9月24日　发改财金规〔2019〕1547号)

第一章　总　　则

第一条　为规范企业债券招标发行行为，保护参与各方的合法权益，依据《公司法》《证券法》《企业债券管理条例》(国务院第121号令)和有关规范性文件，制定本指引。

第二条　获得国家发展和改革委员会(以下简称"国家发展改革委")核准，在中华人民共和国境内以招标方式发行的企业债券，适用本指引。

本指引所称招标发行，是指企业债券发行人(以下简称"发行人")根据市场情况，经与主承销商协商确定招标方式、中标方式等发行规则，按照参与各方签订的相关协议规定，通过企业债券招标发行系统(以下简称"招标系统")向投标人公开发行债券，投标人按照各自中标额度承购债券的方式。

第三条　企业债券招标发行参与人包括发行人、承销团成员、直接投资人及其他投资人。投标人包括承销团成员及直接投资人。承销团成员包括主承销商和承销团其他成员。

第四条　企业债券招标发行过程中，参与人应遵循"公开、公平、公正"原则，遵守相关管理规定，接受国家发展改革委的监督管理。不得有不正当利益输送、破坏市场秩序等行为。

第五条　招标发行应使用中央国债登记结算有限责任公司(以下简称"中央结算公司")的专用场所。

第六条　企业债券招标发行应使用由中央结算公司提供的招标系统进行，投标人应办理系统联网和开通投标相关权限。

第七条　中央结算公司应做好企业债券发行支持、总登记托管、结算、代理本息兑付及信息披露等相关服务工作。

第二章　承销团成员有关要求

第八条　承销团成员应按照其他投资人委托进行投标，并做好分销及缴款工作。

第九条　承销团其他成员应尽职配合主承销商的询价工作，及时将其他投资人的需求真实、准确地反馈给主承销商。

第三章　直接投资人有关要求

第十条　直接投资人是指承销团成员以外，须具备一定资格，可直接通过招标系统参与企业债券投标的投资人。直接投资人可根据自身投资需求，参与所有企业债券的招标发行。

第十一条　直接投资人应积极配合主承销商的询价工作，及时、准确地反馈投资需求。

第十二条　上年度综合表现良好，且上一年度末 AA+级（含）以上的企业债券持有量排名前 30 名的投资人和全部企业债券持有量排名前 50 名的投资人，可自愿申请成为直接投资人。

第四章　其他投资人有关要求

第十三条　其他投资人应积极配合企业债券发行的询价工作，及时、准确地将自身的投资需求反馈给承销团成员。

第十四条　其他投资人如对当期企业债券有投资意愿，应与承销团成员签订代理投标协议并委托其代理投标。

第十五条　其他投资人通过代理投标方式获得债券后，应签订分销协议，完成分销过户，并履行缴款义务。

第五章　内控制度有关要求

第十六条　企业债券招标发行参与人应建立健全完善的内控制

度，制定并完善相关业务操作规程，防控企业债券发行过程中的潜在风险。其中，承销团成员及直接投资人的内控部门应每六个月向其机构法人代表提交招标发行工作的合规性报告。

第十七条 承销团成员及直接投资人应将企业债券发行业务与投资交易业务、资产管理业务等进行分离，在业务流程和人员设置两个方面实现有效隔离，并符合有关法律、法规的要求。

第六章 招标现场管理

第十八条 招标现场应符合安全、保密要求。招标现场应提供招标发行专用设备，包括但不限于录音电话、电脑、传真机、打印机、发行系统终端等。

第十九条 国家发展改革委或委托机构派出观察员，对招标发行进行现场监督。观察员应切实履行招标现场监督职责，督导招标现场人员依照相关规定开展招标发行工作，保障招标发行有序进行。

第二十条 在招标发行前，发行人应提交企业债券招标现场工作人员名单，名单中的相关工作人员和观察员应于招标发行开始前，在专门区域统一存放所有具有通讯功能的电子设备，并登记进入招标现场。

第二十一条 在招标发行期间，现场参与人员与外界沟通应全部使用招标现场内所提供的专用通讯设备。

第二十二条 在招标发行期间，现场参与人员不得离开招标现场，任何人不得以任何方式向外界泄露或暗示与招标发行有关的信息。

第二十三条 在招标发行期间，中央结算公司相关工作人员原则上不得进入招标现场，如确需进入现场提供技术支持的，应征得观察员同意并履行登记手续，直至招标结束后方可离开招标现场。

第七章　招标规则

第二十四条　发行人应根据发行文件和相关协议要求，通过招标系统发送招标书。投标人应在规定的招标时间内通过招标系统投标。

第二十五条　发行人原则上应于招标发行日前3-5个工作日（优质企业债券发行人应于招标发行日前1-5个工作日）在中国债券信息网披露发行时间和募集说明书等发行材料。合格的发行材料应于信息披露日的11：00之前提交，晚于11：00提交的发行日期相应顺延。

发行人应于招标发行日前1个工作日在中国债券信息网披露债券招标书等招投标文件。

第二十六条　招标发行方式包括定价招标和数量招标。定价招标标的包括利率、利差和价格。数量招标标的为投标人的承销量。

第二十七条　定价招标的中标方式包括统一价位中标、多重价位中标。招标标的为利差时，中标方式只能采用统一价位中标。

第二十八条　中标分配原则。定价招标时，招标系统按照利率（利差）由低至高或价格由高至低原则，对有效投标逐笔累计，直到募满计划招标额为止。如果没有募满，剩余发行量按照事先签订的相关协议处理。

第二十九条　中标方式为统一价位时，所有中标机构统一按照最高中标利率（利差）或最低中标价格进行认购，最高中标利率（利差）或最低中标价格为票面利率（利差）或票面价格。

中标方式为多重价位时，若标的为利率，则全场加权平均中标利率为票面利率，中标机构按照各自实际中标利率与票面利率折算的价格认购；若标的为价格，则全场加权平均中标价格为票面价格，中标机构按照各自中标价格认购并计算相应的缴款金额。

第三十条　在发行条款充分披露、招标各参与方充分识别相关风险的前提下,发行人可在招标发行中使用弹性配售选择权、当期追加发行选择权等定价方式。相关规则由国家发展改革委指导中央结算公司制定。

第三十一条 如投标总量未达到计划发行额且当期债券有余额包销的约定,则负有包销义务的承销机构,应按照协议约定的价格,将剩余的本期债券全部自行购入。

第三十二条 发行人应不迟于招标结束后1个工作日在中国债券信息网公告发行结果,并在发行结束后20个工作日内向国家发展改革委报告发行情况。

第八章 异常情况和应急处理

第三十三条 招标发行前,如出现政策调整或市场大幅波动等异常情况,发行人经与主承销商协商决定取消、推迟发行或调整招标发行利率(价格)区间的,应及时通过中国债券信息网向市场公告。

第三十四条 中央结算公司应密切监控招标系统与通讯线路等各方面的运行情况。

第三十五条 投标人应熟练掌握招标系统投标、应急投标等相关业务操作,加强投标客户端的日常维护,保证网络连接通畅和设备正常。在以下两种情况下,投标人可通过应急方式进行投标:

(一)尚未与招标系统联网;

(二)已与招标系统联网,但出现系统通讯中断或设备故障。

第三十六条 采用应急方式投标的投标人应在发行人公告的投标截止时间前将带有密押的应急投标书传至招标现场。招标系统或通讯线路等出现故障时,发行人经商观察员同意后,可根据具体情况适当延长应急投标时间。

第三十七条 投标人一旦采用应急方式投标,在该场次企业债券投标中即不能再通过招标系统客户端修改或撤销投标书。如确有必要修改或撤销的，仍应通过应急方式进行。

第三十八条 发行人应审核确认应急投标书中各要素准确、有效、完整，中央结算公司工作人员应核对密押无误。应急投标书经发行人和观察员签字确认后，发行人可输入应急投标数据。

第三十九条 通过应急方式投标的投标人，须在招标结束后个工作日内向中央结算公司提供加盖单位法人公章的应急投标原因说明书。原因说明书应具体列明尚未联网、系统通讯中断或设备故障等情况。

第九章　企业债券分销和缴款

第四十条 企业债券分销必须签订书面分销协议。

企业债券通过证券交易所网上销售，应按照证券交易所有关规定办理。

第四十一条 招标发行确定结果后，承销团成员在分销期内开展分销工作。承销团成员应确保企业债券的分销对象符合法律法规、部门规章及其他有关规定。承销团成员应对与其签订代理投标协议的其他投资人办理分销、缴款工作，分销期结束后如未完成分销的，应对上述投资人的中标额度负有包销义务。相关协议对包销义务另有约定的除外。

第四十二条 中标人应按照有关协议约定在缴款日按时向发行人缴款。若出现未能及时缴款的情况，按有关规定处理。

第十章　附　　则

第四十三条 发行人应妥善保存招标发行各个环节的相关文件和资料。中央结算公司应保存电话录音、出入登记等招标现场相关文件，保存期至当期企业债券付息兑付结束后的五年止。

第四十四条 对直接投资人比照承销团成员管理。在企业债券招标发行过程中，发行人、承销团成员发现异常情况应及时向国家发展改革委报告。

第四十五条 国家发展改革委对企业债券招标发行业务实施监督管理，接受招标发行参与人的举报，国家发展改革委视情节轻重予以诫勉谈话、通报批评、警告处分并责令改正。

第四十六条 企业债券招标发行参与人应依据有关规定或协议履行相关义务。如未履行的，相关行为记入信用记录，并按照国家有关规定纳入信用信息系统，实施失信联合惩戒。

第四十七条 本指引未尽事宜应按照国家发展改革委的相关规定处理。

第四十八条 本指引由国家发展改革委负责解释。

第四十九条 本指引自2019年11月1日起执行，有效期5年。《企业债券招标发行业务指引（暂行）》同时废止。

国土资源部关于坚持和完善土地招标拍卖挂牌出让制度的意见

（2011年5月11日 国土资发〔2011〕63号）

各省、自治区、直辖市国土资源厅（国土环境资源厅、国土资源局、国土资源和房屋管理局、规划和国土资源管理局），副省级城市国土资源主管部门，新疆生产建设兵团国土资源局：

去年以来，各地按照中央和部关于房地产市场调控政策要求，在坚持土地招标拍卖挂牌（以下简称招拍挂）制度基础上，积极探索创新城市住房用地出让政策，促进地价房价合理调整，取得了积极成效。为进一步落实《国务院办公厅关于进一步做好房地产市场调控工作有关问题的通知》（国办发〔2011〕1号）的要求，完善招拍挂的供地政策，加强土地出让政策在房地产市场调控中的积极作用，现提出以下意见。

一、正确把握土地招拍挂出让政策的调控作用

国有土地使用权招拍挂出让制度是市场配置国有经营性建设用地的基本制度。它充分体现了公开公平公正竞争和诚实信用的市场基本原则，建立了反映市场供求关系、资源稀缺程度、环境损害成本的价格形成机制，完全符合社会主义市场经济体制的基本方向。坚持国有经营性建设用地招拍挂出让制度和在房地产市场运行正常条件下按"价高者得"原则取得土地，符合市场优化配置土地资源的基本原则，符合法律政策要求，同时在抑制行政权力干预市场，从源头上防治土地出让领域腐败中发挥了重要作用。

当前，部分城市商品住房价格居高不下，户型结构和保障性安居工程用地布局不合理，少数规划的商品住房优质地块和二三线城市商品住房土地出让存在着地价非理性上涨的可能。为进一步落实中央关于房地产市场调控各项政策和工作要求，积极主动发挥招拍挂出让土地政策的稳定市场、优化结构、促进地价房价合理调整、保障住房用地的作用，当前和今后一个时期，各级国土资源主管部门必须从完善土地市场机制、健全土地宏观调控体系、实施节约优先战略的基本要求出发，以"保民生、促稳定"为重点，坚持土地招拍挂出让基本制度，创新和完善有效实现中央调控政策要求的土地出让政策和措施，主动解决商品住房建设项目供地、开发利用和监管中出现的新情况、新问题，实现土地经济效益与社会综合效益的统一、市场配置与宏观调控的统一，促进城市房地产市场健康发展。

二、完善住房用地招拍挂计划公示制度

市、县在向社会公布年度住房用地出让计划的基础上，建立计划出让地块开发建设的宗地条件公布机制，根据出让进度安排，进一步细化拟出让地块、地段的规划和土地使用条件，定期向社会发布细化的商品住房和保障性安居工程各类房屋建设用地信息，同时

明确意向用地者申请用地的途径和方式，公开接受用地申请。单位和个人对列入出让计划的具体地块有使用意向并提出符合规定的申请后，应及时组织实施土地招拍挂出让。公示保障性安居工程项目划拨用地时，一并向社会公示申请用地单位，接受社会监督。

三、调整完善土地招拍挂出让政策

各地要根据当地土地市场、住房建设发展阶段，对需要出让的宗地，选择恰当的土地出让方式和政策，落实政府促进土地合理布局，节约集约利用，有效合理调整地价房价，保障民生，稳定市场预期的目标。

（一）限定房价或地价，以挂牌或拍卖方式出让政策性住房用地。

以"限房价、竞地价"方式出让土地使用权的，市、县国土资源主管部门应在土地出让前，会同住房建设、物价、规划行政主管部门，按相关政策规定确定住房销售条件，根据拟出让宗地所在区域商品住房销售价格水平，合理确定拟出让宗地的控制性房屋销售价格上限和住房套型面积标准，以此作为土地使用权转让的约束性条件，一并纳入土地出让方案，报经政府批准后，以挂牌、拍卖方式公开出让土地使用权，符合条件、承诺地价最高且不低于底价的为土地使用权竞得人。出让成交后，竞得人接受的宗地控制性房屋销售价格、成交地价、土地使用权转让条件及违约处罚条款等，均应在成交确认书和出让合同中明确。

以"限地价、竞房价"方式出让土地使用权的，市、县国土资源主管部门应在土地出让前，根据拟出让宗地的征地拆迁安置补偿费、土地前期开发成本、同一区域基准地价和市场地价水平、土地使用权转让条件、房屋销售价格和政府确定的房价控制目标等因素，综合确定拟出让宗地的出让价格，同时应确定房价的最高控制价（应低于同区域、同条件商品住房市场价），一并纳入土地出让方案，报经政府批准后，以挂牌、拍卖方式公开出让土地使用权，按照承诺销售房价最低者（开发商售房时的最高售价）确定为土地竞得人。招拍挂成交后，竞得人承诺的销售房价、成交地价、土地使用权转让条件及违约处罚条款等，均应在成交确认书和出让合同中明确。

（二）限定配建保障性住房建设面积，以挂牌或拍卖方式出让商品住房用地。

以"商品住房用地中配建保障性住房"方式出让土地使用权的，市、县国土资源主管部门应会同住房建设、规划、房屋管理和住房保障等部门确定拟出让宗地配建廉租房、经济适用房等保障性住房的面积、套数、建设进度、政府收回条件、回购价格及土地面积分摊办法等，纳入出让方案，经政府批准后，写入出让公告及文件，组织实施挂牌、拍卖。土地出让成交后，成交价款和竞得人承诺配建的保障性住房事项一并写入成交确认书和出让合同。

（三）对土地开发利用条件和出让地价进行综合评定，以招标方式确定土地使用权人。

以"土地利用综合条件最佳"为标准出让土地使用权，市、县国土资源主管部门应依据规划条件和土地使用标准按照宗地所在区域条件、政府对开发建设的要求，制定土地出让方案和评标标准，在依法确定土地出让底价的基础上，将土地价款及交付时间、开发建设周期、建设要求、土地节约集约程度、企业以往出让合同履行情况等影响土地开发利用的因素作为评标条件，合理确定各因素权重，会同有关部门制定标书，依法依纪，发布公告，组织招投标。经综合评标，以土地利用综合条件最佳确定土地使用者。确定中标人后，应向社会公示并将上述土地开发利用条件写入中标通知书和出让合同。

四、大力推进土地使用权出让网上运行

出让国有建设用地使用权涉及的出让公告、出让文件、竞买人资格、成交结果等，都应在部门户网站和各地国土资源主管部门的网上公开发布。积极推行国有经营性建设用地网上挂牌出让方式。市、县国土资源主管部门可以通过网上发布出让公告信息，明确土地开发利用、竞买人资格和违约处罚等条件，组织网上报价竞价并确定竞得人。网上挂牌出让成交后，市、县国土资源主管部门要按照国有土地招拍挂出让规范，及时与竞得人签订纸质件的成交确认书和出让合同。对竞得人需要进行相关资料审查的，建立网上成交后的审查制度，发现受让人存在违法违规行为或不具有竞买资格时，挂牌出让不成交，应重新组织出让，并对违规者进行处罚。

五、完善土地招拍挂出让合同

市、县国土资源主管部门要依据现行土地管理法律政策，对附加各类开发建设销售条件的政策性商品住房用地的出让，增加出让合同条款，完善出让合同内容，严格供后监管。政策性商品住房用地出让成交后，竞得人或中标人应当按照成交确认书或中标通知书的要求，按时与国土资源主管部门签订出让合同。建房套数、套型、面积比例、容积率、项目开竣工时间、销售对象条件、房屋销售价格上限、受让人承诺的销售房价、土地转让条件、配建要求等规划、建设、土地使用条件以及相应的违约责任，应当在土地出让合同或住房建设和销售合同中明确。

为保证政策性商品住房用地及时开发利用，市、县国土资源主管部门可以在出让合同中明确约定不得改变土地用途和性质、不得擅自提高或降低规定的建设标准、保障性住房先行建设和先行交付、不得违规转让土地使用权等内容，对违反规定或约定的，可在出让合同中增加"收回土地使用权并依法追究责任"等相关内容。

各地应当加强对政策性商品住房用地出让合同履行情况的监督检查，对违反合同约定的，应会同有关部门依法处罚，追究违约责任。

各省级国土资源主管部门要切实加强对市、县住房供地政策制度和组织实施工作的指导和监管，及时发现和解决出现的问题。也可按照本意见，探索其他用途土地出让方式和土地出让各环节的制度创新，进一步完善国有土地使用权招拍挂出让制度，保障和促进中央关于房地产市场调控政策的落实。

机电产品国际招标投标实施办法（试行）

（2014年2月21日商务部令2014年第1号公布　自2014年4月1日起施行）

第一章　总　　则

第一条　为了规范机电产品国际招标投标活动，保护国家利益、社会公共利益和招标投标活动当事人的合法权益，提高经济效益，保证项目质量，根据《中华人民共和国招标投标法》（以下简称招标投标法）、《中华人民共和国招标投标法实施条例》（以下简称招标投标法实施条例）等法律、行政法规以及国务院对有关部门实施招标投标活动行政监督的职责分工，制定本办法。

第二条　在中华人民共和国境内进行机电产品国际招标投标活动，适用本办法。

本办法所称机电产品国际招标投标活动，是指中华人民共和国境内的招标人根据采购机电产品的条件和要求，在全球范围内以招标方式邀请潜在投标人参加投标，并按照规定程序从投标人中确定中标人的一种采购行为。

本办法所称机电产品，是指机械设备、电气设备、交通运输工具、电子产品、电器产品、仪器仪表、金属制品等及其零部件、元器件。机电产品的具体范围见附件1。

第三条　机电产品国际招标投标活动应当遵循公开、公平、公正、诚实信用和择优原则。机电产品国际招标投标活动不受地区或者部门的限制。

第四条 商务部负责管理和协调全国机电产品的国际招标投标工作,制定相关规定;根据国家有关规定,负责调整、公布机电产品国际招标范围;负责监督管理全国机电产品国际招标代理机构(以下简称招标机构);负责利用国际组织和外国政府贷款、援助资金(以下简称国外贷款、援助资金)项目机电产品国际招标投标活动的行政监督;负责组建和管理机电产品国际招标评标专家库;负责建设和管理机电产品国际招标投标电子公共服务和行政监督平台。

各省、自治区、直辖市、计划单列市、新疆生产建设兵团、沿海开放城市及经济特区商务主管部门、国务院有关部门机电产品进出口管理机构负责本地区、本部门的机电产品国际招标投标活动的行政监督和协调;负责本地区、本部门所属招标机构的监督和管理;负责本地区、本部门机电产品国际招标评标专家的日常管理。

各级机电产品进出口管理机构(以下简称主管部门)及其工作人员应当依法履行职责,不得以任何方式非法干涉招标投标活动。主管部门的工作人员对监督检查过程中知悉的国家秘密、商业秘密,应当依法予以保密。

第五条 商务部委托专门网站为机电产品国际招标投标活动提供公共服务和行政监督的平台(以下简称招标网)。机电产品国际招标投标应当在招标网上完成招标项目建档、招标过程文件存档和备案、资格预审公告发布、招标公告发布、评审专家抽取、评标结果公示、异议投诉、中标结果公告等招标投标活动的相关程序,但涉及国家秘密的招标项目除外。

招标网承办单位应当在商务部委托的范围内提供网络服务,应当遵守法律、行政法规以及本办法的规定,不得损害国家利益、社会公共利益和招投标活动当事人的合法权益,不得泄露应当保密的信息,不得拒绝或者拖延办理委托范围内事项,不得利用委托范围内事项向有关当事人收取费用。

第二章 招 标 范 围

第六条 通过招标方式采购原产地为中国关境外的机电产品,属于下列情形的必须进行国际招标:

(一) 关系社会公共利益、公众安全的基础设施、公用事业等项目中进行国际采购的机电产品;

(二) 全部或者部分使用国有资金投资项目中进行国际采购的机电产品;

(三) 全部或者部分使用国家融资项目中进行国际采购的机电产品;

(四) 使用国外贷款、援助资金项目中进行国际采购的机电产品;

(五) 政府采购项目中进行国际采购的机电产品;

(六) 其他依照法律、行政法规的规定需要国际招标采购的机电产品。

已经明确采购产品的原产地在中国关境内的,可以不进行国际招标。必须通过国际招标方式采购的,任何单位和个人不得将前款项目化整为零或者以国内招标等其他任何方式规避国际招标。

商务部制定、调整并公布本条第一项所列项目包含主要产品的国际招标范围。

第七条 有下列情形之一的,可以不进行国际招标:

(一) 国(境)外赠送或无偿援助的机电产品;

(二) 采购供生产企业及科研机构研究开发用的样品样机;

(三) 单项合同估算价在国务院规定的必须进行招标的标准以下的;

(四) 采购旧机电产品;

(五) 采购供生产配套、维修用零件、部件;

(六) 采购供生产企业生产需要的专用模具;

(七) 根据法律、行政法规的规定,其他不适宜进行国际招标采购的机电产品。

招标人不得为适用前款规定弄虚作假规避招标。

第八条 鼓励采购人采用国际招标方式采购不属于依法必须进行国际招标项目范围内的机电产品。

第三章 招　　标

第九条 招标人应当在所招标项目确立、资金到位或资金来源落实并具备招标所需的技术资料和其他条件后开展国际招标活动。

按照国家有关规定需要履行项目审批、核准手续的依法必须进行招标的项目，其招标范围、招标方式、招标组织形式应当先获得项目审批、核准部门的审批、核准。

第十条 国有资金占控股或者主导地位的依法必须进行机电产品国际招标的项目，应当公开招标；但有下列情形之一的，可以邀请招标：

（一）技术复杂、有特殊要求或者受自然环境限制，只有少量潜在投标人可供选择；

（二）采用公开招标方式的费用占项目合同金额的比例过大。

有前款第二项所列情形，属于本办法第九条第二款规定的项目，招标人应当在招标前向相应的主管部门提交项目审批、核准部门审批、核准邀请招标方式的文件；其他项目采用邀请招标方式应当由招标人申请相应的主管部门作出认定。

第十一条 招标人采用委托招标的，有权自行选择招标机构为其办理招标事宜。任何单位和个人不得以任何方式为招标人指定招标机构。

招标人自行办理招标事宜的，应当具有与招标项目规模和复杂程度相适应的技术、经济等方面专业人员，具备编制国际招标文件（中、英文）和组织评标的能力。依法必须进行招标的项目，招标人自行办理招标事宜的，应当向相应主管部门备案。

第十二条 招标机构应当具备从事招标代理业务的营业场所和相应资金；具备能够编制招标文件（中、英文）和组织评标的相应专业力量；拥有一定数量的取得招标职业资格的专业人员。

招标机构从事机电产品国际招标代理业务，应当在招标网免费注册，注册时应当在招标网在线填写机电产品国际招标机构登记表。

招标机构应当在招标人委托的范围内开展招标代理业务，任何单位和个人不得非法干涉。招标机构从事机电产品国际招标业务的人员应当为与本机构依法存在劳动合同关系的员工。招标机构可以依法跨区域开展业务，任何地区和部门不得以登记备案等方式加以限制。

招标机构代理招标业务，应当遵守招标投标法、招标投标法实施条例和本办法关于招标人的规定；在招标活动中，不得弄虚作假，损害国家利益、社会公共利益和招标人、投标人的合法权益。

招标人应当与被委托的招标机构签订书面委托合同，载明委托事项和代理权限，合同约定的收费标准应当符合国家有关规定。

招标机构不得接受招标人违法的委托内容和要求；不得在所代理的招标项目中投标或者代理投标，也不得为所代理的招标项目的投标人提供咨询。

招标机构管理办法由商务部另行制定。

第十三条 发布资格预审公告、招标公告或发出投标邀请书前，招标人或招标机构应当在招标网上进行项目建档，建档内容包括项目名称、招标人名称及性质、招标方式、招标组织形式、招标机构名称、资金来源及性质、委托招标金额、项目审批或核准部门、主管部门等。

第十四条 招标人采用公开招标方式的，应当发布招标公告。

招标人采用邀请招标方式的，应当向 3 个以上具备承担招标项目能力、资信良好的特定法人或者其他组织发出投标邀请书。

第十五条 资格预审公告、招标公告或者投标邀请书应当载明下列内容：

（一）招标项目名称、资金到位或资金来源落实情况；

（二）招标人或招标机构名称、地址和联系方式；

（三）招标产品名称、数量、简要技术规格；

（四）获取资格预审文件或者招标文件的地点、时间、方式和费用；

（五）提交资格预审申请文件或者投标文件的地点和截止时间；

（六）开标地点和时间；

（七）对资格预审申请人或者投标人的资格要求。

第十六条 招标人不得以招标投标法实施条例第三十二条规定的情形限制、排斥潜在投标人或者投标人。

第十七条 公开招标的项目，招标人可以对潜在投标人进行资格预审。资格预审按照招标投标法实施条例的有关规定执行。国有资金占控股或者主导地位的依法必须进行招标的项目，资格审查委员会及其成员应当遵守本办法有关评标委员会及其成员的规定。

第十八条 编制依法必须进行机电产品国际招标的项目的资格预审文件和招标文件，应当使用机电产品国际招标标准文本。

第十九条 招标人根据所采购机电产品的特点和需要编制招标文件。招标文件主要包括下列内容：

（一）招标公告或投标邀请书；

（二）投标人须知及投标资料表；

（三）招标产品的名称、数量、技术要求及其他要求；

（四）评标方法和标准；

（五）合同条款；

（六）合同格式；

（七）投标文件格式及其他材料要求：

1. 投标书；

2. 开标一览表；

3. 投标分项报价表；

4. 产品说明一览表；

5. 技术规格响应/偏离表；

6. 商务条款响应/偏离表；

7. 投标保证金银行保函；

8. 单位负责人授权书；

9. 资格证明文件；

10. 履约保证金银行保函；

11. 预付款银行保函；

12. 信用证样本；

13. 要求投标人提供的其他材料。

第二十条 招标文件中应当明确评标方法和标准。机电产品国际招标的评标一般采用最低评标价法。技术含量高、工艺或技术方案复杂的大型或成套设备招标项目可采用综合评价法进行评标。所有评标方法和标准应当作为招标文件不可分割的一部分并对潜在投标人公开。招标文件中没有规定的评标方法和标准不得作为评标依据。

最低评标价法，是指在投标满足招标文件商务、技术等实质性要求的前提下，按照招标文件中规定的价格评价因素和方法进行评价，确定各投标人的评标价格，并按投标人评标价格由低到高的顺序确定中标候选人的评标方法。

综合评价法，是指在投标满足招标文件实质性要求的前提下，按照招标文件中规定的各项评价因素和方法对投标进行综合评价后，按投标人综合评价的结果由优到劣的顺序确定中标候选人的评标方法。

综合评价法应当由评价内容、评价标准、评价程序及推荐中标候选人原则等组成。综合评价法应当根据招标项目的具体需求，设定商务、技术、价格、服务及其他评价内容的标准，并对每一项评价内容赋予相应的权重。

机电产品国际招标投标综合评价法实施规范由商务部另行制定。

第二十一条 招标文件的技术、商务等条款应当清晰、明确、无歧义，不得设立歧视性条款或不合理的要求排斥潜在投标人。招标文件编制内容原则上应当满足 3 个以上潜在投标人能够参与竞争。招标文件的编制应当符合下列规定：

（一）对招标文件中的重要条款（参数）应当加注星号（"*"），并注明如不满足任一带星号（"*"）的条款（参数）将被视为不满足招标文件实质性要求，并导致投标被否决。

构成投标被否决的评标依据除重要条款（参数）不满足外，还可以包括超过一般条款（参数）中允许偏离的最大范围、最多项数。

采用最低评标价法评标的，评标依据中应当包括：一般商务和技术条款（参数）在允许偏离范围和条款数内进行评标价格调整的计算方法，每个一般技术条款（参数）的偏离加价一般为该设备投标价格的 0.5%，最高不得超过该设备投标价格的 1%，投标文件中没有单独列出该设备分项报价的，评标价格调整时按投标总价计算；交货期、付款条件等商务条款的偏离加价计算方法在招标文件中可以另行规定。

采用综合评价法的，应当集中列明招标文件中所有加注星号（"*"）的重要条款（参数）。

（二）招标文件应当明确规定在实质性响应招标文件要求的前提下投标文件分项报价允许缺漏项的最大范围或比重，并注明如缺漏项超过允许的最大范围或比重，该投标将被视为实质性不满足招标文件要求，并将导致投标被否决。

（三）招标文件应当明确规定投标文件中投标人应当小签的相应内容，其中投标文件的报价部分、重要商务和技术条款（参数）响应等相应内容应当逐页小签。

（四）招标文件应当明确规定允许的投标货币和报价方式，并注明该条款是否为重要商务条款。招标文件应当明确规定不接受选择性报价或者附加条件的报价。

（五）招标人设有最高投标限价的，应当在招标文件中明确最高投标限价或者最高投标限价的计算方法。招标人不得规定最低投标限价。

（六）招标文件应当明确规定评标依据以及对投标人的业绩、财务、资信等商务条款和技术参数要求，不得使用模糊的、无明确界定的术语或指标作为重要商务或技术条款（参数）或以此作为价格调整的依据。招标文件对投标人资质提出要求的，应当列明所要求资质的名称及其认定机构和提交证明文件的形式，并要求相应资质在规定的期限内真实有效。

（七）招标人可以在招标文件中将有关行政监督部门公布的信用信息作为对投标人的资格要求的依据。

（八）招标文件内容应当符合国家有关安全、卫生、环保、质量、能耗、标准、社会责任等法律法规的规定。

（九）招标文件允许联合体投标的，应当明确规定对联合体牵头人和联合体各成员的资格条件及其他相应要求。

（十）招标文件允许投标人提供备选方案的，应当明确规定投标人在投标文件中只能提供一个备选方案并注明主选方案，且备选方案的投标价格不得高于主选方案。

（十一）招标文件应当明确计算评标总价时关境内、外产品的计算方法，并应当明确指定到货地点。除国外贷款、援助资金项目外，评标总价应当包含货物到达招标人指定到货地点之前的所有成本及费用。其中：

关境外产品为：CIF 价+进口环节税+国内运输、保险费等（采用 CIP、DDP 等其他报价方式的，参照此方法计算评标总价）；其中投标截止时间前已经进口的产品为：销售价（含进口环节税、销售环节增值税）+国内运输、保险费等。关境内制造的产品为：出厂价（含增值税）+消费税（如适用）+国内运输、保险费等。有价格调整的，计算评标总价时，应当包含偏离加价。

（十二）招标文件应当明确投标文件的大写金额和小写金额不一致的，以大写金额为准；投标总价金额与按分项报价汇总金额不一致的，以分项报价金额计算结果为准；分项报价金额小数点有明显错位的，应以投标总价为准，并修改分项报价；应当明确招标文件、投标文件和评标报告使用语言的种类；使用两种以上语言的，应当明确当出现表述内容不一致时以何种语言文本为准。

第二十二条　招标文件应当载明投标有效期，以保证招标人有足够的时间完成组织评标、定标以及签订合同。投标有效期从招标文件规定的提交投标文件的截止之日起算。

第二十三条　招标人在招标文件中要求投标人提交投标保证金的，投标保证金不得超过招标项目估算价的2%。投标保证金有效期应当与投标有效期一致。

依法必须进行招标的项目的境内投标单位，以现金或者支票形式提交的投标保证金应当从其基本账户转出。

投标保证金可以是银行出具的银行保函或不可撤销信用证、转账支票、银行即期汇票，也可以是招标文件要求的其他合法担保形式。

联合体投标的，应当以联合体共同投标协议中约定的投标保证金缴纳方式予以提交，可以是联合体中的一方或者共同提交投标保证金，以一方名义提交投标保证金的，对联合体各方均具有约束力。

招标人不得挪用投标保证金。

第二十四条　招标人或招标机构应当在资格预审文件或招标文件开始发售之日前将资格预审文件或招标文件发售稿上传招标网存档。

第二十五条　依法必须进行招标的项目的资格预审公告和招标公告应当在符合法律规定的媒体和招标网上发布。

第二十六条　招标人应当确定投标人编制投标文件所需的合理时间。依法必须进行招标的项目，自招标文件开始发售之日起至投标截止之日止，不得少于20日。

招标文件的发售期不得少于 5 个工作日。

招标人发售的纸质招标文件和电子介质的招标文件具有同等法律效力，除另有约定的，出现不一致时以纸质招标文件为准。

第二十七条 招标公告规定未领购招标文件不得参加投标的，招标文件发售期截止后，购买招标文件的潜在投标人少于 3 个的，招标人可以依照本办法重新招标。重新招标后潜在投标人或投标人仍少于 3 个的，可以依照本办法第四十六条第二款有关规定执行。

第二十八条 开标前，招标人、招标机构和有关工作人员不得向他人透露已获取招标文件的潜在投标人的名称、数量以及可能影响公平竞争的有关招标投标的其他信息。

第二十九条 招标人可以对已发出的资格预审文件或者招标文件进行必要的澄清或者修改。澄清或者修改的内容可能影响资格预审申请文件或者投标文件编制的，招标人或招标机构应当在提交资格预审文件截止时间至少 3 日前，或者投标截止时间至少 15 日前，以书面形式通知所有获取资格预审文件或者招标文件的潜在投标人，并上传招标网存档；不足 3 日或者 15 日的，招标人或招标机构应当顺延提交资格预审申请文件或者投标文件的截止时间。该澄清或者修改内容为资格预审文件或者招标文件的组成部分。澄清或者修改的内容涉及到与资格预审公告或者招标公告内容不一致的，应当在原资格预审公告或者招标公告发布的媒体和招标网上发布变更公告。

因异议或投诉处理而导致对资格预审文件或者招标文件澄清或者修改的，应当按照前款规定执行。

第三十条 招标人顺延投标截止时间的，至少应当在招标文件要求提交投标文件的截止时间 3 日前，将变更时间书面通知所有获取招标文件的潜在投标人，并在招标网上发布变更公告。

第三十一条 除不可抗力原因外，招标文件或者资格预审文件发出后，不予退还；招标人在发布招标公告、发出投标邀请书后或者发出招标文件或资格预审文件后不得终止招标。

招标人终止招标的,应当及时发布公告,或者以书面形式通知被邀请的或者已经获取资格预审文件、招标文件的潜在投标人。已经发售资格预审文件、招标文件或者已经收取投标保证金的,招标人应当及时退还所收取的资格预审文件、招标文件的费用,以及所收取的投标保证金及银行同期存款利息。

第四章 投 标

第三十二条 投标人是响应招标、参加投标竞争的法人或其他组织。

与招标人存在利害关系可能影响招标公正性的法人或其他组织不得参加投标;接受委托参与项目前期咨询和招标文件编制的法人或其他组织不得参加受托项目的投标,也不得为该项目的投标人编制投标文件或者提供咨询。

单位负责人为同一人或者存在控股、管理关系的不同单位,不得参加同一招标项目包投标,共同组成联合体投标的除外。

违反前三款规定的,相关投标均无效。

第三十三条 投标人应当根据招标文件要求编制投标文件,并根据自己的商务能力、技术水平对招标文件提出的要求和条件在投标文件中作出真实的响应。投标文件的所有内容在投标有效期内应当有效。

第三十四条 投标人对加注星号("*")的重要技术条款(参数)应当在投标文件中提供技术支持资料。

技术支持资料以制造商公开发布的印刷资料、检测机构出具的检测报告或招标文件中允许的其他形式为准,凡不符合上述要求的,应当视为无效技术支持资料。

第三十五条 投标人应当提供在开标日前3个月内由其开立基本账户的银行开具的银行资信证明的原件或复印件。

第三十六条 潜在投标人或者其他利害关系人对资格预审文件有异议的，应当在提交资格预审申请文件截止时间 2 日前向招标人或招标机构提出，并将异议内容上传招标网；对招标文件有异议的，应当在投标截止时间 10 日前向招标人或招标机构提出，并将异议内容上传招标网。招标人或招标机构应当自收到异议之日起 3 日内作出答复，并将答复内容上传招标网；作出答复前，应当暂停招标投标活动。

第三十七条 招标人编制的资格预审文件、招标文件的内容违反法律、行政法规的强制性规定，违反公开、公平、公正和诚实信用原则，影响资格预审结果或者潜在投标人投标的，依法必须进行招标的项目的招标人应当在修改资格预审文件或者招标文件后重新招标。

第三十八条 投标人在招标文件要求的投标截止时间前，应当在招标网免费注册，注册时应当在招标网在线填写招投标注册登记表，并将由投标人加盖公章的招投标注册登记表及工商营业执照（复印件）提交至招标网；境外投标人提交所在地登记证明材料（复印件），投标人无印章的，提交由单位负责人签字的招投标注册登记表。投标截止时间前，投标人未在招标网完成注册的不得参加投标，有特殊原因的除外。

第三十九条 投标人在招标文件要求的投标截止时间前，应当将投标文件送达招标文件规定的投标地点。投标人可以在规定的投标截止时间前书面通知招标人，对已提交的投标文件进行补充、修改或撤回。补充、修改的内容应当作为投标文件的组成部分。投标人不得在投标截止时间后对投标文件进行补充、修改。

第四十条 投标人应当按照招标文件要求对投标文件进行包装和密封。投标人在投标截止时间前提交价格变更等相关内容的投标声明的，应与开标一览表一并或者单独密封，并加施明显标记，以便在开标时一并唱出。

第四十一条　未通过资格预审的申请人提交的投标文件，以及逾期送达或者不按照招标文件要求密封的投标文件，招标人应当拒收。

招标人或招标机构应当如实记载投标文件的送达时间和密封情况，并存档备查。

第四十二条　招标文件允许联合体投标的，两个以上法人或者其他组织可以组成一个联合体，以一个投标人的身份共同投标。

联合体各方均应当具备承担招标项目的相应能力；国家有关规定或者招标文件对投标人资格条件有规定的，联合体各方均应当具备规定的相应资格条件。由同一专业的单位组成的联合体，按照资质等级较低的单位确定资质等级。

联合体各方应当签订共同投标协议，明确约定各方拟承担的工作和责任，并将共同投标协议连同投标文件一并提交招标人。联合体中标的，联合体各方应当共同与招标人签订合同，就中标项目向招标人承担连带责任。

联合体各方在同一招标项目包中以自己名义单独投标或者参加其他联合体投标的，相关投标均无效。

第四十三条　投标人应当按照招标文件的要求，在提交投标文件截止时间前将投标保证金提交给招标人或招标机构。

投标人在投标截止时间前撤回已提交的投标文件，招标人或招标机构已收取投标保证金的，应当自收到投标人书面撤回通知之日起5日内退还。

投标截止后投标人撤销投标文件的，招标人可以不退还投标保证金。招标人主动要求延长投标有效期但投标人拒绝的，招标人应当退还投标保证金。

第四十四条　投标人发生合并、分立、破产等重大变化的，应当及时书面告知招标人。投标人不再具备资格预审文件、招标文件规定的资格条件或者其投标影响招标公正性的，其投标无效。

第四十五条 禁止招标投标法实施条例第三十九条、第四十条、第四十一条、第四十二条所规定的投标人相互串通投标、招标人与投标人串通投标、投标人以他人名义投标或者以其他方式弄虚作假的行为。

第五章 开标和评标

第四十六条 开标应当在招标文件确定的提交投标文件截止时间的同一时间公开进行；开标地点应当为招标文件中预先确定的地点。开标由招标人或招标机构主持，邀请所有投标人参加。

投标人少于3个的，不得开标，招标人应当依照本办法重新招标；开标后认定投标人少于3个的应当停止评标，招标人应当依照本办法重新招标。重新招标后投标人仍少于3个的，可以进入两家或一家开标评标；按国家有关规定需要履行审批、核准手续的依法必须进行招标的项目，报项目审批、核准部门审批、核准后可以不再进行招标。

认定投标人数量时，两家以上投标人的投标产品为同一家制造商或集成商生产的，按一家投标人认定。对两家以上集成商或代理商使用相同制造商产品作为其项目包的一部分，且相同产品的价格总和均超过该项目包各自投标总价60%的，按一家投标人认定。

对于国外贷款、援助资金项目，资金提供方规定当投标截止时间到达时，投标人少于3个可直接进入开标程序的，可以适用其规定。

第四十七条 开标时，由投标人或者其推选的代表检查投标文件的密封情况，也可以由招标人委托的公证机构检查并公证；经确认无误后，由工作人员当众拆封，宣读投标人名称、投标价格和投标文件的其他主要内容。

招标人在招标文件要求提交投标文件的截止时间前收到的所有投标文件，开标时都应当当众予以拆封、宣读。

投标人的开标一览表、投标声明（价格变更或其他声明）都应当在开标时一并唱出，否则在评标时不予认可。投标总价中不应当包含招标文件要求以外的产品或服务的价格。

第四十八条　投标人对开标有异议的，应当在开标现场提出，招标人或招标机构应当当场作出答复，并制作记录。

第四十九条　招标人或招标机构应当在开标时制作开标记录，并在开标后3个工作日内上传招标网存档。

第五十条　评标由招标人依照本办法组建的评标委员会负责。依法必须进行招标的项目，其评标委员会由招标人的代表和从事相关领域工作满8年并具有高级职称或者具有同等专业水平的技术、经济等相关领域专家组成，成员人数为5人以上单数，其中技术、经济等方面专家人数不得少于成员总数的2/3。

第五十一条　依法必须进行招标的项目，机电产品国际招标评标所需专家原则上由招标人或招标机构在招标网上从国家、地方两级专家库内相关专业类别中采用随机抽取的方式产生。任何单位和个人不得以明示、暗示等任何方式指定或者变相指定参加评标委员会的专家成员。但技术复杂、专业性强或者国家有特殊要求，采取随机抽取方式确定的专家难以保证其胜任评标工作的特殊招标项目，报相应主管部门后，可以由招标人直接确定评标专家。

抽取评标所需的评标专家的时间不得早于开标时间3个工作日；同一项目包评标中，来自同一法人单位的评标专家不得超过评标委员会总人数的1/3。

随机抽取专家人数为实际所需专家人数。一次招标金额在1000万美元以上的国际招标项目包，所需专家的1/2以上应当从国家级专家库中抽取。

抽取工作应当使用招标网评标专家随机抽取自动通知系统。除专家不能参加和应当回避的情形外，不得废弃随机抽取的专家。

机电产品国际招标评标专家及专家库管理办法由商务部另行制定。

第五十二条 与投标人或其制造商有利害关系的人不得进入相关项目的评标委员会,评标专家不得参加与自己有利害关系的项目评标,且应当主动回避;已经进入的应当更换。主管部门的工作人员不得担任本机构负责监督项目的评标委员会成员。

依法必须进行招标的项目的招标人非因招标投标法、招标投标法实施条例和本办法规定的事由,不得更换依法确定的评标委员会成员。更换评标委员会的专家成员应当依照本办法第五十一条规定进行。

第五十三条 评标委员会成员名单在中标结果确定前应当保密,如有泄密,除追究当事人责任外,还应当报相应主管部门后及时更换。

评标前,任何人不得向评标专家透露其即将参与的评标项目招标人、投标人的有关情况及其他应当保密的信息。

招标人和招标机构应当采取必要的措施保证评标在严格保密的情况下进行。任何单位和个人不得非法干预、影响评标的过程和结果。

泄密影响中标结果的,中标无效。

第五十四条 招标人应当向评标委员会提供评标所必需的信息,但不得向评标委员会成员明示或者暗示其倾向或者排斥特定投标人。

招标人应当根据项目规模和技术复杂程度等因素合理确定评标时间。超过1/3的评标委员会成员认为评标时间不够的,招标人应当适当延长。

评标过程中,评标委员会成员有回避事由、擅离职守或者因健康等原因不能继续评标的,应当于评标当日报相应主管部门后按照所缺专家的人数重新随机抽取,及时更换。被更换的评标委员会成员作出的评审结论无效,由更换后的评标委员会成员重新进行评审。

第五十五条 评标委员会应当在开标当日开始进行评标。有特殊原因当天不能评标的,应当将投标文件封存,并在开标后48小时内开始进行评标。评标委员会成员应当依照招标投标法、招标投标法实施条例和本办法的规定，按照招标文件规定的评标方法和标准，独立、客观、公正地对投标文件提出评审意见。招标文件没有规定的评标方法和标准不得作为评标的依据。

评标委员会成员不得私下接触投标人，不得收受投标人给予的财物或者其他好处，不得向招标人征询确定中标人的意向，不得接受任何单位或者个人明示或者暗示提出的倾向或者排斥特定投标人的要求，不得有其他不客观、不公正履行职务的行为。

第五十六条 采用最低评标价法评标的，在商务、技术条款均实质性满足招标文件要求时，评标价格最低者为排名第一的中标候选人；采用综合评价法评标的，在商务、技术条款均实质性满足招标文件要求时，综合评价最优者为排名第一的中标候选人。

第五十七条 在商务评议过程中，有下列情形之一者，应予否决投标：

（一）投标人或其制造商与招标人有利害关系可能影响招标公正性的；

（二）投标人参与项目前期咨询或招标文件编制的；

（三）不同投标人单位负责人为同一人或者存在控股、管理关系的；

（四）投标文件未按招标文件的要求签署的；

（五）投标联合体没有提交共同投标协议的；

（六）投标人的投标书、资格证明材料未提供，或不符合国家规定或者招标文件要求的；

（七）同一投标人提交两个以上不同的投标方案或者投标报价的，但招标文件要求提交备选方案的除外；

（八）投标人未按招标文件要求提交投标保证金或保证金金额不足、保函有效期不足、投标保证金形式或出具投标保函的银行不符合招标文件要求的；

（九）投标文件不满足招标文件加注星号（"*"）的重要商务条款要求的；

（十）投标报价高于招标文件设定的最高投标限价的；

（十一）投标有效期不足的；

（十二）投标人有串通投标、弄虚作假、行贿等违法行为的；

（十三）存在招标文件中规定的否决投标的其他商务条款的。

前款所列材料在开标后不得澄清、后补；招标文件要求提供原件的，应当提供原件，否则将否决其投标。

第五十八条 对经资格预审合格、且商务评议合格的投标人不能再因其资格不合格否决其投标，但在招标周期内该投标人的资格发生了实质性变化不再满足原有资格要求的除外。

第五十九条 技术评议过程中，有下列情形之一者，应予否决投标：

（一）投标文件不满足招标文件技术规格中加注星号（"*"）的重要条款（参数）要求，或加注星号（"*"）的重要条款（参数）无符合招标文件要求的技术资料支持的；

（二）投标文件技术规格中一般参数超出允许偏离的最大范围或最多项数的；

（三）投标文件技术规格中的响应与事实不符或虚假投标的；

（四）投标人复制招标文件的技术规格相关部分内容作为其投标文件中一部分的；

（五）存在招标文件中规定的否决投标的其他技术条款的。

第六十条 采用最低评标价法评标的，价格评议按下列原则进行：

（一）按招标文件中的评标依据进行评标。计算评标价格时，对需要进行价格调整的部分，要依据招标文件和投标文件的内容加以调整并说明。投标总价中包含的招标文件要求以外的产品或服务，在评标时不予核减；

（二）除国外贷款、援助资金项目外，计算评标总价时，以货物到达招标人指定到货地点为依据；

（三）招标文件允许以多种货币投标的，在进行价格评标时，应当以开标当日中国银行总行首次发布的外币对人民币的现汇卖出价进行投标货币对评标货币的转换以计算评标价格。

第六十一条 采用综合评价法评标时，按下列原则进行：

（一）评标办法应当充分考虑每个评价指标所有可能的投标响应，且每一种可能的投标响应应当对应一个明确的评价值，不得对应多个评价值或评价值区间，采用两步评价方法的除外。

对于总体设计、总体方案等难以量化比较的评价内容，可以采取两步评价方法：第一步，评标委员会成员独立确定投标人该项评价内容的优劣等级，根据优劣等级对应的评价值算术平均后确定该投标人该项评价内容的平均等级；第二步，评标委员会成员根据投标人的平均等级，在对应的分值区间内给出评价值。

（二）价格评价应当符合低价优先、经济节约的原则，并明确规定评议价格最低的有效投标人将获得价格评价的最高评价值，价格评价的最大可能评价值和最小可能评价值应当分别为价格最高评价值和零评价值。

（三）评标委员会应当根据综合评价值对各投标人进行排名。综合评价值相同的，依照价格、技术、商务、服务及其他评价内容的优先次序，根据分项评价值进行排名。

第六十二条 招标文件允许备选方案的，评标委员会对有备选方案的投标人进行评审时，应当以主选方案为准进行评标。备选方案应当实质性响应招标文件要求。凡提供两个以上备选方案或者未按要求注明主选方案的，该投标应当被否决。凡备选方案的投标价格高于主选方案的，该备选方案将不予采纳。

第六十三条 投标人应当根据招标文件要求和产品技术要求列出供货产品清单和分项报价。投标人投标报价缺漏项超出招标文件允许的范围或比重的，为实质性偏离招标文件要求，评标委员会应当否决其投标。缺漏项在招标文件允许的范围或比重内的，评标时应当要求投标人确认缺漏项是否包含在投标价中，确认包含的，将其他有效投标中该项的最高价计入其评标总价，并依据此评标总价对其一般商务和技术条款（参数）偏离进行价格调整；确认不包含的，评标委员会应当否决其投标；签订合同时以投标价为准。

第六十四条 投标文件中有含义不明确的内容、明显文字或者计算错误，评标委员会认为需要投标人作出必要澄清、说明的，应当书面通知该投标人。投标人的澄清、说明应当采用书面形式在评标委员会规定的时间内提交，并不得超出投标文件的范围或者改变投标文件的实质性内容。

投标人的投标文件不响应招标文件加注星号（"*"）的重要商务和技术条款（参数），或加注星号（"*"）的重要技术条款（参数）未提供符合招标文件要求的技术支持资料的，评标委员会不得要求其进行澄清或后补。

评标委员会不得暗示或者诱导投标人作出澄清、说明，不得接受投标人主动提出的澄清、说明。

第六十五条 评标委员会经评审，认为所有投标都不符合招标文件要求的，可以否决所有投标。

依法必须进行招标的项目的所有投标被否决的，招标人应当依照本办法重新招标。

第六十六条 评标完成后，评标委员会应当向招标人提交书面评标报告和中标候选人名单。中标候选人应当不超过3个，并标明排序。

评标委员会的每位成员应当分别填写评标委员会成员评标意见表（见附件2），评标意见表是评标报告必不可少的一部分。评标报告应当由评标委员会全体成员签字。对评标结果有不同意见的评标委员会成员应当以书面形式说明其不同意见和理由，评标报告应当注明该不同意见。评标委员会成员拒绝在评标报告上签字又不说明其不同意见和理由的，视为同意评标结果。

专家受聘承担的具体项目评审工作结束后，招标人或者招标机构应当在招标网对专家的能力、水平、履行职责等方面进行评价，评价结果分为优秀、称职和不称职。

第六章 评标结果公示和中标

第六十七条 依法必须进行招标的项目，招标人或招标机构应当依据评标报告填写《评标结果公示表》，并自收到评标委员会提交的书面评标报告之日起3日内在招标网上进行评标结果公示。评标结果应当一次性公示，公示期不得少于3日。

采用最低评标价法评标的，《评标结果公示表》中的内容包括"中标候选人排名"、"投标人及制造商名称"、"评标价格"和"评议情况"等。每个投标人的评议情况应当按商务、技术和价格评议三个方面在《评标结果公示表》中分别填写，填写的内容应当明确说明招标文件的要求和投标人的响应内容。对一般商务和技术条款（参数）偏离进行价格调整的，在评标结果公示时，招标人或招标机构应当明确公示价格调整的依据、计算方法、投标文件偏离内容及相应的调整金额。

采用综合评价法评标的，《评标结果公示表》中的内容包括"中标候选人排名"、"投标人及制造商名称"、"综合评价值"、"商务、技术、价格、服务及其他等大类评价项目的评价值"和"评议情况"等。每个投标人的评议情况应当明确说明招标文件的要求和投标人的响应内容。

使用国外贷款、援助资金的项目，招标人或招标机构应当自收到评标委员会提交的书面评标报告之日起3日内向资金提供方报送评标报告，并自获其出具不反对意见之日起3日内在招标网上进行评标结果公示。资金提供方对评标报告有反对意见的，招标人或招标机构应当及时将资金提供方的意见报相应的主管部门，并依照本办法重新招标或者重新评标。

第六十八条 评标结果进行公示后，各方当事人可以通过招标网查看评标结果公示的内容。招标人或招标机构应当应投标人的要求解释公示内容。

第六十九条 投标人或者其他利害关系人对依法必须进行招标的项目的评标结果有异议的，应当于公示期内向招标人或招标机构提出，并将异议内容上传招标网。招标人或招标机构应当在收到异议之日起 3 日内作出答复，并将答复内容上传招标网；作出答复前，应当暂停招标投标活动。

异议答复应当对异议问题逐项说明，但不得涉及其他投标人的投标秘密。未在评标报告中体现的不满足招标文件要求的其他方面的偏离不能作为答复异议的依据。

经原评标委员会按照招标文件规定的方法和标准审查确认，变更原评标结果的，变更后的评标结果应当依照本办法进行公示。

第七十条 招标人根据评标委员会提出的书面评标报告和推荐的中标候选人确定中标人。招标人也可以授权评标委员会直接确定中标人。国有资金占控股或者主导地位的依法必须进行招标的项目，以及使用国外贷款、援助资金的项目，招标人应当确定排名第一的中标候选人为中标人。排名第一的中标候选人放弃中标、因不可抗力不能履行合同、不按招标文件要求提交履约保证金，或者被查实存在影响中标结果的违法行为等情形，不符合中标条件的，招标人可以按照评标委员会提出的中标候选人名单排序依次确定其他中标候选人为中标人，也可以重新招标。

第七十一条 评标结果公示无异议的，公示期结束后该评标结果自动生效并进行中标结果公告；评标结果公示有异议，但是异议答复后 10 日内无投诉的，异议答复 10 日后按照异议处理结果进行公告；评标结果公示有投诉的，相应主管部门做出投诉处理决定后，按照投诉处理决定进行公告。

第七十二条 依法必须进行招标的项目，中标人确定后，招标人应当在中标结果公告后 20 日内向中标人发出中标通知书，并在中标结果公告后 15 日内将评标情况的报告（见附件 3）提交至相应的主管部门。中标通知书也可以由招标人委托其招标机构发出。

使用国外贷款、援助资金的项目，异议或投诉的结果与报送资金提供方的评标报告不一致的，招标人或招标机构应当按照异议或投诉的结果修改评标报告，并将修改后的评标报告报送资金提供方，获其不反对意见后向中标人发出中标通知书。

第七十三条 中标结果公告后 15 日内，招标人或招标机构应当在招标网完成该项目包招标投标情况及其相关数据的存档。存档的内容应当与招标投标实际情况一致。

第七十四条 中标候选人的经营、财务状况发生较大变化或者存在违法行为，招标人认为可能影响其履约能力的，应当在发出中标通知书前由原评标委员会按照招标文件规定的方法和标准审查确认。

第七十五条 中标通知书对招标人和中标人具有法律效力。中标通知书发出后，招标人改变中标结果的，或者中标人放弃中标项目的，应当依法承担法律责任。

第七十六条 招标人和中标人应当自中标通知书发出之日起 30 日内，依照招标投标法、招标投标法实施条例和本办法的规定签订书面合同，合同的标的、价款、质量、履行期限等主要条款应当与招标文件和中标人的投标文件的内容一致。招标人或中标人不得拒绝或拖延与另一方签订合同。招标人和中标人不得再行订立背离合同实质性内容的其他协议。

招标人最迟应当在书面合同签订后 5 日内向中标人和未中标的投标人退还投标保证金及银行同期存款利息。

第七十七条 招标文件要求中标人提交履约保证金的，中标人应当按照招标文件的要求提交。履约保证金不得超过中标合同金额的 10%。

第七十八条 中标产品来自关境外的，由招标人按照国家有关规定办理进口手续。

第七十九条 中标人应当按照合同约定履行义务，完成中标项目。中标人不得向他人转让中标项目，也不得将中标项目肢解后分别向他人转让。

第八十条 依法必须进行招标的项目，在国际招标过程中，因招标人的采购计划发生重大变更等原因，经项目主管部门批准，报相应的主管部门后，招标人可以重新组织招标。

第八十一条 招标人或招标机构应当按照有关规定妥善保存招标委托协议、资格预审公告、招标公告、资格预审文件、招标文件、资格预审申请文件、投标文件、异议及答复等相关资料，以及与评标相关的评标报告、专家评标意见、综合评价法评价原始记录表等资料，并对评标情况和资料严格保密。

第七章 投诉与处理

第八十二条 投标人或者其他利害关系人认为招标投标活动不符合法律、行政法规及本办法规定的，可以自知道或者应当知道之日起10日内向相应主管部门投诉。就本办法第三十六条规定事项进行投诉的，潜在投标人或者其他利害关系人应当在自领购资格预审文件或招标文件10日内向相应的主管部门提出；就本办法第四十八条规定事项进行投诉的，投标人或者其他利害关系人应当在自开标10日内向相应的主管部门提出；就本办法第六十九条规定事项进行投诉的，投标人或者其他利害关系人应当在自评标结果公示结束10日内向相应的主管部门提出。

就本办法第三十六条、第四十八条、第六十九条规定事项投诉的，应当先向招标人提出异议，异议答复期间不计算在前款规定的期限内。就异议事项投诉的，招标人或招标机构应当在该项目被网上投诉后 3 日内,将异议相关材料提交相应的主管部门。

第八十三条 投诉人应当于投诉期内在招标网上填写《投诉书》(见附件 4)(就异议事项进行投诉的,应当提供异议和异议答复情况及相关证明材料),并将由投诉人单位负责人或单位负责人授权的人签字并盖章的《投诉书》、单位负责人证明文件及相关材料在投诉期内送达相应的主管部门。境外投诉人所在企业无印章的,以单位负责人或单位负责人授权的人签字为准。

投诉应当有明确的请求和必要的证明材料。投诉有关材料是外文的,投诉人应当同时提供其中文译本,并以中文译本为准。

投诉人应保证其提出投诉内容及相应证明材料的真实性及来源的合法性,并承担相应的法律责任。

第八十四条 主管部门应当自收到书面投诉书之日起 3 个工作日内决定是否受理投诉,并将是否受理的决定在招标网上告知投诉人。主管部门应当自受理投诉之日起 30 个工作日内作出书面处理决定(见附件 5),并将书面处理决定在招标网上告知投诉人;需要检验、检测、鉴定、专家评审的,以及监察机关依法对与招标投标活动有关的监察对象实施调查并可能影响投诉处理决定的,所需时间不计算在内。使用国外贷款、援助资金的项目,需征求资金提供方意见的,所需时间不计算在内。

主管部门在处理投诉时,有权查阅、复制有关文件、资料,调查有关情况,相关单位和人员应当予以配合。必要时,主管部门可以责令暂停招标投标活动。

主管部门在处理投诉期间,招标人或招标机构应当就投诉的事项协助调查。

第八十五条 有下列情形之一的投诉,不予受理:

(一)就本办法第三十六条、第四十八条、第六十九条规定事项投诉,其投诉内容在提起投诉前未按照本办法的规定提出异议的;

(二)投诉人不是投标人或者其他利害关系人的;

（三）《投诉书》未按本办法有关规定签字或盖章，或者未提供单位负责人证明文件的；

（四）没有明确请求的，或者未按本办法提供相应证明材料的；

（五）涉及招标评标过程具体细节、其他投标人的商业秘密或其他投标人的投标文件具体内容但未能说明内容真实性和来源合法性的；

（六）未在规定期限内在招标网上提出的；

（七）未在规定期限内将投诉书及相关证明材料送达相应主管部门的。

第八十六条 在评标结果投诉处理过程中，发现招标文件重要商务或技术条款（参数）出现内容错误、前后矛盾或与国家相关法律法规不一致的情形，影响评标结果公正性的，当次招标无效，主管部门将在招标网上予以公布。

第八十七条 招标人对投诉的内容无法提供充分解释和说明的，主管部门可以自行组织或者责成招标人、招标机构组织专家就投诉的内容进行评审。

就本办法第三十六条规定事项投诉的，招标人或招标机构应当从专家库中随机抽取3人以上单数评审专家。评审专家不得作为同一项目包的评标专家。

就本办法第六十九条规定事项投诉的，招标人或招标机构应当从国家级专家库中随机抽取评审专家，国家级专家不足时，可由地方级专家库中补充，但国家级专家不得少于2/3。评审专家不得包含参与该项目包评标的专家，并且专家人数不得少于评标专家人数。

第八十八条 投诉人拒绝配合主管部门依法进行调查的，被投诉人不提交相关证据、依据和其他有关材料的，主管部门按照现有可获得的材料对相关投诉依法作出处理。

第八十九条 投诉处理决定作出前，经主管部门同意，投诉人可以撤回投诉。投诉人申请撤回投诉的，应当以书面形式提交给主管部门，并同时在网上提出撤回投诉申请。已经查实投诉内容成立的，投诉人撤回投诉的行为不影响投诉处理决定。投诉人撤回投诉的，不得以同一的事实和理由再次进行投诉。

第九十条　主管部门经审查，对投诉事项可作出下列处理决定：

（一）投诉内容未经查实前，投诉人撤回投诉的，终止投诉处理；

（二）投诉缺乏事实根据或者法律依据的，以及投诉人捏造事实、伪造材料或者以非法手段取得证明材料进行投诉的，驳回投诉；

（三）投诉情况属实，招标投标活动确实存在不符合法律、行政法规和本办法规定的，依法作出招标无效、投标无效、中标无效、修改资格预审文件或者招标文件等决定。

第九十一条　商务部在招标网设立信息发布栏，包括下列内容：

（一）投诉汇总统计，包括年度内受到投诉的项目、招标人、招标机构名称和投诉处理结果等；

（二）招标机构代理项目投诉情况统计，包括年度内项目投诉数量、投诉率及投诉处理结果等；

（三）投标人及其他利害关系人投诉情况统计，包括年度内项目投诉数量、投诉率及不予受理投诉、驳回投诉、不良投诉（本办法第九十六条第四项的投诉行为）等；

（四）违法统计，包括年度内在招标投标活动过程中违反相关法律、行政法规和本办法的当事人、项目名称、违法情况和处罚结果。

第九十二条　主管部门应当建立投诉处理档案，并妥善保存。

第八章　法律责任

第九十三条　招标人对依法必须进行招标的项目不招标或化整

为零以及以其他任何方式规避国际招标的,由相应主管部门责令限期改正,可以处项目合同金额0.5%以上1%以下的罚款;对全部或者部分使用国有资金的项目,可以通告项目主管机构暂停项目执行或者暂停资金拨付;对单位直接负责的主管人员和其他直接责任人员依法给予处分。

第九十四条 招标人有下列行为之一的,依照招标投标法、招标投标法实施条例的有关规定处罚:

(一)依法应当公开招标而采用邀请招标的;

(二)以不合理的条件限制、排斥潜在投标人的,对潜在投标人实行歧视待遇的,强制要求投标人组成联合体共同投标的,或者限制投标人之间竞争的;

(三)招标文件、资格预审文件的发售、澄清、修改的时限,或者确定的提交资格预审申请文件、投标文件的时限不符合规定的;

(四)不按照规定组建评标委员会,或者确定、更换评标委员会成员违反规定的;

(五)接受未通过资格预审的单位或者个人参加投标,或者接受应当拒收的投标文件的;

(六)违反规定,在确定中标人前与投标人就投标价格、投标方案等实质性内容进行谈判的;

(七)不按照规定确定中标人的;

(八)不按照规定对异议作出答复,继续进行招标投标活动的;

(九)无正当理由不发出中标通知书,或者中标通知书发出后无正当理由改变中标结果的;

(十)无正当理由不与中标人订立合同,或者在订立合同时向中标人提出附加条件的;

(十一)不按照招标文件和中标人的投标文件与中标人订立合同,或者与中标人订立背离合同实质性内容的协议的;

（十二）向他人透露已获取招标文件的潜在投标人的名称、数量或者可能影响公平竞争的有关招标投标的其他情况的，或者泄露标底的。

第九十五条　招标人有下列行为之一的，给予警告，并处3万元以下罚款；该行为影响到评标结果的公正性的，当次招标无效：

（一）与投标人相互串通、虚假招标投标的；

（二）以不正当手段干扰招标投标活动的；

（三）不履行与中标人订立的合同的；

（四）除本办法第九十四条第十二项所列行为外，其他泄漏应当保密的与招标投标活动有关的情况、材料或信息的；

（五）对主管部门的投诉处理决定拒不执行的；

（六）其他违反招标投标法、招标投标法实施条例和本办法的行为。

第九十六条　投标人有下列行为之一的，依照招标投标法、招标投标法实施条例的有关规定处罚：

（一）与其他投标人或者与招标人相互串通投标的；

（二）以向招标人或者评标委员会成员行贿的手段谋取中标的；

（三）以他人名义投标或者以其他方式弄虚作假，骗取中标的；

（四）捏造事实、伪造材料或者以非法手段取得证明材料进行投诉的。

有前款所列行为的投标人不得参与该项目的重新招标。

第九十七条　投标人有下列行为之一的，当次投标无效，并给予警告，并处3万元以下罚款：

（一）虚假招标投标的；

（二）以不正当手段干扰招标、评标工作的；

（三）投标文件及澄清资料与事实不符，弄虚作假的；

（四）在投诉处理过程中，提供虚假证明材料的；

（五）中标通知书发出之前与招标人签订合同的；

（六）中标的投标人不按照其投标文件和招标文件与招标人签订合同的或提供的产品不符合投标文件的；

（七）其他违反招标投标法、招标投标法实施条例和本办法的行为。

有前款所列行为的投标人不得参与该项目的重新招标。

第九十八条 中标人有下列行为之一的，依照招标投标法、招标投标法实施条例的有关规定处罚：

（一）无正当理由不与招标人订立合同的，或者在签订合同时向招标人提出附加条件的；

（二）不按照招标文件要求提交履约保证金的；

（三）不履行与招标人订立的合同的。

有前款所列行为的投标人不得参与该项目的重新招标。

第九十九条 招标机构有下列行为之一的，依照招标投标法、招标投标法实施条例的有关规定处罚：

（一）与招标人、投标人串通损害国家利益、社会公共利益或者他人合法权益的；

（二）在所代理的招标项目中投标、代理投标或者向该项目投标人提供咨询的；

（三）参加受托编制标底项目的投标或者为该项目的投标人编制投标文件、提供咨询的；

（四）泄漏应当保密的与招标投标活动有关的情况和资料的。

第一百条 招标机构有下列行为之一的，给予警告，并处3万元以下罚款；该行为影响到整个招标公正性的，当次招标无效：

（一）与招标人、投标人相互串通、搞虚假招标投标的；

（二）在进行机电产品国际招标机构登记时填写虚假信息或提供虚假证明材料的；

（三）无故废弃随机抽取的评审专家的；

（四）不按照规定及时向主管部门报送材料或者向主管部门提

供虚假材料的;

（五）未在规定的时间内将招标投标情况及其相关数据上传招标网，或者在招标网上发布、公示或存档的内容与招标公告、招标文件、投标文件、评标报告等相应书面内容存在实质性不符的;

（六）不按照本办法规定对异议作出答复的，或者在投诉处理的过程中未按照主管部门要求予以配合的;

（七）因招标机构的过失，投诉处理结果为招标无效或中标无效，6个月内累计2次，或一年内累计3次的;

（八）不按照本办法规定发出中标通知书或者擅自变更中标结果的;

（九）其他违反招标投标法、招标投标法实施条例和本办法的行为。

第一百零一条　评标委员会成员有下列行为之一的，依照招标投标法、招标投标法实施条例的有关规定处罚:

（一）应当回避而不回避的;

（二）擅离职守的;

（三）不按照招标文件规定的评标方法和标准评标的;

（四）私下接触投标人的;

（五）向招标人征询确定中标人的意向或者接受任何单位或者个人明示或者暗示提出的倾向或者排斥特定投标人的要求的;

（六）暗示或者诱导投标人作出澄清、说明或者接受投标人主动提出的澄清、说明的;

（七）对依法应当否决的投标不提出否决意见的;

（八）向他人透露对投标文件的评审和比较、中标候选人的推荐以及与评标有关的其他情况的。

第一百零二条　评标委员会成员有下列行为之一的，将被从专家库名单中除名，同时在招标网上予以公告:

（一）弄虚作假，谋取私利的;

（二）在评标时拒绝出具明确书面意见的；

（三）除本办法第一百零一条第八项所列行为外，其他泄漏应当保密的与招标投标活动有关的情况和资料的；

（四）与投标人、招标人、招标机构串通的；

（五）专家1年内2次被评价为不称职的；

（六）专家无正当理由拒绝参加评标的；

（七）其他不客观公正地履行职责的行为，或违反招标投标法、招标投标法实施条例和本办法的行为。

前款所列行为影响中标结果的，中标无效。

第一百零三条 除评标委员会成员之外的其他评审专家有本办法第一百零一条和第一百零二条所列行为之一的，将被从专家库名单中除名，同时在招标网上予以公告。

第一百零四条 招标网承办单位有下列行为之一的，商务部予以警告并责令改正；情节严重的或拒不改正的，商务部可以中止或终止其委托服务协议；给招标投标活动当事人造成损失的，应当承担赔偿责任；构成犯罪的，依法追究刑事责任：

（一）超出商务部委托范围从事与委托事项相关活动的；

（二）利用承办商务部委托范围内事项向有关当事人收取费用的；

（三）无正当理由拒绝或者延误潜在投标人于投标截止时间前在招标网免费注册的；

（四）泄露应当保密的与招标投标活动有关情况和资料的；

（五）在委托范围内，利用有关当事人的信息非法获取利益的；

（六）擅自修改招标人、投标人或招标机构上传资料的；

（七）与招标人、投标人、招标机构相互串通、搞虚假招标投标的；

（八）其他违反招标投标法、招标投标法实施条例及本办法的。

第一百零五条 主管部门在处理投诉过程中，发现被投诉人单位直接负责的主管人员和其他直接责任人员有违法、违规或者违纪行为的，应当建议其行政主管机关、纪检监察部门给予处分；情节严重构成犯罪的，移送司法机关处理。

第一百零六条 主管部门不依法履行职责，对违反招标投标法、招标投标法实施条例和本办法规定的行为不依法查处，或者不按照规定处理投诉、不依法公告对招标投标当事人违法行为的行政处理决定的，对直接负责的主管人员和其他直接责任人员依法给予处分。

主管部门工作人员在招标投标活动监督过程中徇私舞弊、滥用职权、玩忽职守，构成犯罪的，依法追究刑事责任。

第一百零七条 出让或者出租资格、资质证书供他人投标的，依照法律、行政法规的规定给予行政处罚；构成犯罪的，依法追究刑事责任。

第一百零八条 依法必须进行招标的项目的招标投标活动违反招标投标法、招标投标法实施条例和本办法的规定，对中标结果造成实质性影响，且不能采取补救措施予以纠正的，招标、投标、中标无效，应当依照本办法重新招标或者重新评标。

重新评标应当由招标人依照本办法组建新的评标委员会负责。前一次参与评标的专家不得参与重新招标或者重新评标。依法必须进行招标的项目，重新评标的结果应当依照本办法进行公示。

除法律、行政法规和本办法规定外，招标人不得擅自决定重新招标或重新评标。

第一百零九条 本章规定的行政处罚，由相应的主管部门决定。招标投标法、招标投标法实施条例已对实施行政处罚的机关作出规定的除外。

第九章 附 则

第一百一十条 不属于工程建设项目，但属于固定资产投资项目的机电产品国际招标投标活动，按照本办法执行。

第一百一十一条 与机电产品有关的设计、方案、技术等国际招标投标，可参照本办法执行。

第一百一十二条 使用国外贷款、援助资金进行机电产品国际招标的，应当按照本办法的有关规定执行。贷款方、资金提供方对招标投标的具体条件和程序有不同规定的，可以适用其规定，但违背中华人民共和国的国家安全或社会公共利益的除外。

第一百一十三条 机电产品国际招标投标活动采用电子招标投标方式的，应当按照本办法和国家有关电子招标投标的规定执行。

第一百一十四条 本办法所称"单位负责人"，是指单位法定代表人或者法律、行政法规规定代表单位行使职权的主要负责人。

第一百一十五条 本办法所称"日"为日历日，期限的最后一日是国家法定节假日的，顺延到节假日后的次日为期限的最后一日。

第一百一十六条 本办法中 CIF、CIP、DDP 等贸易术语，应当根据国际商会（ICC）现行最新版本的《国际贸易术语解释通则》的规定解释。

第一百一十七条 本办法由商务部负责解释。

第一百一十八条 本办法自 2014 年 4 月 1 日起施行。《机电产品国际招标投标实施办法》（商务部 2004 年第 13 号令）同时废止。

附件：1. 机电产品范围（略）

2. 评标委员会成员评标意见表（略）

3. 评标情况的报告（略）

4. 投诉书（略）

5. 投诉处理决定书（略）

二 政府采购

中华人民共和国政府采购法

（2002年6月29日第九届全国人民代表大会常务委员会第二十八次会议通过　根据2014年8月31日第十二届全国人民代表大会常务委员会第十次会议《关于修改〈中华人民共和国保险法〉等五部法律的决定》修正）

目　录

第一章　总　　则
第二章　政府采购当事人
第三章　政府采购方式
第四章　政府采购程序
第五章　政府采购合同
第六章　质疑与投诉
第七章　监督检查
第八章　法律责任
第九章　附　　则

第一章　总　则

第一条　为了规范政府采购行为，提高政府采购资金的使用效益，维护国家利益和社会公共利益，保护政府采购当事人的合法权益，促进廉政建设，制定本法。

第二条 在中华人民共和国境内进行的政府采购适用本法。

本法所称政府采购，是指各级国家机关、事业单位和团体组织，使用财政性资金采购依法制定的集中采购目录以内的或者采购限额标准以上的货物、工程和服务的行为。

政府集中采购目录和采购限额标准依照本法规定的权限制定。

本法所称采购，是指以合同方式有偿取得货物、工程和服务的行为，包括购买、租赁、委托、雇用等。

本法所称货物，是指各种形态和种类的物品，包括原材料、燃料、设备、产品等。

本法所称工程，是指建设工程，包括建筑物和构筑物的新建、改建、扩建、装修、拆除、修缮等。

本法所称服务，是指除货物和工程以外的其他政府采购对象。

第三条 政府采购应当遵循公开透明原则、公平竞争原则、公正原则和诚实信用原则。

第四条 政府采购工程进行招标投标的，适用招标投标法。

第五条 任何单位和个人不得采用任何方式，阻挠和限制供应商自由进入本地区和本行业的政府采购市场。

第六条 政府采购应当严格按照批准的预算执行。

第七条 政府采购实行集中采购和分散采购相结合。集中采购的范围由省级以上人民政府公布的集中采购目录确定。

属于中央预算的政府采购项目，其集中采购目录由国务院确定并公布；属于地方预算的政府采购项目，其集中采购目录由省、自治区、直辖市人民政府或者其授权的机构确定并公布。

纳入集中采购目录的政府采购项目，应当实行集中采购。

第八条 政府采购限额标准，属于中央预算的政府采购项目，由国务院确定并公布；属于地方预算的政府采购项目，由省、自治区、直辖市人民政府或者其授权的机构确定并公布。

第九条 政府采购应当有助于实现国家的经济和社会发展政策目标,包括保护环境,扶持不发达地区和少数民族地区,促进中小企业发展等。

第十条 政府采购应当采购本国货物、工程和服务。但有下列情形之一的除外:

(一)需要采购的货物、工程或者服务在中国境内无法获取或者无法以合理的商业条件获取的;

(二)为在中国境外使用而进行采购的;

(三)其他法律、行政法规另有规定的。

前款所称本国货物、工程和服务的界定,依照国务院有关规定执行。

第十一条 政府采购的信息应当在政府采购监督管理部门指定的媒体上及时向社会公开发布,但涉及商业秘密的除外。

第十二条 在政府采购活动中,采购人员及相关人员与供应商有利害关系的,必须回避。供应商认为采购人员及相关人员与其他供应商有利害关系的,可以申请其回避。

前款所称相关人员,包括招标采购中评标委员会的组成人员,竞争性谈判采购中谈判小组的组成人员,询价采购中询价小组的组成人员等。

第十三条 各级人民政府财政部门是负责政府采购监督管理的部门,依法履行对政府采购活动的监督管理职责。

各级人民政府其他有关部门依法履行与政府采购活动有关的监督管理职责。

第二章 政府采购当事人

第十四条 政府采购当事人是指在政府采购活动中享有权利和承担义务的各类主体,包括采购人、供应商和采购代理机构等。

第十五条　采购人是指依法进行政府采购的国家机关、事业单位、团体组织。

第十六条　集中采购机构为采购代理机构。设区的市、自治州以上人民政府根据本级政府采购项目组织集中采购的需要设立集中采购机构。

集中采购机构是非营利事业法人，根据采购人的委托办理采购事宜。

第十七条　集中采购机构进行政府采购活动，应当符合采购价格低于市场平均价格、采购效率更高、采购质量优良和服务良好的要求。

第十八条　采购人采购纳入集中采购目录的政府采购项目，必须委托集中采购机构代理采购；采购未纳入集中采购目录的政府采购项目，可以自行采购，也可以委托集中采购机构在委托的范围内代理采购。

纳入集中采购目录属于通用的政府采购项目的，应当委托集中采购机构代理采购；属于本部门、本系统有特殊要求的项目，应当实行部门集中采购；属于本单位有特殊要求的项目，经省级以上人民政府批准，可以自行采购。

第十九条　采购人可以委托集中采购机构以外的采购代理机构，在委托的范围内办理政府采购事宜。

采购人有权自行选择采购代理机构，任何单位和个人不得以任何方式为采购人指定采购代理机构。

第二十条　采购人依法委托采购代理机构办理采购事宜的，应当由采购人与采购代理机构签订委托代理协议，依法确定委托代理的事项，约定双方的权利义务。

第二十一条　供应商是指向采购人提供货物、工程或者服务的法人、其他组织或者自然人。

第二十二条　供应商参加政府采购活动应当具备下列条件：

（一）具有独立承担民事责任的能力；

（二）具有良好的商业信誉和健全的财务会计制度；

（三）具有履行合同所必需的设备和专业技术能力；

（四）有依法缴纳税收和社会保障资金的良好记录；

（五）参加政府采购活动前三年内，在经营活动中没有重大违法记录；

（六）法律、行政法规规定的其他条件。

采购人可以根据采购项目的特殊要求，规定供应商的特定条件，但不得以不合理的条件对供应商实行差别待遇或者歧视待遇。

第二十三条 采购人可以要求参加政府采购的供应商提供有关资质证明文件和业绩情况，并根据本法规定的供应商条件和采购项目对供应商的特定要求，对供应商的资格进行审查。

第二十四条 两个以上的自然人、法人或者其他组织可以组成一个联合体，以一个供应商的身份共同参加政府采购。

以联合体形式进行政府采购的，参加联合体的供应商均应当具备本法第二十二条规定的条件，并应当向采购人提交联合协议，载明联合体各方承担的工作和义务。联合体各方应当共同与采购人签订采购合同，就采购合同约定的事项对采购人承担连带责任。

第二十五条 政府采购当事人不得相互串通损害国家利益、社会公共利益和其他当事人的合法权益；不得以任何手段排斥其他供应商参与竞争。

供应商不得以向采购人、采购代理机构、评标委员会的组成人员、竞争性谈判小组的组成人员、询价小组的组成人员行贿或者采取其他不正当手段谋取中标或者成交。

采购代理机构不得以向采购人行贿或者采取其他不正当手段谋取非法利益。

第三章 政府采购方式

第二十六条 政府采购采用以下方式：
（一）公开招标；
（二）邀请招标；
（三）竞争性谈判；
（四）单一来源采购；
（五）询价；
（六）国务院政府采购监督管理部门认定的其他采购方式。
公开招标应作为政府采购的主要采购方式。

第二十七条 采购人采购货物或者服务应当采用公开招标方式的，其具体数额标准，属于中央预算的政府采购项目，由国务院规定；属于地方预算的政府采购项目，由省、自治区、直辖市人民政府规定；因特殊情况需要采用公开招标以外的采购方式的，应当在采购活动开始前获得设区的市、自治州以上人民政府采购监督管理部门的批准。

第二十八条 采购人不得将应当以公开招标方式采购的货物或者服务化整为零或者以其他任何方式规避公开招标采购。

第二十九条 符合下列情形之一的货物或者服务，可以依照本法采用邀请招标方式采购：
（一）具有特殊性，只能从有限范围的供应商处采购的；
（二）采用公开招标方式的费用占政府采购项目总价值的比例过大的。

第三十条 符合下列情形之一的货物或者服务，可以依照本法采用竞争性谈判方式采购：
（一）招标后没有供应商投标或者没有合格标的或者重新招标未能成立的；
（二）技术复杂或者性质特殊，不能确定详细规格或者具体要求的；

(三) 采用招标所需时间不能满足用户紧急需要的；

(四) 不能事先计算出价格总额的。

第三十一条 符合下列情形之一的货物或者服务，可以依照本法采用单一来源方式采购：

(一) 只能从惟一供应商处采购的；

(二) 发生了不可预见的紧急情况不能从其他供应商处采购的；

(三) 必须保证原有采购项目一致性或者服务配套的要求，需要继续从原供应商处添购，且添购资金总额不超过原合同采购金额百分之十的。

第三十二条 采购的货物规格、标准统一、现货货源充足且价格变化幅度小的政府采购项目，可以依照本法采用询价方式采购。

第四章 政府采购程序

第三十三条 负有编制部门预算职责的部门在编制下一财政年度部门预算时，应当将该财政年度政府采购的项目及资金预算列出，报本级财政部门汇总。部门预算的审批，按预算管理权限和程序进行。

第三十四条 货物或者服务项目采取邀请招标方式采购的，采购人应当从符合相应资格条件的供应商中，通过随机方式选择三家以上的供应商，并向其发出投标邀请书。

第三十五条 货物和服务项目实行招标方式采购的，自招标文件开始发出之日起至投标人提交投标文件截止之日止，不得少于二十日。

第三十六条 在招标采购中，出现下列情形之一的，应予废标：

(一) 符合专业条件的供应商或者对招标文件作实质响应的供应商不足三家的；

（二）出现影响采购公正的违法、违规行为的；

（三）投标人的报价均超过了采购预算，采购人不能支付的；

（四）因重大变故，采购任务取消的。

废标后，采购人应当将废标理由通知所有投标人。

第三十七条 废标后，除采购任务取消情形外，应当重新组织招标；需要采取其他方式采购的，应当在采购活动开始前获得设区的市、自治州以上人民政府采购监督管理部门或者政府有关部门批准。

第三十八条 采用竞争性谈判方式采购的，应当遵循下列程序：

（一）成立谈判小组。谈判小组由采购人的代表和有关专家共三人以上的单数组成，其中专家的人数不得少于成员总数的三分之二。

（二）制定谈判文件。谈判文件应当明确谈判程序、谈判内容、合同草案的条款以及评定成交的标准等事项。

（三）确定邀请参加谈判的供应商名单。谈判小组从符合相应资格条件的供应商名单中确定不少于三家的供应商参加谈判，并向其提供谈判文件。

（四）谈判。谈判小组所有成员集中与单一供应商分别进行谈判。在谈判中，谈判的任何一方不得透露与谈判有关的其他供应商的技术资料、价格和其他信息。谈判文件有实质性变动的，谈判小组应当以书面形式通知所有参加谈判的供应商。

（五）确定成交供应商。谈判结束后，谈判小组应当要求所有参加谈判的供应商在规定时间内进行最后报价，采购人从谈判小组提出的成交候选人中根据符合采购需求、质量和服务相等且报价最低的原则确定成交供应商，并将结果通知所有参加谈判的未成交的供应商。

第三十九条 采取单一来源方式采购的，采购人与供应商应当遵循本法规定的原则，在保证采购项目质量和双方商定合理价格的基础上进行采购。

第四十条 采取询价方式采购的，应当遵循下列程序：

（一）成立询价小组。询价小组由采购人的代表和有关专家共三人以上的单数组成，其中专家的人数不得少于成员总数的三分之二。询价小组应当对采购项目的价格构成和评定成交的标准等事项作出规定。

（二）确定被询价的供应商名单。询价小组根据采购需求，从符合相应资格条件的供应商名单中确定不少于三家的供应商，并向其发出询价通知书让其报价。

（三）询价。询价小组要求被询价的供应商一次报出不得更改的价格。

（四）确定成交供应商。采购人根据符合采购需求、质量和服务相等且报价最低的原则确定成交供应商，并将结果通知所有被询价的未成交的供应商。

第四十一条 采购人或者其委托的采购代理机构应当组织对供应商履约的验收。大型或者复杂的政府采购项目，应当邀请国家认可的质量检测机构参加验收工作。验收方成员应当在验收书上签字，并承担相应的法律责任。

第四十二条 采购人、采购代理机构对政府采购项目每项采购活动的采购文件应当妥善保存，不得伪造、变造、隐匿或者销毁。采购文件的保存期限为从采购结束之日起至少保存十五年。

采购文件包括采购活动记录、采购预算、招标文件、投标文件、评标标准、评估报告、定标文件、合同文本、验收证明、质疑答复、投诉处理决定及其他有关文件、资料。

采购活动记录至少应当包括下列内容：

（一）采购项目类别、名称；

（二）采购项目预算、资金构成和合同价格；

（三）采购方式，采用公开招标以外的采购方式的，应当载明原因；

（四）邀请和选择供应商的条件及原因；

（五）评标标准及确定中标人的原因；

（六）废标的原因；

（七）采用招标以外采购方式的相应记载。

第五章　政府采购合同

第四十三条　政府采购合同适用合同法。采购人和供应商之间的权利和义务，应当按照平等、自愿的原则以合同方式约定。

采购人可以委托采购代理机构代表其与供应商签订政府采购合同。由采购代理机构以采购人名义签订合同的，应当提交采购人的授权委托书，作为合同附件。

第四十四条　政府采购合同应当采用书面形式。

第四十五条　国务院政府采购监督管理部门应当会同国务院有关部门，规定政府采购合同必须具备的条款。

第四十六条　采购人与中标、成交供应商应当在中标、成交通知书发出之日起三十日内，按照采购文件确定的事项签订政府采购合同。

中标、成交通知书对采购人和中标、成交供应商均具有法律效力。中标、成交通知书发出后，采购人改变中标、成交结果的，或者中标、成交供应商放弃中标、成交项目的，应当依法承担法律责任。

第四十七条　政府采购项目的采购合同自签订之日起七个工作日内，采购人应当将合同副本报同级政府采购监督管理部门和有关部门备案。

第四十八条　经采购人同意，中标、成交供应商可以依法采取分包方式履行合同。

政府采购合同分包履行的，中标、成交供应商就采购项目和分包项目向采购人负责，分包供应商就分包项目承担责任。

　　第四十九条　政府采购合同履行中，采购人需追加与合同标的相同的货物、工程或者服务的，在不改变合同其他条款的前提下，可以与供应商协商签订补充合同，但所有补充合同的采购金额不得超过原合同采购金额的百分之十。

　　第五十条　政府采购合同的双方当事人不得擅自变更、中止或者终止合同。

　　政府采购合同继续履行将损害国家利益和社会公共利益的，双方当事人应当变更、中止或者终止合同。有过错的一方应当承担赔偿责任，双方都有过错的，各自承担相应的责任。

第六章　质疑与投诉

　　第五十一条　供应商对政府采购活动事项有疑问的，可以向采购人提出询问，采购人应当及时作出答复，但答复的内容不得涉及商业秘密。

　　第五十二条　供应商认为采购文件、采购过程和中标、成交结果使自己的权益受到损害的，可以在知道或者应知其权益受到损害之日起七个工作日内，以书面形式向采购人提出质疑。

　　第五十三条　采购人应当在收到供应商的书面质疑后七个工作日内作出答复，并以书面形式通知质疑供应商和其他有关供应商，但答复的内容不得涉及商业秘密。

　　第五十四条　采购人委托采购代理机构采购的，供应商可以向采购代理机构提出询问或者质疑，采购代理机构应当依照本法第五十一条、第五十三条的规定就采购人委托授权范围内的事项作出答复。

　　第五十五条　质疑供应商对采购人、采购代理机构的答复不满意或者采购人、采购代理机构未在规定的时间内作出答复的，可以在答复期满后十五个工作日内向同级政府采购监督管理部门投诉。

第五十六条　政府采购监督管理部门应当在收到投诉后三十个工作日内，对投诉事项作出处理决定，并以书面形式通知投诉人和与投诉事项有关的当事人。

第五十七条　政府采购监督管理部门在处理投诉事项期间，可以视具体情况书面通知采购人暂停采购活动，但暂停时间最长不得超过三十日。

第五十八条　投诉人对政府采购监督管理部门的投诉处理决定不服或者政府采购监督管理部门逾期未作处理的，可以依法申请行政复议或者向人民法院提起行政诉讼。

第七章　监督检查

第五十九条　政府采购监督管理部门应当加强对政府采购活动及集中采购机构的监督检查。

监督检查的主要内容是：

（一）有关政府采购的法律、行政法规和规章的执行情况；

（二）采购范围、采购方式和采购程序的执行情况；

（三）政府采购人员的职业素质和专业技能。

第六十条　政府采购监督管理部门不得设置集中采购机构，不得参与政府采购项目的采购活动。

采购代理机构与行政机关不得存在隶属关系或者其他利益关系。

第六十一条　集中采购机构应当建立健全内部监督管理制度。采购活动的决策和执行程序应当明确，并相互监督、相互制约。经办采购的人员与负责采购合同审核、验收人员的职责权限应当明确，并相互分离。

第六十二条　集中采购机构的采购人员应当具有相关职业素质和专业技能，符合政府采购监督管理部门规定的专业岗位任职要求。

集中采购机构对其工作人员应当加强教育和培训；对采购人员

的专业水平、工作实绩和职业道德状况定期进行考核。采购人员经考核不合格的，不得继续任职。

第六十三条 政府采购项目的采购标准应当公开。

采用本法规定的采购方式的，采购人在采购活动完成后，应当将采购结果予以公布。

第六十四条 采购人必须按照本法规定的采购方式和采购程序进行采购。

任何单位和个人不得违反本法规定，要求采购人或者采购工作人员向其指定的供应商进行采购。

第六十五条 政府采购监督管理部门应当对政府采购项目的采购活动进行检查，政府采购当事人应当如实反映情况，提供有关材料。

第六十六条 政府采购监督管理部门应当对集中采购机构的采购价格、节约资金效果、服务质量、信誉状况、有无违法行为等事项进行考核，并定期如实公布考核结果。

第六十七条 依照法律、行政法规的规定对政府采购负有行政监督职责的政府有关部门，应当按照其职责分工，加强对政府采购活动的监督。

第六十八条 审计机关应当对政府采购进行审计监督。政府采购监督管理部门、政府采购各当事人有关政府采购活动，应当接受审计机关的审计监督。

第六十九条 监察机关应当加强对参与政府采购活动的国家机关、国家公务员和国家行政机关任命的其他人员实施监察。

第七十条 任何单位和个人对政府采购活动中的违法行为，有权控告和检举，有关部门、机关应当依照各自职责及时处理。

第八章 法律责任

第七十一条 采购人、采购代理机构有下列情形之一的，责令限期改正，给予警告，可以并处罚款，对直接负责的主管人员和其他直接责任人员，由其行政主管部门或者有关机关给予处分，并予通报：

（一）应当采用公开招标方式而擅自采用其他方式采购的；

（二）擅自提高采购标准的；

（三）以不合理的条件对供应商实行差别待遇或者歧视待遇的；

（四）在招标采购过程中与投标人进行协商谈判的；

（五）中标、成交通知书发出后不与中标、成交供应商签订采购合同的；

（六）拒绝有关部门依法实施监督检查的。

第七十二条 采购人、采购代理机构及其工作人员有下列情形之一，构成犯罪的，依法追究刑事责任；尚不构成犯罪的，处以罚款，有违法所得的，并处没收违法所得，属于国家机关工作人员的，依法给予行政处分：

（一）与供应商或者采购代理机构恶意串通的；

（二）在采购过程中接受贿赂或者获取其他不正当利益的；

（三）在有关部门依法实施的监督检查中提供虚假情况的；

（四）开标前泄露标底的。

第七十三条 有前两条违法行为之一影响中标、成交结果或者可能影响中标、成交结果的，按下列情况分别处理：

（一）未确定中标、成交供应商的，终止采购活动；

（二）中标、成交供应商已经确定但采购合同尚未履行的，撤销合同，从合格的中标、成交候选人中另行确定中标、成交供应商；

（三）采购合同已经履行的，给采购人、供应商造成损失的，由责任人承担赔偿责任。

第七十四条 采购人对应当实行集中采购的政府采购项目，不委托集中采购机构实行集中采购的，由政府采购监督管理部门责令改正；拒不改正的，停止按预算向其支付资金，由其上级行政主管部门或者有关机关依法给予其直接负责的主管人员和其他直接责任人员处分。

第七十五条 采购人未依法公布政府采购项目的采购标准和采购结果的,责令改正,对直接负责的主管人员依法给予处分。

第七十六条 采购人、采购代理机构违反本法规定隐匿、销毁应当保存的采购文件或者伪造、变造采购文件的,由政府采购监督管理部门处以二万元以上十万元以下的罚款,对其直接负责的主管人员和其他直接责任人员依法给予处分;构成犯罪的,依法追究刑事责任。

第七十七条 供应商有下列情形之一的,处以采购金额千分之五以上千分之十以下的罚款,列入不良行为记录名单,在一至三年内禁止参加政府采购活动,有违法所得的,并处没收违法所得,情节严重的,由工商行政管理机关吊销营业执照;构成犯罪的,依法追究刑事责任:

(一)提供虚假材料谋取中标、成交的;

(二)采取不正当手段诋毁、排挤其他供应商的;

(三)与采购人、其他供应商或者采购代理机构恶意串通的;

(四)向采购人、采购代理机构行贿或者提供其他不正当利益的;

(五)在招标采购过程中与采购人进行协商谈判的;

(六)拒绝有关部门监督检查或者提供虚假情况的。

供应商有前款第(一)至(五)项情形之一的,中标、成交无效。

第七十八条 采购代理机构在代理政府采购业务中有违法行为的,按照有关法律规定处以罚款,可以在一至三年内禁止其代理政府采购业务,构成犯罪的,依法追究刑事责任。

第七十九条 政府采购当事人有本法第七十一条、第七十二条、第七十七条违法行为之一,给他人造成损失的,并应依照有关民事法律规定承担民事责任。

第八十条 政府采购监督管理部门的工作人员在实施监督检查中违反本法规定滥用职权，玩忽职守，徇私舞弊的，依法给予行政处分；构成犯罪的，依法追究刑事责任。

第八十一条 政府采购监督管理部门对供应商的投诉逾期未作处理的，给予直接负责的主管人员和其他直接责任人员行政处分。

第八十二条 政府采购监督管理部门对集中采购机构业绩的考核，有虚假陈述，隐瞒真实情况的，或者不作定期考核和公布考核结果的，应当及时纠正，由其上级机关或者监察机关对其负责人进行通报，并对直接负责的人员依法给予行政处分。

集中采购机构在政府采购监督管理部门考核中，虚报业绩，隐瞒真实情况的，处以二万元以上二十万元以下的罚款，并予以通报；情节严重的，取消其代理采购的资格。

第八十三条 任何单位或者个人阻挠和限制供应商进入本地区或者本行业政府采购市场的，责令限期改正；拒不改正的，由该单位、个人的上级行政主管部门或者有关机关给予单位责任人或者个人处分。

第九章　附　　则

第八十四条 使用国际组织和外国政府贷款进行的政府采购，贷款方、资金提供方与中方达成的协议对采购的具体条件另有规定的，可以适用其规定，但不得损害国家利益和社会公共利益。

第八十五条 对因严重自然灾害和其他不可抗力事件所实施的紧急采购和涉及国家安全和秘密的采购，不适用本法。

第八十六条 军事采购法规由中央军事委员会另行制定。

第八十七条 本法实施的具体步骤和办法由国务院规定。

第八十八条 本法自 2003 年 1 月 1 日起施行。

中华人民共和国
政府采购法实施条例

（2014年12月31日国务院第75次常务会议通过 2015年1月30日中华人民共和国国务院令第658号公布 自2015年3月1日起施行）

第一章 总　　则

第一条　根据《中华人民共和国政府采购法》（以下简称政府采购法），制定本条例。

第二条　政府采购法第二条所称财政性资金是指纳入预算管理的资金。

以财政性资金作为还款来源的借贷资金，视同财政性资金。

国家机关、事业单位和团体组织的采购项目既使用财政性资金又使用非财政性资金的，使用财政性资金采购的部分，适用政府采购法及本条例；财政性资金与非财政性资金无法分割采购的，统一适用政府采购法及本条例。

政府采购法第二条所称服务，包括政府自身需要的服务和政府向社会公众提供的公共服务。

第三条　集中采购目录包括集中采购机构采购项目和部门集中采购项目。

技术、服务等标准统一，采购人普遍使用的项目，列为集中采购机构采购项目；采购人本部门、本系统基于业务需要有特殊要求，可以统一采购的项目，列为部门集中采购项目。

第四条　政府采购法所称集中采购，是指采购人将列入集中采购目录的项目委托集中采购机构代理采购或者进行部门集中采购的行为；所称分散采购，是指采购人将采购限额标准以上的未列入集中采购目录的项目自行采购或者委托采购代理机构代理采购的行为。

第五条 省、自治区、直辖市人民政府或者其授权的机构根据实际情况，可以确定分别适用于本行政区域省级、设区的市级、县级的集中采购目录和采购限额标准。

第六条 国务院财政部门应当根据国家的经济和社会发展政策，会同国务院有关部门制定政府采购政策，通过制定采购需求标准、预留采购份额、价格评审优惠、优先采购等措施，实现节约能源、保护环境、扶持不发达地区和少数民族地区、促进中小企业发展等目标。

第七条 政府采购工程以及与工程建设有关的货物、服务，采用招标方式采购的，适用《中华人民共和国招标投标法》及其实施条例；采用其他方式采购的，适用政府采购法及本条例。

前款所称工程，是指建设工程，包括建筑物和构筑物的新建、改建、扩建及其相关的装修、拆除、修缮等；所称与工程建设有关的货物，是指构成工程不可分割的组成部分，且为实现工程基本功能所必需的设备、材料等；所称与工程建设有关的服务，是指为完成工程所需的勘察、设计、监理等服务。

政府采购工程以及与工程建设有关的货物、服务，应当执行政府采购政策。

第八条 政府采购项目信息应当在省级以上人民政府财政部门指定的媒体上发布。采购项目预算金额达到国务院财政部门规定标准的，政府采购项目信息应当在国务院财政部门指定的媒体上发布。

第九条 在政府采购活动中，采购人员及相关人员与供应商有下列利害关系之一的，应当回避：

（一）参加采购活动前3年内与供应商存在劳动关系；

（二）参加采购活动前3年内担任供应商的董事、监事；

（三）参加采购活动前3年内是供应商的控股股东或者实际控制人；

（四）与供应商的法定代表人或者负责人有夫妻、直系血亲、三代以内旁系血亲或者近姻亲关系；

（五）与供应商有其他可能影响政府采购活动公平、公正进行的关系。

供应商认为采购人员及相关人员与其他供应商有利害关系的，可以向采购人或者采购代理机构书面提出回避申请，并说明理由。采购人或者采购代理机构应当及时询问被申请回避人员，有利害关系的被申请回避人员应当回避。

第十条 国家实行统一的政府采购电子交易平台建设标准，推动利用信息网络进行电子化政府采购活动。

第二章 政府采购当事人

第十一条 采购人在政府采购活动中应当维护国家利益和社会公共利益，公正廉洁，诚实守信，执行政府采购政策，建立政府采购内部管理制度，厉行节约，科学合理确定采购需求。

采购人不得向供应商索要或者接受其给予的赠品、回扣或者与采购无关的其他商品、服务。

第十二条 政府采购法所称采购代理机构，是指集中采购机构和集中采购机构以外的采购代理机构。

集中采购机构是设区的市级以上人民政府依法设立的非营利事业法人，是代理集中采购项目的执行机构。集中采购机构应当根据采购人委托制定集中采购项目的实施方案，明确采购规程，组织政府采购活动，不得将集中采购项目转委托。集中采购机构以外的采购代理机构，是从事采购代理业务的社会中介机构。

第十三条 采购代理机构应当建立完善的政府采购内部监督管理制度，具备开展政府采购业务所需的评审条件和设施。

采购代理机构应当提高确定采购需求,编制招标文件、谈判文件、询价通知书,拟订合同文本和优化采购程序的专业化服务水平,根据采购人委托在规定的时间内及时组织采购人与中标或者成交供应商签订政府采购合同,及时协助采购人对采购项目进行验收。

第十四条 采购代理机构不得以不正当手段获取政府采购代理业务,不得与采购人、供应商恶意串通操纵政府采购活动。

采购代理机构工作人员不得接受采购人或者供应商组织的宴请、旅游、娱乐,不得收受礼品、现金、有价证券等,不得向采购人或者供应商报销应当由个人承担的费用。

第十五条 采购人、采购代理机构应当根据政府采购政策、采购预算、采购需求编制采购文件。

采购需求应当符合法律法规以及政府采购政策规定的技术、服务、安全等要求。政府向社会公众提供的公共服务项目,应当就确定采购需求征求社会公众的意见。除因技术复杂或者性质特殊,不能确定详细规格或者具体要求外,采购需求应当完整、明确。必要时,应当就确定采购需求征求相关供应商、专家的意见。

第十六条 政府采购法第二十条规定的委托代理协议,应当明确代理采购的范围、权限和期限等具体事项。

采购人和采购代理机构应当按照委托代理协议履行各自义务,采购代理机构不得超越代理权限。

第十七条 参加政府采购活动的供应商应当具备政府采购法第二十二条第一款规定的条件,提供下列材料:

(一)法人或者其他组织的营业执照等证明文件,自然人的身份证明;

(二)财务状况报告,依法缴纳税收和社会保障资金的相关材料;

(三)具备履行合同所必需的设备和专业技术能力的证明材料;

(四)参加政府采购活动前3年内在经营活动中没有重大违法

记录的书面声明；

（五）具备法律、行政法规规定的其他条件的证明材料。

采购项目有特殊要求的，供应商还应当提供其符合特殊要求的证明材料或者情况说明。

第十八条 单位负责人为同一人或者存在直接控股、管理关系的不同供应商，不得参加同一合同项下的政府采购活动。

除单一来源采购项目外，为采购项目提供整体设计、规范编制或者项目管理、监理、检测等服务的供应商，不得再参加该采购项目的其他采购活动。

第十九条 政府采购法第二十二条第一款第五项所称重大违法记录，是指供应商因违法经营受到刑事处罚或者责令停产停业、吊销许可证或者执照、较大数额罚款等行政处罚。

供应商在参加政府采购活动前3年内因违法经营被禁止在一定期限内参加政府采购活动，期限届满的，可以参加政府采购活动。

第二十条 采购人或者采购代理机构有下列情形之一的，属于以不合理的条件对供应商实行差别待遇或者歧视待遇：

（一）就同一采购项目向供应商提供有差别的项目信息；

（二）设定的资格、技术、商务条件与采购项目的具体特点和实际需要不相适应或者与合同履行无关；

（三）采购需求中的技术、服务等要求指向特定供应商、特定产品；

（四）以特定行政区域或者特定行业的业绩、奖项作为加分条件或者中标、成交条件；

（五）对供应商采取不同的资格审查或者评审标准；

（六）限定或者指定特定的专利、商标、品牌或者供应商；

（七）非法限定供应商的所有制形式、组织形式或者所在地；

（八）以其他不合理条件限制或者排斥潜在供应商。

第二十一条 采购人或者采购代理机构对供应商进行资格预审

的，资格预审公告应当在省级以上人民政府财政部门指定的媒体上发布。已进行资格预审的，评审阶段可以不再对供应商资格进行审查。资格预审合格的供应商在评审阶段资格发生变化的，应当通知采购人和采购代理机构。

资格预审公告应当包括采购人和采购项目名称、采购需求、对供应商的资格要求以及供应商提交资格预审申请文件的时间和地点。提交资格预审申请文件的时间自公告发布之日起不得少于5个工作日。

第二十二条　联合体中有同类资质的供应商按照联合体分工承担相同工作的，应当按照资质等级较低的供应商确定资质等级。

以联合体形式参加政府采购活动的，联合体各方不得再单独参加或者与其他供应商另外组成联合体参加同一合同项下的政府采购活动。

第三章　政府采购方式

第二十三条　采购人采购公开招标数额标准以上的货物或者服务，符合政府采购法第二十九条、第三十条、第三十一条、第三十二条规定情形或者有需要执行政府采购政策等特殊情况的，经设区的市级以上人民政府财政部门批准，可以依法采用公开招标以外的采购方式。

第二十四条　列入集中采购目录的项目，适合实行批量集中采购的，应当实行批量集中采购，但紧急的小额零星货物项目和有特殊要求的服务、工程项目除外。

第二十五条　政府采购工程依法不进行招标的，应当依照政府采购法和本条例规定的竞争性谈判或者单一来源采购方式采购。

第二十六条　政府采购法第三十条第三项规定的情形，应当是采购人不可预见的或者非因采购人拖延导致的；第四项规定的情形，是指因采购艺术品或者因专利、专有技术或者因服务的时间、数量事先不能确定等导致不能事先计算出价格总额。

第二十七条 政府采购法第三十一条第一项规定的情形，是指因货物或者服务使用不可替代的专利、专有技术，或者公共服务项目具有特殊要求，导致只能从某一特定供应商处采购。

第二十八条 在一个财政年度内，采购人将一个预算项目下的同一品目或者类别的货物、服务采用公开招标以外的方式多次采购，累计资金数额超过公开招标数额标准的，属于以化整为零方式规避公开招标，但项目预算调整或者经批准采用公开招标以外方式采购除外。

第四章 政府采购程序

第二十九条 采购人应当根据集中采购目录、采购限额标准和已批复的部门预算编制政府采购实施计划，报本级人民政府财政部门备案。

第三十条 采购人或者采购代理机构应当在招标文件、谈判文件、询价通知书中公开采购项目预算金额。

第三十一条 招标文件的提供期限自招标文件开始发出之日起不得少于5个工作日。

采购人或者采购代理机构可以对已发出的招标文件进行必要的澄清或者修改。澄清或者修改的内容可能影响投标文件编制的，采购人或者采购代理机构应当在投标截止时间至少15日前，以书面形式通知所有获取招标文件的潜在投标人；不足15日的，采购人或者采购代理机构应当顺延提交投标文件的截止时间。

第三十二条 采购人或者采购代理机构应当按照国务院财政部门制定的招标文件标准文本编制招标文件。

招标文件应当包括采购项目的商务条件、采购需求、投标人的资格条件、投标报价要求、评标方法、评标标准以及拟签订的合同文本等。

第三十三条　招标文件要求投标人提交投标保证金的，投标保证金不得超过采购项目预算金额的2%。投标保证金应当以支票、汇票、本票或者金融机构、担保机构出具的保函等非现金形式提交。投标人未按照招标文件要求提交投标保证金的，投标无效。

采购人或者采购代理机构应当自中标通知书发出之日起5个工作日内退还未中标供应商的投标保证金，自政府采购合同签订之日起5个工作日内退还中标供应商的投标保证金。

竞争性谈判或者询价采购中要求参加谈判或者询价的供应商提交保证金的，参照前两款的规定执行。

第三十四条　政府采购招标评标方法分为最低评标价法和综合评分法。

最低评标价法，是指投标文件满足招标文件全部实质性要求且投标报价最低的供应商为中标候选人的评标方法。综合评分法，是指投标文件满足招标文件全部实质性要求且按照评审因素的量化指标评审得分最高的供应商为中标候选人的评标方法。

技术、服务等标准统一的货物和服务项目，应当采用最低评标价法。

采用综合评分法的，评审标准中的分值设置应当与评审因素的量化指标相对应。

招标文件中没有规定的评标标准不得作为评审的依据。

第三十五条　谈判文件不能完整、明确列明采购需求，需要由供应商提供最终设计方案或者解决方案的，在谈判结束后，谈判小组应当按照少数服从多数的原则投票推荐3家以上供应商的设计方案或者解决方案，并要求其在规定时间内提交最后报价。

第三十六条　询价通知书应当根据采购需求确定政府采购合同条款。在询价过程中，询价小组不得改变询价通知书所确定的政府采购合同条款。

第三十七条　政府采购法第三十八条第五项、第四十条第四项所称质量和服务相等,是指供应商提供的产品质量和服务均能满足采购文件规定的实质性要求。

第三十八条 达到公开招标数额标准,符合政府采购法第三十一条第一项规定情形,只能从唯一供应商处采购的,采购人应当将采购项目信息和唯一供应商名称在省级以上人民政府财政部门指定的媒体上公示,公示期不得少于5个工作日。

第三十九条 除国务院财政部门规定的情形外,采购人或者采购代理机构应当从政府采购评审专家库中随机抽取评审专家。

第四十条 政府采购评审专家应当遵守评审工作纪律,不得泄露评审文件、评审情况和评审中获悉的商业秘密。

评标委员会、竞争性谈判小组或者询价小组在评审过程中发现供应商有行贿、提供虚假材料或者串通等违法行为的,应当及时向财政部门报告。

政府采购评审专家在评审过程中受到非法干预的,应当及时向财政、监察等部门举报。

第四十一条 评标委员会、竞争性谈判小组或者询价小组成员应当按照客观、公正、审慎的原则,根据采购文件规定的评审程序、评审方法和评审标准进行独立评审。采购文件内容违反国家有关强制性规定的,评标委员会、竞争性谈判小组或者询价小组应当停止评审并向采购人或者采购代理机构说明情况。

评标委员会、竞争性谈判小组或者询价小组成员应当在评审报告上签字,对自己的评审意见承担法律责任。对评审报告有异议的,应当在评审报告上签署不同意见,并说明理由,否则视为同意评审报告。

第四十二条 采购人、采购代理机构不得向评标委员会、竞争性谈判小组或者询价小组的评审专家作倾向性、误导性的解释或者说明。

第四十三条 采购代理机构应当自评审结束之日起2个工作日

内将评审报告送交采购人。采购人应当自收到评审报告之日起 5 个工作日内在评审报告推荐的中标或者成交候选人中按顺序确定中标或者成交供应商。

采购人或者采购代理机构应当自中标、成交供应商确定之日起 2 个工作日内，发出中标、成交通知书，并在省级以上人民政府财政部门指定的媒体上公告中标、成交结果，招标文件、竞争性谈判文件、询价通知书随中标、成交结果同时公告。

中标、成交结果公告内容应当包括采购人和采购代理机构的名称、地址、联系方式，项目名称和项目编号，中标或者成交供应商名称、地址和中标或者成交金额，主要中标或者成交标的的名称、规格型号、数量、单价、服务要求以及评审专家名单。

第四十四条 除国务院财政部门规定的情形外，采购人、采购代理机构不得以任何理由组织重新评审。采购人、采购代理机构按照国务院财政部门的规定组织重新评审的，应当书面报告本级人民政府财政部门。

采购人或者采购代理机构不得通过对样品进行检测、对供应商进行考察等方式改变评审结果。

第四十五条 采购人或者采购代理机构应当按照政府采购合同规定的技术、服务、安全标准组织对供应商履约情况进行验收，并出具验收书。验收书应当包括每一项技术、服务、安全标准的履约情况。

政府向社会公众提供的公共服务项目，验收时应当邀请服务对象参与并出具意见，验收结果应当向社会公告。

第四十六条 政府采购法第四十二条规定的采购文件，可以用电子档案方式保存。

第五章　政府采购合同

第四十七条 国务院财政部门应当会同国务院有关部门制定政

府采购合同标准文本。

第四十八条 采购文件要求中标或者成交供应商提交履约保证金的，供应商应当以支票、汇票、本票或者金融机构、担保机构出具的保函等非现金形式提交。履约保证金的数额不得超过政府采购合同金额的10%。

第四十九条 中标或者成交供应商拒绝与采购人签订合同的，采购人可以按照评审报告推荐的中标或者成交候选人名单排序，确定下一候选人为中标或者成交供应商，也可以重新开展政府采购活动。

第五十条 采购人应当自政府采购合同签订之日起2个工作日内，将政府采购合同在省级以上人民政府财政部门指定的媒体上公告，但政府采购合同中涉及国家秘密、商业秘密的内容除外。

第五十一条 采购人应当按照政府采购合同规定，及时向中标或者成交供应商支付采购资金。

政府采购项目资金支付程序，按照国家有关财政资金支付管理的规定执行。

第六章 质疑与投诉

第五十二条 采购人或者采购代理机构应当在3个工作日内对供应商依法提出的询问作出答复。

供应商提出的询问或者质疑超出采购人对采购代理机构委托授权范围的，采购代理机构应当告知供应商向采购人提出。

政府采购评审专家应当配合采购人或者采购代理机构答复供应商的询问和质疑。

第五十三条 政府采购法第五十二条规定的供应商应知其权益受到损害之日，是指：

（一）对可以质疑的采购文件提出质疑的，为收到采购文件之日或者采购文件公告期限届满之日；

（二）对采购过程提出质疑的，为各采购程序环节结束之日；

（三）对中标或者成交结果提出质疑的，为中标或者成交结果公告期限届满之日。

第五十四条 询问或者质疑事项可能影响中标、成交结果的，采购人应当暂停签订合同，已经签订合同的，应当中止履行合同。

第五十五条 供应商质疑、投诉应当有明确的请求和必要的证明材料。供应商投诉的事项不得超出已质疑事项的范围。

第五十六条 财政部门处理投诉事项采用书面审查的方式，必要时可以进行调查取证或者组织质证。

对财政部门依法进行的调查取证，投诉人和与投诉事项有关的当事人应当如实反映情况，并提供相关材料。

第五十七条 投诉人捏造事实、提供虚假材料或者以非法手段取得证明材料进行投诉的，财政部门应当予以驳回。

财政部门受理投诉后，投诉人书面申请撤回投诉的，财政部门应当终止投诉处理程序。

第五十八条 财政部门处理投诉事项，需要检验、检测、鉴定、专家评审以及需要投诉人补正材料的，所需时间不计算在投诉处理期限内。

财政部门对投诉事项作出的处理决定，应当在省级以上人民政府财政部门指定的媒体上公告。

第七章 监督检查

第五十九条 政府采购法第六十三条所称政府采购项目的采购标准，是指项目采购所依据的经费预算标准、资产配置标准和技术、服务标准等。

第六十条 除政府采购法第六十六条规定的考核事项外，财政部门对集中采购机构的考核事项还包括：

（一）政府采购政策的执行情况；

（二）采购文件编制水平；

（三）采购方式和采购程序的执行情况；

（四）询问、质疑答复情况；

（五）内部监督管理制度建设及执行情况；

（六）省级以上人民政府财政部门规定的其他事项。

财政部门应当制定考核计划，定期对集中采购机构进行考核，考核结果有重要情况的，应当向本级人民政府报告。

第六十一条 采购人发现采购代理机构有违法行为的，应当要求其改正。采购代理机构拒不改正的，采购人应当向本级人民政府财政部门报告，财政部门应当依法处理。

采购代理机构发现采购人的采购需求存在以不合理条件对供应商实行差别待遇、歧视待遇或者其他不符合法律、法规和政府采购政策规定内容，或者发现采购人有其他违法行为的，应当建议其改正。采购人拒不改正的，采购代理机构应当向采购人的本级人民政府财政部门报告，财政部门应当依法处理。

第六十二条 省级以上人民政府财政部门应当对政府采购评审专家库实行动态管理，具体管理办法由国务院财政部门制定。

采购人或者采购代理机构应当对评审专家在政府采购活动中的职责履行情况予以记录，并及时向财政部门报告。

第六十三条 各级人民政府财政部门和其他有关部门应当加强对参加政府采购活动的供应商、采购代理机构、评审专家的监督管理，对其不良行为予以记录，并纳入统一的信用信息平台。

第六十四条 各级人民政府财政部门对政府采购活动进行监督检查，有权查阅、复制有关文件、资料，相关单位和人员应当予以配合。

第六十五条 审计机关、监察机关以及其他有关部门依法对政府采购活动实施监督，发现采购当事人有违法行为的，应当及时通报财政部门。

第八章 法律责任

第六十六条 政府采购法第七十一条规定的罚款，数额为 10 万元以下。

政府采购法第七十二条规定的罚款，数额为 5 万元以上 25 万元以下。

第六十七条 采购人有下列情形之一的，由财政部门责令限期改正，给予警告，对直接负责的主管人员和其他直接责任人员依法给予处分，并予以通报：

（一）未按照规定编制政府采购实施计划或者未按照规定将政府采购实施计划报本级人民政府财政部门备案；

（二）将应当进行公开招标的项目化整为零或者以其他任何方式规避公开招标；

（三）未按照规定在评标委员会、竞争性谈判小组或者询价小组推荐的中标或者成交候选人中确定中标或者成交供应商；

（四）未按照采购文件确定的事项签订政府采购合同；

（五）政府采购合同履行中追加与合同标的相同的货物、工程或者服务的采购金额超过原合同采购金额 10%；

（六）擅自变更、中止或者终止政府采购合同；

（七）未按照规定公告政府采购合同；

（八）未按照规定时间将政府采购合同副本报本级人民政府财政部门和有关部门备案。

第六十八条 采购人、采购代理机构有下列情形之一的，依照政府采购法第七十一条、第七十八条的规定追究法律责任：

（一）未依照政府采购法和本条例规定的方式实施采购；

（二）未依法在指定的媒体上发布政府采购项目信息；

（三）未按照规定执行政府采购政策；

（四）违反本条例第十五条的规定导致无法组织对供应商履约

情况进行验收或者国家财产遭受损失；

（五）未依法从政府采购评审专家库中抽取评审专家；

（六）非法干预采购评审活动；

（七）采用综合评分法时评审标准中的分值设置未与评审因素的量化指标相对应；

（八）对供应商的询问、质疑逾期未作处理；

（九）通过对样品进行检测、对供应商进行考察等方式改变评审结果；

（十）未按照规定组织对供应商履约情况进行验收。

第六十九条 集中采购机构有下列情形之一的，由财政部门责令限期改正，给予警告，有违法所得的，并处没收违法所得，对直接负责的主管人员和其他直接责任人员依法给予处分，并予以通报：

（一）内部监督管理制度不健全，对依法应当分设、分离的岗位、人员未分设、分离；

（二）将集中采购项目委托其他采购代理机构采购；

（三）从事营利活动。

第七十条 采购人员与供应商有利害关系而不依法回避的，由财政部门给予警告，并处2000元以上2万元以下的罚款。

第七十一条 有政府采购法第七十一条、第七十二条规定的违法行为之一，影响或者可能影响中标、成交结果的，依照下列规定处理：

（一）未确定中标或者成交供应商的，终止本次政府采购活动，重新开展政府采购活动。

（二）已确定中标或者成交供应商但尚未签订政府采购合同的，中标或者成交结果无效，从合格的中标或者成交候选人中另行确定中标或者成交供应商；没有合格的中标或者成交候选人的，重新开展政府采购活动。

（三）政府采购合同已签订但尚未履行的，撤销合同，从合格的中标或者成交候选人中另行确定中标或者成交供应商；没有合格的中标或者成交候选人的，重新开展政府采购活动。

（四）政府采购合同已经履行，给采购人、供应商造成损失的，由责任人承担赔偿责任。

政府采购当事人有其他违反政府采购法或者本条例规定的行为，经改正后仍然影响或者可能影响中标、成交结果或者依法被认定为中标、成交无效的，依照前款规定处理。

第七十二条　供应商有下列情形之一的，依照政府采购法第七十七条第一款的规定追究法律责任：

（一）向评标委员会、竞争性谈判小组或者询价小组成员行贿或者提供其他不正当利益；

（二）中标或者成交后无正当理由拒不与采购人签订政府采购合同；

（三）未按照采购文件确定的事项签订政府采购合同；

（四）将政府采购合同转包；

（五）提供假冒伪劣产品；

（六）擅自变更、中止或者终止政府采购合同。

供应商有前款第一项规定情形的，中标、成交无效。评审阶段资格发生变化，供应商未依照本条例第二十一条的规定通知采购人和采购代理机构的，处以采购金额5‰的罚款，列入不良行为记录名单，中标、成交无效。

第七十三条　供应商捏造事实、提供虚假材料或者以非法手段取得证明材料进行投诉的，由财政部门列入不良行为记录名单，禁止其1至3年内参加政府采购活动。

第七十四条　有下列情形之一的，属于恶意串通，对供应商依照政府采购法第七十七条第一款的规定追究法律责任，对采购人、采购代理机构及其工作人员依照政府采购法第七十二条的规定追究法律责任：

（一）供应商直接或者间接从采购人或者采购代理机构处获得其他供应商的相关情况并修改其投标文件或者响应文件；

（二）供应商按照采购人或者采购代理机构的授意撤换、修改投标文件或者响应文件；

（三）供应商之间协商报价、技术方案等投标文件或者响应文件的实质性内容；

（四）属于同一集团、协会、商会等组织成员的供应商按照该组织要求协同参加政府采购活动；

（五）供应商之间事先约定由某一特定供应商中标、成交；

（六）供应商之间商定部分供应商放弃参加政府采购活动或者放弃中标、成交；

（七）供应商与采购人或者采购代理机构之间、供应商相互之间，为谋求特定供应商中标、成交或者排斥其他供应商的其他串通行为。

第七十五条 政府采购评审专家未按照采购文件规定的评审程序、评审方法和评审标准进行独立评审或者泄露评审文件、评审情况的，由财政部门给予警告，并处2000元以上2万元以下的罚款；影响中标、成交结果的，处2万元以上5万元以下的罚款，禁止其参加政府采购评审活动。

政府采购评审专家与供应商存在利害关系未回避的，处2万元以上5万元以下的罚款，禁止其参加政府采购评审活动。

政府采购评审专家收受采购人、采购代理机构、供应商贿赂或者获取其他不正当利益，构成犯罪的，依法追究刑事责任；尚不构成犯罪的，处2万元以上5万元以下的罚款，禁止其参加政府采购评审活动。

政府采购评审专家有上述违法行为的，其评审意见无效，不得获取评审费；有违法所得的，没收违法所得；给他人造成损失的，依法承担民事责任。

第七十六条 政府采购当事人违反政府采购法和本条例规定，给他人造成损失的，依法承担民事责任。

第七十七条 财政部门在履行政府采购监督管理职责中违反政府采购法和本条例规定，滥用职权、玩忽职守、徇私舞弊的，对直接负责的主管人员和其他直接责任人员依法给予处分；直接负责的主管人员和其他直接责任人员构成犯罪的，依法追究刑事责任。

第九章 附 则

第七十八条 财政管理实行省直接管理的县级人民政府可以根据需要并报经省级人民政府批准，行使政府采购法和本条例规定的设区的市级人民政府批准变更采购方式的职权。

第七十九条 本条例自2015年3月1日起施行。

政府采购需求管理办法

（2021年4月30日 财库〔2021〕22号）

第一章 总 则

第一条 为加强政府采购需求管理，实现政府采购项目绩效目标，根据《中华人民共和国政府采购法》和《中华人民共和国政府采购法实施条例》等有关法律法规，制定本办法。

第二条 政府采购货物、工程和服务项目的需求管理适用本办法。

第三条 本办法所称政府采购需求管理，是指采购人组织确定采购需求和编制采购实施计划，并实施相关风险控制管理的活动。

第四条 采购需求管理应当遵循科学合理、厉行节约、规范高效、权责清晰的原则。

第五条 采购人对采购需求管理负有主体责任，按照本办法的规定开展采购需求管理各项工作，对采购需求和采购实施计划的合法性、合规性、合理性负责。主管预算单位负责指导本部门采购需求管理工作。

第二章 采购需求

第六条 本办法所称采购需求，是指采购人为实现项目目标，拟采购的标的及其需要满足的技术、商务要求。

技术要求是指对采购标的的功能和质量要求，包括性能、材料、结构、外观、安全，或者服务内容和标准等。

商务要求是指取得采购标的的时间、地点、财务和服务要求，包括交付（实施）的时间（期限）和地点（范围），付款条件（进度和方式），包装和运输，售后服务，保险等。

第七条 采购需求应当符合法律法规、政府采购政策和国家有关规定，符合国家强制性标准，遵循预算、资产和财务等相关管理制度规定，符合采购项目特点和实际需要。

采购需求应当依据部门预算（工程项目概预算）确定。

第八条 确定采购需求应当明确实现项目目标的所有技术、商务要求，功能和质量指标的设置要充分考虑可能影响供应商报价和项目实施风险的因素。

第九条 采购需求应当清楚明了、表述规范、含义准确。

技术要求和商务要求应当客观，量化指标应当明确相应等次，有连续区间的按照区间划分等次。需由供应商提供设计方案、解决方案或者组织方案的采购项目，应当说明采购标的的功能、应用场景、目标等基本要求，并尽可能明确其中的客观、量化指标。

采购需求可以直接引用相关国家标准、行业标准、地方标准等标准、规范，也可以根据项目目标提出更高的技术要求。

第十条 采购人可以在确定采购需求前，通过咨询、论证、问卷调查等方式开展需求调查，了解相关产业发展、市场供给、同类采购项目历史成交信息，可能涉及的运行维护、升级更新、备品备件、耗材等后续采购，以及其他相关情况。

面向市场主体开展需求调查时，选择的调查对象一般不少于3个，并应当具有代表性。

第十一条 对于下列采购项目，应当开展需求调查：

（一）1000万元以上的货物、服务采购项目，3000万元以上的工程采购项目；

（二）涉及公共利益、社会关注度较高的采购项目，包括政府向社会公众提供的公共服务项目等；

（三）技术复杂、专业性较强的项目，包括需定制开发的信息化建设项目、采购进口产品的项目等；

（四）主管预算单位或者采购人认为需要开展需求调查的其他采购项目。

编制采购需求前一年内，采购人已就相关采购标的开展过需求调查的可以不再重复开展。

按照法律法规的规定，对采购项目开展可行性研究等前期工作，已包含本办法规定的需求调查内容的，可以不再重复调查；对在可行性研究等前期工作中未涉及的部分，应当按照本办法的规定开展需求调查。

第三章 采购实施计划

第十二条 本办法所称采购实施计划，是指采购人围绕实现采购需求，对合同的订立和管理所做的安排。

采购实施计划根据法律法规、政府采购政策和国家有关规定，结合采购需求的特点确定。

第十三条 采购实施计划主要包括以下内容：

（一）合同订立安排，包括采购项目预（概）算、最高限价，开展采购活动的时间安排，采购组织形式和委托代理安排，采购包划分与合同分包，供应商资格条件、采购方式、竞争范围和评审规则等。

（二）合同管理安排，包括合同类型、定价方式、合同文本的主要条款、履约验收方案、风险管控措施等。

第十四条　采购人应当通过确定供应商资格条件、设定评审规则等措施，落实支持创新、绿色发展、中小企业发展等政府采购政策功能。

第十五条　采购人要根据采购项目实施的要求，充分考虑采购活动所需时间和可能影响采购活动进行的因素，合理安排采购活动实施时间。

第十六条　采购人采购纳入政府集中采购目录的项目，必须委托集中采购机构采购。政府集中采购目录以外的项目可以自行采购，也可以自主选择委托集中采购机构，或者集中采购机构以外的采购代理机构采购。

第十七条　采购人要按照有利于采购项目实施的原则，明确采购包或者合同分包要求。

采购项目划分采购包的，要分别确定每个采购包的采购方式、竞争范围、评审规则和合同类型、合同文本、定价方式等相关合同订立、管理安排。

第十八条　根据采购需求特点提出的供应商资格条件，要与采购标的的功能、质量和供应商履约能力直接相关，且属于履行合同必需的条件，包括特定的专业资格或者技术资格、设备设施、业绩情况、专业人才及其管理能力等。

业绩情况作为资格条件时，要求供应商提供的同类业务合同一般不超过2个，并明确同类业务的具体范围。涉及政府采购政策支持的创新产品采购的，不得提出同类业务合同、生产台数、使用时长等业绩要求。

第十九条　采购方式、评审方法和定价方式的选择应当符合法定适用情形和采购需求特点，其中，达到公开招标数额标准，因特殊情况需要采用公开招标以外的采购方式的，应当依法获得批准。

采购需求客观、明确且规格、标准统一的采购项目，如通用设备、物业管理等，一般采用招标或者询价方式采购，以价格作为授予合同的主要考虑因素，采用固定总价或者固定单价的定价方式。

采购需求客观、明确，且技术较复杂或者专业性较强的采购项目，如大型装备、咨询服务等，一般采用招标、谈判（磋商）方式采购，通过综合性评审选择性价比最优的产品，采用固定总价或者固定单价的定价方式。

不能完全确定客观指标，需由供应商提供设计方案、解决方案或者组织方案的采购项目，如首购订购、设计服务、政府和社会资本合作等，一般采用谈判（磋商）方式采购，综合考虑以单方案报价、多方案报价以及性价比要求等因素选择评审方法，并根据实现项目目标的要求，采取固定总价或者固定单价、成本补偿、绩效激励等单一或者组合定价方式。

第二十条 除法律法规规定可以在有限范围内竞争或者只能从唯一供应商处采购的情形外，一般采用公开方式邀请供应商参与政府采购活动。

第二十一条 采用综合性评审方法的，评审因素应当按照采购需求和与实现项目目标相关的其他因素确定。

采购需求客观、明确的采购项目，采购需求中客观但不可量化的指标应当作为实质性要求，不得作为评分项；参与评分的指标应当是采购需求中的量化指标，评分项应当按照量化指标的等次，设置对应的不同分值。不能完全确定客观指标，需由供应商提供设计方案、解决方案或者组织方案的采购项目，可以结合需求调查的情况，尽可能明确不同技术路线、组织形式及相关指标的重要性和优先级，设定客观、量化的评审因素、分值和权重。价格因素应当按照相关规定确定分值和权重。

采购项目涉及后续采购的，如大型装备等，要考虑兼容性要求。可以要求供应商报出后续供应的价格，以及后续采购的可替代性、相关产品和估价，作为评审时考虑的因素。

需由供应商提供设计方案、解决方案或者组织方案，且供应商经验和能力对履约有直接影响的，如订购、设计等采购项目，可以在评审因素中适当考虑供应商的履约能力要求，并合理设置分值和权重。需由供应商提供设计方案、解决方案或者组织方案，采购人认为有必要考虑全生命周期成本的，可以明确使用年限，要求供应商报出安装调试费用、使用期间能源管理、废弃处置等全生命周期成本，作为评审时考虑的因素。

第二十二条　合同类型按照民法典规定的典型合同类别，结合采购标的的实际情况确定。

第二十三条　合同文本应当包含法定必备条款和采购需求的所有内容，包括但不限于标的名称、采购标的质量、数量（规模）、履行时间（期限）、地点和方式，包装方式，价款或者报酬、付款进度安排、资金支付方式，验收、交付标准和方法，质量保修范围和保修期，违约责任与解决争议的方法等。

采购项目涉及采购标的的知识产权归属、处理的，如订购、设计、定制开发的信息化建设项目等，应当约定知识产权的归属和处理方式。采购人可以根据项目特点划分合同履行阶段，明确分期考核要求和对应的付款进度安排。对于长期运行的项目，要充分考虑成本、收益以及可能出现的重大市场风险，在合同中约定成本补偿、风险分担等事项。

合同权利义务要围绕采购需求和合同履行设置。国务院有关部门依法制定了政府采购合同标准文本的，应当使用标准文本。属于本办法第十一条规定范围的采购项目，合同文本应当经过采购人聘请的法律顾问审定。

第二十四条　履约验收方案要明确履约验收的主体、时间、方式、程序、内容和验收标准等事项。采购人、采购代理机构可以邀请参加本项目的其他供应商或者第三方专业机构及专家参与验收，相关验收意见作为验收的参考资料。政府向社会公众提供的公共服务项目，验收时应当邀请服务对象参与并出具意见，验收结果应当向社会公告。

验收内容要包括每一项技术和商务要求的履约情况，验收标准要包括所有客观、量化指标。不能明确客观标准、涉及主观判断的，可以通过在采购人、使用人中开展问卷调查等方式，转化为客观、量化的验收标准。

分期实施的采购项目，应当结合分期考核的情况，明确分期验收要求。货物类项目可以根据需要设置出厂检验、到货检验、安装调试检验、配套服务检验等多重验收环节。工程类项目的验收方案应当符合行业管理部门规定的标准、方法和内容。

履约验收方案应当在合同中约定。

第二十五条 对于本办法第十一条规定的采购项目，要研究采购过程和合同履行过程中的风险，判断风险发生的环节、可能性、影响程度和管控责任，提出有针对性的处置措施和替代方案。

采购过程和合同履行过程中的风险包括国家政策变化、实施环境变化、重大技术变化、预算项目调整、因质疑投诉影响采购进度、采购失败、不按规定签订或者履行合同、出现损害国家利益和社会公共利益情形等。

第二十六条 各级财政部门应当按照简便、必要的原则，明确报财政部门备案的采购实施计划具体内容，包括采购项目的类别、名称、采购标的、采购预算、采购数量（规模）、组织形式、采购方式、落实政府采购政策有关内容等。

第四章 风险控制

第二十七条 采购人应当将采购需求管理作为政府采购内控管

理的重要内容，建立健全采购需求管理制度，加强对采购需求的形成和实现过程的内部控制和风险管理。

第二十八条　采购人可以自行组织确定采购需求和编制采购实施计划，也可以委托采购代理机构或者其他第三方机构开展。

第二十九条　采购人应当建立审查工作机制，在采购活动开始前，针对采购需求管理中的重点风险事项，对采购需求和采购实施计划进行审查，审查分为一般性审查和重点审查。

对于审查不通过的，应当修改采购需求和采购实施计划的内容并重新进行审查。

第三十条　一般性审查主要审查是否按照本办法规定的程序和内容确定采购需求、编制采购实施计划。审查内容包括，采购需求是否符合预算、资产、财务等管理制度规定；对采购方式、评审规则、合同类型、定价方式的选择是否说明适用理由；属于按规定需要报相关监管部门批准、核准的事项，是否作出相关安排；采购实施计划是否完整。

第三十一条　重点审查是在一般性审查的基础上，进行以下审查：

（一）非歧视性审查。主要审查是否指向特定供应商或者特定产品，包括资格条件设置是否合理，要求供应商提供超过2个同类业务合同的，是否具有合理性；技术要求是否指向特定的专利、商标、品牌、技术路线等；评审因素设置是否具有倾向性，将有关履约能力作为评审因素是否适当。

（二）竞争性审查。主要审查是否确保充分竞争，包括应当以公开方式邀请供应商的，是否依法采用公开竞争方式；采用单一来源采购方式的，是否符合法定情形；采购需求的内容是否完整、明确，是否考虑后续采购竞争性；评审方法、评审因素、价格权重等评审规则是否适当。

（三）采购政策审查。主要审查进口产品的采购是否必要，是否落实支持创新、绿色发展、中小企业发展等政府采购政策要求。

（四）履约风险审查。主要审查合同文本是否按规定由法律顾问审定，合同文本运用是否适当，是否围绕采购需求和合同履行设置权利义务，是否明确知识产权等方面的要求，履约验收方案是否完整、标准是否明确，风险处置措施和替代方案是否可行。

（五）采购人或者主管预算单位认为应当审查的其他内容。

第三十二条　审查工作机制成员应当包括本部门、本单位的采购、财务、业务、监督等内部机构。采购人可以根据本单位实际情况，建立相关专家和第三方机构参与审查的工作机制。

参与确定采购需求和编制采购实施计划的专家和第三方机构不得参与审查。

第三十三条　一般性审查和重点审查的具体采购项目范围，由采购人根据实际情况确定。主管预算单位可以根据本部门实际情况，确定由主管预算单位统一组织重点审查的项目类别或者金额范围。

属于本办法第十一条　规定范围的采购项目，应当开展重点审查。

第三十四条　采购需求和采购实施计划的调查、确定、编制、审查等工作应当形成书面记录并存档。

采购文件应当按照审核通过的采购需求和采购实施计划编制。

第五章　监督检查与法律责任

第三十五条　财政部门应当依法加强对政府采购需求管理的监督检查，将采购人需求管理作为政府采购活动监督检查的重要内容，不定期开展监督检查工作，采购人应当如实反映情况，提供有关材料。

第三十六条　在政府采购项目投诉、举报处理和监督检查过程中，发现采购人未按本办法规定建立采购需求管理内控制度、开展采购需求调查和审查工作的，由财政部门采取约谈、书面关注等方式责令采购人整改，并告知其主管预算单位。对情节严重或者拒不改正的，将有关线索移交纪检监察、审计部门处理。

第三十七条 在政府采购项目投诉、举报处理和监督检查过程中，发现采购方式、评审规则、供应商资格条件等存在歧视性、限制性、不符合政府采购政策等问题的，依照《中华人民共和国政府采购法》等国家有关规定处理。

第三十八条 在政府采购项目投诉、举报处理和监督检查过程中，发现采购人存在无预算或者超预算采购、超标准采购、铺张浪费、未按规定编制政府采购实施计划等问题的，依照《中华人民共和国政府采购法》、《中华人民共和国预算法》、《财政违法行为处罚处分条例》、《党政机关厉行节约反对浪费条例》等国家有关规定处理。

第六章 附　　则

第三十九条 采购项目涉及国家秘密的，按照涉密政府采购有关规定执行。

第四十条 因采购人不可预见的紧急情况实施采购的，可以适当简化相关管理要求。

第四十一条 由集中采购机构组织的批量集中采购和框架协议采购的需求管理，按照有关制度规定执行。

第四十二条 各省、自治区、直辖市财政部门可以根据本办法制定具体实施办法。

第四十三条 本办法所称主管预算单位是指负有编制部门预算职责，向本级财政部门申报预算的国家机关、事业单位和团体组织。

第四十四条 本办法自 2021 年 7 月 1 日起施行。

政府和社会资本合作项目政府采购管理办法

(2014 年 12 月 31 日　财库〔2014〕215 号)

第一章　总　　则

第一条　为了规范政府和社会资本合作项目政府采购(以下简称 PPP 项目采购)行为,维护国家利益、社会公共利益和政府采购当事人的合法权益,依据《中华人民共和国政府采购法》(以下简称政府采购法)和有关法律、行政法规、部门规章,制定本办法。

第二条　本办法所称 PPP 项目采购,是指政府为达成权利义务平衡、物有所值的 PPP 项目合同,遵循公开、公平、公正和诚实信用原则,按照相关法规要求完成 PPP 项目识别和准备等前期工作后,依法选择社会资本合作者的过程。PPP 项目实施机构(采购人)在项目实施过程中选择合作社会资本(供应商),适用本办法。

第三条　PPP 项目实施机构可以委托政府采购代理机构办理 PPP 项目采购事宜。PPP 项目咨询服务机构从事 PPP 项目采购业务的,应当按照政府采购代理机构管理的有关要求及时进行网上登记。

第二章　采购程序

第四条　PPP 项目采购方式包括公开招标、邀请招标、竞争性谈判、竞争性磋商和单一来源采购。项目实施机构应当根据 PPP 项目的采购需求特点,依法选择适当的采购方式。公开招标主要适用于采购需求中核心边界条件和技术经济参数明确、完整、符合国家法律法规及政府采购政策，且采购过程中不作更改的项目。

第五条 PPP项目采购应当实行资格预审。项目实施机构应当根据项目需要准备资格预审文件，发布资格预审公告，邀请社会资本和与其合作的金融机构参与资格预审，验证项目能否获得社会资本响应和实现充分竞争。

第六条 资格预审公告应当在省级以上人民政府财政部门指定的政府采购信息发布媒体上发布。资格预审合格的社会资本在签订PPP项目合同前资格发生变化的，应当通知项目实施机构。

资格预审公告应当包括项目授权主体、项目实施机构和项目名称、采购需求、对社会资本的资格要求、是否允许联合体参与采购活动、是否限定参与竞争的合格社会资本的数量及限定的方法和标准、以及社会资本提交资格预审申请文件的时间和地点。提交资格预审申请文件的时间自公告发布之日起不得少于15个工作日。

第七条 项目实施机构、采购代理机构应当成立评审小组，负责PPP项目采购的资格预审和评审工作。评审小组由项目实施机构代表和评审专家共5人以上单数组成，其中评审专家人数不得少于评审小组成员总数的2/3。评审专家可以由项目实施机构自行选定，但评审专家中至少应当包含1名财务专家和1名法律专家。项目实施机构代表不得以评审专家身份参加项目的评审。

第八条 项目有3家以上社会资本通过资格预审的，项目实施机构可以继续开展采购文件准备工作；项目通过资格预审的社会资本不足3家的，项目实施机构应当在调整资格预审公告内容后重新组织资格预审；项目经重新资格预审后合格社会资本仍不够3家的，可以依法变更采购方式。

资格预审结果应当告知所有参与资格预审的社会资本，并将资格预审的评审报告提交财政部门（政府和社会资本合作中心）备案。

第九条 项目采购文件应当包括采购邀请、竞争者须知（包括密封、签署、盖章要求等）、竞争者应当提供的资格、资信及业绩证明文件、采购方式、政府对项目实施机构的授权、实施方案的批复和项目相关审批文件、采购程序、响应文件编制要求、提交响应文件截止时间、开启时间及地点、保证金交纳数额和形式、评审方法、评审标准、政府采购政策要求、PPP 项目合同草案及其他法律文本、采购结果确认谈判中项目合同可变的细节、以及是否允许未参加资格预审的供应商参与竞争并进行资格后审等内容。项目采购文件中还应当明确项目合同必须报请本级人民政府审核同意，在获得同意前项目合同不得生效。

采用竞争性谈判或者竞争性磋商采购方式的，项目采购文件除上款规定的内容外，还应当明确评审小组根据与社会资本谈判情况可能实质性变动的内容，包括采购需求中的技术、服务要求以及项目合同草案条款。

第十条 项目实施机构应当在资格预审公告、采购公告、采购文件、项目合同中列明采购本国货物和服务、技术引进和转让等政策要求，以及对社会资本参与采购活动和履约保证的担保要求。

第十一条 项目实施机构应当组织社会资本进行现场考察或者召开采购前答疑会，但不得单独或者分别组织只有一个社会资本参加的现场考察和答疑会。项目实施机构可以视项目的具体情况，组织对符合条件的社会资本的资格条件进行考察核实。

第十二条 评审小组成员应当按照客观、公正、审慎的原则，根据资格预审公告和采购文件规定的程序、方法和标准进行资格预审和独立评审。已进行资格预审的，评审小组在评审阶段可以不再对社会资本进行资格审查。允许进行资格后审的，由评审小组在响应文件评审环节对社会资本进行资格审查。

评审小组成员应当在资格预审报告和评审报告上签字，对自己的评审意见承担法律责任。对资格预审报告或者评审报告有异议的，应当在报告上签署不同意见，并说明理由，否则视为同意资格预审报告和评审报告。

评审小组发现采购文件内容违反国家有关强制性规定的，应当停止评审并向项目实施机构说明情况。

第十三条 评审专家应当遵守评审工作纪律，不得泄露评审情况和评审中获悉的国家秘密、商业秘密。

评审小组在评审过程中发现社会资本有行贿、提供虚假材料或者串通等违法行为的，应当及时向财政部门报告。

评审专家在评审过程中受到非法干涉的，应当及时向财政、监察等部门举报。

第十四条 PPP项目采购评审结束后，项目实施机构应当成立专门的采购结果确认谈判工作组，负责采购结果确认前的谈判和最终的采购结果确认工作。

采购结果确认谈判工作组成员及数量由项目实施机构确定，但应当至少包括财政预算管理部门、行业主管部门代表，以及财务、法律等方面的专家。涉及价格管理、环境保护的PPP项目，谈判工作组还应当包括价格管理、环境保护行政执法机关代表。评审小组成员可以作为采购结果确认谈判工作组成员参与采购结果确认谈判。

第十五条 采购结果确认谈判工作组应当按照评审报告推荐的候选社会资本排名，依次与候选社会资本及与其合作的金融机构就项目合同中可变的细节问题进行项目合同签署前的确认谈判，率先达成一致的候选社会资本即为预中标、成交社会资本。

第十六条 确认谈判不得涉及项目合同中不可谈判的核心条款，不得与排序在前但已终止谈判的社会资本进行重复谈判。

第十七条 项目实施机构应当在预中标、成交社会资本确定后10个工作日内，与预中标、成交社会资本签署确认谈判备忘录，并将预中标、成交结果和根据采购文件、响应文件及有关补遗文件和确认谈判备忘录拟定的项目合同文本在省级以上人民政府财政部门指定的政府采购信息发布媒体上进行公示，公示期不得少于 5 个工作日。项目合同文本应当将预中标、成交社会资本响应文件中的重要承诺和技术文件等作为附件。项目合同文本涉及国家秘密、商业秘密的内容可以不公示。

第十八条 项目实施机构应当在公示期满无异议后 2 个工作日内，将中标、成交结果在省级以上人民政府财政部门指定的政府采购信息发布媒体上进行公告，同时发出中标、成交通知书。

中标、成交结果公告内容应当包括：项目实施机构和采购代理机构的名称、地址和联系方式；项目名称和项目编号；中标或者成交社会资本的名称、地址、法人代表；中标或者成交标的名称、主要中标或者成交条件（包括但不限于合作期限、服务要求、项目概算、回报机制）等；评审小组和采购结果确认谈判工作组成员名单。

第十九条 项目实施机构应当在中标、成交通知书发出后 30 日内，与中标、成交社会资本签订经本级人民政府审核同意的 PPP 项目合同。

需要为 PPP 项目设立专门项目公司的，待项目公司成立后，由项目公司与项目实施机构重新签署 PPP 项目合同，或者签署关于继承 PPP 项目合同的补充合同。

第二十条 项目实施机构应当在 PPP 项目合同签订之日起 2 个工作日内，将 PPP 项目合同在省级以上人民政府财政部门指定的政府采购信息发布媒体上公告，但 PPP 项目合同中涉及国家秘密、商业秘密的内容除外。

第二十一条 项目实施机构应当在采购文件中要求社会资本交纳参加采购活动的保证金和履约保证金。社会资本应当以支票、汇票、本票或者金融机构、担保机构出具的保函等非现金形式交纳保证金。参加采购活动的保证金数额不得超过项目预算金额的 2%。

履约保证金的数额不得超过PPP项目初始投资总额或者资产评估值的10%，无固定资产投资或者投资额不大的服务型PPP项目，履约保证金的数额不得超过平均6个月服务收入额。

第三章 争议处理和监督检查

第二十二条 参加PPP项目采购活动的社会资本对采购活动的询问、质疑和投诉，依照有关政府采购法律制度规定执行。

项目实施机构和中标、成交社会资本在PPP项目合同履行中发生争议且无法协商一致的，可以依法申请仲裁或者提起民事诉讼。

第二十三条 各级人民政府财政部门应当加强对PPP项目采购活动的监督检查，依法处理采购活动中的违法违规行为。

第二十四条 PPP项目采购有关单位和人员在采购活动中出现违法违规行为的，依照政府采购法及有关法律法规追究法律责任。

第四章 附 则

第二十五条 本办法自发布之日起施行。

政府采购进口产品管理办法

（2007年12月27日 财库〔2007〕119号）

第一章 总 则

第一条 为了贯彻落实《国务院关于实施〈国家中长期科学和技术发展规划纲要（2006-2020年）〉若干配套政策的通知》（国发〔2006〕6号），推动和促进自主创新政府采购政策的实施，规范进口产品政府采购行为，根据《中华人民共和国政府采购法》等法律法规规定，制定本办法。

第二条 国家机关、事业单位和团体组织（以下统称采购人）使用财政性资金以直接进口或委托方式采购进口产品（包括已进入中国境内的进口产品）的活动，适用本办法。

第三条 本办法所称进口产品是指通过中国海关报关验放进入中国境内且产自关境外的产品。

第四条 政府采购应当采购本国产品，确需采购进口产品的，实行审核管理。

第五条 采购人采购进口产品时，应当坚持有利于本国企业自主创新或消化吸收核心技术的原则，优先购买向我方转让技术、提供培训服务及其他补偿贸易措施的产品。

第六条 设区的市、自治州以上人民政府财政部门（以下简称为财政部门）应当依法开展政府采购进口产品审核活动，并实施监督管理。

第二章 审核管理

第七条 采购人需要采购的产品在中国境内无法获取或者无法以合理的商业条件获取，以及法律法规另有规定确需采购进口产品的，应当在获得财政部门核准后，依法开展政府采购活动。

第八条 采购人报财政部门审核时，应当出具以下材料：

（一）《政府采购进口产品申请表》（详见附1）；

（二）关于鼓励进口产品的国家法律法规政策文件复印件；

（三）进口产品所属行业的设区的市、自治州以上主管部门出具的《政府采购进口产品所属行业主管部门意见》（详见附2）；

（四）专家组出具的《政府采购进口产品专家论证意见》（详见附3）。

第九条 采购人拟采购的进口产品属于国家法律法规政策明确

规定鼓励进口产品的，在报财政部门审核时，应当出具第八条第（一）款、第（二）款材料。

第十条 采购人拟采购的进口产品属于国家法律法规政策明确规定限制进口产品的，在报财政部门审核时，应当出具第八条第（一）款、第（三）款和第（四）款材料。

采购人拟采购国家限制进口的重大技术装备和重大产业技术的，应当出具发展改革委的意见。采购人拟采购国家限制进口的重大科学仪器和装备的，应当出具科技部的意见。

第十一条 采购人拟采购其他进口产品的，在报财政部门审核时，应当出具第八条第（一）款材料，并同时出具第（三）款或者第（四）款材料。

第十二条 本办法所称专家组应当由五人以上的单数组成，其中，必须包括一名法律专家，产品技术专家应当为非本单位并熟悉该产品的专家。

采购人代表不得作为专家组成员参与论证。

第十三条 参与论证的专家不得作为采购评审专家参与同一项目的采购评审工作。

第三章 采购管理

第十四条 政府采购进口产品应当以公开招标为主要方式。因特殊情况需要采用公开招标以外的采购方式的，按照政府采购有关规定执行。

第十五条 采购人及其委托的采购代理机构在采购进口产品的采购文件中应当载明优先采购向我国企业转让技术、与我国企业签订消化吸收再创新方案的供应商的进口产品。

第十六条 采购人因产品的一致性或者服务配套要求，需要继续从原供应商处添购原有采购项目的，不需要重新审核，但添购资金总额不超过原合同采购金额的10%。

第十七条 政府采购进口产品合同履行中，采购人确需追加与合同标的相同的产品，在不改变合同其他条款的前提下，且所有补充合同的采购金额不超过原合同采购金额的10%的，可以与供应商协商签订补充合同，不需要重新审核。

第十八条 政府采购进口产品合同应当将维护国家利益和社会公共利益作为必备条款。合同履行过程中出现危害国家利益和社会公共利益问题的，采购人应当立即终止合同。

第十九条 采购人或者其委托的采购代理机构应当依法加强对进口产品的验收工作，防止假冒伪劣产品。

第二十条 采购人申请支付进口产品采购资金时，应当出具政府采购进口产品相关材料和财政部门的审核文件。否则不予支付资金。

第四章 监督检查

第二十一条 采购人未获得财政部门采购进口产品核准，有下列情形之一的，责令限期改正，并给予警告，对直接负责的主管人员和其他直接责任人员，由其行政主管部门或者有关机关给予处分，并予通报：

（一）擅自采购进口产品的；

（二）出具不实申请材料的；

（三）违反本办法规定的其他情形。

第二十二条 采购代理机构在代理政府采购进口产品业务中有违法行为的，给予警告，可以按照有关法律规定并处罚款；情节严重的，可以依法取消其进行相关业务的资格；构成犯罪的，依法追究刑事责任。

第二十三条 供应商有下列情形之一的，处以采购金额5‰以上10‰以下的罚款，列入不良行为记录名单，在1-3年内禁止参加政府采购活动，有违法所得的，并处没收违法所得，情节严重的，由工商行政管理机关吊销营业执照；涉嫌犯罪的，移送司法机关处理：

（一）提供虚假材料谋取中标、成交的；

（二）采取不正当手段诋毁、排挤其他供应商的；

（三）与采购人、其他供应商或者采购代理机构恶意串通的；

（四）向采购人、采购代理机构行贿或者提供其他不正当利益的；

（五）在招标采购过程中与采购人进行协商谈判的；

（六）拒绝有关部门监督检查或者提供虚假情况的。

供应商有前款第（一）至（五）项情形之一的，中标、成交无效。

第二十四条 专家出具不实论证意见的，按照有关法律规定追究法律责任。

第五章 附 则

第二十五条 采购人采购进口产品的，应当同时遵守国家其他有关法律法规的规定。涉及进口机电产品招标投标的，应当按照国际招标有关办法执行。

第二十六条 本办法未作出规定的，按照政府采购有关规定执行。

第二十七条 涉及国家安全和秘密的项目不适用本办法。

第二十八条 本办法自印发之日起施行。

附：1. 政府采购进口产品申请表（略）

2. 政府采购进口产品所属行业主管部门意见（略）

3. 政府采购进口产品专家论证意见（略）

政府采购框架协议采购方式管理暂行办法

(2022年1月14日财政部令第110号公布 自2022年3月1日起施行)

第一章 总 则

第一条 为了规范多频次、小额度采购活动,提高政府采购项目绩效,根据《中华人民共和国政府采购法》、《中华人民共和国政府采购法实施条例》等法律法规规定,制定本办法。

第二条 本办法所称框架协议采购,是指集中采购机构或者主管预算单位对技术、服务等标准明确、统一,需要多次重复采购的货物和服务,通过公开征集程序,确定第一阶段入围供应商并订立框架协议,采购人或者服务对象按照框架协议约定规则,在入围供应商范围内确定第二阶段成交供应商并订立采购合同的采购方式。

前款所称主管预算单位是指负有编制部门预算职责,向本级财政部门申报预算的国家机关、事业单位和团体组织。

第三条 符合下列情形之一的,可以采用框架协议采购方式采购:

(一)集中采购目录以内品目,以及与之配套的必要耗材、配件等,属于小额零星采购的;

(二)集中采购目录以外,采购限额标准以上,本部门、本系统行政管理所需的法律、评估、会计、审计等鉴证咨询服务,属于小额零星采购的;

(三)集中采购目录以外,采购限额标准以上,为本部门、本系统以外的服务对象提供服务的政府购买服务项目,需要确定2家以上供应商由服务对象自主选择的；

（四）国务院财政部门规定的其他情形。

前款所称采购限额标准以上，是指同一品目或者同一类别的货物、服务年度采购预算达到采购限额标准以上。

属于本条第一款第二项情形，主管预算单位能够归集需求形成单一项目进行采购，通过签订时间、地点、数量不确定的采购合同满足需求的，不得采用框架协议采购方式。

第四条 框架协议采购包括封闭式框架协议采购和开放式框架协议采购。

封闭式框架协议采购是框架协议采购的主要形式。除法律、行政法规或者本办法另有规定外，框架协议采购应当采用封闭式框架协议采购。

第五条 集中采购目录以内品目以及与之配套的必要耗材、配件等，采用框架协议采购的，由集中采购机构负责征集程序和订立框架协议。

集中采购目录以外品目采用框架协议采购的，由主管预算单位负责征集程序和订立框架协议。其他预算单位确有需要的，经其主管预算单位批准，可以采用框架协议采购方式采购。其他预算单位采用框架协议采购方式采购的，应当遵守本办法关于主管预算单位的规定。

主管预算单位可以委托采购代理机构代理框架协议采购，采购代理机构应当在委托的范围内依法开展采购活动。

集中采购机构、主管预算单位及其委托的采购代理机构，本办法统称征集人。

第六条 框架协议采购遵循竞争择优、讲求绩效的原则，应当有明确的采购标的和定价机制，不得采用供应商符合资格条件即入围的方法。

第七条 框架协议采购应当实行电子化采购。

第八条 集中采购机构采用框架协议采购的，应当拟定采购方案，报本级财政部门审核后实施。主管预算单位采用框架协议采购的，应当在采购活动开始前将采购方案报本级财政部门备案。

第二章 一般规定

第九条 封闭式框架协议采购是指符合本办法第三条规定情形，通过公开竞争订立框架协议后，除经过框架协议约定的补充征集程序外，不得增加协议供应商的框架协议采购。

封闭式框架协议的公开征集程序，按照政府采购公开招标的规定执行，本办法另有规定的，从其规定。

第十条 开放式框架协议采购是指符合本条第二款规定情形，明确采购需求和付费标准等框架协议条件，愿意接受协议条件的供应商可以随时申请加入的框架协议采购。开放式框架协议的公开征集程序，按照本办法规定执行。

符合下列情形之一的，可以采用开放式框架协议采购：

（一）本办法第三条第一款第一项规定的情形，因执行政府采购政策不宜淘汰供应商的，或者受基础设施、行政许可、知识产权等限制，供应商数量在3家以下且不宜淘汰供应商的；

（二）本办法第三条第一款第三项规定的情形，能够确定统一付费标准，因地域等服务便利性要求，需要接纳所有愿意接受协议条件的供应商加入框架协议，以供服务对象自主选择的。

第十一条 集中采购机构或者主管预算单位应当确定框架协议采购需求。框架协议采购需求在框架协议有效期内不得变动。

确定框架协议采购需求应当开展需求调查，听取采购人、供应商和专家等意见。面向采购人和供应商开展需求调查时，应当选择具有代表性的调查对象，调查对象一般各不少于3个。

第十二条 框架协议采购需求应当符合以下规定：

（一）满足采购人和服务对象实际需要，符合市场供应状况和市场公允标准，在确保功能、性能和必要采购要求的情况下促进竞争；

（二）符合预算标准、资产配置标准等有关规定，厉行节约，不得超标准采购；

（三）按照《政府采购品目分类目录》，将采购标的细化到底级品目，并细分不同等次、规格或者标准的采购需求，合理设置采购包；

（四）货物项目应当明确货物的技术和商务要求，包括功能、性能、材料、结构、外观、安全、包装、交货期限、交货的地域范围、售后服务等；

（五）服务项目应当明确服务内容、服务标准、技术保障、服务人员组成、服务交付或者实施的地域范围，以及所涉及的货物的质量标准、服务工作量的计量方式等。

第十三条 集中采购机构或者主管预算单位应当在征集公告和征集文件中确定框架协议采购的最高限制单价。征集文件中可以明确量价关系折扣，即达到一定采购数量，价格应当按照征集文件中明确的折扣降低。在开放式框架协议中，付费标准即为最高限制单价。

最高限制单价是供应商第一阶段响应报价的最高限价。入围供应商第一阶段响应报价（有量价关系折扣的，包括量价关系折扣，以下统称协议价格）是采购人或者服务对象确定第二阶段成交供应商的最高限价。

确定最高限制单价时，有政府定价的，执行政府定价；没有政府定价的，应当通过需求调查，并根据需求标准科学确定，属于本办法第十条第二款第一项规定情形的采购项目，需要订立开放式框架协议的，与供应商协商确定。

货物项目单价按照台（套）等计量单位确定，其中包含售后服务等相关服务费用。服务项目单价按照单位采购标的价格或者人工单价等确定。服务项目所涉及的货物的费用，能够折算入服务项目单价的应当折入，需要按实结算的应当明确结算规则。

第十四条 框架协议应当包括以下内容：

（一）集中采购机构或者主管预算单位以及入围供应商的名称、地址和联系方式；

（二）采购项目名称、编号；

（三）采购需求以及最高限制单价；

（四）封闭式框架协议第一阶段的入围产品详细技术规格或者服务内容、服务标准，协议价格；

（五）入围产品升级换代规则；

（六）确定第二阶段成交供应商的方式；

（七）适用框架协议的采购人或者服务对象范围，以及履行合同的地域范围；

（八）资金支付方式、时间和条件；

（九）采购合同文本，包括根据需要约定适用的简式合同或者具有合同性质的凭单、订单；

（十）框架协议期限；

（十一）入围供应商清退和补充规则；

（十二）协议方的权利和义务；

（十三）需要约定的其他事项。

第十五条 集中采购机构或者主管预算单位应当根据工作需要和采购标的市场供应及价格变化情况，科学合理确定框架协议期限。货物项目框架协议有效期一般不超过1年，服务项目框架协议有效期一般不超过2年。

第十六条 集中采购机构或者主管预算单位应当根据框架协议约定，组织落实框架协议的履行，并履行下列职责：

（一）为第二阶段合同授予提供工作便利；

（二）对第二阶段最高限价和需求标准执行情况进行管理；

（三）对第二阶段确定成交供应商情况进行管理；

（四）根据框架协议约定，在质量不降低、价格不提高的前提下，对入围供应商因产品升级换代、用新产品替代原入围产品的情形进行审核；

（五）建立用户反馈和评价机制，接受采购人和服务对象对入围供应商履行框架协议和采购合同情况的反馈与评价，并将用户反馈和评价情况向采购人和服务对象公开，作为第二阶段直接选定成交供应商的参考；

（六）公开封闭式框架协议的第二阶段成交结果；

（七）办理入围供应商清退和补充相关事宜。

第十七条 采购人或者服务对象采购框架协议约定的货物、服务，应当将第二阶段的采购合同授予入围供应商，但是本办法第三十七条另有规定的除外。

同一框架协议采购应当使用统一的采购合同文本，采购人、服务对象和供应商不得擅自改变框架协议约定的合同实质性条款。

第十八条 货物项目框架协议的入围供应商应当为入围产品生产厂家或者生产厂家唯一授权供应商。入围供应商可以委托一家或者多家代理商，按照框架协议约定接受采购人合同授予，并履行采购合同。入围供应商应当在框架协议中提供委托协议和委托的代理商名单。

第十九条 入围供应商有下列情形之一，尚未签订框架协议的，取消其入围资格；已经签订框架协议的，解除与其签订的框架协议：

（一）恶意串通谋取入围或者合同成交的；

（二）提供虚假材料谋取入围或者合同成交的；

（三）无正当理由拒不接受合同授予的；

（四）不履行合同义务或者履行合同义务不符合约定，经采购人请求履行后仍不履行或者仍未按约定履行的；

（五）框架协议有效期内，因违法行为被禁止或限制参加政府采购活动的；

（六）框架协议约定的其他情形。

被取消入围资格或者被解除框架协议的供应商不得参加同一封闭式框架协议补充征集，或者重新申请加入同一开放式框架协议。

第二十条 封闭式框架协议入围供应商无正当理由，不得主动放弃入围资格或者退出框架协议。

开放式框架协议入围供应商可以随时申请退出框架协议。集中采购机构或者主管预算单位应当在收到退出申请2个工作日内，发布入围供应商退出公告。

第二十一条 征集人应当建立真实完整的框架协议采购档案，妥善保存每项采购活动的采购文件资料。除征集人和采购人另有约定外，合同授予的采购文件资料由采购人负责保存。

采购档案可以采用电子形式保存，电子档案和纸质档案具有同等效力。

第三章 封闭式框架协议采购

第一节 封闭式框架协议的订立

第二十二条 征集人应当发布征集公告。征集公告应当包括以下主要内容：

（一）征集人的名称、地址、联系人和联系方式；

（二）采购项目名称、编号，采购需求以及最高限制单价，适用框架协议的采购人或者服务对象范围，能预估采购数量的，还应当明确预估采购数量；

（三）供应商的资格条件；

（四）框架协议的期限；

（五）获取征集文件的时间、地点和方式；

（六）响应文件的提交方式、提交截止时间和地点，开启方式、时间和地点；

（七）公告期限；

（八）省级以上财政部门规定的其他事项。

第二十三条 征集人应当编制征集文件。征集文件应当包括以下主要内容：

（一）参加征集活动的邀请；

（二）供应商应当提交的资格材料；

（三）资格审查方法和标准；

（四）采购需求以及最高限制单价；

（五）政府采购政策要求以及政策执行措施；

（六）框架协议的期限；

（七）报价要求；

（八）确定第一阶段入围供应商的评审方法、评审标准、确定入围供应商的淘汰率或者入围供应商数量上限和响应文件无效情形；

（九）响应文件的编制要求，提交方式、提交截止时间和地点，开启方式、时间和地点，以及响应文件有效期；

（十）拟签订的框架协议文本和采购合同文本；

（十一）确定第二阶段成交供应商的方式；

（十二）采购资金的支付方式、时间和条件；

（十三）入围产品升级换代规则；

（十四）用户反馈和评价机制；

（十五）入围供应商的清退和补充规则；

（十六）供应商信用信息查询渠道及截止时点、信用信息查询记录和证据留存的具体方式、信用信息的使用规则等；

（十七）采购代理机构代理费用的收取标准和方式；

（十八）省级以上财政部门规定的其他事项。

第二十四条 供应商应当按照征集文件要求编制响应文件，对响应文件的真实性和合法性承担法律责任。

供应商响应的货物和服务的技术、商务等条件不得低于采购需求，货物原则上应当是市场上已有销售的规格型号，不得是专供政府采购的产品。对货物项目每个采购包只能用一个产品进行响应，征集文件有要求的，应当同时对产品的选配件、耗材进行报价。服务项目包含货物的，响应文件中应当列明货物清单及质量标准。

第二十五条 确定第一阶段入围供应商的评审方法包括价格优先法和质量优先法。

价格优先法是指对满足采购需求且响应报价不超过最高限制单价的货物、服务，按照响应报价从低到高排序，根据征集文件规定的淘汰率或者入围供应商数量上限，确定入围供应商的评审方法。

质量优先法是指对满足采购需求且响应报价不超过最高限制单价的货物、服务进行质量综合评分，按照质量评分从高到低排序，根据征集文件规定的淘汰率或者入围供应商数量上限，确定入围供应商的评审方法。货物项目质量因素包括采购标的的技术水平、产品配置、售后服务等，服务项目质量因素包括服务内容、服务水平、供应商的履约能力、服务经验等。质量因素中的可量化指标应当划分等次，作为评分项；质量因素中的其他指标可以作为实质性要求，不得作为评分项。

有政府定价、政府指导价的项目，以及对质量有特别要求的检测、实验等仪器设备，可以采用质量优先法，其他项目应当采用价格优先法。

第二十六条 对耗材使用量大的复印、打印、实验、医疗等仪器设备进行框架协议采购的，应当要求供应商同时对3年以上约定期限内的专用耗材进行报价。评审时应当考虑约定期限的专用耗材使用成本，修正仪器设备的响应报价或者质量评分。

征集人应当在征集文件、框架协议和采购合同中规定，入围供应商在约定期限内，应当以不高于其报价的价格向适用框架协议的采购人供应专用耗材。

第二十七条 确定第一阶段入围供应商时，提交响应文件和符合资格条件、实质性要求的供应商应当均不少于 2 家，淘汰比例一般不得低于 20%，且至少淘汰一家供应商。

采用质量优先法的检测、实验等仪器设备采购，淘汰比例不得低于 40%，且至少淘汰一家供应商。

第二十八条 入围结果公告应当包括以下主要内容：

（一）采购项目名称、编号；

（二）征集人的名称、地址、联系人和联系方式；

（三）入围供应商名称、地址及排序；

（四）最高入围价格或者最低入围分值；

（五）入围产品名称、规格型号或者主要服务内容及服务标准，入围单价；

（六）评审小组成员名单；

（七）采购代理服务收费标准及金额；

（八）公告期限；

（九）省级以上财政部门规定的其他事项。

第二十九条 集中采购机构或者主管预算单位应当在入围通知书发出之日起 30 日内和入围供应商签订框架协议，并在框架协议签订后 7 个工作日内，将框架协议副本报本级财政部门备案。

框架协议不得对征集文件确定的事项以及入围供应商的响应文件作实质性修改。

第三十条 征集人应当在框架协议签订后 3 个工作日内通过电子化采购系统将入围信息告知适用框架协议的所有采购人或者服务对象。

入围信息应当包括所有入围供应商的名称、地址、联系方式、入围产品信息和协议价格等内容。入围产品信息应当详细列明技术规格或者服务内容、服务标准等能反映产品质量特点的内容。

征集人应当确保征集文件和入围信息在整个框架协议有效期内随时可供公众查阅。

第三十一条 除剩余入围供应商不足入围供应商总数 70% 且影响框架协议执行的情形外，框架协议有效期内，征集人不得补充征集供应商。

征集人补充征集供应商的，补充征集规则应当在框架协议中约定，补充征集的条件、程序、评审方法和淘汰比例应当与初次征集相同。补充征集应当遵守原框架协议的有效期。补充征集期间，原框架协议继续履行。

第二节 采购合同的授予

第三十二条 确定第二阶段成交供应商的方式包括直接选定、二次竞价和顺序轮候。

直接选定方式是确定第二阶段成交供应商的主要方式。除征集人根据采购项目特点和提高绩效等要求，在征集文件中载明采用二次竞价或者顺序轮候方式外，确定第二阶段成交供应商应当由采购人或者服务对象依据入围产品价格、质量以及服务便利性、用户评价等因素，从第一阶段入围供应商中直接选定。

第三十三条 二次竞价方式是指以框架协议约定的入围产品、采购合同文本等为依据，以协议价格为最高限价，采购人明确第二阶段竞价需求，从入围供应商中选择所有符合竞价需求的供应商参与二次竞价，确定报价最低的为成交供应商的方式。

进行二次竞价应当给予供应商必要的响应时间。

二次竞价一般适用于采用价格优先法的采购项目。

第三十四条 顺序轮候方式是指根据征集文件中确定的轮候顺序规则，对所有入围供应商依次授予采购合同的方式。

每个入围供应商在一个顺序轮候期内，只有一次获得合同授予的机会。合同授予顺序确定后，应当书面告知所有入围供应商。除清退入围供应商和补充征集外，框架协议有效期内不得调整合同授予顺序。

顺序轮候一般适用于服务项目。

第三十五条 以二次竞价或者顺序轮候方式确定成交供应商的，征集人应当在确定成交供应商后 2 个工作日内逐笔发布成交结果公告。

成交结果单笔公告可以在省级以上财政部门指定的媒体上发布，也可以在开展框架协议采购的电子化采购系统发布，发布成交结果公告的渠道应当在征集文件或者框架协议中告知供应商。单笔公告应当包括以下主要内容：

（一）采购人的名称、地址和联系方式；

（二）框架协议采购项目名称、编号；

（三）成交供应商名称、地址和成交金额；

（四）成交标的名称、规格型号或者主要服务内容及服务标准、数量、单价；

（五）公告期限。

征集人应当在框架协议有效期满后 10 个工作日内发布成交结果汇总公告。汇总公告应当包括前款第一项、第二项内容和所有成交供应商的名称、地址及其成交合同总数和总金额。

第三十六条 框架协议采购应当订立固定价格合同。

根据实际采购数量和协议价格确定合同总价的，合同中应当列明实际采购数量或者计量方式，包括服务项目用于计算合同价的工日数、服务工作量等详细工作量清单。采购人应当要求供应商提供能证明其按照合同约定数量或者工作量清单履约的相关记录或者凭证，作为验收资料一并存档。

第三十七条 采购人证明能够以更低价格向非入围供应商采购

相同货物，且入围供应商不同意将价格降至非入围供应商以下的，可以将合同授予非入围供应商。

采购项目适用前款规定的，征集人应当在征集文件中载明并在框架协议中约定。

采购人将合同授予非入围供应商的，应当在确定成交供应商后1个工作日内，将成交结果抄送征集人，由征集人按照单笔公告要求发布成交结果公告。采购人应当将相关证明材料和采购合同一并存档备查。

第四章　开放式框架协议采购

第三十八条　订立开放式框架协议的，征集人应当发布征集公告，邀请供应商加入框架协议。征集公告应当包括以下主要内容：

（一）本办法第二十二条第一项至四项和第二十三条第二项至三项、第十三项至十六项内容；

（二）订立开放式框架协议的邀请；

（三）供应商提交加入框架协议申请的方式、地点，以及对申请文件的要求；

（四）履行合同的地域范围、协议方的权利和义务、入围供应商的清退机制等框架协议内容；

（五）采购合同文本；

（六）付费标准、费用结算及支付方式；

（七）省级以上财政部门规定的其他事项。

第三十九条　征集公告发布后至框架协议期满前，供应商可以按照征集公告要求，随时提交加入框架协议的申请。征集人应当在收到供应商申请后7个工作日内完成审核，并将审核结果书面通知申请供应商。

第四十条　征集人应当在审核通过后2个工作日内，发布入围结果公告，公告入围供应商名称、地址、联系方式及付费标准，并动态更新入围供应商信息。

征集人应当确保征集公告和入围结果公告在整个框架协议有效期内随时可供公众查阅。

第四十一条 征集人可以根据采购项目特点，在征集公告中申明是否与供应商另行签订书面框架协议。申明不再签订书面框架协议的，发布入围结果公告，视为签订框架协议。

第四十二条 第二阶段成交供应商由采购人或者服务对象从第一阶段入围供应商中直接选定。

供应商履行合同后，依据框架协议约定的凭单、订单以及结算方式，与采购人进行费用结算。

第五章 法 律 责 任

第四十三条 主管预算单位、采购人、采购代理机构违反本办法规定的，由财政部门责令限期改正；情节严重的，给予警告，对直接负责的主管人员和其他责任人员，由其行政主管部门或者有关机关依法给予处分，并予以通报。

第四十四条 违反本办法规定，经责令改正后仍然影响或者可能影响入围结果或者成交结果的，依照政府采购法等有关法律、行政法规处理。

第四十五条 供应商有本办法第十九条第一款第一项至三项情形之一，以及无正当理由放弃封闭式框架协议入围资格或者退出封闭式框架协议的，依照政府采购法等有关法律、行政法规追究法律责任。

第四十六条 政府采购当事人违反本办法规定，给他人造成损失的，依法承担民事责任。

第四十七条 财政部门及其工作人员在履行监督管理职责中存在滥用职权、玩忽职守、徇私舞弊等违法违纪行为的，依法追究相应责任。

第六章 附 则

第四十八条 除本办法第三十五条规定外,本办法规定的公告信息,应当在省级以上财政部门指定的媒体上发布。

第四十九条 本办法规定按日计算期间的,开始当天不计入,从次日开始计算。期限的最后一日是国家法定节假日的,顺延到节假日后的次日为期限的最后一日。

第五十条 本办法所称的"以上"、"以下"、"内"、"以内"、"不少于"、"不超过",包括本数;所称的"不足"、"低于",不包括本数。

第五十一条 各省、自治区、直辖市财政部门可以根据本办法制定具体实施办法。

第五十二条 本办法自 2022 年 3 月 1 日起施行。

中央单位政府集中采购管理实施办法

(2007 年 1 月 10 日 财库〔2007〕3 号)

第一章 总 则

第一条 为了加强中央单位政府集中采购管理,完善和规范政府集中采购运行机制,根据《中华人民共和国政府采购法》(以下简称《政府采购法》)和有关制度规定,制定本办法。

第二条 中央单位实施纳入政府集中采购范围的采购活动,适用本办法。

政府集中采购范围,按照国务院颁布的年度"中央预算单位政府集中采购目录及标准"(以下简称目录及标准)执行。

第三条 政府集中采购组织形式分为集中采购机构采购和部门

集中采购。

集中采购机构采购，是指集中采购机构代理目录及标准规定的政府集中采购目录中项目的采购活动。

部门集中采购，是指主管预算单位（主管部门）组织本部门、本系统列入目录及标准的部门集中采购项目的采购活动。

第四条 政府集中采购实行监督管理职能与操作执行职能相分离的管理体制。

财政部是中央单位政府采购工作的监督管理部门，负责政府集中采购活动中的各项监督管理职责。

中央单位和集中采购机构履行操作执行职能，接受财政部的监督管理。其中，中央单位作为采购人，应当依法实施集中采购。集中采购机构，作为采购代理机构和非营利事业法人，应当依法接受中央单位的委托办理集中采购事宜。

第五条 主管部门应当明确内设机构牵头负责政府采购工作。属于政府集中采购目录的项目，应当按照规定委托集中采购机构代理采购。属于部门集中采购项目，已经设立部门集中采购机构的，应当由部门集中采购机构具体组织实施；未设立的，可以委托集中采购机构或经财政部门认定资格的政府采购代理机构（以下简称社会代理机构）具体组织实施。

第六条 集中采购项目达到国务院规定的公开招标数额标准的，应当采用公开招标方式。因特殊情况需要采用邀请招标、竞争性谈判、询价或单一来源等采购方式的，中央单位应当在采购活动开始前报经财政部批准。

因废标需要采取其他采购方式采购的，应当在作出废标处理决定后由中央单位或集中采购机构报财政部审批。

第七条 政府集中采购信息应当按照财政部《政府采购信息公告管理办法》的规定，在财政部指定的政府采购信息发布媒体（以下简称指定媒体）上公告。

第八条 政府集中采购活动中所需评审专家应当按照财政部、监察部《政府采购评审专家管理办法》的规定，从财政部建立的中央单位政府采购评审专家库中抽取。

经抽取，专家库不能满足需要的，可以另行选取专家，但应当在评审工作结束后10日内，将评审专家名单报财政部。

第九条 政府集中采购活动中签订的合同应当使用财政部监制的政府采购格式合同文本，具体办法和实施步骤另行规定。

按照政府采购格式合同文本签订的合同是政府集中采购活动合法有效的证明文件和采购资金支付报销的有效凭证。

第十条 中央单位应当依据采购文件和政府采购合同约定，组织对供应商履约的验收，不得另行增加或者改变验收内容和标准。凡符合采购文件和政府采购合同约定的，即为验收合格。

第十一条 财政部负责政府集中采购活动中相关备案和审批事宜，其中，备案事项不需要财政部回复意见，审批事项应当经财政部依法批准后才能组织实施。

需要财政部审批的事项，中央单位应当提出书面申请。财政部应当在收到申请后15个工作日内批复。

第二章 预算和计划管理

第十二条 中央单位在编制下一财政年度部门预算时，应当在部门预算中单独列出该财政年度政府采购的项目及资金预算，按照程序逐级上报，由主管部门审核汇总后报财政部。

年度政府采购项目，是指目录及标准规定的项目。

第十三条 财政部对部门预算中政府采购的项目及资金预算进行审核，并批复各主管部门。

第十四条 主管部门应当自财政部批复部门预算之日起40个工作日内，编制政府集中采购目录和部门集中采购项目的实施计划，报财政部备案，并将政府集中采购目录实施计划抄送集中采购机构。

政府集中采购目录实施计划，是指主管部门对部门预算中属于政府集中采购目录的项目，按照项目构成、使用单位、采购数量、技术规格、使用时间等内容编制的操作计划。

部门集中采购项目实施计划，是指主管部门对部门预算中属于部门集中采购项目和依本部门实际制定的部门集中采购项目编制的操作计划。

第十五条 在年度预算执行中，因未报、漏报和预算调整等增加政府采购项目预算的，中央单位应当在采购活动开始前报财政部备案。

第十六条 中央单位应当严格按照部门预算中编列的政府采购项目和资金预算开展政府集中采购活动。

第十七条 政府集中采购资金的支付按照财政国库管理制度相关规定执行。

第三章 目录及标准制定与执行

第十八条 目录及标准由财政部拟订，报国务院批准。

中央单位和集中采购机构应当按照目录及标准的规定执行。

第十九条 中央单位不得将集中采购机构代理的政府集中采购目录项目委托社会代理机构采购或者自行采购。

集中采购机构不得拒绝中央单位的委托，也不得将政府集中采购目录项目转委托或以其他方式转交给社会代理机构和人员采购。

第二十条 集中采购机构代理的政府集中采购目录项目，因特殊情况确需转为部门集中采购或分散采购的，中央单位或集中采购机构应当报经财政部批准。

第二十一条 中央单位和集中采购机构在执行目录及标准中遇到问题，应当及时向财政部反映，并由财政部按有关规定进行处理。

第二十二条　集中采购机构应当在目录及标准发布后 20 日内，按政府集中采购目录项目类别制定具体操作方案，并报财政部备案。

第四章　集中采购机构采购

第二十三条　集中采购机构采购活动应当包括以下基本工作程序：根据中央单位政府集中采购目录实施计划确定采购方式，办理委托代理事宜，制定采购文件，组织实施采购，提交中标或成交结果，确定中标或成交结果，签订政府采购合同，履约验收。

第二十四条　主管部门可以按照项目或者一个年度与集中采购机构签订委托代理协议。

主管部门所属各级预算单位就本单位政府集中采购项目与集中采购机构签订委托代理协议的，应当事先获得主管部门同意。

第二十五条　委托代理协议应当就下列事项明确中央单位与集中采购机构双方的权利和义务：

（一）采购需求和采购完成时间的确定；

（二）采购文件的编制与发售、采购信息的发布、评审标准的制定、评审专家的抽取、供应商资格的审查等；

（三）中标或成交供应商的确定和履约验收；

（四）询问或质疑的答复、申请审批或报送备案文件和双方违约责任及争议解决方式等；

（五）双方约定的其他事项。

因协议内容不清而无法确定权利和义务的，由中央单位承担责任。

第二十六条　中央单位在实施具体采购项目委托时，不得指定供应商或者品牌，不得在商务和技术等方面提出排他性要求。

第二十七条　集中采购机构应当坚持规范与效率相结合，做好代理采购项目的具体实施工作。

集中采购机构工作人员不得参与评审，不得干预或影响政府集中采购正常评审工作。

第二十八条　集中采购机构应当按照有关规定和委托代理协议的约定开展采购活动，并按照协议约定的时间发出中标或成交供应商通知书。中央单位应当在接到中标或成交供应商通知书后 30 日内，确定中标结果并与中标商或者成交商签订政府采购合同。

集中采购机构可以在不影响政府集中采购代理工作的前提下，接受中央单位委托，代理其他项目采购事宜。

第二十九条　集中采购机构应当在每个季度结束后 10 日内，向财政部报送政府集中采购项目季度执行情况。执行情况包括：目录及标准中各个项目执行的数量及规模，委托采购的单位及项目内容，采购计划完成情况，项目采购时间、采购方式和信息发布等执行情况，答复质疑情况等。

第三十条　在供应商签订政府采购合同并履约后，中央单位应当根据政府采购合同对供应商提供的产品及时组织验收，集中采购机构应当做好配合工作。

第三十一条　政府集中采购目录中规格及标准相对统一、品牌较多，日常采购频繁的通用类产品和通用的服务类项目，可以分别实行协议供货采购和定点采购。

第三十二条　在协议供货采购和定点采购工作中，财政部负责对协议供货或定点采购的管理、执行要求和处罚等作出规定。集中采购机构负责确定和公告协议供货和定点采购中标货物、服务项目目录和供应商名单。中央单位应当按照财政部规定和集中采购机构公告的协议供货和定点采购货物、服务项目目录和供应商名单实施采购。

第三十三条　集中采购机构应当在协议供货或定点采购活动开始前征求中央单位和供应商等方面的意见，制定采购方案。采购方案应当在确定货物、服务项目目录和供应商名单前报财政部备案。

采购方案包括：拟采用的采购方式、采购进度计划、供应商资格条件、评标或评审标准、中标或成交供应商数量或淘汰比例、服务承诺条件、协议有效期等内容。

第三十四条 中央单位执行协议供货或定点采购时，一次性采购金额达到公开招标限额标准的，可以单独委托集中采购机构另行组织公开招标采购。

第三十五条 协议供货或者定点采购的执行以财政部规定和指定媒体及相关媒体共同公告的货物、服务项目目录和供应商名单为准，媒体公告结果不一致时，以财政部指定媒体为准。中央单位因特殊原因确需采购协议供货或定点范围外产品或服务的，中央单位应当在采购前报财政部批准。

第三十六条 集中采购机构应当在投标截止日期后15个工作日内完成协议供货、定点采购的中标货物、服务项目目录和供应商名单公告工作，其中，应当在10个工作日内将中标货物、服务项目目录和供应商名单报财政部备案。

第三十七条 协议供货或定点采购实施中，集中采购机构应当根据协议约定对实施情况进行跟踪和市场调查，督促中标供应商按照协议规定履行价格和服务的承诺。

供应商违反协议或者不遵守中标承诺的，中央单位可以向集中采购机构反映，也可以向财政部反映。集中采购机构可以根据协议约定追究其违约责任。涉及对中标供应商处以罚款、禁止参加政府采购活动、列入不良行为记录名单等处罚的，应当由财政部依法作出决定。

第五章　部门集中采购

第三十八条 部门集中采购活动应当包括以下基本工作程序：根据部门预算编制部门集中采购实施计划、制定采购方案、选择采购代理机构、组织实施采购、确定中标或成交结果、签订政府采购合同、履约验收、支付采购资金。

第三十九条 列入目录及标准的部门集中采购项目的，主管部门应当编制集中采购实施计划，并报财政部备案。

主管部门可以根据本部门、本系统的实际情况，增加实施部门集中采购的项目范围，报财政部备案。

第四十条 中央单位应当按照财政部批准的采购方式和规定的程序开展采购活动。对符合《政府采购法》规定情形的采购项目，需要采用公开招标以外采购方式的，应当在采购活动开始前，向财政部提出采购方式变更申请。

第四十一条 部门集中采购项目的招投标事务，中央单位可以自行选择采购代理机构（集中采购机构或社会代理机构）代理，并签订委托代理协议。

社会代理机构必须是获得财政部门颁发代理资格证书的社会中介机构。

第四十二条 中央单位应当在中标或者成交通知书发出之日起30日内，与中标或成交供应商签订政府采购合同。任何一方无故拒绝签订政府采购合同的，应当承担相应的违约责任。

第四十三条 主管部门应当在每个季度结束后10日内，向财政部报送部门集中采购项目季度执行情况。执行情况包括：各个采购项目执行的数量及规模，执行的单位范围及项目内容，项目采购时间、采购方式和信息发布等执行情况，答复质疑情况等。

第四十四条 在实施部门集中采购中，本部门、本系统的政府采购工作人员以及其他工作人员不得以评审专家身份参加本部门政府采购项目的评标、谈判或询价工作。

第六章 监督检查

第四十五条 财政部应当依法对中央单位、集中采购机构、供应商执行政府采购法律、行政法规和规章制度情况进行监督检查。

第四十六条 财政部对中央单位监督检查的主要内容是：
（一）政府采购预算编制情况；
（二）政府集中采购项目委托集中采购机构采购情况；
（三）政府采购审批或备案事项的执行情况；
（四）政府采购信息公告情况；
（五）政府采购方式、采购程序和评审专家使用情况；
（六）政府采购合同的订立和资金支付情况；
（七）对供应商询问和质疑的处理情况；
（八）有关政府采购的法律、行政法规和规章制度的执行情况。

第四十七条 财政部对集中采购机构监督检查的主要内容是：
（一）内部制度建设和监督制约机制落实情况；
（二）政府集中采购项目以及集中采购规定政策的执行情况；
（三）集中采购委托代理协议的签订和履行情况；
（四）政府采购审批或备案事项执行情况；
（五）政府采购信息公告情况；
（六）政府采购方式、采购程序和评审专家使用的情况；
（七）采购效率、采购价格和资金节约率情况；
（八）工作作风、服务质量和信誉状况；
（九）对供应商询问和质疑处理情况；
（十）有关政府采购的法律、行政法规和规章制度的执行情况。

第四十八条 财政部对社会代理机构监督检查的主要内容是：
（一）有关政府采购的法律、行政法规和规章制度执行情况；
（二）对供应商询问和质疑处理情况；
（三）服务质量和信誉状况；
（四）被投诉情况。

第四十九条 财政部应当加强采购资金支付管理。有下列情况之一的，属于不符合采购资金申请条件，财政部或者中央单位不予支付资金：

（一）未按规定在财政部指定媒体公告信息的；

（二）采购方式和程序不符合规定的；

（三）未使用财政部监制的政府采购合同标准文本的。

第五十条 主管部门应当对本部门、本系统政府集中采购工作情况实施监督检查。

第五十一条 集中采购机构应当加强内部管理，建立内部监督制约机制，规范高效地为中央单位做好集中采购项目的代理采购活动。

第五十二条 中央单位或供应商有违反政府采购法律、行政法规或者规章制度规定行为的，集中采购机构应当及时向财政部报告，由财政部依法予以处理。

第五十三条 财政部依法加强对供应商参与政府采购活动情况的监督管理，建立投诉处理报告制度，定期在指定媒体上公告投诉处理情况。供应商因违反规定受到财政部行政处罚的，列入不良行为记录名单。

第五十四条 财政部作出的投诉处理决定、对中央单位和集中采购机构违法行为的处理决定，在财政部指定政府采购信息指定媒体上公告。

第七章 附 则

第五十五条 主管部门可以按照本规定制定具体实施办法。

第五十六条 本办法自发布之日起施行。

中央预算单位批量集中采购管理暂行办法

(2013年8月21日 财库〔2013〕109号)

第一条 为了深化政府集中采购改革,进一步规范政府采购行为,提高财政资金使用效益,根据党中央、国务院厉行节约反对浪费要求和政府采购有关法律制度规定,制定本办法。

第二条 列入国务院公布的《中央预算单位政府集中采购目录及标准》中的集中采购机构采购品目应当逐步实施批量集中采购,中央预算单位要严格执行批量集中采购相关规定。对已纳入批量集中采购范围,因时间紧急或零星特殊采购不能通过批量集中采购的品目,中央预算单位可报经主管预算单位同意后通过协议供货方式采购,但各部门协议供货采购数量不得超过同类品目上年购买总数的10%。

第三条 实行批量集中采购的通用办公设备、家具的经费预算应当严格执行《中央行政单位通用办公设备家具购置费预算标准(试行)》(财行〔2011〕78号)规定,用于科研、测绘等特殊用途的专用办公设备、家具及其他采购品目经费预算应当按财政部批复的部门预算执行。

第四条 财政部定期公布批量集中采购品目,集中采购机构应当按照相关工作安排,综合考虑预算标准、办公需要、市场行情及产业发展等因素,提出相应品目完整、明确、符合国家法律法规及政府采购政策要求的采购需求技术服务标准报财政部。财政部在组织完成对相关技术服务标准的论证后发布中央预算单位批量集中采购品目基本配置标准(以下简称基本配置标准)。

第五条 中央预算单位应当执行基本配置标准,并根据预算及实际工作需要，确定当次采购品目不同的档次或规格。部分主管预算单位因特殊原因需要另行制定本部门统一执行的通用或专用办公设备等配置标准的，应当按基本配置标准规范确定相应配置指标，且相关指标不得指向特定的品牌或供应商。同时，还应明确专用办公设备等品目的预算金额上限。

第六条　中央预算单位应当加强对批量集中采购工作的计划安排，协调处理好采购周期、采购数量与品目配备时限的关系。应当认真组织填报批量集中采购计划，保证品目名称、配置标准、采购数量、配送地点和最终用户联系方式等内容的准确完整。各主管预算单位应于当月十日前向财政部报送本部门批量集中采购汇总计划，并明确当期采购工作的部门联系人。

第七条　集中采购机构应当广泛征求中央预算单位、供应商及相关专家意见，科学合理编制采购文件。应当根据每期不同品目的需求特点及计划数量，依法采用公开招标、询价等采购方式，于二十五个工作日内完成采购活动。应当及时将中标供应商名称、中标产品完整的技术服务标准等信息在中国政府采购网和各集中采购机构网站上公告。因需求特殊等原因导致采购活动失败的，应当及时通知相关中央预算单位调整需求标准，并重新组织采购。

第八条　中央预算单位应当通过中国政府采购网或各集中采购机构网站查询相关中标信息，严格按照计划填报数量和当期中标结果，及时与中标供应商或授权供货商签订采购合同。验收时，应当根据中标公告中的技术服务标准，认真核对送货时间、产品配置技术指标等内容并填写验收书。验收后，应当按照合同约定及时付款。对中标供应商在履约过程中存在的违约问题，应当通过验收书或其他书面形式向集中采购机构反映。

第九条　集中采购机构应当根据采购文件约定，督促供应商在中标通知公告发出后二十个工作日内，将中标产品送到中央预算单位指定地点。应当统一协调处理合同签订、产品送达、产品验收及款项支付等履约过程中出现的问题，分清责任。对于中央预算单位在验收书上或书面反映的产品质量、服务问题，应当及时组织核查或第三方检测机构检测，并按采购文件及有关合同的约定追究中标供应商赔偿责任。

第十条 各主管预算单位应当加强对本部门批量集中采购工作的管理，建立健全配置标准的制定和适用、协议供货方式审核、合同签订及验收付款等内部管理制度。应当指定专人配合集中采购机构统一协调处理计划执行、合同签订、产品验收及款项支付等事宜，对未按规定超标准采购及规避批量集中采购等行为，应当追究相关人员责任。

第十一条 集中采购机构应当切实做好批量集中采购执行工作。应当按照财政部推进批量集中采购工作安排，及时拟定包括需求标准、评审方式、合同草案条款及采购方式适用标准等内容的实施方案，并按照实施方案组织好采购活动，协调处理履约相关问题，保障批量集中采购活动规范、优质、高效的协调推进。应当将违约处理情况和季度批量集中采购执行情况报财政部备案。

第十二条 财政部应当加强对批量集中采购工作的组织监督管理，将批量集中采购工作纳入集中采购机构的业务考核范围。对主管预算单位及所属单位规避批量集中采购、不执行采购计划以及无故延期付款等行为应当及时进行通报批评。应当根据集中采购机构提供的报告，对中标供应商虚假承诺或拒不按合同履约的行为进行严肃处理。

第十三条 本办法自2013年9月1日起施行。《关于进一步推进中央单位批量集中采购试点工作的通知》（财办库［2011］87号）、《关于完善台式计算机和打印机批量集中采购试点工作的补充通知》（财办库［2012］340号）同时废止。

国务院办公厅关于建立政府强制采购节能产品制度的通知

(2007年7月30日 国办发〔2007〕51号)

《国务院关于加强节能工作的决定》(国发〔2006〕28号)和《国务院关于印发节能减排综合性工作方案的通知》(国发〔2007〕15号)提出,为切实加强政府机构节能工作,发挥政府采购的政策导向作用,建立政府强制采购节能产品制度,在积极推进政府机构优先采购节能(包括节水)产品的基础上,选择部分节能效果显著、性能比较成熟的产品,予以强制采购。经国务院同意,现就有关问题通知如下:

一、充分认识建立政府强制采购节能产品制度的重要意义

近年来,各级国家机关、事业单位和团体组织(以下统称政府机构)在政府采购活动中,积极采购、使用节能产品,大大降低了能耗水平,对在全社会形成节能风尚起到了良好的引导作用。同时也要看到,由于认识不够到位,措施不够配套,工作力度不够等原因,在一些地区和部门,政府机构采购节能产品的比例还比较低。目前,政府机构人均能耗、单位建筑能耗均高于社会平均水平,节能潜力较大,有责任、有义务严格按照规定采购节能产品,模范地做好节能工作。建立健全和严格执行政府强制采购节能产品制度,是贯彻落实《中华人民共和国政府采购法》以及国务院加强节能减排工作要求的有力措施,不仅有利于降低政府机构能耗水平,节约财政资金,而且有利于促进全社会做好节能减排工作。从短期看,使用节能产品可能会增加一次性投入,但从长远的节能效果看,经济效益是明显的。各地区、各部门和有关单位要充分认识政府强制

采购节能产品的重要意义，增强执行制度的自觉性，采取措施大力推动政府采购节能产品工作。

二、明确政府强制采购节能产品的总体要求

各级政府机构使用财政性资金进行政府采购活动时，在技术、服务等指标满足采购需求的前提下，要优先采购节能产品，对部分节能效果、性能等达到要求的产品，实行强制采购，以促进节约能源，保护环境，降低政府机构能源费用开支。建立节能产品政府采购清单管理制度，明确政府优先采购的节能产品和政府强制采购的节能产品类别，指导政府机构采购节能产品。

采购单位应在政府采购招标文件（含谈判文件、询价文件）中载明对产品的节能要求、对节能产品的优惠幅度，以及评审标准和方法等，以体现优先采购的导向。拟采购产品属于节能产品政府采购清单规定必须强制采购的，应当在招标文件中明确载明，并在评审标准中予以充分体现。同时，采购招标文件不得指定特定的节能产品或供应商，不得含有倾向性或者排斥潜在供应商的内容，以达到充分竞争、择优采购的目的。

三、科学制定节能产品政府采购清单

节能产品政府采购清单由财政部、发展改革委负责制订。列入节能产品政府采购清单中的产品由财政部、发展改革委从国家采信的节能产品认证机构认证的节能产品中，根据节能性能、技术水平和市场成熟程度等因素择优确定，并在中国政府采购网、发展改革委门户网、中国节能节水认证网等媒体上定期向社会公布。

优先采购的节能产品应该符合下列条件：一是产品属于国家采信的节能产品认证机构认证的节能产品，节能效果明显；二是产品生产批量较大，技术成熟，质量可靠；三是产品具有比较健全的供应体系和良好的售后服务能力；四是产品供应商符合政府采购法对政府采购供应商的条件要求。

在优先采购的节能产品中，实行强制采购的按照以下原则确

定：一是产品具有通用性，适合集中采购，有较好的规模效益；二是产品节能效果突出，效益比较显著；三是产品供应商数量充足，一般不少于5家，确保产品具有充分的竞争性，采购人具有较大的选择空间。

财政部、发展改革委要根据上述要求，在近几年开展的优先采购节能产品工作的基础上，抓紧修订、公布新的节能产品政府采购清单，并组织好节能产品采购工作。

四、规范节能产品政府采购清单管理

节能产品政府采购清单是实施政府优先采购和强制采购的重要依据，财政部、发展改革委要建立健全制定、公布和调整机制，做到制度完备、范围明确、操作规范、方法科学，确保政府采购节能产品公开、公正、公平进行。要对节能产品政府采购清单实行动态管理，定期调整。建立健全专家咨询论证、社会公示制度。采购清单和调整方案正式公布前，要在中国政府采购网等指定的媒体上对社会公示，公示时间不少于15个工作日。对经公示确实不具备条件的产品，不列入采购清单。建立举报制度、奖惩制度，明确举报方式、受理机构和奖惩办法，接受社会监督。

五、加强组织领导和督促检查

各有关部门要按照职责分工，明确责任和任务，确保政府强制采购节能产品制度的贯彻落实。财政部、发展改革委要加强与有关部门的沟通协商，共同研究解决政策实施中的问题。要完善节能产品政府采购信息发布和数据统计工作，及时掌握采购工作进展情况。要加强对节能产品政府采购工作的指导，积极开展调查研究，多方听取意见，及时发现问题，研究提出对策。要督促进入优先采购和强制采购产品范围的生产企业建立健全质量保证体系，认真落实国家有关产品质量、标准、检验等要求，确保节能等性能和质量持续稳定。质检总局要加强对节能产品认证机构的监管，督促其认真履行职责，提高认证质量和水平。国家采信的节能产品认证机构和相关检测机构应当严格按照国家有关规定，客观公正地开展认证和检测工作，并对纳入政府优先采购和强制采购清单的节能产品实施有效的跟踪调查。对于不能持续符合认证要求的，认证机构应当暂停生产企业使用直至撤销认证证书，并及时报告财政部和发展改革委。

各级财政部门要切实加强对政府采购节能产品的监督检查，加大对违规采购行为的处罚力度。对未按强制采购规定采购节能产品的单位，财政部门要及时采取有效措施责令其改正。拒不改正的，属于采购单位责任的，财政部门要给予通报批评，并不得拨付采购资金；属于政府采购代理机构责任的，财政部门要依法追究相关单位和责任人员的责任。

关于扩大政府采购支持绿色建材促进建筑品质提升政策实施范围的通知

（2022 年 10 月 12 日　财库〔2022〕35 号）

各省、自治区、直辖市、计划单列市财政厅（局）、住房和城乡建设厅（委、管委、局）、工业和信息化主管部门，新疆生产建设兵团财政局、住房和城乡建设局、工业和信息化局：

为落实《中共中央 国务院关于完整准确全面贯彻新发展理念做好碳达峰碳中和工作的意见》，加大绿色低碳产品采购力度，全面推广绿色建筑和绿色建材，在南京、杭州、绍兴、湖州、青岛、佛山等 6 个城市试点的基础上，财政部、住房城乡建设部、工业和信息化部决定进一步扩大政府采购支持绿色建材促进建筑品质提升政策实施范围。现将有关事项通知如下：

一、实施范围

自 2022 年 11 月起，在北京市朝阳区等 48 个市（市辖区）实施政府采购支持绿色建材促进建筑品质提升政策（含此前6个试点城市，具体城市名单见附件1）。纳入政策实施范围的项目包括医院、学校、办公楼、综合体、展览馆、会展中心、体育馆、保障房等政府采购工程项目，含适用招标投标法的政府采购工程项目。各有关城市可选择部分项目先行实施，在总结经验的基础上逐步扩大范围，到2025年实现政府采购工程项目政策实施的全覆盖。鼓励将其他政府投资项目纳入实施范围。

二、主要任务

各有关城市要深入贯彻习近平生态文明思想，运用政府采购政策积极推广应用绿色建筑和绿色建材，大力发展装配式、智能化等新型建筑工业化建造方式，全面建设二星级以上绿色建筑，形成支持建筑领域绿色低碳转型的长效机制，引领建材和建筑产业高质量发展，着力打造宜居、绿色、低碳城市。

（一）落实政府采购政策要求。各有关城市要严格执行财政部、住房城乡建设部、工业和信息化部制定的《绿色建筑和绿色建材政府采购需求标准》（以下简称《需求标准》，见附件2）。项目立项阶段，要将《需求标准》有关要求嵌入项目建议书和可行性研究报告中；招标采购阶段，要将《需求标准》有关要求作为工程招标文件或采购文件以及合同文本的实质性要求，要求承包单位按合同约定进行设计、施工，并采购或使用符合要求的绿色建材；施工阶段，要强化施工现场监管，确保施工单位落实绿色建筑要求，使用符合《需求标准》的绿色建材；履约验收阶段，要根据《需求标准》制定相应的履约验收标准，并与现行验收程序有效融合。鼓励通过验收的项目申报绿色建筑标识，充分发挥政府采购工程项目的示范作用。

（二）加强绿色建材采购管理。纳入政策实施范围的政府采购工程涉及使用《需求标准》中的绿色建材的，应当全部采购和使用符合相关标准的建材。各有关城市要探索实施对通用类绿色建材的批量集中采购,由政府集中采购机构或部门集中采购机构定期归集采购人的绿色建材采购计划,开展集中带量采购。要积极推进绿色建材电子化采购交易,所有符合条件的绿色建材产品均可进入电子平台交易,提高绿色建材采购效率和透明度。绿色建材供应商在供货时应当出具所提供建材产品符合需求标准的证明性文件,包括国家统一推行的绿色建材产品认证证书,或符合需求标准的有效检测报告等。

(三)完善绿色建筑和绿色建材政府采购需求标准。各有关城市可结合本地区特点和实际需求,提出优化完善《需求标准》有关内容的建议,包括调整《需求标准》中已包含的建材产品指标要求,增加未包含的建材产品需求标准,或者细化不同建筑类型如学校、医院等的需求标准等,报财政部、住房城乡建设部、工业和信息化部。财政部、住房城乡建设部、工业和信息化部将根据有关城市建议和政策执行情况,动态调整《需求标准》。

(四)优先开展工程价款结算。纳入政策实施范围的工程,要提高工程价款结算比例,工程进度款支付比例不低于已完工程价款的80%。推行施工过程结算,发承包双方通过合同约定,将施工过程按时间或进度节点划分施工周期,对周期内已完成且无争议的工程进行价款计算、确认和支付。经双方确认的过程结算文件作为竣工结算文件的组成部分,竣工后原则上不再重复审核。

三、工作要求

(一)明确部门职责。有关城市财政、住房和城乡建设、工业和信息化部门要各司其职,加强协调配合,形成政策合力。财政部门要组织采购人落实《需求标准》,指导集中采购机构开展绿色建材批量集中采购工作,加强对采购活动的监督管理。住房和城乡建设部门要加强对纳入政策实施范围的工程项目的监管,培育绿色建材应用示范工程和高品质绿色建筑项目。工业和信息化部门要结合区域特点,因地制宜发展绿色建材产业,培育绿色建材骨干企业和

（二）精心组织实施。有关城市所在省级财政、住房和城乡建设、工业和信息化部门收到本通知后要及时转发至纳入政策实施范围城市的财政、住房和城乡建设、工业和信息化部门，切实加强对有关城市工作开展的指导。有关城市要根据政策要求，研究制定本地区实施方案，明确各有关部门的责任分工，完善组织协调机制，对实践中出现的问题要及时研究和妥善处理，确保扩大实施范围工作顺利推进，取得扎实成效。要积极总结工作经验，提炼可复制、可推广的先进经验和典型做法。

（三）加强宣传培训。各有关地方和部门要依据各自职责加强政策解读和宣传，及时回应社会关切，营造良好的工作氛围。要加强对建设单位、设计单位、建材企业、施工单位的政策解读和培训，调动相关各方的积极性。

附件：1. 政府采购支持绿色建材促进建筑品质提升政策实施范围城市名单（略）
2. 绿色建筑和绿色建材政府采购需求标准（略）

政府采购信息发布管理办法

（2019年11月27日财政部令第101号公布　自2020年3月1日起施行）

第一条　为了规范政府采购信息发布行为，提高政府采购透明度，根据《中华人民共和国政府采购法》《中华人民共和国政府采购法实施条例》等有关法律、行政法规，制定本办法。

第二条　政府采购信息发布，适用本办法。

第三条　本办法所称政府采购信息，是指依照政府采购有关法律制度规定应予公开的公开招标公告、资格预审公告、单一来源采购公示、中标（成交）结果公告、政府采购合同公告等政府采购项目信息，以及投诉处理结果、监督检查处理结果、集中采购机构考核结果等政府采购监管信息。

第四条 政府采购信息发布应当遵循格式规范统一、渠道相对集中、便于查找获得的原则。

第五条 财政部指导和协调全国政府采购信息发布工作，并依照政府采购法律、行政法规有关规定，对中央预算单位的政府采购信息发布活动进行监督管理。

地方各级人民政府财政部门（以下简称财政部门）对本级预算单位的政府采购信息发布活动进行监督管理。

第六条 财政部对中国政府采购网进行监督管理。省级（自治区、直辖市、计划单列市）财政部门对中国政府采购网省级分网进行监督管理。

第七条 政府采购信息应当按照财政部规定的格式编制。

第八条 中央预算单位政府采购信息应当在中国政府采购网发布，地方预算单位政府采购信息应当在所在行政区域的中国政府采购网省级分网发布。

除中国政府采购网及其省级分网以外，政府采购信息可以在省级以上财政部门指定的其他媒体同步发布。

第九条 财政部门、采购人和其委托的采购代理机构（以下统称发布主体）应当对其提供的政府采购信息的真实性、准确性、合法性负责。

中国政府采购网及其省级分网和省级以上财政部门指定的其他媒体（以下统称指定媒体）应当对其收到的政府采购信息发布的及时性、完整性负责。

第十条 发布主体发布政府采购信息不得有虚假和误导性陈述，不得遗漏依法必须公开的事项。

第十一条　发布主体应当确保其在不同媒体发布的同一政府采购信息内容一致。

在不同媒体发布的同一政府采购信息内容、时间不一致的，以在中国政府采购网或者其省级分网发布的信息为准。同时在中国政府采购网和省级分网发布的，以在中国政府采购网上发布的信息为准。

第十二条　指定媒体应当采取必要措施，对政府采购信息发布主体的身份进行核验。

第十三条　指定媒体应当及时发布收到的政府采购信息。

中国政府采购网或者其省级分网应当自收到政府采购信息起1个工作日内发布。

第十四条　指定媒体应当加强安全防护，确保发布的政府采购信息不被篡改、不遗漏，不得擅自删除或者修改信息内容。

第十五条　指定媒体应当向发布主体免费提供信息发布服务，不得向市场主体和社会公众收取信息查阅费用。

第十六条　采购人或者其委托的采购代理机构未依法在指定媒体上发布政府采购项目信息的，依照政府采购法实施条例第六十八条追究法律责任。

采购人或者其委托的采购代理机构存在其他违反本办法规定行为的，由县级以上财政部门依法责令限期改正，给予警告，对直接负责的主管人员和其他直接责任人员，建议其行政主管部门或者有关机关依法依规处理，并予通报。

第十七条　指定媒体违反本办法规定的，由实施指定行为的省级以上财政部门依法责令限期改正，对直接负责的主管人员和其他直接责任人员，建议其行政主管部门或者有关机关依法依规处理，并予通报。

第十八条　财政部门及其工作人员在政府采购信息发布活动中存在懒政怠政、滥用职权、玩忽职守、徇私舞弊等违法违纪行为的，依照《中华人民共和国政府采购法》《中华人民共和国公务员法》《中华人民共和国监察法》《中华人民共和国政府采购法实施条例》等国家有关规定追究相应责任；涉嫌犯罪的，依法移送有关国家机关处理。

第十九条 涉密政府采购项目信息发布，依照国家有关规定执行。

第二十条 省级财政部门可以根据本办法制定具体实施办法。

第二十一条 本办法自2020年3月1日起施行。财政部2004年9月11日颁布实施的《政府采购信息公告管理办法》（财政部令第19号）同时废止。

财政部关于开展政府采购意向公开工作的通知

（2020年3月2日　财库〔2020〕10号）

各中央预算单位，各省、自治区、直辖市、计划单列市财政厅（局），新疆生产建设兵团财政局：

为进一步提高政府采购透明度，优化政府采购营商环境，根据《深化政府采购制度改革方案》和《财政部关于促进政府采购公平竞争优化营商环境的通知》（财库〔2019〕38号）有关要求，现就政府采购意向公开有关工作安排通知如下：

一、高度重视采购意向公开工作

推进采购意向公开是优化政府采购营商环境的重要举措。做好采购意向公开工作有助于提高政府采购透明度，方便供应商提前了解政府采购信息，对于保障各类市场主体平等参与政府采购活动，提升采购绩效，防范抑制腐败具有重要作用。各地区、各部门要充分认识此项工作的重要意义，高度重视、精心组织，认真做好采购意向公开工作。

二、关于采购意向公开工作推进步骤

采购意向公开工作遵循"试点先行，分步实施"的原则。2020年在中央预算单位和北京市、上海市、深圳市市本级预算单位开展试点。对2020年7月1日起实施的采购项目，中央预算单位和北京市、上海市、深圳市市本级预算单位应当按规定公开采购意向。各试点地区应根据地方实际尽快推进其他各级预算单位采购意向公开。其他地区可根据地方实际确定采购意向公开时间，原则上省级预算单位2021年1月1日起实施的采购项目，省级以下各级预算单位2022年1月1日起实施的采购项目，应当按规定公开采购意向；具备条件的地区可适当提前开展采购意向公开工作。

三、关于采购意向公开的主体和渠道

采购意向由预算单位负责公开。中央预算单位的采购意向在中国政府采购网（www.ccgp.gov.cn）中央主网公开，地方预算单位的采购意向在中国政府采购网地方分网公开，采购意向也可在省级以上财政部门指定的其他媒体同步公开。主管预算单位可汇总本部门、本系统所属预算单位的采购意向集中公开，有条件的部门可在其部门门户网站同步公开本部门、本系统的采购意向。

四、关于采购意向公开的内容

采购意向按采购项目公开。除以协议供货、定点采购方式实施的小额零星采购和由集中采购机构统一组织的批量集中采购外，按项目实施的集中采购目录以内或者采购限额标准以上的货物、工程、服务采购均应当公开采购意向。

采购意向公开的内容应当包括采购项目名称、采购需求概况、预算金额、预计采购时间等，政府采购意向公开参考文本见附件。其中，采购需求概况应当包括采购标的名称，采购标的需实现的主要功能或者目标，采购标的数量，以及采购标的需满足的质量、服务、安全、时限等要求。采购意向应当尽可能清晰完整，便于供应商提前做好参与采购活动的准备。采购意向仅作为供应商了解各单位初步采购安排的参考,采购项目实际采购需求、预算金额和执行时间以预算单位最终发布的采购公告和采购文件为准。

五、关于采购意向公开的依据和时间

采购意向由预算单位定期或者不定期公开。部门预算批复前公开的采购意向,以部门预算"二上"内容为依据;部门预算批复后公开的采购意向,以部门预算为依据。预算执行中新增采购项目应当及时公开采购意向。采购意向公开时间应当尽量提前,原则上不得晚于采购活动开始前30日公开采购意向。因预算单位不可预见的原因急需开展的采购项目,可不公开采购意向。

六、工作要求

各中央预算单位要加强采购活动的计划性,按照本通知要求及时、全面公开采购意向。各中央主管预算单位应当做好统筹协调工作,及时安排部署,加强对本部门所属预算单位的督促和指导,确保所属预算单位严格按规定公开采购意向,做到不遗漏、不延误。

各省级财政部门要根据本通知要求抓紧制定具体工作方案,对本地区采购意向公开工作进行布置,着重加强对市县级预算单位政府采购意向公开工作的指导,并在中国政府采购网地方分网设置相关专栏,确保本地区各级预算单位按要求完成采购意向公开工作。

各地区、各部门要认真总结采购意向公开工作中好的做法和经验,对推进过程中遇到的新情况、新问题,要研究完善有关举措,并及时向财政部反映。财政部将结合政府采购透明度评估工作,对采购意向公开情况进行检查并对检查结果予以通报。

特此通知。

附件:政府采购意向公开参考文本(略)

政府采购货物和服务招标投标管理办法

(2017年7月11日财政部令第87号公布 自2017年10月1日起施行)

第一章 总 则

第一条 为了规范政府采购当事人的采购行为,加强对政府采购货物和服务招标投标活动的监督管理,维护国家利益、社会公共利益和政府采购招标投标活动当事人的合法权益,依据《中华人民共和国政府采购法》(以下简称政府采购法)、《中华人民共和国政府采购法实施条例》(以下简称政府采购法实施条例)和其他有关法律法规规定,制定本办法。

第二条 本办法适用于在中华人民共和国境内开展政府采购货物和服务(以下简称货物服务)招标投标活动。

第三条 货物服务招标分为公开招标和邀请招标。

公开招标,是指采购人依法以招标公告的方式邀请非特定的供应商参加投标的采购方式。

邀请招标,是指采购人依法从符合相应资格条件的供应商中随机抽取3家以上供应商,并以投标邀请书的方式邀请其参加投标的采购方式。

第四条 属于地方预算的政府采购项目,省、自治区、直辖市人民政府根据实际情况,可以确定分别适用于本行政区域省级、设区的市级、县级公开招标数额标准。

第五条 采购人应当在货物服务招标投标活动中落实节约能源、保护环境、扶持不发达地区和少数民族地区、促进中小企业发展等政府采购政策。

第六条　采购人应当按照行政事业单位内部控制规范要求，建立健全本单位政府采购内部控制制度，在编制政府采购预算和实施计划、确定采购需求、组织采购活动、履约验收、答复询问质疑、配合投诉处理及监督检查等重点环节加强内部控制管理。

采购人不得向供应商索要或者接受其给予的赠品、回扣或者与采购无关的其他商品、服务。

第七条　采购人应当按照财政部制定的《政府采购品目分类目录》确定采购项目属性。按照《政府采购品目分类目录》无法确定的，按照有利于采购项目实施的原则确定。

第八条　采购人委托采购代理机构代理招标的，采购代理机构应当在采购人委托的范围内依法开展采购活动。

采购代理机构及其分支机构不得在所代理的采购项目中投标或者代理投标，不得为所代理的采购项目的投标人参加本项目提供投标咨询。

第二章　招　　标

第九条　未纳入集中采购目录的政府采购项目，采购人可以自行招标，也可以委托采购代理机构在委托的范围内代理招标。

采购人自行组织开展招标活动的，应当符合下列条件：

（一）有编制招标文件、组织招标的能力和条件；

（二）有与采购项目专业性相适应的专业人员。

第十条　采购人应当对采购标的的市场技术或者服务水平、供应、价格等情况进行市场调查，根据调查情况、资产配置标准等科学、合理地确定采购需求，进行价格测算。

第十一条　采购需求应当完整、明确，包括以下内容：

（一）采购标的需实现的功能或者目标，以及为落实政府采购政策需满足的要求；

（二）采购标的需执行的国家相关标准、行业标准、地方标准或者其他标准、规范；

（三）采购标的需满足的质量、安全、技术规格、物理特性等要求；

（四）采购标的的数量、采购项目交付或者实施的时间和地点；

（五）采购标的需满足的服务标准、期限、效率等要求；

（六）采购标的的验收标准；

（七）采购标的的其他技术、服务等要求。

第十二条 采购人根据价格测算情况，可以在采购预算额度内合理设定最高限价，但不得设定最低限价。

第十三条 公开招标公告应当包括以下主要内容：

（一）采购人及其委托的采购代理机构的名称、地址和联系方法；

（二）采购项目的名称、预算金额，设定最高限价的，还应当公开最高限价；

（三）采购人的采购需求；

（四）投标人的资格要求；

（五）获取招标文件的时间期限、地点、方式及招标文件售价；

（六）公告期限；

（七）投标截止时间、开标时间及地点；

（八）采购项目联系人姓名和电话。

第十四条 采用邀请招标方式的，采购人或者采购代理机构应当通过以下方式产生符合资格条件的供应商名单，并从中随机抽取3家以上供应商向其发出投标邀请书：

（一）发布资格预审公告征集；

（二）从省级以上人民政府财政部门（以下简称财政部门）建立的供应商库中选取；

（三）采购人书面推荐。

采用前款第一项方式产生符合资格条件供应商名单的，采购人或者采购代理机构应当按照资格预审文件载明的标准和方法，对潜在投标人进行资格预审。

采用第一款第二项或者第三项方式产生符合资格条件供应商名单的，备选的符合资格条件供应商总数不得少于拟随机抽取供应商总数的两倍。

随机抽取是指通过抽签等能够保证所有符合资格条件供应商机会均等的方式选定供应商。随机抽取供应商时，应当有不少于两名采购人工作人员在场监督，并形成书面记录，随采购文件一并存档。

投标邀请书应当同时向所有受邀请的供应商发出。

第十五条 资格预审公告应当包括以下主要内容：

（一）本办法第十三条第一至四项、第六项和第八项内容；

（二）获取资格预审文件的时间期限、地点、方式；

（三）提交资格预审申请文件的截止时间、地点及资格预审日期。

第十六条 招标公告、资格预审公告的公告期限为 5 个工作日。公告内容应当以省级以上财政部门指定媒体发布的公告为准。公告期限自省级以上财政部门指定媒体最先发布公告之日起算。

第十七条 采购人、采购代理机构不得将投标人的注册资本、资产总额、营业收入、从业人员、利润、纳税额等规模条件作为资格要求或者评审因素，也不得通过将除进口货物以外的生产厂家授权、承诺、证明、背书等作为资格要求，对投标人实行差别待遇或者歧视待遇。

第十八条 采购人或者采购代理机构应当按照招标公告、资格预审公告或者投标邀请书规定的时间、地点提供招标文件或者资格预审文件，提供期限自招标公告、资格预审公告发布之日起计算不得少于 5 个工作日。提供期限届满后，获取招标文件或者资格预审文件的潜在投标人不足 3 家的，可以顺延提供期限，并予公告。

公开招标进行资格预审的，招标公告和资格预审公告可以合并发布，招标文件应当向所有通过资格预审的供应商提供。

第十九条　采购人或者采购代理机构应当根据采购项目的实施要求，在招标公告、资格预审公告或者投标邀请书中载明是否接受联合体投标。如未载明，不得拒绝联合体投标。

第二十条　采购人或者采购代理机构应当根据采购项目的特点和采购需求编制招标文件。招标文件应当包括以下主要内容：

（一）投标邀请；

（二）投标人须知（包括投标文件的密封、签署、盖章要求等）；

（三）投标人应当提交的资格、资信证明文件；

（四）为落实政府采购政策，采购标的需满足的要求，以及投标人须提供的证明材料；

（五）投标文件编制要求、投标报价要求和投标保证金交纳、退还方式以及不予退还投标保证金的情形；

（六）采购项目预算金额，设定最高限价的，还应当公开最高限价；

（七）采购项目的技术规格、数量、服务标准、验收等要求，包括附件、图纸等；

（八）拟签订的合同文本；

（九）货物、服务提供的时间、地点、方式；

（十）采购资金的支付方式、时间、条件；

（十一）评标方法、评标标准和投标无效情形；

（十二）投标有效期；

（十三）投标截止时间、开标时间及地点；

（十四）采购代理机构代理费用的收取标准和方式；

（十五）投标人信用信息查询渠道及截止时点、信用信息查询记录和证据留存的具体方式、信用信息的使用规则等；

（十六）省级以上财政部门规定的其他事项。

对于不允许偏离的实质性要求和条件，采购人或者采购代理机构应当在招标文件中规定，并以醒目的方式标明。

第二十一条　采购人或者采购代理机构应当根据采购项目的特点和采购需求编制资格预审文件。资格预审文件应当包括以下主要内容：

（一）资格预审邀请；

（二）申请人须知；

（三）申请人的资格要求；

（四）资格审核标准和方法；

（五）申请人应当提供的资格预审申请文件的内容和格式；

（六）提交资格预审申请文件的方式、截止时间、地点及资格审核日期；

（七）申请人信用信息查询渠道及截止时点、信用信息查询记录和证据留存的具体方式、信用信息的使用规则等内容；

（八）省级以上财政部门规定的其他事项。

资格预审文件应当免费提供。

第二十二条　采购人、采购代理机构一般不得要求投标人提供样品，仅凭书面方式不能准确描述采购需求或者需要对样品进行主观判断以确认是否满足采购需求等特殊情况除外。

要求投标人提供样品的，应当在招标文件中明确规定样品制作的标准和要求、是否需要随样品提交相关检测报告、样品的评审方法以及评审标准。需要随样品提交检测报告的，还应当规定检测机构的要求、检测内容等。

采购活动结束后，对于未中标人提供的样品，应当及时退还或者经未中标人同意后自行处理；对于中标人提供的样品，应当按照招标文件的规定进行保管、封存，并作为履约验收的参考。

第二十三条　投标有效期从提交投标文件的截止之日起算。投标文件中承诺的投标有效期应当不少于招标文件中载明的投标有效期。投标有效期内投标人撤销投标文件的,采购人或者采购代理机构可以不退还投标保证金。

第二十四条 招标文件售价应当按照弥补制作、邮寄成本的原则确定,不得以营利为目的,不得以招标采购金额作为确定招标文件售价的依据。

第二十五条 招标文件、资格预审文件的内容不得违反法律、行政法规、强制性标准、政府采购政策,或者违反公开透明、公平竞争、公正和诚实信用原则。

有前款规定情形,影响潜在投标人投标或者资格预审结果的,采购人或者采购代理机构应当修改招标文件或者资格预审文件后重新招标。

第二十六条 采购人或者采购代理机构可以在招标文件提供期限截止后,组织已获取招标文件的潜在投标人现场考察或者召开开标前答疑会。

组织现场考察或者召开答疑会的,应当在招标文件中载明,或者在招标文件提供期限截止后以书面形式通知所有获取招标文件的潜在投标人。

第二十七条 采购人或者采购代理机构可以对已发出的招标文件、资格预审文件、投标邀请书进行必要的澄清或者修改,但不得改变采购标的和资格条件。澄清或者修改应当在原公告发布媒体上发布澄清公告。澄清或者修改的内容为招标文件、资格预审文件、投标邀请书的组成部分。

澄清或者修改的内容可能影响投标文件编制的,采购人或者采购代理机构应当在投标截止时间至少15日前,以书面形式通知所有获取招标文件的潜在投标人;不足15日的,采购人或者采购代理机构应当顺延提交投标文件的截止时间。

澄清或者修改的内容可能影响资格预审申请文件编制的,采购人或者采购代理机构应当在提交资格预审申请文件截止时间至少3日前，以书面形式通知所有获取资格预审文件的潜在投标人；不足3日的，采购人或者采购代理机构应当顺延提交资格预审申请文件的截止时间。

第二十八条 投标截止时间前，采购人、采购代理机构和有关人员不得向他人透露已获取招标文件的潜在投标人的名称、数量以及可能影响公平竞争的有关招标投标的其他情况。

第二十九条 采购人、采购代理机构在发布招标公告、资格预审公告或者发出投标邀请书后，除因重大变故采购任务取消情况外，不得擅自终止招标活动。

终止招标的，采购人或者采购代理机构应当及时在原公告发布媒体上发布终止公告，以书面形式通知已经获取招标文件、资格预审文件或者被邀请的潜在投标人，并将项目实施情况和采购任务取消原因报告本级财政部门。已经收取招标文件费用或者投标保证金的，采购人或者采购代理机构应当在终止采购活动后5个工作日内，退还所收取的招标文件费用和所收取的投标保证金及其在银行产生的孳息。

第三章 投 标

第三十条 投标人，是指响应招标、参加投标竞争的法人、其他组织或者自然人。

第三十一条 采用最低评标价法的采购项目，提供相同品牌产品的不同投标人参加同一合同项下投标的，以其中通过资格审查、符合性审查且报价最低的参加评标；报价相同的，由采购人或者采购人委托评标委员会按照招标文件规定的方式确定一个参加评标的投标人，招标文件未规定的采取随机抽取方式确定，其他投标无效。

使用综合评分法的采购项目，提供相同品牌产品且通过资格审查、符合性审查的不同投标人参加同一合同项下投标的，按一家投标人计算，评审后得分最高的同品牌投标人获得中标人推荐资格；评审得分相同的，由采购人或者采购人委托评标委员会按照招标文件规定的方式确定一个投标人获得中标人推荐资格，招标文件未规定的采取随机抽取方式确定，其他同品牌投标人不作为中标候选人。

非单一产品采购项目，采购人应当根据采购项目技术构成、产品价格比重等合理确定核心产品，并在招标文件中载明。多家投标人提供的核心产品品牌相同的，按前两款规定处理。

第三十二条 投标人应当按照招标文件的要求编制投标文件。投标文件应当对招标文件提出的要求和条件作出明确响应。

第三十三条 投标人应当在招标文件要求提交投标文件的截止时间前，将投标文件密封送达投标地点。采购人或者采购代理机构收到投标文件后，应当如实记载投标文件的送达时间和密封情况，签收保存，并向投标人出具签收回执。任何单位和个人不得在开标前开启投标文件。

逾期送达或者未按照招标文件要求密封的投标文件，采购人、采购代理机构应当拒收。

第三十四条 投标人在投标截止时间前，可以对所递交的投标文件进行补充、修改或者撤回，并书面通知采购人或者采购代理机构。补充、修改的内容应当按照招标文件要求签署、盖章、密封后，作为投标文件的组成部分。

第三十五条 投标人根据招标文件的规定和采购项目的实际情况，拟在中标后将中标项目的非主体、非关键性工作分包的，应当在投标文件中载明分包承担主体，分包承担主体应当具备相应资质条件且不得再次分包。

第三十六条 投标人应当遵循公平竞争的原则，不得恶意串通，不得妨碍其他投标人的竞争行为，不得损害采购人或者其他投标人的合法权益。

在评标过程中发现投标人有上述情形的，评标委员会应当认定其投标无效，并书面报告本级财政部门。

第三十七条 有下列情形之一的，视为投标人串通投标，其投标无效：

（一）不同投标人的投标文件由同一单位或者个人编制；

（二）不同投标人委托同一单位或者个人办理投标事宜；

（三）不同投标人的投标文件载明的项目管理成员或者联系人员为同一人；

（四）不同投标人的投标文件异常一致或者投标报价呈规律性差异；

（五）不同投标人的投标文件相互混装；

（六）不同投标人的投标保证金从同一单位或者个人的账户转出。

第三十八条 投标人在投标截止时间前撤回已提交的投标文件的，采购人或者采购代理机构应当自收到投标人书面撤回通知之日起 5 个工作日内，退还已收取的投标保证金，但因投标人自身原因导致无法及时退还的除外。

采购人或者采购代理机构应当自中标通知书发出之日起 5 个工作日内退还未中标人的投标保证金，自采购合同签订之日起 5 个工作日内退还中标人的投标保证金或者转为中标人的履约保证金。

采购人或者采购代理机构逾期退还投标保证金的，除应当退还投标保证金本金外，还应当按中国人民银行同期贷款基准利率上浮 20% 后的利率支付超期资金占用费，但因投标人自身原因导致无法及时退还的除外。

第四章　开标、评标

第三十九条 开标应当在招标文件确定的提交投标文件截止时

间的同一时间进行。开标地点应当为招标文件中预先确定的地点。

采购人或者采购代理机构应当对开标、评标现场活动进行全程录音录像。录音录像应当清晰可辨，音像资料作为采购文件一并存档。

第四十条 开标由采购人或者采购代理机构主持，邀请投标人参加。评标委员会成员不得参加开标活动。

第四十一条 开标时，应当由投标人或者其推选的代表检查投标文件的密封情况；经确认无误后，由采购人或者采购代理机构工作人员当众拆封，宣布投标人名称、投标价格和招标文件规定的需要宣布的其他内容。

投标人不足3家的，不得开标。

第四十二条 开标过程应当由采购人或者采购代理机构负责记录，由参加开标的各投标人代表和相关工作人员签字确认后随采购文件一并存档。

投标人代表对开标过程和开标记录有疑义，以及认为采购人、采购代理机构相关工作人员有需要回避的情形的，应当场提出询问或者回避申请。采购人、采购代理机构对投标人代表提出的询问或者回避申请应当及时处理。

投标人未参加开标的，视同认可开标结果。

第四十三条 公开招标数额标准以上的采购项目，投标截止后投标人不足3家或者通过资格审查或符合性审查的投标人不足3家的，除采购任务取消情形外，按照以下方式处理：

（一）招标文件存在不合理条款或者招标程序不符合规定的，采购人、采购代理机构改正后依法重新招标；

（二）招标文件没有不合理条款、招标程序符合规定，需要采用其他采购方式采购的，采购人应当依法报财政部门批准。

第四十四条 公开招标采购项目开标结束后，采购人或者采购代理机构应当依法对投标人的资格进行审查。

合格投标人不足 3 家的，不得评标。

第四十五条 采购人或者采购代理机构负责组织评标工作，并履行下列职责：

（一）核对评审专家身份和采购人代表授权函，对评审专家在政府采购活动中的职责履行情况予以记录，并及时将有关违法违规行为向财政部门报告；

（二）宣布评标纪律；

（三）公布投标人名单，告知评审专家应当回避的情形；

（四）组织评标委员会推选评标组长，采购人代表不得担任组长；

（五）在评标期间采取必要的通讯管理措施，保证评标活动不受外界干扰；

（六）根据评标委员会的要求介绍政府采购相关政策法规、招标文件；

（七）维护评标秩序，监督评标委员会依照招标文件规定的评标程序、方法和标准进行独立评审，及时制止和纠正采购人代表、评审专家的倾向性言论或者违法违规行为；

（八）核对评标结果，有本办法第六十四条规定情形的，要求评标委员会复核或者书面说明理由，评标委员会拒绝的，应予记录并向本级财政部门报告；

（九）评审工作完成后，按照规定向评审专家支付劳务报酬和异地评审差旅费，不得向评审专家以外的其他人员支付评审劳务报酬；

（十）处理与评标有关的其他事项。

采购人可以在评标前说明项目背景和采购需求，说明内容不得含有歧视性、倾向性意见，不得超出招标文件所述范围。说明应当提交书面材料，并随采购文件一并存档。

第四十六条 评标委员会负责具体评标事务，并独立履行下列职责：

（一）审查、评价投标文件是否符合招标文件的商务、技术等实质性要求；

（二）要求投标人对投标文件有关事项作出澄清或者说明；

（三）对投标文件进行比较和评价；

（四）确定中标候选人名单，以及根据采购人委托直接确定中标人；

（五）向采购人、采购代理机构或者有关部门报告评标中发现的违法行为。

第四十七条　评标委员会由采购人代表和评审专家组成，成员人数应当为 5 人以上单数，其中评审专家不得少于成员总数的三分之二。

采购项目符合下列情形之一的，评标委员会成员人数应当为 7 人以上单数：

（一）采购预算金额在 1000 万元以上；

（二）技术复杂；

（三）社会影响较大。

评审专家对本单位的采购项目只能作为采购人代表参与评标，本办法第四十八条第二款规定情形除外。采购代理机构工作人员不得参加由本机构代理的政府采购项目的评标。

评标委员会成员名单在评标结果公告前应当保密。

第四十八条　采购人或者采购代理机构应当从省级以上财政部门设立的政府采购评审专家库中，通过随机方式抽取评审专家。

对技术复杂、专业性强的采购项目，通过随机方式难以确定合适评审专家的，经主管预算单位同意，采购人可以自行选定相应专业领域的评审专家。

第四十九条　评标中因评标委员会成员缺席、回避或者健康等特殊原因导致评标委员会组成不符合本办法规定的，采购人或者采购代理机构应当依法补足后继续评标。被更换的评标委员会成员所作出的评标意见无效。

无法及时补足评标委员会成员的，采购人或者采购代理机构应当停止评标活动，封存所有投标文件和开标、评标资料，依法重新组建评标委员会进行评标。原评标委员会所作出的评标意见无效。

采购人或者采购代理机构应当将变更、重新组建评标委员会的情况予以记录，并随采购文件一并存档。

第五十条 评标委员会应当对符合资格的投标人的投标文件进行符合性审查，以确定其是否满足招标文件的实质性要求。

第五十一条 对于投标文件中含义不明确、同类问题表述不一致或者有明显文字和计算错误的内容，评标委员会应当以书面形式要求投标人作出必要的澄清、说明或者补正。

投标人的澄清、说明或者补正应当采用书面形式，并加盖公章，或者由法定代表人或其授权的代表签字。投标人的澄清、说明或者补正不得超出投标文件的范围或者改变投标文件的实质性内容。

第五十二条 评标委员会应当按照招标文件中规定的评标方法和标准，对符合性审查合格的投标文件进行商务和技术评估，综合比较与评价。

第五十三条 评标方法分为最低评标价法和综合评分法。

第五十四条 最低评标价法，是指投标文件满足招标文件全部实质性要求，且投标报价最低的投标人为中标候选人的评标方法。

技术、服务等标准统一的货物服务项目，应当采用最低评标价法。

采用最低评标价法评标时，除了算术修正和落实政府采购政策需进行的价格扣除外，不能对投标人的投标价格进行任何调整。

第五十五条 综合评分法，是指投标文件满足招标文件全部实质性要求，且按照评审因素的量化指标评审得分最高的投标人为中标候选人的评标方法。

评审因素的设定应当与投标人所提供货物服务的质量相关，包括投标报价、技术或者服务水平、履约能力、售后服务等。资格条件不得作为评审因素。评审因素应当在招标文件中规定。

评审因素应当细化和量化，且与相应的商务条件和采购需求对应。商务条件和采购需求指标有区间规定的，评审因素应当量化到相应区间，并设置各区间对应的不同分值。

评标时，评标委员会各成员应当独立对每个投标人的投标文件进行评价，并汇总每个投标人的得分。

货物项目的价格分值占总分值的比重不得低于30%；服务项目的价格分值占总分值的比重不得低于10%。执行国家统一定价标准和采用固定价格采购的项目，其价格不列为评审因素。

价格分应当采用低价优先法计算，即满足招标文件要求且投标价格最低的投标报价为评标基准价，其价格分为满分。其他投标人的价格分统一按照下列公式计算：

投标报价得分=（评标基准价/投标报价）×100

评标总得分=$F_1×A_1+F_2×A_2+\cdots\cdots+F_n×A_n$

F_1、F_2……F_n 分别为各项评审因素的得分；

A_1、A_2……A_n 分别为各项评审因素所占的权重（$A_1+A_2+\cdots\cdots+A_n=1$）。

评标过程中，不得去掉报价中的最高报价和最低报价。

因落实政府采购政策进行价格调整的，以调整后的价格计算评标基准价和投标报价。

第五十六条 采用最低评标价法的，评标结果按投标报价由低到高顺序排列。投标报价相同的并列。投标文件满足招标文件全部实质性要求且投标报价最低的投标人为排名第一的中标候选人。

第五十七条 采用综合评分法的，评标结果按评审后得分由高到低顺序排列。得分相同的，按投标报价由低到高顺序排列。得分且投标报价相同的并列。投标文件满足招标文件全部实质性要求，且按照评审因素的量化指标评审得分最高的投标人为排名第一的中标候选人。

第五十八条 评标委员会根据全体评标成员签字的原始评标记录和评标结果编写评标报告。评标报告应当包括以下内容：

（一）招标公告刊登的媒体名称、开标日期和地点；

（二）投标人名单和评标委员会成员名单；

（三）评标方法和标准；

（四）开标记录和评标情况及说明，包括无效投标人名单及原因；

（五）评标结果，确定的中标候选人名单或者经采购人委托直接确定的中标人；

（六）其他需要说明的情况，包括评标过程中投标人根据评标委员会要求进行的澄清、说明或者补正，评标委员会成员的更换等。

第五十九条 投标文件报价出现前后不一致的，除招标文件另有规定外，按照下列规定修正：

（一）投标文件中开标一览表（报价表）内容与投标文件中相应内容不一致的，以开标一览表（报价表）为准；

（二）大写金额和小写金额不一致的，以大写金额为准；

（三）单价金额小数点或者百分比有明显错位的，以开标一览表的总价为准，并修改单价；

（四）总价金额与按单价汇总金额不一致的，以单价金额计算结果为准。

同时出现两种以上不一致的，按照前款规定的顺序修正。修正后的报价按照本办法第五十一条第二款的规定经投标人确认后产生约束力，投标人不确认的，其投标无效。

第六十条 评标委员会认为投标人的报价明显低于其他通过符合性审查投标人的报价，有可能影响产品质量或者不能诚信履约的，应当要求其在评标现场合理的时间内提供书面说明，必要时提交相关证明材料；投标人不能证明其报价合理性的，评标委员会应当将其作为无效投标处理。

第六十一条 评标委员会成员对需要共同认定的事项存在争议的，应当按照少数服从多数的原则作出结论。持不同意见的评标委员会成员应当在评标报告上签署不同意见及理由，否则视为同意评标报告。

第六十二条 评标委员会及其成员不得有下列行为：

（一）确定参与评标至评标结束前私自接触投标人；

（二）接受投标人提出的与投标文件不一致的澄清或者说明，本办法第五十一条规定的情形除外；

（三）违反评标纪律发表倾向性意见或者征询采购人的倾向性意见；

（四）对需要专业判断的主观评审因素协商评分；

（五）在评标过程中擅离职守，影响评标程序正常进行的；

（六）记录、复制或者带走任何评标资料；

（七）其他不遵守评标纪律的行为。

评标委员会成员有前款第一至五项行为之一的，其评审意见无效，并不得获取评审劳务报酬和报销异地评审差旅费。

第六十三条 投标人存在下列情况之一的，投标无效：

（一）未按照招标文件的规定提交投标保证金的；

（二）投标文件未按招标文件要求签署、盖章的；

（三）不具备招标文件中规定的资格要求的；

（四）报价超过招标文件中规定的预算金额或者最高限价的；

（五）投标文件含有采购人不能接受的附加条件的；

（六）法律、法规和招标文件规定的其他无效情形。

第六十四条 评标结果汇总完成后，除下列情形外，任何人不得修改评标结果：

（一）分值汇总计算错误的；
（二）分项评分超出评分标准范围的；
（三）评标委员会成员对客观评审因素评分不一致的；
（四）经评标委员会认定评分畸高、畸低的。

评标报告签署前，经复核发现存在以上情形之一的，评标委员会应当当场修改评标结果，并在评标报告中记载；评标报告签署后，采购人或者采购代理机构发现存在以上情形之一的，应当组织原评标委员会进行重新评审，重新评审改变评标结果的，书面报告本级财政部门。

投标人对本条第一款情形提出质疑的，采购人或者采购代理机构可以组织原评标委员会进行重新评审，重新评审改变评标结果的，应当书面报告本级财政部门。

第六十五条 评标委员会发现招标文件存在歧义、重大缺陷导致评标工作无法进行，或者招标文件内容违反国家有关强制性规定的，应当停止评标工作，与采购人或者采购代理机构沟通并作书面记录。采购人或者采购代理机构确认后，应当修改招标文件，重新组织采购活动。

第六十六条 采购人、采购代理机构应当采取必要措施，保证评标在严格保密的情况下进行。除采购人代表、评标现场组织人员外，采购人的其他工作人员以及与评标工作无关的人员不得进入评标现场。

有关人员对评标情况以及在评标过程中获悉的国家秘密、商业秘密负有保密责任。

第六十七条 评标委员会或者其成员存在下列情形导致评标结果无效的，采购人、采购代理机构可以重新组建评标委员会进行评标，并书面报告本级财政部门，但采购合同已经履行的除外：
（一）评标委员会组成不符合本办法规定的；
（二）有本办法第六十二条第一至五项情形的；

（三）评标委员会及其成员独立评标受到非法干预的；

（四）有政府采购法实施条例第七十五条规定的违法行为的。

有违法违规行为的原评标委员会成员不得参加重新组建的评标委员会。

第五章　中标和合同

第六十八条　采购代理机构应当在评标结束后2个工作日内将评标报告送采购人。

采购人应当自收到评标报告之日起5个工作日内，在评标报告确定的中标候选人名单中按顺序确定中标人。中标候选人并列的，由采购人或者采购人委托评标委员会按照招标文件规定的方式确定中标人；招标文件未规定的，采取随机抽取的方式确定。

采购人自行组织招标的，应当在评标结束后5个工作日内确定中标人。

采购人在收到评标报告5个工作日内未按评标报告推荐的中标候选人顺序确定中标人，又不能说明合法理由的，视同按评标报告推荐的顺序确定排名第一的中标候选人为中标人。

第六十九条　采购人或者采购代理机构应当自中标人确定之日起2个工作日内，在省级以上财政部门指定的媒体上公告中标结果，招标文件应当随中标结果同时公告。

中标结果公告内容应当包括采购人及其委托的采购代理机构的名称、地址、联系方式，项目名称和项目编号，中标人名称、地址和中标金额，主要中标标的的名称、规格型号、数量、单价、服务要求，中标公告期限以及评审专家名单。

中标公告期限为1个工作日。

邀请招标采购人采用书面推荐方式产生符合资格条件的潜在投标人的，还应当将所有被推荐供应商名单和推荐理由随中标结果同时公告。

在公告中标结果的同时，采购人或者采购代理机构应当向中标人发出中标通知书；对未通过资格审查的投标人，应当告知其未通过的原因；采用综合评分法评审的，还应当告知未中标人本人的评审得分与排序。

第七十条 中标通知书发出后，采购人不得违法改变中标结果，中标人无正当理由不得放弃中标。

第七十一条 采购人应当自中标通知书发出之日起 30 日内，按照招标文件和中标人投标文件的规定，与中标人签订书面合同。所签订的合同不得对招标文件确定的事项和中标人投标文件作实质性修改。

采购人不得向中标人提出任何不合理的要求作为签订合同的条件。

第七十二条 政府采购合同应当包括采购人与中标人的名称和住所、标的、数量、质量、价款或者报酬、履行期限及地点和方式、验收要求、违约责任、解决争议的方法等内容。

第七十三条 采购人与中标人应当根据合同的约定依法履行合同义务。

政府采购合同的履行、违约责任和解决争议的方法等适用《中华人民共和国合同法》。

第七十四条 采购人应当及时对采购项目进行验收。采购人可以邀请参加本项目的其他投标人或者第三方机构参与验收。参与验收的投标人或者第三方机构的意见作为验收书的参考资料一并存档。

第七十五条 采购人应当加强对中标人的履约管理，并按照采购合同约定，及时向中标人支付采购资金。对于中标人违反采购合同约定的行为，采购人应当及时处理，依法追究其违约责任。

第七十六条 采购人、采购代理机构应当建立真实完整的招标采购档案，妥善保存每项采购活动的采购文件。

第六章 法律责任

第七十七条 采购人有下列情形之一的，由财政部门责令限期改正；情节严重的，给予警告，对直接负责的主管人员和其他直接责任人员由其行政主管部门或者有关机关依法给予处分，并予以通报；涉嫌犯罪的，移送司法机关处理：

（一）未按照本办法的规定编制采购需求的；

（二）违反本办法第六条第二款规定的；

（三）未在规定时间内确定中标人的；

（四）向中标人提出不合理要求作为签订合同条件的。

第七十八条 采购人、采购代理机构有下列情形之一的，由财政部门责令限期改正，情节严重的，给予警告，对直接负责的主管人员和其他直接责任人员，由其行政主管部门或者有关机关给予处分，并予通报；采购代理机构有违法所得的，没收违法所得，并可以处以不超过违法所得3倍、最高不超过3万元的罚款，没有违法所得的，可以处以1万元以下的罚款：

（一）违反本办法第八条第二款规定的；

（二）设定最低限价的；

（三）未按照规定进行资格预审或者资格审查的；

（四）违反本办法规定确定招标文件售价的；

（五）未按规定对开标、评标活动进行全程录音录像的；

（六）擅自终止招标活动的；

（七）未按照规定进行开标和组织评标的；

（八）未按照规定退还投标保证金的；

（九）违反本办法规定进行重新评审或者重新组建评标委员会进行评标的；

（十）开标前泄露已获取招标文件的潜在投标人的名称、数量或者其他可能影响公平竞争的有关招标投标情况的；

（十一）未妥善保存采购文件的；

（十二）其他违反本办法规定的情形。

第七十九条 有本办法第七十七条、第七十八条规定的违法行为之一，经改正后仍然影响或者可能影响中标结果的，依照政府采购法实施条例第七十一条规定处理。

第八十条 政府采购当事人违反本办法规定，给他人造成损失的，依法承担民事责任。

第八十一条 评标委员会成员有本办法第六十二条所列行为之一的，由财政部门责令限期改正；情节严重的，给予警告，并对其不良行为予以记录。

第八十二条 财政部门应当依法履行政府采购监督管理职责。财政部门及其工作人员在履行监督管理职责中存在懒政怠政、滥用职权、玩忽职守、徇私舞弊等违法违纪行为的，依照政府采购法、《中华人民共和国公务员法》、《中华人民共和国行政监察法》、政府采购法实施条例等国家有关规定追究相应责任；涉嫌犯罪的，移送司法机关处理。

第七章 附 则

第八十三条 政府采购货物服务电子招标投标、政府采购货物中的进口机电产品招标投标有关特殊事宜，由财政部另行规定。

第八十四条 本办法所称主管预算单位是指负有编制部门预算职责，向本级财政部门申报预算的国家机关、事业单位和团体组织。

第八十五条 本办法规定按日计算期间的，开始当天不计入，从次日开始计算。期限的最后一日是国家法定节假日的，顺延到节假日后的次日为期限的最后一日。

第八十六条 本办法所称的"以上"、"以下"、"内"、"以内"，包括本数；所称的"不足"，不包括本数。

第八十七条 各省、自治区、直辖市财政部门可以根据本办法制定具体实施办法。

第八十八条 本办法自 2017 年 10 月 1 日起施行。财政部 2004 年 8 月 11 日发布的《政府采购货物和服务招标投标管理办法》（财政部令第 18 号）同时废止。

政府采购非招标采购方式管理办法

（2013 年 12 月 19 日财政部令第 74 号公布　自 2014 年 2 月 1 日起施行）

第一章　总　　则

第一条 为了规范政府采购行为，加强对采用非招标采购方式采购活动的监督管理，维护国家利益、社会公共利益和政府采购当事人的合法权益，依据《中华人民共和国政府采购法》（以下简称政府采购法）和其他法律、行政法规的有关规定，制定本办法。

第二条 采购人、采购代理机构采用非招标采购方式采购货物、工程和服务的，适用本办法。

本办法所称非招标采购方式，是指竞争性谈判、单一来源采购和询价采购方式。

竞争性谈判是指谈判小组与符合资格条件的供应商就采购货物、工程和服务事宜进行谈判，供应商按照谈判文件的要求提交响应文件和最后报价，采购人从谈判小组提出的成交候选人中确定成交供应商的采购方式。

单一来源采购是指采购人从某一特定供应商处采购货物、工程和服务的采购方式。

询价是指询价小组向符合资格条件的供应商发出采购货物询价

通知书，要求供应商一次报出不得更改的价格，采购人从询价小组提出的成交候选人中确定成交供应商的采购方式。

第三条 采购人、采购代理机构采购以下货物、工程和服务之一的，可以采用竞争性谈判、单一来源采购方式采购；采购货物的，还可以采用询价采购方式：

（一）依法制定的集中采购目录以内，且未达到公开招标数额标准的货物、服务；

（二）依法制定的集中采购目录以外、采购限额标准以上，且未达到公开招标数额标准的货物、服务；

（三）达到公开招标数额标准、经批准采用非公开招标方式的货物、服务；

（四）按照招标投标法及其实施条例必须进行招标的工程建设项目以外的政府采购工程。

第二章 一般规定

第四条 达到公开招标数额标准的货物、服务采购项目，拟采用非招标采购方式的，采购人应当在采购活动开始前，报经主管预算单位同意后，向设区的市、自治州以上人民政府财政部门申请批准。

第五条 根据本办法第四条申请采用非招标采购方式采购的，采购人应当向财政部门提交以下材料并对材料的真实性负责：

（一）采购人名称、采购项目名称、项目概况等项目基本情况说明；

（二）项目预算金额、预算批复文件或者资金来源证明；

（三）拟申请采用的采购方式和理由。

第六条 采购人、采购代理机构应当按照政府采购法和本办法的规定组织开展非招标采购活动，并采取必要措施，保证评审在严格保密的情况下进行。

任何单位和个人不得非法干预、影响评审过程和结果。

第七条 竞争性谈判小组或者询价小组由采购人代表和评审专家共 3 人以上单数组成，其中评审专家人数不得少于竞争性谈判小组或者询价小组成员总数的 2/3。采购人不得以评审专家身份参加本部门或本单位采购项目的评审。采购代理机构人员不得参加本机构代理的采购项目的评审。

达到公开招标数额标准的货物或者服务采购项目，或者达到招标规模标准的政府采购工程，竞争性谈判小组或者询价小组应当由 5 人以上单数组成。

采用竞争性谈判、询价方式采购的政府采购项目，评审专家应当从政府采购评审专家库内相关专业的专家名单中随机抽取。技术复杂、专业性强的竞争性谈判采购项目，通过随机方式难以确定合适的评审专家的，经主管预算单位同意，可以自行选定评审专家。技术复杂、专业性强的竞争性谈判采购项目，评审专家中应当包含 1 名法律专家。

第八条 竞争性谈判小组或者询价小组在采购活动过程中应当履行下列职责：

（一）确认或者制定谈判文件、询价通知书；

（二）从符合相应资格条件的供应商名单中确定不少于 3 家的供应商参加谈判或者询价；

（三）审查供应商的响应文件并作出评价；

（四）要求供应商解释或者澄清其响应文件；

（五）编写评审报告；

（六）告知采购人、采购代理机构在评审过程中发现的供应商的违法违规行为。

第九条 竞争性谈判小组或者询价小组成员应当履行下列义务：

（一）遵纪守法，客观、公正、廉洁地履行职责；

（二）根据采购文件的规定独立进行评审，对个人的评审意见承担法律责任；

（三）参与评审报告的起草；

（四）配合采购人、采购代理机构答复供应商提出的质疑；

（五）配合财政部门的投诉处理和监督检查工作。

第十条 谈判文件、询价通知书应当根据采购项目的特点和采购人的实际需求制定，并经采购人书面同意。采购人应当以满足实际需求为原则，不得擅自提高经费预算和资产配置等采购标准。

谈判文件、询价通知书不得要求或者标明供应商名称或者特定货物的品牌，不得含有指向特定供应商的技术、服务等条件。

第十一条 谈判文件、询价通知书应当包括供应商资格条件、采购邀请、采购方式、采购预算、采购需求、采购程序、价格构成或者报价要求、响应文件编制要求、提交响应文件截止时间及地点、保证金交纳数额和形式、评定成交的标准等。

谈判文件除本条第一款规定的内容外，还应当明确谈判小组根据与供应商谈判情况可能实质性变动的内容，包括采购需求中的技术、服务要求以及合同草案条款。

第十二条 采购人、采购代理机构应当通过发布公告、从省级以上财政部门建立的供应商库中随机抽取或者采购人和评审专家分别书面推荐的方式邀请不少于3家符合相应资格条件的供应商参与竞争性谈判或者询价采购活动。

符合政府采购法第二十二条第一款规定条件的供应商可以在采购活动开始前加入供应商库。财政部门不得对供应商申请入库收取任何费用，不得利用供应商库进行地区和行业封锁。

采取采购人和评审专家书面推荐方式选择供应商的，采购人和评审专家应当各自出具书面推荐意见。采购人推荐供应商的比例不得高于推荐供应商总数的50%。

第十三条 供应商应当按照谈判文件、询价通知书的要求编制响应文件，并对其提交的响应文件的真实性、合法性承担法律责任。

第十四条 采购人、采购代理机构可以要求供应商在提交响应文件截止时间之前交纳保证金。保证金应当采用支票、汇票、本票、网上银行支付或者金融机构、担保机构出具的保函等非现金形式交纳。保证金数额应当不超过采购项目预算的2%。

供应商为联合体的，可以由联合体中的一方或者多方共同交纳保证金，其交纳的保证金对联合体各方均具有约束力。

第十五条 供应商应当在谈判文件、询价通知书要求的截止时间前，将响应文件密封送达指定地点。在截止时间后送达的响应文件为无效文件，采购人、采购代理机构或者谈判小组、询价小组应当拒收。

供应商在提交询价响应文件截止时间前，可以对所提交的响应文件进行补充、修改或者撤回，并书面通知采购人、采购代理机构。补充、修改的内容作为响应文件的组成部分。补充、修改的内容与响应文件不一致的，以补充、修改的内容为准。

第十六条 谈判小组、询价小组在对响应文件的有效性、完整性和响应程度进行审查时，可以要求供应商对响应文件中含义不明确、同类问题表述不一致或者有明显文字和计算错误的内容等作出必要的澄清、说明或者更正。供应商的澄清、说明或者更正不得超出响应文件的范围或者改变响应文件的实质性内容。

谈判小组、询价小组要求供应商澄清、说明或者更正响应文件应当以书面形式作出。供应商的澄清、说明或者更正应当由法定代表人或其授权代表签字或者加盖公章。由授权代表签字的，应当附法定代表人授权书。供应商为自然人的，应当由本人签字并附身份证明。

第十七条 谈判小组、询价小组应当根据评审记录和评审结果编写评审报告，其主要内容包括：

（一）邀请供应商参加采购活动的具体方式和相关情况，以及参加采购活动的供应商名单；

（二）评审日期和地点，谈判小组、询价小组成员名单；

（三）评审情况记录和说明，包括对供应商的资格审查情况、供应商响应文件评审情况、谈判情况、报价情况等；

（四）提出的成交候选人的名单及理由。

评审报告应当由谈判小组、询价小组全体人员签字认可。谈判小组、询价小组成员对评审报告有异议的，谈判小组、询价小组按照少数服从多数的原则推荐成交候选人，采购程序继续进行。对评审报告有异议的谈判小组、询价小组成员，应当在报告上签署不同意见并说明理由，由谈判小组、询价小组书面记录相关情况。谈判小组、询价小组成员拒绝在报告上签字又不书面说明其不同意见和理由的，视为同意评审报告。

第十八条 采购人或者采购代理机构应当在成交供应商确定后2个工作日内，在省级以上财政部门指定的媒体上公告成交结果，同时向成交供应商发出成交通知书，并将竞争性谈判文件、询价通知书随成交结果同时公告。成交结果公告应当包括以下内容：

（一）采购人和采购代理机构的名称、地址和联系方式；

（二）项目名称和项目编号；

（三）成交供应商名称、地址和成交金额；

（四）主要成交标的的名称、规格型号、数量、单价、服务要求；

（五）谈判小组、询价小组成员名单及单一来源采购人员名单。

采用书面推荐供应商参加采购活动的，还应当公告采购人和评审专家的推荐意见。

第十九条 采购人与成交供应商应当在成交通知书发出之日起30日内，按照采购文件确定的合同文本以及采购标的、规格型号、采购金额、采购数量、技术和服务要求等事项签订政府采购合同。

采购人不得向成交供应商提出超出采购文件以外的任何要求作为签订合同的条件，不得与成交供应商订立背离采购文件确定的合同文本以及采购标的、规格型号、采购金额、采购数量、技术和服务要求等实质性内容的协议。

第二十条　采购人或者采购代理机构应当在采购活动结束后及时退还供应商的保证金，但因供应商自身原因导致无法及时退还的除外。未成交供应商的保证金应当在成交通知书发出后5个工作日内退还，成交供应商的保证金应当在采购合同签订后5个工作日内退还。

有下列情形之一的，保证金不予退还：

（一）供应商在提交响应文件截止时间后撤回响应文件的；

（二）供应商在响应文件中提供虚假材料的；

（三）除因不可抗力或谈判文件、询价通知书认可的情形以外，成交供应商不与采购人签订合同的；

（四）供应商与采购人、其他供应商或者采购代理机构恶意串通的；

（五）采购文件规定的其他情形。

第二十一条　除资格性审查认定错误和价格计算错误外，采购人或者采购代理机构不得以任何理由组织重新评审。采购人、采购代理机构发现谈判小组、询价小组未按照采购文件规定的评定成交的标准进行评审的，应当重新开展采购活动，并同时书面报告本级财政部门。

第二十二条　除不可抗力等因素外，成交通知书发出后，采购人改变成交结果，或者成交供应商拒绝签订政府采购合同的，应当承担相应的法律责任。

成交供应商拒绝签订政府采购合同的，采购人可以按照本办法第三十六条第二款、第四十九条第二款规定的原则确定其他供应商作为成交供应商并签订政府采购合同，也可以重新开展采购活动。

拒绝签订政府采购合同的成交供应商不得参加对该项目重新开展的采购活动。

第二十三条 在采购活动中因重大变故,采购任务取消的,采购人或者采购代理机构应当终止采购活动,通知所有参加采购活动的供应商,并将项目实施情况和采购任务取消原因报送本级财政部门。

第二十四条 采购人或者采购代理机构应当按照采购合同规定的技术、服务等要求组织对供应商履约的验收,并出具验收书。验收书应当包括每一项技术、服务等要求的履约情况。大型或者复杂的项目,应当邀请国家认可的质量检测机构参加验收。验收方成员应当在验收书上签字,并承担相应的法律责任。

第二十五条 谈判小组、询价小组成员以及与评审工作有关的人员不得泄露评审情况以及评审过程中获悉的国家秘密、商业秘密。

第二十六条 采购人、采购代理机构应当妥善保管每项采购活动的采购文件。采购文件包括采购活动记录、采购预算、谈判文件、询价通知书、响应文件、推荐供应商的意见、评审报告、成交供应商确定文件、单一来源采购协商情况记录、合同文本、验收证明、质疑答复、投诉处理决定以及其他有关文件、资料。采购文件可以电子档案方式保存。

采购活动记录至少应当包括下列内容:

(一)采购项目类别、名称;

(二)采购项目预算、资金构成和合同价格;

(三)采购方式,采用该方式的原因及相关说明材料;

(四)选择参加采购活动的供应商的方式及原因;

(五)评定成交的标准及确定成交供应商的原因;

(六)终止采购活动的,终止的原因。

第三章 竞争性谈判

第二十七条 符合下列情形之一的采购项目，可以采用竞争性谈判方式采购：

（一）招标后没有供应商投标或者没有合格标的，或者重新招标未能成立的；

（二）技术复杂或者性质特殊，不能确定详细规格或者具体要求的；

（三）非采购人所能预见的原因或者非采购人拖延造成采用招标所需时间不能满足用户紧急需要的；

（四）因艺术品采购、专利、专有技术或者服务的时间、数量事先不能确定等原因不能事先计算出价格总额的。

公开招标的货物、服务采购项目，招标过程中提交投标文件或者经评审实质性响应招标文件要求的供应商只有两家时，采购人、采购代理机构按照本办法第四条经本级财政部门批准后可以与该两家供应商进行竞争性谈判采购，采购人、采购代理机构应当根据招标文件中的采购需求编制谈判文件，成立谈判小组，由谈判小组对谈判文件进行确认。符合本款情形的，本办法第三十三条、第三十五条中规定的供应商最低数量可以为两家。

第二十八条 符合本办法第二十七条第一款第一项情形和第二款情形，申请采用竞争性谈判采购方式时，除提交本办法第五条第一至三项规定的材料外，还应当提交下列申请材料：

（一）在省级以上财政部门指定的媒体上发布招标公告的证明材料；

（二）采购人、采购代理机构出具的对招标文件和招标过程是否有供应商质疑及质疑处理情况的说明；

（三）评标委员会或者3名以上评审专家出具的招标文件没有不合理条款的论证意见。

第二十九条 从谈判文件发出之日起至供应商提交首次响应文件截止之日止不得少于3个工作日。

提交首次响应文件截止之日前，采购人、采购代理机构或者谈判小组可以对已发出的谈判文件进行必要的澄清或者修改，澄清或者修改的内容作为谈判文件的组成部分。澄清或者修改的内容可能影响响应文件编制的，采购人、采购代理机构或者谈判小组应当在提交首次响应文件截止之日3个工作日前，以书面形式通知所有接收谈判文件的供应商，不足3个工作日的，应当顺延提交首次响应文件截止之日。

第三十条 谈判小组应当对响应文件进行评审，并根据谈判文件规定的程序、评定成交的标准等事项与实质性响应谈判文件要求的供应商进行谈判。未实质性响应谈判文件的响应文件按无效处理，谈判小组应当告知有关供应商。

第三十一条 谈判小组所有成员应当集中与单一供应商分别进行谈判，并给予所有参加谈判的供应商平等的谈判机会。

第三十二条 在谈判过程中，谈判小组可以根据谈判文件和谈判情况实质性变动采购需求中的技术、服务要求以及合同草案条款，但不得变动谈判文件中的其他内容。实质性变动的内容，须经采购人代表确认。

对谈判文件作出的实质性变动是谈判文件的有效组成部分，谈判小组应当及时以书面形式同时通知所有参加谈判的供应商。

供应商应当按照谈判文件的变动情况和谈判小组的要求重新提交响应文件，并由其法定代表人或授权代表签字或者加盖公章。由授权代表签字的，应当附法定代表人授权书。供应商为自然人的，应当由本人签字并附身份证明。

第三十三条 谈判文件能够详细列明采购标的的技术、服务要求的，谈判结束后，谈判小组应当要求所有继续参加谈判的供应商在规定时间内提交最后报价，提交最后报价的供应商不得少于

3家。

谈判文件不能详细列明采购标的的技术、服务要求,需经谈判由供应商提供最终设计方案或解决方案的,谈判结束后,谈判小组应当按照少数服从多数的原则投票推荐3家以上供应商的设计方案或者解决方案,并要求其在规定时间内提交最后报价。

最后报价是供应商响应文件的有效组成部分。

第三十四条 已提交响应文件的供应商,在提交最后报价之前,可以根据谈判情况退出谈判。采购人、采购代理机构应当退还退出谈判的供应商的保证金。

第三十五条 谈判小组应当从质量和服务均能满足采购文件实质性响应要求的供应商中,按照最后报价由低到高的顺序提出3名以上成交候选人,并编写评审报告。

第三十六条 采购代理机构应当在评审结束后2个工作日内将评审报告送采购人确认。

采购人应当在收到评审报告后5个工作日内,从评审报告提出的成交候选人中,根据质量和服务均能满足采购文件实质性响应要求且最后报价最低的原则确定成交供应商,也可以书面授权谈判小组直接确定成交供应商。采购人逾期未确定成交供应商且不提出异议的,视为确定评审报告提出的最后报价最低的供应商为成交供应商。

第三十七条 出现下列情形之一的,采购人或者采购代理机构应当终止竞争性谈判采购活动,发布项目终止公告并说明原因,重新开展采购活动:

(一)因情况变化,不再符合规定的竞争性谈判采购方式适用情形的;

(二)出现影响采购公正的违法、违规行为的;

(三)在采购过程中符合竞争要求的供应商或者报价未超过采购预算的供应商不足3家的,但本办法第二十七条第二款规定的情形除外。

第四章　单一来源采购

第三十八条　属于政府采购法第三十一条第一项情形，且达到公开招标数额的货物、服务项目，拟采用单一来源采购方式的，采购人、采购代理机构在按照本办法第四条报财政部门批准之前，应当在省级以上财政部门指定媒体上公示，并将公示情况一并报财政部门。公示期不得少于5个工作日，公示内容应当包括：

（一）采购人、采购项目名称和内容；

（二）拟采购的货物或者服务的说明；

（三）采用单一来源采购方式的原因及相关说明；

（四）拟定的唯一供应商名称、地址；

（五）专业人员对相关供应商因专利、专有技术等原因具有唯一性的具体论证意见，以及专业人员的姓名、工作单位和职称；

（六）公示的期限；

（七）采购人、采购代理机构、财政部门的联系地址、联系人和联系电话。

第三十九条　任何供应商、单位或者个人对采用单一来源采购方式公示有异议的，可以在公示期内将书面意见反馈给采购人、采购代理机构，并同时抄送相关财政部门。

第四十条　采购人、采购代理机构收到对采用单一来源采购方式公示的异议后，应当在公示期满后5个工作日内，组织补充论证，论证后认为异议成立的，应当依法采取其他采购方式；论证后认为异议不成立的，应当将异议意见、论证意见与公示情况一并报相关财政部门。

采购人、采购代理机构应当将补充论证的结论告知提出异议的供应商、单位或者个人。

第四十一条　采用单一来源采购方式采购的，采购人、采购代理机构应当组织具有相关经验的专业人员与供应商商定合理的成交价格并保证采购项目质量。

第四十二条　单一来源采购人员应当编写协商情况记录，主要内容包括：

（一）依据本办法第三十八条进行公示的，公示情况说明；

（二）协商日期和地点，采购人员名单；

（三）供应商提供的采购标的成本、同类项目合同价格以及相关专利、专有技术等情况说明；

（四）合同主要条款及价格商定情况。

协商情况记录应当由采购全体人员签字认可。对记录有异议的采购人员，应当签署不同意见并说明理由。采购人员拒绝在记录上签字又不书面说明其不同意见和理由的，视为同意。

第四十三条　出现下列情形之一的，采购人或者采购代理机构应当终止采购活动，发布项目终止公告并说明原因，重新开展采购活动：

（一）因情况变化，不再符合规定的单一来源采购方式适用情形的；

（二）出现影响采购公正的违法、违规行为的；

（三）报价超过采购预算的。

第五章　询　　价

第四十四条　询价采购需求中的技术、服务等要求应当完整、明确，符合相关法律、行政法规和政府采购政策的规定。

第四十五条　从询价通知书发出之日起至供应商提交响应文件截止之日止不得少于3个工作日。

提交响应文件截止之日前，采购人、采购代理机构或者询价小组可以对已发出的询价通知书进行必要的澄清或者修改，澄清或者修改的内容作为询价通知书的组成部分。澄清或者修改的内容可能影响响应文件编制的，采购人、采购代理机构或者询价小组应当在提交响应文件截止之日3个工作日前,以书面形式通知所有接收询价通知书的供应商,不足3个工作日的,应当顺延提交响应文件截止之日。

第四十六条 询价小组在询价过程中,不得改变询价通知书所确定的技术和服务等要求、评审程序、评定成交的标准和合同文本等事项。

第四十七条 参加询价采购活动的供应商,应当按照询价通知书的规定一次报出不得更改的价格。

第四十八条 询价小组应当从质量和服务均能满足采购文件实质性响应要求的供应商中,按照报价由低到高的顺序提出3名以上成交候选人,并编写评审报告。

第四十九条 采购代理机构应当在评审结束后2个工作日内将评审报告送采购人确认。

采购人应当在收到评审报告后5个工作日内,从评审报告提出的成交候选人中,根据质量和服务均能满足采购文件实质性响应要求且报价最低的原则确定成交供应商,也可以书面授权询价小组直接确定成交供应商。采购人逾期未确定成交供应商且不提出异议的,视为确定评审报告提出的最后报价最低的供应商为成交供应商。

第五十条 出现下列情形之一的,采购人或者采购代理机构应当终止询价采购活动,发布项目终止公告并说明原因,重新开展采购活动:

(一)因情况变化,不再符合规定的询价采购方式适用情形的;

(二)出现影响采购公正的违法、违规行为的;

(三)在采购过程中符合竞争要求的供应商或者报价未超过采购预算的供应商不足3家的。

第六章 法律责任

第五十一条 采购人、采购代理机构有下列情形之一的,责令限期改正，给予警告；有关法律、行政法规规定处以罚款的，并处罚款；涉嫌犯罪的，依法移送司法机关处理：

（一）未按照本办法规定在指定媒体上发布政府采购信息的；

（二）未按照本办法规定组成谈判小组、询价小组的；

（三）在询价采购过程中与供应商进行协商谈判的；

（四）未按照政府采购法和本办法规定的程序和要求确定成交候选人的；

（五）泄露评审情况以及评审过程中获悉的国家秘密、商业秘密的。

采购代理机构有前款情形之一，情节严重的，暂停其政府采购代理机构资格3至6个月；情节特别严重或者逾期不改正的，取消其政府采购代理机构资格。

第五十二条 采购人有下列情形之一的，责令限期改正，给予警告；有关法律、行政法规规定处以罚款的，并处罚款：

（一）未按照政府采购法和本办法的规定采用非招标采购方式的；

（二）未按照政府采购法和本办法的规定确定成交供应商的；

（三）未按照采购文件确定的事项签订政府采购合同，或者与成交供应商另行订立背离合同实质性内容的协议的；

（四）未按规定将政府采购合同副本报本级财政部门备案的。

第五十三条 采购人、采购代理机构有本办法第五十一条、第五十二条规定情形之一，且情节严重或者拒不改正的，其直接负责的主管人员和其他直接责任人员属于国家机关工作人员的，由任免机关或者监察机关依法给予处分，并予通报。

第五十四条 成交供应商有下列情形之一的，责令限期改正，情节严重的，列入不良行为记录名单，在1至3年内禁止参加政府采购活动，并予以通报：

（一）未按照采购文件确定的事项签订政府采购合同，或者与采购人另行订立背离合同实质性内容的协议的；

（二）成交后无正当理由不与采购人签订合同的；

（三）拒绝履行合同义务的。

第五十五条 谈判小组、询价小组成员有下列行为之一的，责令改正，给予警告；有关法律、行政法规规定处以罚款的，并处罚款；涉嫌犯罪的，依法移送司法机关处理：

（一）收受采购人、采购代理机构、供应商、其他利害关系人的财物或者其他不正当利益的；

（二）泄露评审情况以及评审过程中获悉的国家秘密、商业秘密的；

（三）明知与供应商有利害关系而不依法回避的；

（四）在评审过程中擅离职守，影响评审程序正常进行的；

（五）在评审过程中有明显不合理或者不正当倾向性的；

（六）未按照采购文件规定的评定成交的标准进行评审的。

评审专家有前款情形之一，情节严重的，取消其政府采购评审专家资格，不得再参加任何政府采购项目的评审，并在财政部门指定的政府采购信息发布媒体上予以公告。

第五十六条 有本办法第五十一条、第五十二条、第五十五条违法行为之一，并且影响或者可能影响成交结果的，应当按照下列情形分别处理：

（一）未确定成交供应商的，终止本次采购活动，依法重新开展采购活动；

（二）已确定成交供应商但采购合同尚未履行的，撤销合同，从合格的成交候选人中另行确定成交供应商，没有合格的成交候选人的，重新开展采购活动；

（三）采购合同已经履行的，给采购人、供应商造成损失的，由责任人依法承担赔偿责任。

第五十七条 政府采购当事人违反政府采购法和本办法规定，

给他人造成损失的，应当依照有关民事法律规定承担民事责任。

第五十八条　任何单位或者个人非法干预、影响评审过程或者结果的，责令改正；该单位责任人或者个人属于国家机关工作人员的，由任免机关或者监察机关依法给予处分。

第五十九条　财政部门工作人员在实施监督管理过程中违法干预采购活动或者滥用职权、玩忽职守、徇私舞弊的，依法给予处分；涉嫌犯罪的，依法移送司法机关处理。

第七章　附　　则

第六十条　本办法所称主管预算单位是指负有编制部门预算职责，向同级财政部门申报预算的国家机关、事业单位和团体组织。

第六十一条　各省、自治区、直辖市人民政府财政部门可以根据本办法制定具体实施办法。

第六十二条　本办法自2014年2月1日起施行。

政府采购竞争性磋商采购方式管理暂行办法

(2014年12月31日　财库〔2014〕214号)

第一章　总　　则

第一条　为了规范政府采购行为，维护国家利益、社会公共利益和政府采购当事人的合法权益，依据《中华人民共和国政府采购法》（以下简称政府采购法）第二十六条第一款第六项规定，制定本办法。

第二条　本办法所称竞争性磋商采购方式，是指采购人、政府采购代理机构通过组建竞争性磋商小组（以下简称磋商小组）与符合条件的供应商就采购货物、工程和服务事宜进行磋商，供应商按照磋商文件的要求提交响应文件和报价，采购人从磋商小组评审后提出的候选供应商名单中确定成交供应商的采购方式。

第三条　符合下列情形的项目，可以采用竞争性磋商方式开展采购：

（一）政府购买服务项目；

（二）技术复杂或者性质特殊，不能确定详细规格或者具体要求的；

（三）因艺术品采购、专利、专有技术或者服务的时间、数量事先不能确定等原因不能事先计算出价格总额的；

（四）市场竞争不充分的科研项目，以及需要扶持的科技成果转化项目；

（五）按照招标投标法及其实施条例必须进行招标的工程建设项目以外的工程建设项目。

第二章　磋商程序

第四条　达到公开招标数额标准的货物、服务采购项目，拟采用竞争性磋商采购方式的，采购人应当在采购活动开始前，报经主管预算单位同意后，依法向设区的市、自治州以上人民政府财政部门申请批准。

第五条　采购人、采购代理机构应当按照政府采购法和本办法的规定组织开展竞争性磋商，并采取必要措施，保证磋商在严格保密的情况下进行。

任何单位和个人不得非法干预、影响磋商过程和结果。

第六条　采购人、采购代理机构应当通过发布公告、从省级以上财政部门建立的供应商库中随机抽取或者采购人和评审专家分别书面推荐的方式邀请不少于3家符合相应资格条件的供应商参与竞争性磋商采购活动。

符合政府采购法第二十二条第一款规定条件的供应商可以在采购活动开始前加入供应商库。财政部门不得对供应商申请入库收取任何费用，不得利用供应商库进行地区和行业封锁。

采取采购人和评审专家书面推荐方式选择供应商的，采购人和评审专家应当各自出具书面推荐意见。采购人推荐供应商的比例不得高于推荐供应商总数的50%。

第七条 采用公告方式邀请供应商的，采购人、采购代理机构应当在省级以上人民政府财政部门指定的政府采购信息发布媒体发布竞争性磋商公告。竞争性磋商公告应当包括以下主要内容：

（一）采购人、采购代理机构的名称、地点和联系方法；

（二）采购项目的名称、数量、简要规格描述或项目基本概况介绍；

（三）采购项目的预算；

（四）供应商资格条件；

（五）获取磋商文件的时间、地点、方式及磋商文件售价；

（六）响应文件提交的截止时间、开启时间及地点；

（七）采购项目联系人姓名和电话。

第八条 竞争性磋商文件（以下简称磋商文件）应当根据采购项目的特点和采购人的实际需求制定，并经采购人书面同意。采购人应当以满足实际需求为原则，不得擅自提高经费预算和资产配置等采购标准。

磋商文件不得要求或者标明供应商名称或者特定货物的品牌，不得含有指向特定供应商的技术、服务等条件。

第九条 磋商文件应当包括供应商资格条件、采购邀请、采购方式、采购预算、采购需求、政府采购政策要求、评审程序、评审方法、评审标准、价格构成或者报价要求、响应文件编制要求、保证金交纳数额和形式以及不予退还保证金的情形、磋商过程中可能实质性变动的内容、响应文件提交的截止时间、开启时间及地点以及合同草案条款等。

第十条 从磋商文件发出之日起至供应商提交首次响应文件截止之日止不得少于 10 日。

磋商文件售价应当按照弥补磋商文件制作成本费用的原则确定，不得以营利为目的，不得以项目预算金额作为确定磋商文件售价依据。磋商文件的发售期限自开始之日起不得少于 5 个工作日。

提交首次响应文件截止之日前，采购人、采购代理机构或者磋商小组可以对已发出的磋商文件进行必要的澄清或者修改，澄清或者修改的内容作为磋商文件的组成部分。澄清或者修改的内容可能影响响应文件编制的，采购人、采购代理机构应当在提交首次响应文件截止时间至少 5 日前，以书面形式通知所有获取磋商文件的供应商；不足 5 日的，采购人、采购代理机构应当顺延提交首次响应文件截止时间。

第十一条 供应商应当按照磋商文件的要求编制响应文件，并对其提交的响应文件的真实性、合法性承担法律责任。

第十二条 采购人、采购代理机构可以要求供应商在提交响应文件截止时间之前交纳磋商保证金。磋商保证金应当采用支票、汇票、本票或者金融机构、担保机构出具的保函等非现金形式交纳。磋商保证金数额应当不超过采购项目预算的 2%。供应商未按照磋商文件要求提交磋商保证金的，响应无效。

供应商为联合体的，可以由联合体中的一方或者多方共同交纳磋商保证金，其交纳的保证金对联合体各方均具有约束力。

第十三条 供应商应当在磋商文件要求的截止时间前，将响应文件密封送达指定地点。在截止时间后送达的响应文件为无效文件，采购人、采购代理机构或者磋商小组应当拒收。

供应商在提交响应文件截止时间前，可以对所提交的响应文件进行补充、修改或者撤回，并书面通知采购人、采购代理机构。补充、修改的内容作为响应文件的组成部分。补充、修改的内容与响应文件不一致的，以补充、修改的内容为准。

第十四条 磋商小组由采购人代表和评审专家共 3 人以上单数组成，其中评审专家人数不得少于磋商小组成员总数的 2/3。采购人代表不得以评审专家身份参加本部门或本单位采购项目的评审。采购代理机构人员不得参加本机构代理的采购项目的评审。

采用竞争性磋商方式的政府采购项目，评审专家应当从政府采购评审专家库内相关专业的专家名单中随机抽取。符合本办法第三条第四项规定情形的项目，以及情况特殊、通过随机方式难以确定合适的评审专家的项目，经主管预算单位同意，可以自行选定评审专家。技术复杂、专业性强的采购项目，评审专家中应当包含 1 名法律专家。

第十五条 评审专家应当遵守评审工作纪律，不得泄露评审情况和评审中获悉的商业秘密。

磋商小组在评审过程中发现供应商有行贿、提供虚假材料或者串通等违法行为的，应当及时向财政部门报告。

评审专家在评审过程中受到非法干涉的，应当及时向财政、监察等部门举报。

第十六条 磋商小组成员应当按照客观、公正、审慎的原则，根据磋商文件规定的评审程序、评审方法和评审标准进行独立评审。未实质性响应磋商文件的响应文件按无效响应处理，磋商小组应当告知提交响应文件的供应商。

磋商文件内容违反国家有关强制性规定的，磋商小组应当停止评审并向采购人或者采购代理机构说明情况。

第十七条 采购人、采购代理机构不得向磋商小组中的评审专家作倾向性、误导性的解释或者说明。

采购人、采购代理机构可以视采购项目的具体情况，组织供应商进行现场考察或召开磋商前答疑会，但不得单独或分别组织只有一个供应商参加的现场考察和答疑会。

第十八条 磋商小组在对响应文件的有效性、完整性和响应程度进行审查时，可以要求供应商对响应文件中含义不明确、同类问题表述不一致或者有明显文字和计算错误的内容等作出必要的澄清、说明或者更正。供应商的澄清、说明或者更正不得超出响应文件的范围或者改变响应文件的实质性内容。

磋商小组要求供应商澄清、说明或者更正响应文件应当以书面形式作出。供应商的澄清、说明或者更正应当由法定代表人或其授权代表签字或者加盖公章。由授权代表签字的，应当附法定代表人授权书。供应商为自然人的，应当由本人签字并附身份证明。

第十九条 磋商小组所有成员应当集中与单一供应商分别进行磋商，并给予所有参加磋商的供应商平等的磋商机会。

第二十条 在磋商过程中，磋商小组可以根据磋商文件和磋商情况实质性变动采购需求中的技术、服务要求以及合同草案条款，但不得变动磋商文件中的其他内容。实质性变动的内容，须经采购人代表确认。

对磋商文件作出的实质性变动是磋商文件的有效组成部分，磋商小组应当及时以书面形式同时通知所有参加磋商的供应商。

供应商应当按照磋商文件的变动情况和磋商小组的要求重新提交响应文件，并由其法定代表人或授权代表签字或者加盖公章。由授权代表签字的，应当附法定代表人授权书。供应商为自然人的，应当由本人签字并附身份证明。

第二十一条 磋商文件能够详细列明采购标的的技术、服务要求的，磋商结束后，磋商小组应当要求所有实质性响应的供应商在规定时间内提交最后报价，提交最后报价的供应商不得少于 3 家。

磋商文件不能详细列明采购标的的技术、服务要求，需经磋商由供应商提供最终设计方案或解决方案的，磋商结束后，磋商小组应当按照少数服从多数的原则投票推荐 3 家以上供应商的设计方案或者解决方案，并要求其在规定时间内提交最后报价。

最后报价是供应商响应文件的有效组成部分。符合本办法第三条第四项情形的，提交最后报价的供应商可以为2家。

第二十二条 已提交响应文件的供应商，在提交最后报价之前，可以根据磋商情况退出磋商。采购人、采购代理机构应当退还退出磋商的供应商的磋商保证金。

第二十三条 经磋商确定最终采购需求和提交最后报价的供应商后，由磋商小组采用综合评分法对提交最后报价的供应商的响应文件和最后报价进行综合评分。

综合评分法，是指响应文件满足磋商文件全部实质性要求且按评审因素的量化指标评审得分最高的供应商为成交候选供应商的评审方法。

第二十四条 综合评分法评审标准中的分值设置应当与评审因素的量化指标相对应。磋商文件中没有规定的评审标准不得作为评审依据。

评审时，磋商小组各成员应当独立对每个有效响应的文件进行评价、打分，然后汇总每个供应商每项评分因素的得分。

综合评分法货物项目的价格分值占总分值的比重（即权值）为30%至60%，服务项目的价格分值占总分值的比重（即权值）为10%至30%。采购项目中含不同采购对象的，以占项目资金比例最高的采购对象确定其项目属性。符合本办法第三条第三项的规定和执行统一价格标准的项目，其价格不列为评分因素。有特殊情况需要在上述规定范围外设定价格分权重的，应当经本级人民政府财政部门审核同意。

综合评分法中的价格分统一采用低价优先法计算，即满足磋商文件要求且最后报价最低的供应商的价格为磋商基准价，其价格分为满分。其他供应商的价格分统一按照下列公式计算：

磋商报价得分＝（磋商基准价/最后磋商报价）×价格权值×100

项目评审过程中，不得去掉最后报价中的最高报价和最低报价。

第二十五条 磋商小组应当根据综合评分情况，按照评审得分由高到低顺序推荐3名以上成交候选供应商，并编写评审报告。符合本办法第二十一条第三款情形的，可以推荐2家成交候选供应商。评审得分相同的，按照最后报价由低到高的顺序推荐。评审得分且最后报价相同的，按照技术指标优劣顺序推荐。

第二十六条 评审报告应当包括以下主要内容：

（一）邀请供应商参加采购活动的具体方式和相关情况；

（二）响应文件开启日期和地点；

（三）获取磋商文件的供应商名单和磋商小组成员名单；

（四）评审情况记录和说明，包括对供应商的资格审查情况、供应商响应文件评审情况、磋商情况、报价情况等；

（五）提出的成交候选供应商的排序名单及理由。

第二十七条 评审报告应当由磋商小组全体人员签字认可。磋商小组成员对评审报告有异议的，磋商小组按照少数服从多数的原则推荐成交候选供应商，采购程序继续进行。对评审报告有异议的磋商小组成员，应当在报告上签署不同意见并说明理由，由磋商小组书面记录相关情况。磋商小组成员拒绝在报告上签字又不书面说明其不同意见和理由的，视为同意评审报告。

第二十八条 采购代理机构应当在评审结束后2个工作日内将评审报告送采购人确认。

采购人应当在收到评审报告后5个工作日内，从评审报告提出的成交候选供应商中，按照排序由高到低的原则确定成交供应商，也可以书面授权磋商小组直接确定成交供应商。采购人逾期未确定成交供应商且不提出异议的，视为确定评审报告提出的排序第一的供应商为成交供应商。

第二十九条 采购人或者采购代理机构应当在成交供应商确定后2个工作日内，在省级以上财政部门指定的政府采购信息发布媒体上公告成交结果，同时向成交供应商发出成交通知书，并将磋商文件随成交结果同时公告。成交结果公告应当包括以下内容：

（一）采购人和采购代理机构的名称、地址和联系方式；

（二）项目名称和项目编号；

（三）成交供应商名称、地址和成交金额；

（四）主要成交标的的名称、规格型号、数量、单价、服务要求；

（五）磋商小组成员名单。

采用书面推荐供应商参加采购活动的，还应当公告采购人和评审专家的推荐意见。

第三十条 采购人与成交供应商应当在成交通知书发出之日起30日内，按照磋商文件确定的合同文本以及采购标的、规格型号、采购金额、采购数量、技术和服务要求等事项签订政府采购合同。

采购人不得向成交供应商提出超出磋商文件以外的任何要求作为签订合同的条件，不得与成交供应商订立背离磋商文件确定的合同文本以及采购标的、规格型号、采购金额、采购数量、技术和服务要求等实质性内容的协议。

第三十一条 采购人或者采购代理机构应当在采购活动结束后及时退还供应商的磋商保证金，但因供应商自身原因导致无法及时退还的除外。未成交供应商的磋商保证金应当在成交通知书发出后5个工作日内退还，成交供应商的磋商保证金应当在采购合同签订后5个工作日内退还。

有下列情形之一的，磋商保证金不予退还：

（一）供应商在提交响应文件截止时间后撤回响应文件的；

（二）供应商在响应文件中提供虚假材料的；

（三）除因不可抗力或磋商文件认可的情形以外，成交供应商不与采购人签订合同的；

（四）供应商与采购人、其他供应商或者采购代理机构恶意串通的；

（五）磋商文件规定的其他情形。

第三十二条　除资格性检查认定错误、分值汇总计算错误、分项评分超出评分标准范围、客观分评分不一致、经磋商小组一致认定评分畸高、畸低的情形外，采购人或者采购代理机构不得以任何理由组织重新评审。采购人、采购代理机构发现磋商小组未按照磋商文件规定的评审标准进行评审的，应当重新开展采购活动，并同时书面报告本级财政部门。

采购人或者采购代理机构不得通过对样品进行检测、对供应商进行考察等方式改变评审结果。

第三十三条　成交供应商拒绝签订政府采购合同的，采购人可以按照本办法第二十八条第二款规定的原则确定其他供应商作为成交供应商并签订政府采购合同，也可以重新开展采购活动。拒绝签订政府采购合同的成交供应商不得参加对该项目重新开展的采购活动。

第三十四条　出现下列情形之一的，采购人或者采购代理机构应当终止竞争性磋商采购活动，发布项目终止公告并说明原因，重新开展采购活动：

（一）因情况变化，不再符合规定的竞争性磋商采购方式适用情形的；

（二）出现影响采购公正的违法、违规行为的；

（三）除本办法第二十一条第三款规定的情形外，在采购过程中符合要求的供应商或者报价未超过采购预算的供应商不足 3 家的。

第三十五条　在采购活动中因重大变故，采购任务取消的，采购人或者采购代理机构应当终止采购活动，通知所有参加采购活动的供应商，并将项目实施情况和采购任务取消原因报送本级财政部门。

第三章 附 则

第三十六条 相关法律制度对政府和社会资本合作项目采用竞争性磋商采购方式另有规定的，从其规定。

第三十七条 本办法所称主管预算单位是指负有编制部门预算职责，向同级财政部门申报预算的国家机关、事业单位和团体组织。

第三十八条 本办法自发布之日起施行。

政府购买服务管理办法

（2020年1月3日财政部令第102号公布 自2020年3月1日起施行）

第一章 总 则

第一条 为规范政府购买服务行为，促进转变政府职能，改善公共服务供给，根据《中华人民共和国预算法》、《中华人民共和国政府采购法》、《中华人民共和国合同法》等法律、行政法规的规定，制定本办法。

第二条 本办法所称政府购买服务，是指各级国家机关将属于自身职责范围且适合通过市场化方式提供的服务事项，按照政府采购方式和程序，交由符合条件的服务供应商承担，并根据服务数量和质量等因素向其支付费用的行为。

第三条 政府购买服务应当遵循预算约束、以事定费、公开择优、诚实信用、讲求绩效原则。

第四条 财政部负责制定全国性政府购买服务制度，指导和监督各地区、各部门政府购买服务工作。

县级以上地方人民政府财政部门负责本行政区域政府购买服务管理。

第二章　购买主体和承接主体

第五条　各级国家机关是政府购买服务的购买主体。

第六条　依法成立的企业、社会组织（不含由财政拨款保障的群团组织），公益二类和从事生产经营活动的事业单位，农村集体经济组织，基层群众性自治组织，以及具备条件的个人可以作为政府购买服务的承接主体。

第七条　政府购买服务的承接主体应当符合政府采购法律、行政法规规定的条件。

购买主体可以结合购买服务项目的特点规定承接主体的具体条件，但不得违反政府采购法律、行政法规，以不合理的条件对承接主体实行差别待遇或者歧视待遇。

第八条　公益一类事业单位、使用事业编制且由财政拨款保障的群团组织，不作为政府购买服务的购买主体和承接主体。

第三章　购买内容和目录

第九条　政府购买服务的内容包括政府向社会公众提供的公共服务，以及政府履职所需辅助性服务。

第十条　以下各项不得纳入政府购买服务范围：

（一）不属于政府职责范围的服务事项；

（二）应当由政府直接履职的事项；

（三）政府采购法律、行政法规规定的货物和工程，以及将工程和服务打包的项目；

（四）融资行为；

（五）购买主体的人员招、聘用，以劳务派遣方式用工，以及设置公益性岗位等事项；

（六）法律、行政法规以及国务院规定的其他不得作为政府购买服务内容的事项。

第十一条 政府购买服务的具体范围和内容实行指导性目录管理，指导性目录依法予以公开。

第十二条 政府购买服务指导性目录在中央和省两级实行分级管理，财政部和省级财政部门分别制定本级政府购买服务指导性目录，各部门在本级指导性目录范围内编制本部门政府购买服务指导性目录。

省级财政部门根据本地区情况确定省以下政府购买服务指导性目录的编制方式和程序。

第十三条 有关部门应当根据经济社会发展实际、政府职能转变和基本公共服务均等化、标准化的要求，编制、调整指导性目录。

编制、调整指导性目录应当充分征求相关部门意见，根据实际需要进行专家论证。

第十四条 纳入政府购买服务指导性目录的服务事项，已安排预算的，可以实施政府购买服务。

第四章 购买活动的实施

第十五条 政府购买服务应当突出公共性和公益性，重点考虑、优先安排与改善民生密切相关，有利于转变政府职能、提高财政资金绩效的项目。

政府购买的基本公共服务项目的服务内容、水平、流程等标准要素，应当符合国家基本公共服务标准相关要求。

第十六条 政府购买服务项目所需资金应当在相关部门预算中统筹安排，并与中期财政规划相衔接，未列入预算的项目不得实施。

购买主体在编报年度部门预算时，应当反映政府购买服务支出情况。政府购买服务支出应当符合预算管理有关规定。

第十七条 购买主体应当根据购买内容及市场状况、相关供应商服务能力和信用状况等因素，通过公平竞争择优确定承接主体。

第十八条 购买主体向个人购买服务，应当限于确实适宜实施政府购买服务并且由个人承接的情形，不得以政府购买服务名义变相用工。

第十九条 政府购买服务项目采购环节的执行和监督管理，包括集中采购目录及标准、采购政策、采购方式和程序、信息公开、质疑投诉、失信惩戒等，按照政府采购法律、行政法规和相关制度执行。

第二十条 购买主体实施政府购买服务项目绩效管理，应当开展事前绩效评估，定期对所购服务实施情况开展绩效评价，具备条件的项目可以运用第三方评价评估。

财政部门可以根据需要，对部门政府购买服务整体工作开展绩效评价，或者对部门实施的资金金额和社会影响大的政府购买服务项目开展重点绩效评价。

第二十一条 购买主体及财政部门应当将绩效评价结果作为承接主体选择、预算安排和政策调整的重要依据。

第五章　合同及履行

第二十二条 政府购买服务合同的签订、履行、变更，应当遵循《中华人民共和国合同法》的相关规定。

第二十三条 购买主体应当与确定的承接主体签订书面合同，合同约定的服务内容应当符合本办法第九条、第十条的规定。

政府购买服务合同应当明确服务的内容、期限、数量、质量、价格，资金结算方式，各方权利义务事项和违约责任等内容。

政府购买服务合同应当依法予以公告。

第二十四条 政府购买服务合同履行期限一般不超过1年；在

预算保障的前提下，对于购买内容相对固定、连续性强、经费来源稳定、价格变化幅度小的政府购买服务项目，可以签订履行期限不超过3年的政府购买服务合同。

第二十五条　购买主体应当加强政府购买服务项目履约管理，开展绩效执行监控，及时掌握项目实施进度和绩效目标实现情况，督促承接主体严格履行合同，按照合同约定向承接主体支付款项。

第二十六条　承接主体应当按照合同约定提供服务，不得将服务项目转包给其他主体。

第二十七条　承接主体应当建立政府购买服务项目台账，依照有关规定或合同约定记录保存并向购买主体提供项目实施相关重要资料信息。

第二十八条　承接主体应当严格遵守相关财务规定规范管理和使用政府购买服务项目资金。

承接主体应当配合相关部门对资金使用情况进行监督检查与绩效评价。

第二十九条　承接主体可以依法依规使用政府购买服务合同向金融机构融资。

购买主体不得以任何形式为承接主体的融资行为提供担保。

第六章　监督管理和法律责任

第三十条　有关部门应当建立健全政府购买服务监督管理机制。购买主体和承接主体应当自觉接受财政监督、审计监督、社会监督以及服务对象的监督。

第三十一条　购买主体、承接主体及其他政府购买服务参与方在政府购买服务活动中，存在违反政府采购法律法规行为的，依照政府采购法律法规予以处理处罚；存在截留、挪用和滞留资金等财政违法行为的，依照《中华人民共和国预算法》、《财政违法行为处罚处分条例》等法律法规追究法律责任；涉嫌犯罪的，移送司法机关处理。

第三十二条 财政部门、购买主体及其工作人员，存在违反本办法规定的行为，以及滥用职权、玩忽职守、徇私舞弊等违法违纪行为的，按照《中华人民共和国预算法》、《中华人民共和国公务员法》、《中华人民共和国监察法》、《财政违法行为处罚处分条例》等国家有关规定追究相应责任；涉嫌犯罪的，移送司法机关处理。

第七章 附 则

第三十三条 党的机关、政协机关、民主党派机关、承担行政职能的事业单位和使用行政编制的群团组织机关使用财政性资金购买服务的，参照本办法执行。

第三十四条 涉密政府购买服务项目的实施，按照国家有关规定执行。

第三十五条 本办法自2020年3月1日起施行。财政部、民政部、工商总局2014年12月15日颁布的《政府购买服务管理办法（暂行）》（财综〔2014〕96号）同时废止。

国有金融企业集中采购管理暂行规定

（2018年2月5日 财金〔2018〕9号）

第一章 总 则

第一条 为规范国有金融企业集中采购行为，加强对采购支出的管理，提高采购资金的使用效益，根据国家有关法律、行政法规和部门规章，制定本规定。

第二条 国有金融企业实施集中采购适用本规定。

本规定所称国有金融企业，包括所有获得金融业务许可证的国有企业，以及国有金融控股公司、国有担保公司和其他金融类国有企业。按现行法律法规实行会员制的金融交易场所参照本规定执行。

本规定所称集中采购，是指国有金融企业以合同方式有偿取得纳入集中采购范围的货物、工程和服务的行为。

第三条 国有金融企业集中采购应当遵循公开、公平、公正、诚实信用和效益原则。

第四条 国有金融企业开展集中采购活动应符合国家有关规定，建立统一管理、分级授权、相互制约的内部管理体制，切实维护企业和国家整体利益。

第五条 国有金融企业集中采购应优先采购节能环保产品。

第二章 组 织 管 理

第六条 国有金融企业应建立健全集中采购决策管理职能与操作执行职能相分离的管理体制。

第七条 国有金融企业应成立集中采购管理委员会，成员由企业相关负责人以及财务、法律等相关业务部门负责人组成，负责对公司集中采购活动进行决策管理。国有金融企业纪检、监察、审计等部门人员可列席集中采购管理委员会会议。

国有金融企业集中采购管理委员会的主要职责包括：

（一）审定企业内部集中采购管理办法等制度规定；

（二）确定企业集中采购目录及限额标准；

（三）审定采购计划并审查采购计划的执行情况；

（四）审议对业务活动和发展有较大影响的采购事项；

（五）采购活动中涉及的其他重要管理和监督事宜。

第八条 国有金融企业可指定具体业务部门或根据实际设立集

中采购日常管理机构，具体实施集中采购活动。根据集中采购项目具体情况，国有金融企业可自行采购或委托外部代理机构办理采购事宜。

第九条 国有金融企业采用公开招标、邀请招标方式采购的，应依法组建评标委员会负责采购项目评审。采用竞争性谈判、竞争性磋商、询价等非招标方式采购的，应参照政府采购的相关要求并结合本单位实际，成立谈判、磋商或询价小组。

第十条 国有金融企业总部可建立或联合建立集中采购项目评审专家库。评审专家成员由国有金融企业财务、技术等内部专业人员，以及相关技术、经济等方面的外部专家组成。如不具备上述建库条件的企业，应合理使用招标代理机构等外部的评审专家库。

第十一条 一般采购项目从评审专家库中随机抽取选定评审专家，对技术复杂、专业性强或者有特殊要求的采购项目，通过随机抽取方式难以确定合适评审专家的，可由国有金融企业按程序自行选定。

第三章 制度建设

第十二条 国有金融企业可参考省级以上人民政府定期发布的集中采购目录及标准，结合企业实际情况，制定本企业的集中采购目录及限额标准。

第十三条 国有金融企业应依据国家有关法律法规和本规定，制定企业内部集中采购管理办法。

第十四条 国有金融企业内部集中采购管理办法，应至少包括以下内容：

（一）明确公司集中采购范围，以及不同采购方式的具体适用情形；

（二）实施集中采购的具体程序，包括编制采购计划、采购项目立项、编制采购需求、实施采购、签订合同、采购验收、资金结算、档案管理等；

（三）明确集中采购活动的内部监督检查主体及职责；

（四）对违法违规和违反职业道德等人员和单位的处理处罚措施等。

第十五条 国有金融企业应当建立健全内部监督管理制度，加强对集中采购的内部控制和监督检查，切实防范采购过程中的差错和舞弊行为。

第十六条 国有金融企业应建立相互监督、相互制约的采购活动决策和执行程序，并明确具体采购项目经办人员与负责采购合同审核、验收人员的职责权限，做到相互分离。

第十七条 国有金融企业应对分支机构的集中采购行为做好业务指导和管理。

第四章 采购方式

第十八条 国有金融企业集中采购可以采用公开招标、邀请招标、竞争性谈判、竞争性磋商、单一来源采购、询价，以及有关管理部门认定的其他采购方式。

第十九条 对纳入集中采购范围的采购项目，国有金融企业原则上应优先采用公开招标或邀请招标的方式。需要采用非招标采购方式的，应符合本规定要求，并在采购活动开始前，按企业内部集中采购管理规定报批。

第二十条 符合下列情形之一的集中采购项目，可以采用邀请招标方式采购：

（一）具有特殊性，只能从有限范围的供应商处采购的；

（二）采用公开招标方式的费用占该采购项目总价值的比例过大的；

（三）企业内部集中采购管理办法列明的其他适用情形。

第二十一条 符合下列情形之一的集中采购项目，可以采用竞争性谈判方式采购：

（一）招标后没有供应商投标或者没有合格标的或者重新招标未能成立的；

（二）技术复杂或者性质特殊，不能确定详细规格或者具体要求的；

（三）采用招标所需时间不能满足用户紧急需要的；

（四）不能事先计算出价格总额的；

（五）企业内部集中采购管理办法列明的其他适用情形。

第二十二条 符合下列情形之一的集中采购项目，可以采用竞争性磋商方式采购：

（一）购买服务项目；

（二）技术复杂或者性质特殊，不能确定详细规格或者具体要求的；

（三）因专利、专有技术或者服务的时间、数量事先不能确定等原因不能事先计算出价格总额的；

（四）市场竞争不充分的科研项目；

（五）按照招标投标法及其实施条例必须进行招标的工程建设项目以外的工程建设项目；

（六）企业内部集中采购管理办法列明的其他适用情形。

第二十三条 符合下列情形之一的集中采购项目，可以采用单一来源方式采购：

（一）只能从唯一供应商处采购的；

（二）发生了不可预见的紧急情况不能从其他供应商处采购的；

（三）必须保证原有采购项目一致性或者服务配套的要求，需要再次向原供应商采购的；

（四）企业内部集中采购管理办法列明的其他适用情形。

第二十四条 集中采购项目符合货物规格、标准统一，现货货源充足且价格变化幅度小等条件的，经企业内部集中采购管理办法列明，可以采用询价方式采购。

第五章 采购管理

第二十五条 国有金融企业应按采购计划实施集中采购，并纳入年度预算管理。计划外的集中采购事项，应按企业内部相关规定报批。采购计划的重大调整，应按程序报集中采购管理委员会审议。

第二十六条 国有金融企业不得将应当以公开招标方式采购的项目化整为零或者以其他任何方式规避公开招标采购。

第二十七条 国有金融企业根据中标或成交结果签订采购合同，采购合同应经内部法律部门或法律中介机构审核。

第二十八条 国有金融企业要做好集中采购信息公开工作，通过企业网站、招标代理机构网站或省级以上人民政府财政部门指定的政府采购信息公开媒体等公开渠道，向社会披露公开招标和非公开招标的采购项目信息，涉及国家秘密、商业秘密的内容除外。

采用公开招标方式的，应当按规定发布招标公告、资格预审公告，公示中标候选人、中标结果等全流程信息。中标结果公示内容包括但不限于招标项目名称、招标人、招标代理机构、招标公告日期、中标人、中标内容及价格等基本要素。招标公告及中标结果应在同一渠道公开。

采用非公开招标方式的，应在采购合同签订之日起 3 个工作日内，公告成交结果，包括但不限于采购内容、采购方式、候选供应商、中选供应商、合同确定的采购数量、采购价格等基本要素。

第六章 监督检查

第二十九条 国有金融企业应认真执行本规定，在年度财务报告中披露对企业成本、费用影响重大的集中采购事项，自觉接受财政、审计等相关部门的监督检查。

第三十条 对国有金融企业实施的招标等集中采购活动，投标商及相关方认为有任何违法违规问题的,可按规定向国有金融企业的主管财政机关以及国家有关部门投拆。

第三十一条 企业采购当事人不得互相串通损害企业利益、国家利益、社会公共利益和其他当事人的合法权益。

第三十二条 对采购当事人泄露标底等应当保密的与采购活动有关的情况和资料以及其他违反有关法律、行政法规和本规定的行为,依法追究责任。

第七章 附 则

第三十三条 国有金融企业使用国际组织、外国政府、外国法人、以及其他组织和个人的贷款或者赠款进行采购,贷款或赠款人对采购方式有约定的,可从其约定,但不得损害国家利益和社会公共利益。

第三十四条 本规定自 2018 年 3 月 1 日起施行。《关于加强国有金融企业集中采购管理的若干规定》(财金〔2001〕209 号)同时废止。

附 录

（一）典型案例

许某某、包某某串通投标立案监督案[①]

【关键词】

串通拍卖　串通投标　竞拍国有资产　罪刑法定　监督撤案

【要旨】

刑法规定了串通投标罪，但未规定串通拍卖行为构成犯罪。对于串通拍卖行为，不能以串通投标罪予以追诉。公安机关对串通竞拍国有资产行为以涉嫌串通投标罪刑事立案的，检察机关应当通过立案监督，依法通知公安机关撤销案件。

【基本案情】

犯罪嫌疑人许某某，男，1975年9月出生，江苏某事业有限公司实际控制人。

犯罪嫌疑人包某某，男，1964年9月出生，连云港某建设工程质量检测有限公司负责人。

江苏省连云港市海州区锦屏磷矿"尾矿坝"系江苏海州发展集团有限公司（以下简称海发集团，系国有独资）的项目资产，矿区占地面积近1200亩，存有尾矿砂1610万吨，与周边村庄形成35

[①] 参见最高人民检察院检例第90号。

米的落差。该"尾矿坝"是应急管理部要求整改的重大危险源,曾两次发生泄露事故,长期以来维护难度大、资金要求高,国家曾拨付专项资金5000万元用于安全维护。2016年至2017年间,经多次对外招商,均未能吸引到合作企业投资开发。2017年4月10日,海州区政府批复同意海发集团对该项目进行拍卖。同年5月26日,海发集团委托江苏省大众拍卖有限公司进行拍卖,并主动联系许某某参加竞拍。之后,许某某联系包某某,二人分别与江苏甲建设集团有限公司(以下简称甲公司)、江苏乙工程集团有限公司(以下简称乙公司)合作参与竞拍,武汉丙置业发展有限公司(以下简称丙公司,代理人王某某)也报名参加竞拍。2017年7月26日,甲公司、乙公司、丙公司三家单位经两次举牌竞价,乙公司以高于底价竞拍成功。2019年4月26日,连云港市公安局海州分局(以下简称海州公安分局)根据举报,以涉嫌串通投标罪对许某某、包某某立案侦查。

【检察机关履职过程】

线索发现。2019年6月19日,许某某、包某某向连云港市海州区人民检察院提出监督申请,认为海州公安分局立案不当,严重影响企业生产经营,请求检察机关监督撤销案件。海州区人民检察院经审查,决定予以受理。

调查核实。海州区人民检察院通过向海州公安分局调取侦查卷宗,走访海发集团、拍卖公司,实地勘查"尾矿坝"项目开发现场,并询问相关证人,查明:一是海州区锦屏磷矿"尾矿坝"项目长期闲置,存在重大安全隐患,政府每年需投入大量资金进行安全维护,海发集团曾邀请多家企业参与开发,均未成功;二是海州区政府批复同意对该项目进行拍卖,海发集团为防止项目流拍,主动邀请许某某等多方参与竞拍,最终仅许某某、王某某,以及许某某邀请的包某某报名参加;三是许某某邀请包某某参与竞拍,目的在于防止项目流拍,并未损害他人利益;四是"尾矿坝"项目后期开发运行良好,解决了长期存在的重大安全隐患,盘活了国有不良资产。

监督意见。2019 年 7 月 2 日,海州区人民检察院向海州公安分局发出《要求说明立案理由通知书》。公安机关回复认为,许某某、包某某的串通竞买行为与串通投标行为具有同样的社会危害性,可以扩大解释为串通投标行为。海州区人民检察院认为,投标与拍卖行为性质不同,分别受招标投标法和拍卖法规范,对于串通投标行为,法律规定了刑事责任,而对于串通拍卖行为,法律仅规定了行政责任和民事赔偿责任,串通拍卖行为不能类推为串通投标行为。并且,许某某、包某某的串通拍卖行为,目的在于防止项目流拍,该行为实际上盘活了国有不良资产,消除了长期存在的重大安全隐患,不具有刑法规定的社会危害性。因此,公安机关以涉嫌串通投标罪对二人予以立案的理由不能成立。同时,许某某、包某某的行为亦不符合刑法规定的其他犯罪的构成要件。2019 年 7 月 18 日,海州区人民检察院向海州公安分局发出《通知撤销案件书》,并与公安机关充分沟通,得到公安机关认同。

监督结果。2019 年 7 月 22 日,海州公安分局作出《撤销案件决定书》,决定撤销许某某、包某某串通投标案。

【指导意义】

(一)检察机关发现公安机关对串通拍卖行为以涉嫌串通投标罪刑事立案的,应当依法监督撤销案件。严格遵循罪刑法定原则,法律没有明文规定为犯罪行为的,不得予以追诉。拍卖与投标虽然都是竞争性的交易方式,形式上具有一定的相似性,但二者行为性质不同,分别受不同法律规范调整。刑法第二百二十三条规定,投标人相互串通投标报价,损害招标人或者其他投标人利益,情节严重的,或者投标人与招标人串通投标,损害国家、集体、公民的合法利益的，以串通投标罪追究刑事责任。刑法未规定串通拍卖行为构成犯罪，拍卖法亦未规定串通拍卖行为可以追究刑事责任。公安机关将串通拍卖行为类推为串通投标行为予以刑事立案的，检察机关应当通过立案监督，通知公安机关撤销案件。

（二）准确把握法律政策界限，依法保护企业合法权益和正常经济活动。坚持法治思维，贯彻"谦抑、审慎"理念，严格区分案件性质及应承担的责任类型。对企业的经济行为，法律政策界限不明，罪与非罪不清的，应充分考虑其行为动机和对于社会有无危害及其危害程度，加强研究分析，慎重妥善处理，不能轻易进行刑事追诉。对于民营企业参与国有资产处置过程中的串通拍卖行为，不应以串通投标罪论处。如果在串通拍卖过程中有其他犯罪行为或者一般违法违规行为的，依照刑法、拍卖法等法律法规追究相应责任。

【相关规定】

《中华人民共和国刑法》第三条、第二百二十三条

《中华人民共和国拍卖法》第六十五条

《中华人民共和国招标投标法》第五十三条

《人民检察院刑事诉讼规则》第五百五十七至五百六十一条、第五百六十三条

《最高人民检察院、公安部关于刑事立案监督有关问题的规定（试行）》第六至九条

山东薛某某行贿、串通投标案[①]

【关键词】

行贿　串通投标　数罪并罚　监检配合　社会治理

【要旨】

推进受贿行贿一起查，监察机关、检察机关应当切实履行职责，加强协作配合，加大对招标投标等重点领域行贿犯罪查处力度，服务保障优化营商环境。要准确适用法律，对以行贿犯罪手段开路进行串通投标犯罪的，应实行数罪并罚。对案件暴露出的普遍性、典型性问题，检察机关可以依法提出检察建议，促进专项整治，提高社会治理能力。

【基本案情】

被告人薛某某，男，1974年12月20日出生，汉族，住山东省青岛市市南区某某路××号。

2014年8月，山东省沂水县财政局对沂水县中小学信息化设备采购项目进行招标，被告人薛某某与四川虹某软件股份有限公司投标负责人刘某某（已判决），伙同沂水县财政局原副局长丁某某（已判决），通过协调评审专家修改分数、与其他投标公司围标等方式串通投标，后四川虹某软件股份有限公司中标该项目，中标金额9000余万元，严重损害国家及其他投标人利益。同年年底，被告人薛某某为感谢丁某某在该项目招标投标中提供的帮助，给予丁某某人民币15万元。

[①] 参见《国家监察委员会、最高人民检察院首次联合发布5起行贿犯罪典型案例》，载最高人民检察院网站，https://www.spp.gov.cn/spp/xwfbh/wsfbt/202204/t20220420_554587.shtml#2，最后访问时间：2023年10月24日。

（其他犯罪事实略）

2020年5月13日、18日，山东省沂水县公安局、县监察委员会分别将薛某某等人串通投标案、薛某某行贿案移送沂水县人民检察院审查起诉。沂水县人民检察院受理后并案审查，于6月12日向沂水县人民法院提起公诉。9月24日，沂水县人民法院以薛某某犯串通投标罪，判处有期徒刑二年，并处罚金人民币二十万元；以犯行贿罪，判处有期徒刑六个月，并处罚金人民币十万元，决定执行有期徒刑二年三个月，并处罚金人民币三十万元。后薛某某上诉，12月24日，临沂市中级人民法院裁定驳回上诉，维持原判。

【监察、检察履职情况】

（一）积极推进受贿行贿一起查，严厉打击招标投标领域行贿犯罪，维护公平公正的市场秩序。在项目招标投标环节弄虚作假甚至搞权钱交易，会给项目质量和安全带来重大隐患。沂水县监察委员会在就薛某某涉嫌行贿犯罪立案调查，征求沂水县人民检察院意见时，检察机关认为薛某某通过行贿方式谋取竞争优势，且其犯罪行为不仅严重影响项目建设质量，还破坏了招标投标领域的公平竞争环境；该案虽行贿数额不大，但涉及的教育系统信息化建设属于重点民生领域项目，是重点打击的行贿行为，应从严惩处。此后，沂水县监察委员会与县人民检察院就调查取证方向、证据标准进行了充分沟通。鉴于薛某某还存在串通投标行为，沂水县监察委员会在对其涉嫌行贿犯罪立案调查的同时，将其串通投标问题线索移送公安机关同步立案侦查。

（二）厘清法律适用关系，准确把握罪数认定，做到罚当其罪。串通投标行为往往与行贿行为相伴而生、密不可分。沂水县人民检察院认为，虽然薛某某实施的串通投标与行贿之间存在关联，但系两种行为，侵犯了两类不同性质的法益。根据最高人民法院、最高人民检察院《关于办理行贿刑事案件具体应用法律若干问题的解释》第六条关于"行贿人谋取不正当利益的行为构成犯罪的,应当与行贿犯罪实行数罪并罚"的规定,薛某某实施的行贿犯罪应与串通投标犯罪数罪并罚。审判机关对上述意见予以采纳。

(三)积极能动履职,加强诉源治理,提升社会治理效果。针对该案暴露出招标投标监督管理涉及部门多,职责定位不清,一定程度存在"都管、都不管"的问题,沂水县人民检察院积极延伸检察职能,认真研究部门"三定"规定,厘清职责权限,从严格投标单位资格审查、规范招标代理机构、加大从业人员违规惩戒力度等方面,分别向县财政局、市场监管局、教育体育局制发检察建议。上述单位对检察建议全部予以采纳并进行了全面整改。同时,根据沂水县人民检察院建议,沂水县有关部门联合开展了招标投标领域突出问题专项整治行动,对近年来招标投标工程项目进行全面梳理排查。截至2022年2月,发现并整改各类不规范问题26个,并对3名串通投标犯罪嫌疑人立案查处,有力净化了招标投标领域公平竞争环境。

【典型意义】

(一)严厉打击重点领域行贿犯罪,服务保障优化营商环境。坚持受贿行贿一起查,对发生在涉及教育等重大民生项目招标投标领域,严重破坏营商环境和市场公平竞争规则的行贿犯罪,应予以严惩。监察机关、检察机关应加强协作配合,注重对重点领域行贿线索的分析研判,加强会商,凝聚共识。在打击行贿犯罪时,既要考虑行贿金额、次数及犯罪情节,又要充分考虑案件发生的领域和危害后果,依法准确对行贿人作出处理,推动构建公平竞争的市场秩序和亲清政商环境。

(二)加强对行贿犯罪法律适用问题研究,提高打击精准度。行贿犯罪往往与其他犯罪关联并存,监察调查、检察审查过程中,应当加强对行贿犯罪、关联犯罪的研究,结合刑法理论与法律规定,参考司法案例,围绕事实认定、法律适用和案件处理等进行充分论证,厘清罪与非罪、一罪与数罪的界限,调查收集证据,准确适用法律,依法提起公诉,确保对行贿犯罪及关联犯罪的精准打击。

(三)充分履行监检职能,积极参与社会治理。监察机关、检察机关应当对办案中发现的普遍性、典型性问题进行深入剖析,依法提出堵塞漏洞、健全制度、防控风险的建议,促使有关部门履行监管职责、完善监管机制、开展专项整治,全面加强整改,从源头上推进招标投标领域问题解决,达到"办理一案、治理一片"的良好效果,促进社会治理能力的提高,服务经济社会高质量发展大局。

【相关规定】

《中华人民共和国刑法》第二百二十三条、第三百八十九条第一款、第三百九十条

《中华人民共和国监察法》第四十五条

《关于办理行贿刑事案件具体应用法律若干问题的解释》第六条、第八条、第十二条、第十三条

《人民检察院检察建议工作规定》第三条、第四条、第五条、第十条、第十一条

福建省三明市 X 公司、杨某某、王某某串通投标案[1]

【关键词】

高科技民营企业合规　串通投标　第三方监督评估　跟踪回访

【要旨】

对于涉案高新技术型民营企业，围绕企业特点全面做好合规前调查，提出整改建议，使涉案企业明确合规整改方向。结合相关领域的合规标准，指导企业细化合规计划，严格督促企业逐条对照落实。综合运用多类型评估、考察机制，确保合规验收环节的质量效果。持续做好不起诉后跟踪回访，助力企业合规守法经营。

【基本案情】

福建省三明市 X 公司（以下简称 X 公司）系当地拥有高资质高技术的通信技术规模级设计、施工、集成企业。杨某某系 X 公司法定代表人、总经理；王某某系 X 公司副总经理，负责对外招投标、施工及结算等业务。

X 公司在投标三明市公安局交警支队 3 个智能交通系统维保项目过程中，与其它公司串通，由 X 公司制作标书、垫付保证金，并派遣 X 公司员工冒充参与串标公司的投标代理人进行竞标，最终上述 3 个项目均由 X 公司中标施工建设，中标金额共计 603 万余元。上述项目现已施工完毕，并通过工程验收决算。案发后杨某某、王某某主动投案。2021 年 4 月，三明市公安局三元分局以 X 公司、

---

[1] 参见《涉案企业合规典型案例（第三批）》，载最高人民检察院网站，https://www.spp.gov.cn/xwfbh/dxal/202208/t20220810_570419.shtml，最后访问时间：2023 年 10 月 24 日。

杨某某、王某某涉嫌串通投标罪向三明市三元区检察院移送审查起诉。2022年1月，检察机关依法对X公司、杨某某、王某某作出不起诉决定。

【企业合规整改情况及效果】

一是深入社会调查启动企业合规。检察机关经审查了解，X公司系具有涉密信息系统集成资质乙级等多项资质、多项专利的高资质、发展型民营企业，企业综合实力在福建省同行业排名前20名，是三明市该行业的龙头企业，累计纳税近7000余万元、企业员工100余名、拥有专利20余件。案发后，公司面临巨大危机，大量人员有失业风险，对当地经济和行业发展产生一定负面影响。审查起诉阶段，检察机关向X公司送达《企业刑事合规告知书》，该公司在第一时间提交了书面合规承诺以及行业地位、科研力量、纳税贡献、承担社会责任等证明材料。X公司及杨某某、王某某均自愿认罪认罚，涉案项目已施工完毕，并通过竣工验收决算，无实质性危害后果。检察机关经过实地走访调研，X公司的合规承诺具有真实性、自愿性，符合企业合规相关规定。检察机关在认真审查调查案件事实、听取行政机关意见以及审查企业书面承诺和证明材料基础上，综合考虑企业发展前景、社会贡献、一贯表现及企业当前暴露出的经营管理机制疏漏，2021年9月启动合规考察程序，确定了3个月的合规考察期。

二是扎实开展第三方监督评估。三明市第三方监督评估机制管委会指定3名专业人员组成第三方组织，对X公司启动企业合规监督考察程序。整改期间，检察机关多次与第三方组织、企业专业律师团队会商，针对X公司在投标经营活动方面存在的风险漏洞，指导企业修订、完善《企业合规整改方案》和《企业合规工作计划》，有针对性地督促企业健全内控机制及合规管理体系。X公司积极对照实施，及时汇报进展情况。检察机关会同第三方组织对合规计划执行情况不定期开展灵活多样的跟踪检查评估。

三是公开听证后作出不起诉决定。2022年1月，第三方组织对X公司企业合规整改进行验收，经评估通过合规考察。检察机关组织召开听证会，听取人大代表、政协委员、人民监督员、侦查机关及社会群众代表对X公司合规整改的意见，听证员一致认可企业整改成效。同月，检察机关经综合审查认为，X公司、杨某某、王某某等人主动投案、认罪认罚、主观恶性较小，相关项目业已施工完毕并通过验收，未给社会造成不良影响。且X公司案发后积极开展有效合规整改，建立健全相关制度机制，堵塞管理漏洞，确保依法经营，不断创造利税，依法对X公司、杨某某、王某某作出不起诉决定。

四是持续做好不起诉后跟踪回访。检察机关经综合考察听取各方意见后，依法作出不起诉决定，让企业"活下去"，有机会"经营好"，X公司对参与投标的13个项目均进行合规审核，最终中标2个项目，金额100多万元。检察机关开展"回头看"，要求X公司对已整改到位部分加强常态监管，较为薄弱环节持续整改。而后检察机关邀请第三方监管人员围绕企业已整改问题及关联持续建设领域进行跟踪回访，继续为企业依法合规经营提供普法服务，确保合规整改效果能够"长效长治"。

【典型意义】

1. 严格把握企业合规适用标准、条件，围绕企业特点全面做好合规前调查。对于涉案高技术型民营企业，检察机关会同有关部门，对涉案公司开展社会调查，通过市场监管、人社、税务、工商联等平台，调查其社会贡献度、发展前景、社会评价、处罚记录等。同时研判发案原因，查找其经营风险和管理缺漏，以"合规告知书+检察建议书"形式，提出整改建议，使涉案企业"合规入脑"，督促其作出合规承诺。检察机关在社会调查时，主动审查涉案公司是否符合适用条件，及时征询涉案企业、个人的意见，与本地区第三方机制管委会提前沟通，做好合规前期准备。

2. 多方协作优化合规计划，严格督促企业逐条对照落实。依托第三方监督评估机制向相关行业领域的专家"借智借力"，立足X公司自身问题，结合相关领域的合规标准，指导企业优化合规计划，对合规体系运行涉及的组织架构、事项流程、内控机制、风险整改、文化培塑等进行分解细化，从提升合规意识、规范投标业务操作到健全配套内部资金流向监管审计等层面，严格按照时间表监督落实，做到点面衔接，实现"合规入心"。检察机关还会同第三方组织通过多次实地走访X公司，与律师团队等会商研讨，指导X公司对合规计划进行修订完善，为后续推进第三方监督评估创造重要前提条件。

3. 综合运用多类型评估、考察机制，确保涉案企业合规整改实质化。评估程序上，坚持问题导向，逐条对照合规计划检视企业整改效果，防止走过场的"纸面合规"。考察方式上，采取灵活、有效方式，不拘泥于特定形式，在不影响正常生产经营的前提下，融合开展实地考察、听取汇报、查阅资料、组织座谈、同业参照等组合方式，推动合规建设，强化员工守法意识。企业通过评估后，检察机关接续用好公开听证、人民监督员监督、人大代表、政协委员监督等方式，以公开促公正，确保合规验收环节的质量效果，实现合规"成效入档"，避免合规建设流于形式。

（二）相关文书[①]

投标人资格声明书

致：采购人或采购代理机构

在参与本次项目投标中，我单位承诺：

（一）具有良好的商业信誉和健全的财务会计制度；

（二）具有履行合同所必需的设备和专业技术能力；

（三）有依法缴纳税收和社会保障资金的良好记录；

（四）参加政府采购活动前三年内，在经营活动中没有重大违法记录（重大违法记录指因违法经营受到刑事处罚或者责令停产停业、吊销许可证或者执照、较大数额罚款等行政处罚，不包括因违法经营被禁止在一定期限内参加政府采购活动，但期限已经届满的情形）；

（五）我单位不属于政府采购法律、行政法规规定的公益一类事业单位、或使用事业编制且由财政拨款保障的群团组织（仅适用于政府购买服务项目）；

（六）我单位不存在为采购项目提供整体设计、规范编制或者项目管理、监理、检测等服务后，再参加该采购项目的其他采购活动的情形（单一来源采购项目除外）；

[①] 本部分文书仅供参考，相关文书参见《北京市政府采购项目公开招标文件示范文本（2023年版）》，载北京市政府采购网，http：//www.ccgp-beijing.gov.cn/zhxx/zytz/t20230908_1532766.html，最后访问时间：2023年11月6日。

（七）与我单位存在"单位负责人为同一人或者存在直接控股、管理关系"的其他法人单位信息如下（如有，不论其是否参加同一合同项下的政府采购活动均须填写）：

序号	单位名称	相互关系
1		
2		
……		

上述声明真实有效，否则我方负全部责任。

投标人名称（加盖公章）：_____

日期：_____年_____月_____日

说明：供应商承诺不实的，依据《政府采购法》第七十七条"提供虚假材料谋取中标、成交的"有关规定予以处理。

投标书

致：(采购人或采购代理机构)

我方参加你方就＿＿＿＿＿＿（项目名称，项目编号/包号）组织的招标活动，并对此项目进行投标。

1. 我方已详细审查全部招标文件，自愿参与投标并承诺如下：

（1）本投标有效期为自提交投标文件的截止之日起＿＿＿＿个日历日。

（2）除合同条款及采购需求偏离表列出的偏离外，我方响应招标文件的全部要求。

（3）我方已提供的全部文件资料是真实、准确的，并对此承担一切法律后果。

（4）如我方中标，我方将在法律规定的期限内与你方签订合同，按照招标文件要求提交履约保证金，并在合同约定的期限内完成合同规定的全部义务。

2. 其他补充条款（如有）：＿＿＿＿＿＿。

与本投标有关的一切正式往来信函请寄：

地址＿＿＿＿＿＿＿＿＿ 传真＿＿＿＿＿＿＿＿＿
电话＿＿＿＿＿＿＿＿＿ 电子函件＿＿＿＿＿＿＿

投标人名称（加盖公章）＿＿＿＿＿＿
日期：＿＿＿＿年＿＿＿＿月＿＿＿＿日

授权委托书

　　本人_____（姓名）系_____（投标人名称）的法定代表人（单位负责人），现委托_____（姓名）为我方代理人。代理人根据授权，以我方名义签署、澄清确认、提交、撤回、修改_____（项目名称）投标文件和处理有关事宜，其法律后果由我方承担。

　　委托期限：自本授权委托书签署之日起至投标有效期届满之日止。

　　代理人无转委托权。

投标人名称（加盖公章）：_____
法定代表人（单位负责人）（签字或签章）：_____
委托代理人（签字或签章）：_____
日期：_____年_____月_____日

附：法定代表人及委托代理人身份证明文件电子件：

说明：

1. 若供应商为事业单位或其他组织或分支机构，则法定代表人（单位负责人）处的签署人可为单位负责人。

2. 若投标文件中签字之处均为法定代表人（单位负责人）本人签署，则可不提供本《授权委托书》，但须提供《法定代表人（单位负责人）身份证明》；否则，不需要提供《法定代表人（单位负责人）身份证明》。

3. 供应商为自然人的情形，可不提供本《授权委托书》。

4. 供应商应随本《授权委托书》同时提供法定代表人（单位负责人）及委托代理人的有效的身份证、护照等身份证明文件电子件。提供身份证的，应同时提供身份证**双面**电子件。

法定代表人（单位负责人）身份证明

致：(采购人或采购代理机构)

兹证明，

姓名：_____ 性别：_____ 年龄：_____ 职务：_____

系_____（投标人名称）的法定代表人（单位负责人）。

附：法定代表人（单位负责人）身份证、护照等身份证明文件电子件：

投标人名称（加盖公章）：_____
法定代表人（单位负责人）（签字或签章）：_____

日期：_____年_____月_____日

图书在版编目（CIP）数据

招标投标法律政策全书：含法律、法规、司法解释、典型案例及相关文书：2024年版／中国法制出版社编. —北京：中国法制出版社，2024.1
（法律政策全书系列）
ISBN 978-7-5216-4024-3

Ⅰ.①招… Ⅱ.①中… Ⅲ.①招标投标法-汇编-中国 Ⅳ.①D922.297.9

中国国家版本馆CIP数据核字（2023）第231950号

责任编辑：王熹　　　　　　　　　　　　　封面设计：周黎明

招标投标法律政策全书：含法律、法规、司法解释、典型案例及相关文书：2024年版
ZHAOBIAO TOUBIAO FALÜ ZHENGCE QUANSHU：HAN FALÜ、FAGUI、SIFA JIESHI、DIANXING ANLI JI XIANGGUAN WENSHU：2024 NIAN BAN

编者/中国法制出版社
经销/新华书店
印刷/三河市国英印务有限公司
开本/880毫米×1230毫米　32开　　　　　印张/18.5　字数/398千
版次/2024年1月第1版　　　　　　　　　2024年1月第1次印刷

中国法制出版社出版
书号 ISBN 978-7-5216-4024-3　　　　　　定价：65.00元

北京市西城区西便门西里甲16号西便门办公区
邮政编码：100053　　　　　　　　　　　传真：010-63141600
网址：http://www.zgfzs.com　　　　　　编辑部电话：010-63141795
市场营销部电话：010-63141612　　　　　印务部电话：010-63141606

（如有印装质量问题，请与本社印务部联系。）